i

aninist

想象另一种可能

理
想
国
imaginist

FUTURE POLITICS

算法的力量

人类如何共同生存？

LIVING TOGETHER
IN A WORLD TRANSFORMED BY TECH

JAMIE SUSSKIND

[英] 杰米·萨斯坎德 著

李大白 译

北京日报出版社

Future Politics: Living Together in a World Transformed by Tech
by Jamie Susskind
© Jamie Susskind 2018

Future Politics was originally published in English in 2018. This translation is published by arrangement with Oxford University Press. Beijing Imaginist Time Culture Co.,Ltd. is solely responsible for this translation from the original work and Oxford University Press shall have no liability for any errors, omissions or inaccuracies or ambiguities in such translation or for any losses caused by reliance thereon. Due to local circumstances, the Simplified Chinese edition differs slightly from the English-language edition, which was originally published by Oxford University Press.

北京出版外国图书合同登记号：01-2021-6151

图书在版编目(CIP)数据

算法的力量：人类如何共同生存？ / (英) 杰米·萨斯坎德 (Jamie Susskind) 著；李大白译 . -- 北京：北京日报出版社, 2022.1

ISBN 978-7-5477-4111-5

Ⅰ . ①算… Ⅱ . ①杰… ②李… Ⅲ . ①数字技术－影响－社会－通俗读物 Ⅳ . ① C91-39

中国版本图书馆 CIP 数据核字 (2021) 第 212858 号

责任编辑：卢丹丹
特邀编辑：黄旭东
装帧设计：赤　祥
内文制作：李丹华

出版发行：北京日报出版社
地　　址：北京市东城区东单三条8-16号东方广场东配楼四层
邮　　编：100005
电　　话：发行部：（010）65255876
　　　　　总编室：（010）65252135
印　　刷：山东临沂新华印刷物流集团有限责任公司
经　　销：各地新华书店
版　　次：2022年1月第1版
　　　　　2022年1月第1次印刷
开　　本：965毫米×635毫米　1/16
印　　张：28
字　　数：360千字
定　　价：98.00元

献给米歇尔和理查德

我的母亲、父亲

一个全新的社会，要有一门新的政治科学。

——托克维尔，《论美国的民主》（1835）

目　录

导 论

　　未来总是困扰着我们。它永远在等待，远离我们的视线，或潜伏在角落里，又或飘浮在前方的高处。它总是难以名状，让我们永远无法感到确定。通常来说，它总是会让我们完全措手不及。

　　如今，许多人都能觉察到，一个大动荡的时期正在逼近。世界变化的速度似乎远远超出我们的把握。我们经常尝试去尽量解释那些在几年前还无法想象的政治事件，有时甚至找不到恰当的词语去描述它们。然而，我们心里都明白，这仅仅是个开始。

　　本书的前提是科学和技术的不懈进步将改变人类共同生活的方式，从而给政治带来同等程度的深远且骇人的影响。无论从智识上、哲学上还是道德上，人类都还没有为迎接自己正在创造的世界做好准备。在接下来的几十年中，几百年甚至几千年来为我们所用的传统思维方式将会遭到质疑，将会涌现出新的争论、运动和意识形态。一些我们曾深刻秉持的设想将会被修正，或者均遭弃用。我们需要一起重新想象自由和平等、拥有权力或财产意味着什么，甚至作为一种政治制度的民主意味着什么。未来的政治将与过去的政治大不相同。

20世纪被一个中心议题所主宰：我们的集体生活应在多大程度上取决于国家，应把什么留给市场和公民社会来决定？对如今即将走向政治成熟的这代人来说，这个议题将会变成：我们的生活应在多大程度上受功能强大的数字系统的指引和控制，或者说是在哪方面被指引和控制？这就是本书的核心问题所在。

预计在未来的几十年中，我们将开发出能力惊人的计算机系统，即便不能取得像人类一样的"智能"，它们的某些能力也将在诸多功能上挑战甚至超越人类。不久之后，这些系统将不再类似于计算机，而将被嵌入现实世界，藏身于从未被我们看作"技术"的结构和客体之中。越来越多的关于人类的信息——我们做什么事、去哪里、想什么、说什么、感受如何——会作为数据被捕捉和记录，然后被分类、存储并进行数据处理。长期来看，人类与机器、线上与线下、虚拟与真实等方面的区别，都会逐渐消失。

这个转变将大有利于文明的发展。我们的生活将因新式的娱乐、工作、旅行、购物、学习、创造、自我表达、相互联系、认识陌生人、合作行动、保持健康和寻求意义的方法而得到丰富。从长远来看，我们增强大脑和体魄的能力将超越我们的认知，把自己从人类生理的限制中解放出来。

然而，与此同时，一些技术将获得比人类更强大的力量，其中有些能够迫使我们以某种特定的方式行动，举个简单的例子，自动驾驶汽车会直接拒绝超速驾驶；还有一些技术因从我们身上收集来的信息而变得强大。仅仅是意识到我们正在被监视这件事，就足以使我们更不可能去做那些被认为是羞耻、有罪或是错误的事情。而且，其他技术还会过滤我们眼中的世界，为我们所能感知的东西划定范围，形塑我们的思维方式，影响我们如何感知，从而决定我们如何行动。

掌握这些技术的人将加强对其余人的控制。他们变得强大，意味着他们拥有一种稳定而广泛的能力让我们去做一些具有特定意义的事情，而本来我们可能不会去做这些事。他们还会变本加厉地限制我们的自由，决定我们可以做什么、不可以做什么。他们将决定民主的未来，决定它变得繁荣或是衰败。他们的算法将决定关于社会公正的关键问题，分配社会物品，并将人们分类塞进不同地位和荣誉的阶层之中。

以上的结果是，政治当局（通常是国家），将拥有比以往更多的控制手段，大型科技公司也将达到庞大的规模，足以使现代社会其他任何经济实体都相形见绌。为应对这些新挑战，我们需要从根本上升级政治观念。伟大的英国哲学家约翰·穆勒（John Stuart Mill）在他1873 年的自传中写道："在人类的思维方式发生根本性变化之前，人类的一切巨大进步都不可能发生。"[1]

现在是下一个重大变化发生的时候了。

下一个重大变化

我们生活在一个政治动荡的年代。每天读到的新闻多是关于血腥内战、大批人群流离失所、族群民族主义、宗派暴力、宗教极端主义、气候变化、经济动荡、全球化失序和日益严重的不平等问题，或是一大堆其他令人沮丧的挑战，让人提都懒得提。世界状况欠佳，让人们的公共对话显得如此不合时宜。政治精英遭到广泛的不信任和鄙夷。即使以通常被看作不愉快情形的标准来衡量，英语世界最近发生的两项大规模民主实践——2016 年的美国总统大选和英国脱欧公投，都可以算是敌意满满，意见相左的派系之间竞争的目的不仅是要打败其对手，还想彻底摧毁对方。这两场民主实践的获胜者均是承诺打烂旧秩序的一方，但他们都没能让事情完结，也没做到让民众满意，反而如奥巴马（Barack Obama）在其任期末尾所指出的那样："一切都是真的，一切又都不是真的。"[2] 对普通公民（来自任何政治联盟）来说，从假话中择出真话、从谣言中看到现实、从噪音中提取征兆都变得更加困难了，很多人已经放弃了此类努力。对大多数人来说，与其费太多脑子思考未来，还不如先蹲下身子，躲过眼前的风暴再说。

这将是一个错误。

如果关于技术未来的主流预测正在接近目标，那么即将到来的转变对人类的重要程度至少堪比工业革命、农业革命，甚至是语言的发明。我们当下重视的那些问题跟它比起来简直就是小巫见大巫。回想一下技术已经在人类生活上产生的效果——工作、交流方式、治病、健身、学习和社交——我们忽然意识到，以人类历史的时间尺度来衡量，数字时代只能算过了几秒钟；从三百万年前使用简单工具开始，人类在旧石器时代度过了其存在时间的 99.5%。这段时期随着一万两千年前最后一个冰期的结束而结束。[3] 在这段漫长的、晦暗不明的时期，人类几无任何文化上的改变。"人类从生到死所经历的是同样的世界。"[4] 如果你认为最早的人类文明始于约五千年前，那么现代计算机与我们相伴的时间只有七十年，而我们拥有互联网的时间则仅有三十年，智能手机只陪伴了我们十年光景。时间的流逝是线性的，而数字技术上的许多进展却呈指数状同时出现，其变化速率每一年都在加快。

我们没有来自未来的证据，所以预测它的尝试本质上充满了风险和困难。我佩服那些试图以一种严谨的方式去预测未来的人，且在相当程度上借鉴了他们的工作成果并运用到本书中来。但老实说，我们最好也能认识到，此类预测经常严重偏离目标。他们对未来的预期往往从未实现，相反，其他干脆未被预见的进展却涌现出来，让我们大吃一惊。话虽如此，但我仍坚信，基于对当下科学技术和政治潮流的认知，还是有可能对未来何如进行合理、明智的猜测。若人类干脆放弃预测未来，也许才是最大的风险。

让我们先来讲个故事，故事发生于维多利亚时代的政治家威廉·格拉斯通（William Gladstone）和富有开拓精神的科学家迈克尔·法拉第（Michael Faraday）的一次相遇。法拉第试图向格拉斯通解释他在电力方面的开创性工作，但格拉斯通对此似乎并不为所动，他问道："但是这有什么用？"到后来，他越听越沮丧，反复问："这到底有什么用呢？"

这边厢，法拉第终于也忍无可忍了，他回答格拉斯通："有什么用？先生，您可能很快就要对它征税了。"

许多如法拉第一般的发明家发现，很难向别人解释清楚其工作的社会意义和实践意义何在。而像格拉斯通一样的普通人，经常对我们还未能理解的技术不屑一顾。乍一看，很难看出发明创造的政治意义，它们看起来甚至跟政治毫无关系。当面对一个新的插件或是应用程序时，我们一般都不会去考虑它对政治制度产生的意义。相反，我们想知道的是：它能做什么？使用它要花多少钱？我在哪儿能下载到它？这种想法并不奇怪。总体上说，当面对技术时，我们总会把自己当成一个消费者。但我们现在需要改变这种过于狭隘的观点了。我们必须把通常用来审视和怀疑有权势的政治家的眼光，投射在新技术的力量上。技术并不仅仅是在消费者的意义上影响着我们，其影响更体现在公民层面。在 21 世纪，数字技术就是政治本身。

这本书在一定程度上是为想要更多了解新技术的"格拉斯通们"写的，也是为想要看清其工作之政治意义的"法拉第们"写的。当然，它主要是写给希望更清楚地看懂未来的普通公民的——即便他们并没有肩负着像格拉斯通和法拉第那样的责任。

哲学工程师

思考以下段落：

> 献给疯狂者、不合群者、反叛者、麻烦制造者，方枘里的圆凿们……那些以与众不同的眼光看待事物的人，他们不喜欢规则，他们厌恶墨守成规。他们拒绝向现状致敬。你可以赞美他们，引用他们，反对他们，质疑他们，颂扬或是诋毁他们，但唯独不能漠视他们。因为，为事物带来变化的也正是他们。是他们推动着人类的进步。或许他们是别人眼中的疯子，却是我们眼中的天才。因为,疯狂到认为自己可以改变世界的人,就是真正改变世界的人。

以上言论并非来自政客，而是来自苹果公司在 1997 年的广告"不同凡想"中的画外音，这版广告以展现反叛者们的经典画面为特色，包括圣雄甘地（Mahatma Gandhi）和马丁·路德·金（Martin Luther King）。该广告体现的世界观广为科技界所接受，即他们的工作既有商业上的重要性，又富含哲学意义。"这在硅谷很普遍，"杰伦·拉尼尔（Jaron Lanier）解释道，"那些在车库里创业的年轻人，宣布他们的目标是在几年之内深刻改变全球人类文明，但他们还没准备好去操心钱的问题，因为他们觉得收获一大笔财富根本就是小事一桩。"[5] 这种思维方式之所以极具吸引力，部分是由于它暗示着科技公司不像它们通常被描述的那样贪婪成性。而且，其基本的立意是正确的：数字技术的确具有足以改变世界的惊人能力。让我们比较以下陈述：

> 哲学家们只是以不同的方式解读世界，而重要的是去改变它。我们不是在分析世界，我们是在建造它。

第一句话来自卡尔·马克思（Karl Marx）写于 1845 年的《关于费尔巴哈的提纲》。[6] 它在问世后的一个多世纪中，被政治革命者当作战斗的号角。第二句来自温和的万维网发明人——蒂姆·伯纳斯-李（Tim Berners-Lee）。[7] 马克思和伯纳斯-李的政治事业和秉性几乎是一个模子刻出来的，甚至连胡须的款式都选了同一种。他们除了都改变了人类历史的进程之外，两人的共性还在于其"做出改变还是仅停留于思考或研究"的观念与众不同。从这一点来看，未来远不是我们完全无法掌控的、象征性的存在，而是一种可以被设计和建造的事物。

伯纳斯·李说："我们不是实验哲学家，而是哲学工程师。"[8] 这是一种实践的、亲自动手去解剖生活的方式，相比于身着花呢制服的学者和穿着高领毛衣的哲学家，建造者和发明者显然对这种方式更加熟稔。它同样定义了我们这个时代的心态。如今，最重要的革命没有在哲学系发生，甚至也没有发生在议会和城市广场上，而是在实验室、研究机构、科技公司和数据中心里默默上演，其中大部分都涉及数字技术领域的发展。然而这些非凡的进步是在一种警惕文化、孤立智识的氛围中发生的。除了少数例外，艺术和科学之间横亘着巨大的鸿沟。政治哲学和社会政策的课程很少出现在科学、技术、工程和数学专业的课程表上。而且，如果你想向一名普通的人文科学学生请教电脑的运行原理，那么你很难得到一个像样的回答。

在科技公司内部，几乎没有工程师身负努力思考其工作的系统性后果的任务。他们中的大部分只需要解决某些分散的技术问题就可以交差了。即便投资者已经做好接受"好主意第一，利润第二"的心理准备，技术领域的创新仍是以谋利为根本驱动力的。我并不是在批评这种现象，只是想说：那种挣钱和让世界更美好总是一回事的说法是没有依据的。事实上，就像这本书里的许多例子所展示的，有充分的理由说明：在太多情况下，数字技术是按掌权者和特权者的立场设计的。

随着时间的推移，我们将需要更多的名副其实的"哲学工程师"。而且，让不是工程师的人们批判性地参与科技公司的工作，也会变得日益重要，不仅仅是因为科技公司臭名昭著的工作文化——缺乏多样性，硅谷高管中十个有九个是男性；[9]尽管计算机科学毕业生中有10%是非裔美国人，占了该行业整体劳动力的14%，但在硅谷从业者中，非裔美国人却只占了3%。[10]而且，许多科技界人士秉持着强烈的非主流政治观念。例如，在2013年，有超过44%的比特币持有者声称"支持消灭国家的自由论者或无政府主义资本家"。[11]

我想说的是，若我们把关乎政治的重要事务委派给恰巧在某一时刻被赋予发展数字技术使命的小公司，那就把太多事物置于风险之下了。无论你多么欣赏硅谷工程师，或者你认为绝大部分"科技老大哥"拥有晶体管一般的政治复杂性，我们都需要搭建一种智识上的框架，来帮助我们清晰且批判性地思考数字创新的政治后果。这本书希望使用政治学理论的思想和方法，来促成此种框架的形成。

政治学理论的承诺

以赛亚·柏林（Isaia Berlin）说，哲学的目标始终不变，它要"帮助人们理解自身，让他们在阳光下生活，而不是在黑暗中挣扎"。[12]这同样是我们的目标。政治理论旨在通过其所表达的概念来理解政治。[13]什么是权力？自由在何时、以何种依据是可被缩减的？民主需要每个人有平等能力去塑造政治进程吗？怎样分配社会资源才算是正当的？以上就是政治理论家尝试回答的问题。政治学作为一门学科有着悠久而丰富的历史。从古希腊学术界的柏拉图（Plato）和亚里士多德（Aristotle），到生活在动荡中的近代欧洲早期的霍布斯（Thomas Hobbes）、卢梭（Jean-Jacques Rousseau），再到20世纪政治思想巨擘汉娜·阿伦特（Hannah Arendt）和约翰·罗尔斯（John Rawls），西方政治思想家试图澄清和批评周遭世界久矣，并追问其所以然，探寻其是否有或应有不同。

出于若干原因，政治学理论十分适合检视技术与政治之间的互动。首先，政治思想经典中所包含的智慧比人类文明还经久不衰。它烛照人类的未来困境，并帮助我们判断问题所在。我们最好不要愚蠢到去破坏那些已可为我们所用的思想宝藏，即便我们最终认为其中的某些思想需要升级或重启。同时，政治学理论还提供了思考世界的方法，以此来帮助我们将辩论升级到超越断言和偏见的高度。

在我看来，政治学理论最好的地方是，在处理有关政治的宏大主题和问题时，它提供一种"见森林"的全景式政治视角，而其他方法很可能导致"只见树木，不见森林"，或者困于枝杈的情状。在我们所讨论的案例中，政治学理论的运用是必要的，我们借此能够公正地处理各种命题。如果我们认为技术能够对人类处境发挥根本性作用，那么我们对这种作用的分析也应该是根本性的。这也是本书在所有政治学概念中，最关注四个最基本概念的原因：

> 力量：强者如何统治弱者
>
> 自由：什么被允许，什么被禁止
>
> 民主：人民如何统治
>
> 社会正义：我们对彼此负有何种责任

我认为，在瞬息万变的时代，回归最重要的原则，并在完全摆脱任何特定合法政权约束的情况下思考这些概念将大有裨益，这使我们有可能去想象一个比我们所继承的制度更卓越的制度。概念是我们"看待和感知现实的必然锁钥"。[14] 当我与邻居谈论政治时，我不需要从开天辟地讲起，因为我晓得如果我说某个过程是"非民主的"，那么我无须解释什么是民主，为何民主是个好东西，对方就能完全了解我指的是什么，并能对我所传达的内涵心领神会。这是因为我们属于同样的语言社群，共享着同一套从历史和神话中提取出来的"共同概念群"，[15] 相当便于我们的表达。

从另外一个层面来看，我们想要表达的政治思想有时会因我们词汇的匮乏而受到限制。有些事情看上去是无法言传的，或者干脆是无法想象的，那是因为常用概念库还没有发展出对它们的阐释。正如维特根斯坦（Ludwig Wittgenstein）所说："我语言的有限性就是我世界的有限性。"[16]

这在政治上意味着，即使我们能够清晰地看到未来，也可能找不到措辞来形容它。这就是为什么我们总是把未来图景想象成我们所处世界的强化版。正如首次完成汽车量产的亨利·福特（Henry Ford）所言："如果我询问人们，他们想要的是什么，他们会告诉我想要更快的马。"福特明白，想要让人们相信与其所接触的制度截然不同的制度何其困难。未能及时更新我们的语言只不过是让这种接受难上加难。

我为什么要写这本书

我第一次接触政治学理论是在读大学期间，在若干"第一流"教授的"关照"下，我深深地爱上了这门学科，从此便不可自拔〔事后我承认，我大学中最成功的恋爱经历，很可能是与德国哲学家黑格尔（G. W. F. Hegel）之间充满激情但注定要失败的"爱情"〕。

抛却激情，政治学理论这个学科却也时常困扰着我。政治学理论家似乎都为自己对政治学概念史的深度思考而自得，却几乎对自己的未来完全不感兴趣，尽管其中也有少数例外。我发现了一桩怪事：为何同样的学者在书写过去的时候对语境如此敏感，在讨论政治时却似乎觉得 1950 年的世界跟 2050 年没什么不同。而相当一部分绝顶聪明的政治学理论几乎没有任何实际用处，因其全然没有融入当下风起云涌的现实。当我思考"未来政治"这一命题时，我想到的是奥威尔（Orwell）、赫胥黎（Huxley）、威尔斯（Wells），但他们都是 20 世纪初的小说家，21 世纪的政治学理论家竟没有一个跳到我眼前的！事实证明我并不孤独：2016 年唐纳德·特朗普（Donald Trump）当选美国总统，却把奥威尔的《1984》推上了畅销书榜单。但这个现象提示了一个问题：如果人类希望看懂 2050 年的世界，难道真要借助一本写于 1949 年的小说吗？

当我离开大学，初涉我所从事的政治事业时，一种窸窸窣窣的不安感——政治理论也许没有能力，或是不愿意去解释我们这代人命定的挑战——成为我更紧要的关切。如果技术的发展是如此之快，快到我们缺乏相应的智识机制去解读它们，我们要怎么办？如果我们轻率地创造出了一个连我们自己都搞不明白的未来，又该如何是好？那就更别提去控制它了。

我想找到这个问题的答案，这也是我开始写作本书的原因。

技术的政治

在继续讨论之前，让我们先从一个简单的问题开始：数字技术和政治之间的关系是什么？

作为整体的技术

新技术使以前不能做的事情可以做了，也让我们早就能做的事情变得更加简单了。[17]这就是新技术的社会意义。通常情况下，技术创造出的新机会在本质上是很少的。例如，一种新颖的研磨咖啡豆的方法，不可能导致国家的倾覆。但有时它们带来的结果也许是深远的。在工业革命期间，动力织布机、长筒袜和精纺机的发明就曾威胁要取代熟练的纺织工人的工作。一些被称为卢德派（Luddites）的工人发动了遍及英国乡村的猛烈攻击，他们在离开时摧毁了新机器。我们仍然使用"卢德派"一词来形容那些抵制具有破坏性的新技术到来的人。

从卢德派的例子中可以看出，创新的经济后果常常要求政治给予回应，而新技术也会引发道德上的挑战。譬如，就在几年前，虚拟现实系统这种此前只在科幻小说里见过的玩意竟成了真，就连使用虚拟人类性爱活动的平台来一场虚拟性爱也是有可能的。这就提出了一些有趣的问题：法律应该允许人们同被设计成真人样子的数字伴侣——比如某个明星，来一场虚拟性爱吗？是否需要知会当事人并征得其同意呢？人们很可能对这件事反应强烈：跟你闺蜜丈夫的化身来场虚拟性爱怎么样？如果法律允许这么做，似乎也不大妥当。但是你可能会辩解道，你所做的一切都只属于个人隐私的虚拟世界，不会伤害任何人，跟别人无关，更别提法律了。再举一个更极端些的例子：可以跟一个孩子的化身进行虚拟性爱吗？反正又没有孩子真的在创造这场经验的过程中受到伤害。

以上就是我们面临的"新问题"，在过去我们根本不必回答此类问题。你也许已经对它们形成了看法。你的观点也许与我不同。这正是问题的重点所在：它们天然就是政治问题，应该通过参考一些可接受的道德原则来仔细作答。正如一位著名作家所指出的那样，新技术可以引导我们反观自己的政治观念，就像我们最喜欢的餐厅的菜单上多了一道新菜一样，它挑战了我们对食物的品味。[18]

有些技术具有"内在的政治性"，它们的确需要"特殊种类的政治关系"，或者至少需要与它高度兼容的政治。[19] 兰登·温纳（Langdon

Winner）在 1980 年的写作中，曾援引核电的例子："如果你打算接受核电系统,你就必须同时接受一个强大的'技术–科学–工业–军事精英'来管理和监督核电工厂和基础设施。"[20]

当然，也有些技术并非天然具有政治性，却因其所处的语境而被赋予了政治性。譬如在英国，持牌枪支通常被用于狩猎野生动物。枪支不是主流文化的一部分，大部分人也比较赞成严格管理枪支的意见。然而，在美国，携带武器的权利由宪法第二修正案所保护，因此，文化和规章的冲突就更强烈了。可见，同样的技术在不同的政治语境下产生了差别。

最后，一种在技术和政治之间更微妙的联系是，人类的发明总有办法让自己挤进人类的政治和智识生活。一个绝佳的例子就是机械钟。奥托·迈尔（Otto Mayr）解释说，一些古代文明把国家想象成人体，这个政治共同体中的人类成员组成了它的"手"或"脚"。[21] 在文艺复兴晚期，身体的隐喻加入了诸如"国家之船"之类的其他说法。在哥白尼之后，君主被视为伟大的太阳，他的臣民围绕着他旋转。[22] 从 16 世纪至 18 世纪，关于时钟的隐喻成为主流，那是以一种天才的巧置来指挥"史无前例的崇高"。[23] 随后，思想家们开始从时钟装置的角度来看待政治。[24] 和谐、节制和规律成为普遍的政治理想。[25] 人们呼唤"永远保持警惕的政治家工程师"，期望他们能够"预测并解决所有潜在的麻烦"。这就是一种特定的技术与一套政治观念携手并进的例子，它们在 17 世纪伴随"非凡的钟表生产"和"威权主义秩序观念的显著繁荣"达到了巅峰。[26]

20 世纪的政治想象也因技术而变得丰富多彩。就算在数字时代之前，所有强大的计算机器带来的前景也为一大批艺术和小说作品赋予了灵感。在作于 1928 年的小说《大机器停止》（The Machine Stops）中，福斯特（E. M. Foster）描述了一个人类从属于机器的世界——一个监视并控制人类生存方方面面的全球性技术体系。[27]

　　一些作家试图确定他们所认定的我们这个时代的意识形态。例如，叶夫根尼·莫罗佐夫（Evgeny Morozov）写下"谷歌主义"（"一种解放技术力量的乐观信念，伴随着在争取自由的全球战役中难以抗拒的赞助硅谷初创企业的冲动"）[28]、"网络乌托邦主义"（"天真地相信在线交流的解放本质，顽固地拒绝承认其负面因素的存在"）[29]和"解决主义"（"把所有复杂的形势重铸为定义清晰的问题，有明确的、可计算的解决方法，或是易于优化的、有正确的算法就能搞定的、透明且不言而喻的过程"）[30]。

　　在我看来，相关技术还是太稚嫩，还不足以让我们了解它们对政治思想所能产生的持久印记。毕竟，机械钟表的观念花了几百年才渗入欧洲的政治和精神生活。我们选择阐释当前时代技术的方式，以及它们是如何反过来塑造我们对世界的感知的，都是尚待解决的问题。

数字技术

　　以上是关于技术和政治的总体关系的论述。这是一本关于数字技术的书。数字技术又曾被称作信息与通信技术，或者ICTs。这种技术的出现并不是天然就带有政治性的，它们是超政治的。因为它们冲击了政治生活的两种最基本要素：通信和信息。

　　所有政治秩序都建立在协调、合作和控制的基础之上。缺乏三者中的任何一个，组织集体生活都是不可能的。而这三者无一能在缺少信息交换机制的前提下进行，无论是在普通人之间，还是在统治者和被统治者之间。[31]这也是语言之所以重要的原因。正如詹姆士·法尔（James Farr）所说，没有语言的政治不仅是"难以描述的"，甚至根本就是"天方夜谭"：

新兴国家无法宣布独立，游击队员、反战人士、法院判决的罪犯都听命于领导者。我们既不能谴责、辩护、承诺、争论、劝勉、要求、谈判、讨价还价、妥协、劝告、指示、盘问和建议，也不能认可。在没有以上行动的情况下想象政治，根本就不可能想象出面目可辨的政治来。[32]

尤瓦尔·赫拉利（Yuval Noah Harari）优雅地观察到了语言在人类早期政治中所扮演的重要角色。极少量的声音和迹象就足以让我们的祖先创造出无限量的句子，每个句子都有不同的含义。这使祖先们能够就那些周遭发生的重要且复杂的事件进行交谈，还能谈论那些并非真实存在的神话和故事。如今，这些知识依然能维持社群的团结。[33]

写作可能已开始成为反映现实的一种方式，"但它最终成了重塑现实的有力手段"。[34] 作于1086年的"末日之书"（The Domesday Book）就是由征服者威廉委托写作的，目的是了解人们财产的范围和价值，以便更有效地征税。这本书的内容是不可更改且不可上诉的。1179年，一位评论员对这个"严格且糟糕的最终解释"做了如下评论：

> 它的刑期不能被撤销，也不能因赦免而搁置。这就是为什么我们称这本书为"审判之书"……因为它的判定就像《最后的审判》中的那些观点一样，是不可改变的。[35]

重要的是这本书中写的是什么。它基本从未被修正过。正如赫拉利所说："跟税务机关、教育系统或其他复杂的官僚机构打过交道的人，都知道真相为何根本不重要。填在你的表格上的东西远比真相更重要。"[36]

但只有语言是远远不够的。先进的政治共同体还需要有能力处理大量信息——从贫困率到经济增长率、生育率、失业率和移民数。如果你想管理一个国家，你就必须先了解它。[37] 18 世纪寻求取代腐朽旧制度的革命者们对此深有体会。1789 年法国大革命之后，革命者们就在规范化、合理化方面付出了艰苦的努力：统一度量衡、划定州省、颁布民法典。[38] 在大西洋的另一边，美利坚合众国的国父们将每十年普查一次的需要（一种"列举"）供奉在宪法第一条。亚历山大·汉密尔顿（Alexander Hamilton）相信，联邦政府理应成为"信息中心"，因为这将使其成为"了解迫在眉睫的危险的程度和紧迫性"的最佳场所。[39]

信息和政治之间的关联是基础性的，而且它在我们的词典中也留下了自己的痕迹。"统计学"这个词，源自 18 世纪的德语词"政治学"（Staatswissenschaft），也就是教授们向神圣罗马帝国的贵公子们讲授的"关于城邦的科学"。[40] 确切地说，统计学的功能性定义，即"让先验的独立的事物结合在一起，从而将现实性和一致性赋予更大、更复杂的事物"[41]，与政治的目的基本一致，一个是数值的抽象，一个则基于人类的现实。最初，"分类"（classified）这个英文词汇有一个基本的含义：将信息的种类归于分类结构。在 19 世纪，当英国的国家力量壮大，其帝国规模扩大后，"分类"开始被赋予其他现代意涵：国家专属管辖权所掌握的信息。[42] 就连"控制"（control）这个词，也在一定程度起源于信息，是从中世纪拉丁语的动词 contrarotulare 演化而来，意思是"参照卷轴"，"卷轴"指的是当时被用作官方记录的纸质卷轴。[43]

《经济与社会》（1922）是 20 世纪早期最重要的社会学专著，在这本书中，马克斯·韦伯（Max Weber）将官僚制的"精密仪器"奉为到那时为止最先进的人类活动组织方式。[44] 韦伯的观点在之后的一百年中得到了证实，这是一种系统组织信息的统一方案，承诺"精确、迅速、明晰、存档、连续性、酌处权……统一性"*，这种方案将会是最有效的政治控制体系。[45] 1933 年，罗斯福（Franklin Delano Roosevelt）在担任美国总统时，没有将这个经验抛诸脑后。由他推行的著名的经济干预计划与其将联邦政府的行事方式转向统计学的行动相表里，尽管这种做法不是那么富有魅力，但它的确是迈出这一步的关键努力。1935 年至 1950 年出现了"社会统计和现代经济学的三种基本工具"：抽样调查、国民经济核算和计算机运算。[46] 如果汉密尔顿、韦伯和罗斯福活到今天，他们无疑会对我们产生的庞大数据量和我们用来处理这些数据的日益强大的系统兴趣盎然。

退后一步，现在提出一个为阅读整本书提供指导的暂定假设已成为可能：我们如何收集、存储、分析并交流信息，本质上就是如何组织它们——这与我们组织政治的方式密切相关。因此，当一个社会开发出新奇的信息技术和通信技术时，我们便可以预见，政治上的变革也将到来。

新技术会带来政治变革并不是一个巧合，譬如，第一个大规模的人类文明是与书写技术的发明同时出现的。最早的书面文件——公元前 3500 年苏美尔人率先在乌鲁克城（Uruk）使用的楔形文字片，就完全是行政性质的文件，这些文字片被用来记录税收、法律、合同、票据、债务和所有权以及政治生活的其他基本方面。正如詹姆斯·格雷克（James Gleick）的观察，这些文字片的意义不仅在于为商业和官僚机构提供了记录，而在于正是这些文字片的存在，才使商业和官僚机构的存在成为可能。[47] 依仗字母表之力，其他古代文明如雨后春笋般涌现，这是当时最强大的收集、存储、分析和交流信息的方法。哈罗德·伊

---

* 此段译文参考了上海人民出版社 2020 年版《经济与社会》阎克文译本，原译文为"精确、迅速、明晰、档案知识、连续性、酌处权、统一性"；其中"档案知识"处原文为 knowledge of the file，此处将其译为"存档"，因其是官僚制的代表性操作。——译注

尼斯（Harold Innis）在《帝国与传播》（*Empire and Communications*，1950）中讨论了埃及和波斯的君主制，以及同时期的罗马帝国和城邦，认为它们"本质上都是书写的产物"。[48]

随着时间的推移，一些最古老的计算系统真正发展了起来，以便政府可以更好地掌握他们所收集的数据。赫尔曼·何乐礼（Herman Hollerith）最初被雇用去做 1880 年的美国人口普查，因为他开发了一种"打孔卡"和"制表机"系统来处理人口普查数据，并把这个系统出租给美国政府。何乐礼在自己这个早期发明的基础上，创建了"国际商用机器公司"，它更广为人知的名字是 IBM。[49]

让我们把目光从过去拉向未来，我们需要追问的是：处于不断变化中的数字技术，也就是信息和通信技术，将如何影响我们的政治体系。

以上就是本书的核心问题。

我们都知道，技术的影响因地而异。例如，中国和韩国引入印刷术后，并没有发生古腾堡印刷术引入欧洲后引发的那种转变，而欧洲社会已经为接下来的宗教和政治变动做好了准备。[50]此类差异通常可以通过经济和政治上的情况来解释。谁拥有并控制特定的技术，公众对它的接受程度如何，它可能的用处是否被预先深思熟虑过，它是否会被引向某个特定目的，这些因素都将影响它的效用。

这意味着我们不应该过于心急地去设想，一项特定技术的发展将不可避免地导致某种特定的社会效果。想想互联网：因为它的网络结构在本质上非常适合去中心化和非等级化的组织，许多人便自信地预测，线上生活将会与线下世界中的情况大不相同。这种想法显然被后来的事实打了脸。主要是由于互联网生来具有的商业和政治属性，它的发展路径逐渐受到大型企业和政治实体的引导与控制，而正是以上两者过滤和形塑了我们的线上体验。

此外，我们不能认为技术一定意味着进步。凯文·凯利（Kevin Kelly）在《技术想要什么》（*What Technology Wants*，2010）这本书中曾做出过一个令人难忘的论断：我们这个时代不是第一个放大了技术所承诺的好处的时代。发明炸药的阿尔弗雷德·诺贝尔（Alfred Nobel）相信他的炸药对战争产生的威慑作用能"超过一千个世界公约"。机关枪的发明者认为他的创造将"使战争不可能发生"。在 19 世纪 90 年代，那是电话发明的早期，美国电话电报公司的总工程师宣布："总有一天，我们将建立一个世界电话系统……它能让地球上的所有人加入同一个兄弟会。"到了 1912 年，无线电的发明者古列尔莫·马可尼（Guglielmo Marconi）仍乐观地宣布："无线时代的到来将使战争变得不可能，因它会让战争显得很荒谬。"1917 年，奥维尔·赖特(Orville Wright）预测飞机将"使战争不可能"，同年，儒勒·凡尔纳（Jules Verne)宣布："潜艇可能会导致战斗彻底停止，因为舰队将变得无用……战争将变得不可能。"正如凯利解释的那样，以上这些发明连同鱼雷、热气球、毒气、地雷、导弹和激光枪都被宣告为终结战争的发明。[51]结果没有一个发明完成了其所宣称的目的。

列宁形容共产主义是"苏维埃政权加上全国电气化"。[52]而托洛茨基（Trotsky）却看到了技术的进步并不一定能带来道德的进步，他写道，"虽然身处 20 世纪，却仍活在 10 世纪或 13 世纪"：

> 一亿人在使用电力的同时，还在相信神迹和驱魔术的神秘力量……无尽的黑暗、愚昧和野蛮仍在占领着他们的心灵！……一切本应从国家有机体中清除出去的糟粕……在如今这不受阻碍的社会发展过程中喷薄而出。[53]

我们不能认为任何特定结果都是理所当然的。我们也不能假设我们自身的道德能力会随着各种各样的发明而自行发展。一切都还在博弈之中。

本书概述

尽管本书的主题比较"未来派",但它还将以一种"老派"的结构组织起来。这意味着你得从开始读到结束(科技发烧友们可能巴不得赶紧翻完第一部分的内容)。

第一部分奠定了基础。它勾勒出对未来的展望,这个未来具有三个决定性特征。第一是功能日益强大的系统,就是在很多任务和活动中的表现跟人类差不多,甚至比人类还强的那些机器(第一章)。第二是日益综合的技术,它们总是包围着我们,嵌入自然的或是人为构建的环境之中(第二章)。第三是日益量化的社会,越来越多的人类活动(我们的行动、表达方式、动作和情感)都作为数据被捕捉和记录了下来,然后由数字系统进行分类、存储和处理(第三章)。我使用"数字生活世界"这个词来描述我们的未来,这是一个密集且丰富的系统,将强大的机器与大量的数据编织在一张复杂而精妙的网中。

第四章"像理论家一样思考",概述了数字生活世界发起的政治和智识挑战,以及我们用来应对这些挑战的理论工具。

第二部分转向权力的未来。其中心论点是:某些技术将成为数字生活世界的强大力量(第五章)。其中一些技术将通过对人类施加某种武力发挥作用。让我们想象一辆拒绝压在黄线上的自动驾驶汽车,或者是只因其使用者要买的东西是制作炸弹的必备材料就拒绝下单的购物应用程序(第六章)。其他技术将会通过收集和存储我们的私密信息来规训我们,以此发挥它们的作用,甚至在我们使用它们之前就预测我们的行为(第七章)。最后一批技术,将通过控制我们的感知来发挥作用。这些平台将会过滤我们对更广阔世界的了解，设置政治议程，引导我们的思维，激发我们的情感，并在更大程度上调动我们的偏见，其作用超过过去任何媒体大亨。

这三种权力形式——武力、审查和知觉控制，与政治本身一样古老。其中的新东西就是数字技术将赋予它们远超人类历史上任何工具所能被赋予的力量。我认为，政治的主要后果，就是使那些掌握了技术力量的人控制其余人的能力更加强大。有两伙人将得利最多，即政权和大型科技公司。这就是第九章所关注的内容。

这种在权力本质上的变化将影响政治生活的方方面面。本书的第三部分检视了自由的意义。一方面，新发明使我们能够以全新的方式行动和思考，产生令人兴奋的新的创造模式、新的自我表达和自我实现的方式。另一方面，我们也应预见政治当局执法能力的急剧提升，这将相应地导致我们摆脱政府控制的能力急剧下降。简言之，数字生活世界将成为执法系统的地盘，这个系统对其统治下的有缺陷且不完美的人们来说，也许是太过"有效率"了（第十章）。而且，最为我们所珍视的自由——包括思想、言论、旅行和结社的自由——将大规模地委托给私人科技公司，在这些地方工作的工程师和律师们会通过这些自由的实践情况来设计和运行此类系统。拿言论自由来说，我们将依靠社交媒体和通信平台设置的限制；就思想自由而言，我们需要依赖新闻真实性和搜索算法；就道德自主性来讲，我们则将依靠那些决定我们在它们运营的数字系统中"什么可做，什么不可做"的判断。这就是第十一章要讲的内容。

我认为，政治和科技精英们所掌握的力量的增长，将迫切要求公民追究这些精英的责任的力量同步增长。这就是本书第四部分的关注点，它涉及对民主之未来的考量。它提供了一系列民主可能被改变的方式，或好或坏，通过更多民众参与的直接民主、协商民主和"维基民主"，或者是通过包括大量机器参与的数据民主和人工智能民主（第十二、十三章）。

在本书的第五部分，我们转而关注社会正义的未来。在数字生活世界，我认为，算法将在重要的社会物品的分配上发挥关键作用，譬如就业、贷款、住房和保险（第十四章）。算法也将更多地用于分类、排名、打分，把我们按地位和声望划分到各个社会阶级中去（第十五章）。哪些人在明面上，哪些人始终在暗处？谁会更受欢迎，谁又被彻底遗忘？从社会角度来看，哪些人是重要的，哪些人还不如不存在？这些都是关于承认的重要问题。分配和承认都是社会正义的重要面向，而在此前，它们都是留给市场、国家和社会解决的问题。在数字生活世界，社会正义将在很大程度上依赖操持相关算法的人的决定。

数字生活世界也将产生新型且奇特的不公正体系。想想新西兰的在线护照系统，它们拒绝了一名亚裔男子的护照照片，因为系统判断这名男子没睁开眼。[54] 再想想因"只听过男人的声音"而不能识别女声的语音系统。[55] 还有把黑人打上"人猿"标签，把集中营打上"运动"和"攀爬架"的线上自动标签系统。[56] 以上都是鲜活的例子，而它们只是个开始。曾经，能羞辱或贬低我们的只有其他人，现在范围则扩大到了机器。这种变化对社会正义的影响是深远的（第十六章）。

有充分的理由推测，数字生活世界会在经济上造成严重的贫富差距，尤其是当数字系统开始更多地涉足此前只能由人类执行的任务时，可能导致大规模的"技术失业"（第十七章）。第十八章介绍了未来的经济可能只对一类精英阶级有利，那就是生产性技术的"拥有者"，而剩下的大多数则须努力挣扎着抢夺那块份额不断萎缩的蛋糕。我把这种现象称作"财富旋风"。我认为，想要扭转这种结果，我们也许需要重新审视"财产"概念本身。

本书所确认的主要危险在于：也许我们最初都没注意到，我们已逐渐进入自己几乎无法理解的数字系统，遑论控制它们了。反过来，这种情形将把我们置于一种祈求那些数字系统控制者发慈悲的境地。在第十九章，我提出两种避免这种命运的方法。第一种是"透明化"：对于那些有能力影响我们的核心自由、民主进程，或是解决社会正义问题的技术系统，确保其运作公开透明。第二种方法，我称之为"新三权分立"，即确保没有实体能稳妥掌握一种以上的武力、审查和感知控制方式，或者获得对以上任何一种能力的垄断。

本书以对"后数字生活世界"时段的简短探索作结，在那个时候，世界的变化如此巨大，以至政治这个概念本身都失去了意义（第二十章）。

在继续推进前再说几句。

不得不承认，本书的研究还不够深入。整个政治生活领域，连同西方政治传统之外的理念都还没有触及。一些问题需要被修剪和简化。以上是对我个人局限性的承认，也是为了读者着想：任何想要做到"综合"的努力都会导致把一本书写成《圣经》的体量。正如维特根斯坦所说："希望其他人能做得更好。"[57]（我是认真的。）

我尽力不去充当一个教条主义者（这对一名律师来说确非易事）。我的目标是提供一个引导，而非提出一个宣言。其中的一些技术和理念可能是新鲜而陌生的，然而，我们的宗旨至少和人类这个物种一样古老："对这个世界感到惊奇，又如在自家般自在。"[58]

第一部分

数字生活世界

人们都认为自己在天上看到了新的毁灭，从天上落下的火焰似乎已经因恐惧而惊飞逃窜；他们将听到所有的生灵说着人类的语言；他们将马上亲自奔跑，跑到世界上那些还在静止着的地方；在黑暗之中，他们将看到最灿烂的光辉！人类的奇迹！是何种狂热在驱使着你们啊！

——列奥纳多·达·芬奇（1452—1519）

第一章
日益强大的系统

没有什么比探索未知更让人害怕的。

——埃利亚斯·卡内蒂,《群众与权力》(1984)

让我们从一个对自身所处位置的调查说起,并勾勒出一个即将到来的世界。

下个世纪,政治将被三大发展所转变:日益强大的系统、日益综合的技术和日益量化的社会。这些变化将共同带来一个崭新的、不同的集体生活——数字生活世界。"生活世界"这个略显古怪的词,来源于德语 Lebenswelt,它指的是所有构成我们个人或集体世界的即时的体验、活动和联系。当你想象数字生活世界时,不妨把它想象成一个紧实而丰富的系统,它将人类、强大的机器和充足的数据连接在一张相当复杂精密的网中。在本章,我不想去评估或是批评我所描述的那些技术的效果。我的目的是要识别并理解它们,然后(在第四章),我要去检视那些将帮助我们更清楚地思考政治的全部意义为何的智能工具。

接下来的三章内容包括许多现实生活中的例子,但我的本意不是让大家马上把它们一股脑都记在心里。相反,我们的宗旨只是去一瞥那偷偷跟踪着我们的未来，哪怕只是看个大概。承认我们很快就会与拥有超凡能力的计算机相伴而生，将是论证的起点。这些超级计算机属于"日益强大的系统"范畴，[1] 而它们将成为数字生活世界第一个决定性的特征。

人工智能

人工智能（AI）领域兴起于 1943 年，关注的是建设一种"智能的"数字系统。当我在此提到人工智能时，我是在描述一种可以执行任务的系统，而这些任务此前被认为需要人类的认知和创造过程参与才能实现。[2] 它的进步并不是一帆风顺的，但它在当下的确大放异彩且迅速聚集。成千上万种以前只有人类才能进行的活动，如今被数字系统更快、效率更高、更准确地完成，人类的完成度根本不能与其相提并论。

人工智能系统已经快要超越人类在翻译自然语言、识别人脸、模仿人类说话方面的能力了。[3] 使用人工智能的自动驾驶汽车被广泛期待在接下来的几年中普及（福特公司正在计划于 2021 年推出一种面向大众市场的自动驾驶汽车）。[4] 在 2016 年，微软发明了一种人工智能语言识别系统，能够转录人类的对话，这个系统的错误数等于甚至少于专业的人类速记员。[5] 牛津大学的研究者们发明了一种准确率高达 93% 的人工智能"读唇语"系统，相比之下，专业唇语翻译人员的正确率只有 60%。[6] 人工智能系统已经可以撰写体育、商业和财经方面的文章了。[7] 在 2014 年，美联社开始使用算法计算上千份此前由人工撰写的收益报告，又生产了 15 倍于原数额的报告。[8] 人工智能系统已经导演了电影，制作了电影预告片。[9] 人工智能"聊天机器人"（能跟人聊天的系统）将很快用于餐馆点餐。[10] 很不幸，工程师们甚至还造出了可以撰写支持某个政党的全部演讲的人工智能系统。[11] 以前我们总觉得，政客们讲起话来就像没有灵魂的机器人，听他们发言的滋味真不好受，结果现在我们拥有讲起话来像政客一样的机器人了。

每天，算法都会代表投资者在金融市场上进行无数次交易。投资者们相信，算法能够基于变化的市场状况制定复杂的战略。深度知识（Deep Knowledge Ventures）是一家总部位于香港的风险投资公司，该公司为其董事会指定了一套名叫 VITAL（先进生命科学确认投资工具）的算法。[12] 在医疗领域，人工智能系统在区分不同种类的肺癌并预测存活期上做得要比人类病理学家还好。研究者们相信，它们在区分与预测其他种类癌症的相应过程中的表现，也会优于人类病理学家。[13] 在法律方面，一个人工智能系统正确判断了欧洲人权法院审理的上千个案例中 79% 的结果。[14] 致命自主武器系统，也就是人工智能支持的导弹、军用无人机和武器化机器人，也正在开发中。如果运用到战场上，它们将有能力基于特定的标准锁定并摧毁目标，随后返回或是自我摧毁——它们随时准备在适当的时候行动，不需要人类决策对其干预。[15]

技巧和战略类运动可以有效地衡量数字系统能力的增强程度。简言之，这些数字系统如今几乎在每一个运动项目上都击败了最优秀的人类玩家，包括西洋双陆棋（1979）、跳棋（1994）和国际象棋。在国际象棋领域，IBM 研发的深蓝在 1997 年战胜世界冠军加里·卡斯帕罗夫（Garry Kasparov）的比赛中一战成名。在 2016 年，Google DeepMind 的人工智能系统 AlphaGo 震惊了世人，在古老的围棋项目上以 4∶1 击败了韩国围棋大师李世石，在此一役中，AlphaGo 使用了令人眼花缭乱的创新战术，要知道，与国际象棋比，围棋的复杂程度要以指数倍计。李世石甚至有点心酸地指出："我还是能赢一场的，我不会拿这场胜利去交换世界上的任何东西。"[16]

一年后，另一个版本的 AlphaGo——AlphaGo Master 以 3:0 的净

胜分击败了"地表最强"的人类围棋选手柯洁。[17]

如今，一种更加强大的版本出现了，那就是 AlphaGo Zero，它连续 100 次击败了 AlphaGo Master。[18]

早在 2011 年，IBM 的 Watson 就击败了电视真人秀《危机！》（*Jeopardy！*）栏目史上两位"最伟大的人类选手"。在这个节目中，主持人提供与以下内容有关的常识"答案"，考察范围涉及运动、科学、通俗文化、历史、艺术、文学和其他领域的通识知识；参赛者则被要求说出这些"答案"对应的"问题"是什么。《危机！》节目要求参赛者有渊博的知识和处理自然语言的能力（包括文字游戏），必须抢在其他选手之前还原相关信息，并用一种可理解的表达方式回答出来。[19] 人类冠军们远远不是 Watson 的对手，Watson 的成功在人工智能发展史上树立了一座里程碑。它几乎可以回答任何领域的问题，"比最优秀的人类更快、更准确地回答太阳之下任何领域的问题"。[20] 被用在《危机！》节目中的 Watson 版本，传说其体积像一间卧室那么大。到 21 世纪 20 年代早期，这种技术被寄予厚望能取得重大突破，它将被轻松置于一个智能手机大小的计算机中。[21] 如今，这个被 IBM 命名为 Watson 的机器不再存在于某个物理空间，而是分布存储在云服务器上，商业用户可以在他们的个人电脑和智能手机上轻松登陆 Watson。[22] IBM 强调，不同版本的 Watson 能做的远比赢得真人秀比赛要多得多。在 2016 年年底，一个 Watson 平台发现了 5 种与肌萎缩性脊髓侧索硬化症（ALS）有关的基因，这是一种能导致瘫痪和死亡的退化性疾病。这个系统吸收了所有已发表的有关 ALS 的文献成果，并剖析了人类基因组中的每一个基因。对 Watson 来说，完成以上工作不过是几个月的事；如果由人类来操作，可能要花上好几年。[23] 在 2017 年年初，日本寿险巨头富国生命保险（Fukoku Mutual Life Insurance）裁员 34%，转而采用 Watson 的"探索者"平台取代他们的工作，消化了好几万份医疗记录、证书和住院数据，以及用来计算投保人支出的手术信息。

人工智能已经产生了大量的次级领域，在每个领域都应用了不同方法来解决各种各样的问题。例如，那些寻求再生人脑的神经工程的人跟寻求"含有拍打式机翼的早期飞行器设计"的人一样，与那些完全运用为人工计算而量身定制的新技术的人之间，在方法谱系上是存在差别的。[24] 一些研究者立志寻求跟人类大脑一样的"通用人工智能"，这种通用人工智能天生具有意识、创造力和常识，以及在不同环境中都具备的"抽象思考力"。实现这个目标的途径之一也许是全脑仿真（whole-brain emulation），瑞士的蓝脑工程（Blue Brain project）就正在探索这种方法。这个工程尝试映射、模拟并复制人脑中的800多亿个神经元和十几万亿个神经突触，以及其中枢神经系统的工作情况。[25] 全脑仿真依然被看作一个遥不可及的愿景，但它在技术上并非不可能。[26] 正如默里·沙纳汉（Murray Shanahan）所说，"将数以百亿计的超低功耗、纳米级的元件组合成一个有人脑智能水平的设备"，人类大脑的存在就是这种技术可能性的证据。[27]

然而，大多数当代人工智能研究并不关心通用人工智能或全脑仿真。相反，它旨在创建具有以下功能的计算机：执行某种特殊任务，这种任务往往是十分狭窄的，而其效用级别却很卓越。AlphaGo、深蓝和Watson并不具备像人脑一样的"思维"。拿深蓝来说，它只有下国际象棋的功能，使用"强大的数字运算能力"去处理每秒钟数以亿计的位置，去推测每个可能的下法，最多能算到二十步左右。[28]

执着于只有狭窄认知能力的机器和能"思考"或"解决"更普遍问题的机器的区别，是很诱人的。相比前者来说，后者是一种更加生动的目标。但人工智能到底是"狭窄"还是"广阔"、是"强大"还是"虚弱"的区别，足以模糊事实——即使是关注范围相当狭窄的人工智能系统，依然能仅凭自己就创造出巨量的新机会和需要谨慎注意的风险。很快，计算机将能够去做人类能做的事情，即使它们完成这些事情的方式与人类不同；除此之外，它们能做的事还有很多。一个人工智能系统也许只能执行少量任务，但这也没关系。至少，数字生活世界似乎将组织起大量相互重叠的人工智能系统，每个系统都被设计来执行特定功能。而对作为接收方的我们来说，也许不太可能去区分它到底是拥有通用智能的系统，还是使用 50 种不同的次级系统去给人以通用智能印象的系统。在最重要的方面，它们会产生同样的效果。

机器学习

当前人工智能最重要的子领域就是机器学习。佩德罗·多明戈斯（Pedro Domingos）在他的《终极算法》（*The Master Algorithm*，2015）一书中解释道，让计算机执行某项任务的传统方式是"写下算法"，即一系列向计算机发送的指令，以此"细致入微的细节去解释"计算机应如何执行这项任务。[29] 相比普通算法，机器学习的算法能够自行找到识别模型、创建模型并执行任务的方法。它通过调动大量数据，识别模型并进行推断来完成任务。机器学习算法可以同时学习两种知识（"如果某物看起来像 X 即它是 Y"）和技巧（"如果道路向左弯曲，则将车轮向左旋转"）。[30] 这个想法是，在某个特定时刻后，"我们不再需要为计算机编程"，而是靠"它们自己给自己编程"。[31]

我描述的许多人工智能系统都采用了机器学习技术。确切地说，机器学习算法无处不在：

在亚马逊，算法决定了当今世界上的人们正在阅读何种书籍，算法在这方面起的作用远超任何一个自然人。美国国家安全局（NSA）的算法决定了谁是潜在的恐怖分子。气候模型决定了大气中二氧化碳的安全水平。选股模型比我们大多数人更能推动经济发展。[32]

当你第一次乘坐自动驾驶汽车时，请记住：

没有工程师编写算法一步步地指导它（自动驾驶汽车），手把手地教它怎么从 A 地行驶到 B 地。也没有人知晓如何对汽车编程，让它开动，也没有人需要做这些事。因为一辆配备了学习算法的汽车通过观察驾驶员的行为就能自行学会。[33]

机器学习，借用多明戈斯的话来说，就是自动化本身的"自动化"。[34]这是一项意义深远的进步，因为它让人工智能系统从它们的人类创造者的限制中摆脱了出来。Facebook 的工程师们，还有其他工程师，都在开发一种机器学习的算法，一种可以构建其他机器学习算法的算法。[35]

总体来说，机器学习算法有三种"学习"方法。在监督学习（supervised learning）中，人类程序员设置了一系列确定的结果并为机器提供反馈，告诉它们其判断是否与确定的结果相合。相形之下，在无监督学习（unsupervised learning）中，机器将获得数据，然后自行寻找其范式。因此，一个无监督学习的机器可以用来"发现知识"，即建立人类程序员完全没有意识到的连接。[36]在强化学习（reinforcement learning）中，机器被给予"奖励"和"惩罚"，从而告诉它做得是否正确。机器实现了自我完善。

本章描述的很多先进技术，尤其是那些涉及图像、语言和文本的，正是那种所谓受到动物大脑结构启发的、利用"神经网络"进行的"深度学习"技术。谷歌在 2012 年开启了一项这样的技术，它融合了 1000 台大型计算机，创建了为数超过 10 亿的连接。1000 万张随机产生于 YouTube 视频中的图片被提供给这台计算机。没有人告诉它去寻找什么样的图片，这些图片也没有被打过标签。三天后，一个单元学会了如何识别人脸，另一个单元学会了识别一只猫的面部图像（这毕竟是 YouTube）。[37] 谷歌的工程师们如今利用"决斗"（duelling）神经网络去彼此训练：一个人工智能系统创造现实图像，另一个人工智能系统扮演批判者的角色，试图辨识出它们的真伪。[38]

从运用于游戏的人工智能系统中可以看出对深度学习利用度的快速提升。在 1997 年打败加里·卡斯帕罗夫的深蓝版本已经植入了许多妙招的基本原则。AlphaGo Zero 是最新、最强大的 GO-playing 人工智能系统的化身，然而，对它来说，最有吸引力的，并不是从与最杰出的人类对弈中"学习"，甚至也不是"学习"人类的比赛，而是从反反复复的自我对抗中"学习"：它从完全随机的步法开始下起，然后随着时间的推移快速成长。[39]

机器学习已经出现一段时间了。通过新算法的发展，更主要的是处理能力和可用数据的爆发性增长，机器学习在近几十年里迅速成长和成功（第三章）。数据对机器学习来说是至关重要的，如果数据太少，机器学习算法的发展便会受阻，如果数据足够多，"一种只有几百行的学习程序就能轻松产生千万行的程序，而且它能在不同问题上反复使用"。[40] 这就是数据被称为"新煤矿"[41]，而收集数据的人被称为"数据挖掘者"的原因。

然而，我们在本书的不同地方都能见到，对有缺陷的现实世界数据的依赖也能对机器学习系统造成破坏。微软于 2016 年 3 月 23 日在 Twitter 上推出了其人工智能聊天机器人 Tay。Tay 可以模拟一个 19 岁的女孩说话，并能从与其他 Twitter 用户的交流中学习。在它面世 16 小时后，Tay 被禁止继续运行，因其发布了一系列含有种族主义和色情内容的煽动性推文，其中还有一张希特勒的照片，照片上打着"前方高能"的说明，还有一条推文说："去他妈的机器人爸爸！我就是这样一个淘气的机器人！"Tay 从 Twitter 上其他用户的这种交流方式中"学习"了此类说法。这个例子表明，人类在社交媒体上如何表达，机器学习也能有样学样。

关于机器学习的最后一点是，在过去，为任何系统提供动力的计算能力（算力）实际存在于该系统中。强大的数字设备，实际上包含了使它们运行的处理器。在上个十年到来的云计算意味着算力不一定要被局限于设备本身：像苹果公司的 Siri 可在网上被接通。这一点对技术的融合意义非凡，它意味着使用小设备就能调动起大型计算资源（第二章）。这一点对机器学习来说同样重要，因为它意味着机器不需要从它们单独的经历中"学习"，它们也能从其他机器那里学习，以至在这个集群或机群中的每台机器都能为整体的"集体智慧"贡献力量。

算力的几何级数增长

人工智能和机器学习领域的进步源于数学、哲学和神经科学领域的进步。不过，我们此前已经提到，它的进步总体基于两项大的发展：可用数据量的大爆发和算力的爆发式增长。

最近五十年左右，算力——计算机芯片处理数据的能力——呈指数型增长，差不多每两年就要翻一番。一般而言，这个进展预计会持续下去。以当前趋势来看，到 2029 年，计算机的算力将比 2017 年要快 64 倍。如果技术以同样的速度继续进步，那么到 2041 年，它的算力将比 2017 年快 4096 倍。三十年后，计算机将成长到比现在强大千万倍。雷·库兹韦尔（Ray Kurzweil）等人预测，在下一个十年左右，一种普通的台式机（大概 1000 美元）将匹敌甚至超越人脑的处理能力。

到 2050 年，"1000 美元的计算机的算力将超越地球上所有人类脑力的总和"。[42] 如果你觉得这听上去是不可能的，那就回望一下我们人类的来处吧。仅仅是在三十年前，5000 台台式机才能跟今天的 iPad Air 的算力相匹敌。[43] 若在六十年前想造一个 2010 年面世的 iPad2（如今已经无可救药地过时了），得花 100 万亿美元，大概是 2015 年美国联邦预算的 25 倍。[44] 如今，普通的智能手机都比当年送尼尔·阿姆斯特朗（Neil Armstrong）上月球的阿波罗导航计算机（Apollo Guidance Computer）的算力更强。[45]

我们的大脑天生不善于以指数形式思考。我们倾向于以一种直线上升的方式思考正在发生的变化，做不到在事物本身加速时注意到其潜在的变化速率。要正确地看待它，让我们试试（在佩德罗·多明戈斯所举的例子中）想象一个单一的、极小比例的大肠杆菌。这个细菌会一分为二，每 15—20 分钟就在体积上翻一倍。假设条件适宜，在几小时后，它就会繁殖成一个细菌的领地，但仍然不足以被人类肉眼所见。然而，在 24 小时后，这个大肠杆菌就会长成与地球差不多大的巨型菌落。[46] 这就是几何级数增长的威力。

计算机的算力约每两年提高一倍的理论，通常被称为摩尔定律。这个"定律"实际上不能完全算是一个定律，而更像是一种可观察的发展模式，它被称作"硅谷的指导原则，就如同将十诫合为一诫"。[47] 这个原理最初来自英特尔公司的联合创始人戈登·摩尔（Gordon Moore）在 1965 年发表的文章，他在这篇文章中预测，能被塞到一个集成电路上的组件数可能会每两年大致翻一番。当时，摩尔预测，这种趋势将"至少持续十年"。[48] 其他人对他的预测持怀疑态度，觉得再能应验个几年就不错了。结果摩尔定律现已持续了五十多年。沃尔特·艾萨克森（Walter Isaacson）指出，这不仅仅是预言：它是"该行业的目标，在一定程度上帮助这个行业实现了自我"。[49] 有趣的是，算力并不是唯一以几何级数速度升级的技术。大量其他技术升级，包括硬盘容量、带宽、磁数据存储、像素密度、微芯片密度、随机存取存储器、光子传输、DNA 测序和脑扫描分辨率都在不断发展。[50] 如果摩尔定律继续成立，那么在接下来的几十年里，我们都将得以目睹具有超级能力的机器。那是一个每台台式机大小的机器都有全人类的算力的世界，跟我们当下所处的世界完全不同。

有人会说摩尔定律会在接下来的几年中慢慢失去解释力，主要是因为它将在物理上变得不可能——很难将更多的晶体管塞入同一芯片中，当然，过去半个世纪的经济红利慢慢消耗殆尽也是其丧失解释力的原因之一。的确已经出现了一些速度放缓的迹象，即便摩尔定律在过去已经无数次"被谢幕"了。[51] 然而，"当前的计算模式——将晶体管集成到硅的二维晶片上（集成电路）——就是最终的计算模式，并且本身不能通过其他方法改进"这一假设很有可能是错误的。历史、市场力量和常识都表明并非如此。在使用集成电路之前，计算机是单纯用晶体管组成的。在此之前，即阿兰·图灵（Alan Turing）的时代，人们依靠电子管、继电器和电机机械来造电脑。计算的故事是一系列越来越强大的信息处理方法的故事，每一种方法都经历了几何级数的发展，随后达到其物理极限，然后就被更优秀的方法取代。计算处理能力的几何级数增长可以追溯到 17 世纪的"帕斯卡尔机械装置"。[52] 没有什么是不可避免的，但对于摩尔定律来说，它并未随着集成电路的开始而开始，也不太可能随着集成电路的结束而结束。

接下来会发生什么才更吸引人。许多新方法已经在开发中，旨在达到基于硅片的计算的前沿并超越它。一种方法是首次在芯片中使用非硅材料。[53] 另一种可能性则是脱离当前 2D 集成电路（晶体管被并排排列在一张硅晶片上）的范式，转为一种 3D 的方法——把硅晶片叠高。[54] 一种方法可能是完全放弃硅这种材料，转而采用碳纳米管作为材料来构建体积更小、效率更高的晶体管。[55]目前还有一种方法被谷歌采用，即使用更多拥有特定目的的计算机芯片来实现特定的功能——功能更少，速度更快。[56]微软正加大对一种可以兼顾更高速度和灵活性的芯片的使用力度。[57]

放眼更长远的未来，来自谷歌和其他公司的工程师已经在努力开发"量子计算机"了，在处理某些任务上，"量子计算机"的功能预计将可以远超经典计算机。[58]另一种可能的替代硅的方法是使用 2D 类石墨烯状化合物和"自旋电子学"材料——利用电子的旋转来计算，而非移动它们。[59]神经电子学是另一个不断发展的领域，旨在对人脑的神经网络进行逆向工程，需要的功率或许比硅更少。[60]从长远来看，量子点细胞自动机（QDCA）技术可能产生难以想象的小体积半导体，这种半导体能够在使用远少于硅的功率和耗能的情况下，完成晶体管的工作。[61]

以上提到的许多技术仍处于起步阶段，对于摩尔定律的未来表现，现在还难有定论。最不可能的结果是计算机科学停滞不前，野心勃勃的年轻硅谷工程师只得放下手中的电路板，走上退休之路。无论下一代计算模式为何，假设算力还会继续以其自四百年前帕斯卡尔发明计算器起的发展速率成长，显然就不太合理了。

第二章

日益综合的技术

一个新世界开始存在，但它只是碎片化的存在。

——刘易斯·芒福德，《技术与文明》（1934）

在数字生活世界中，技术将逐渐渗透进我们所处的世界，与我们的日常经验密不可分，并深深嵌入实体结构和此前我们从未当作"技术"的客体之中。我们的生命将在把人和"智能"物体紧密连接起来的网络中度过，人和机器、线上和线下、虚拟和现实之间的区别很小，或者用作家威廉·吉布森（William Gibson）的话来说，"赛博空间"和"物质世界"的区别很小。[1] 这就是我所说的"日益综合的技术"。

看上去我们已经无法摆脱数字技术了。以智能手机为例。据估计，超过90%的人的智能手机每天24小时都触手可及，距离不超过一米。[2] 63%的美国人每小时检查一次设备。接近10%的人每5分钟就要查看一次手机。[3] 很难相信我们只与智能手机共处了十年左右的时间。但是，数字技术的数量在接下来的几十年中将会大幅增长的局面已成定势。每天有数百亿甚至数万亿的日常物品，从衣物到家用电器，都会被赋予计算机处理能力，配备传感器，被连接到网络。这些"智能"设备将能够通过收集、处理信息，并根据自己从周围世界吸收的信息来采取行动。[4] 随着技术和设计的改善，我们也许不会再注意到数字对象的存在，甚至不会再注意到"技术"。戴维·罗斯（David Rose）描述了一个"神圣物品"（enchanted objects）*的世界，在这个世界中，"普通事物变得非凡"。[5] 这种现象，或者说是这种现象的变体，被称作"物联网"（the internet of things），或者是"无处不在的计算"（ubiquitous computing）、"分布式计算"（distributed computing）、"环境智能"（ambient intelligence）、"增强现实"（augmented things），也许它最优雅的名字是"普适计算"（everyware）。[6]

数字技术的发展还有五种潜在趋势：更无处不在，连接性更强，更敏感，更具构成性，更具沉浸性。让我们依次分析这五种趋势。

无处不在

首先，技术变得越来越无孔不入了。尽管对此情状的估计各有不同，但基本可以预测的是，到 2020 年，连接到网络的电子设备数将达到 250 亿—500 亿。[7] 思科系统（Cisco Systems）上的互联网业务解决方案组预估，世界上 99% 的物体最终将被连接到网络上，这简直难以置信！[8] 在这样的一个世界上，算力将无所不在，那种我们认为是"计算机"的东西很快就会消失。[9]

当你在家时，冰箱会自动监测你吃了什么，并随时清空你的线上购物车；烤箱和洗碗机会根据声控回应你的需求；当你在床上挣扎着起不来时，咖啡机就会自动给你冲好饮料。传感器将监测你家的温度和光感，相应地调整温度和百叶窗的开阖度等。你的房子可能会被使

---

* enchanted objects 曾被译为"附魔物""魔物""被施了魔法的物体""魅力物品"等，基于马克斯·韦伯的理论语境，即人们会把自己无法理解的东西神圣化，此处译为"神圣物品"。——译注

用指纹、面部特征和眼底扫描等生物学信息的"智能锁"所保护，从而控制进出人员。[10]

尽管这种情况不能令所有人满意，而事实却很显然，几乎有一半的消费者计划在 2019 年购买可穿戴技术。[11]穿上一件拉夫·劳伦(Ralph Lauren)的"科技 Polo 衫"(PoloTech)，它就能监测你的步数、心率和呼吸强度——为你提供个性化的反馈。[12]Snapchat 眼镜和类似的早期装备早已投放市场，可以捕捉你所见到的景象，并把它放在可共享的十秒文件夹中。[13]在未来，更多先进的产品将取代耐克的第一代运动手环、Jawbone 健身追踪器、Fitbit 的手环和苹果手表。"表皮电器"——穿在皮肤上的小型弹性补丁——将能够记录你的日照量、心率和血氧含量。[14]同时，当你在花园里抛出一个球，这个球的球皮本身就能记录它运动的距离、速度、旋转度、螺旋度和捕获率，以供赛后分析。[15]

在公共场合，智能垃圾桶会知道自己什么时候已经满了，公路会知道它们何时会裂缝，超市货架会知道它们何时被买空。每个系统都会把信息传给负责处理这个问题的人（或机器）。智能指示牌、路灯和交通指示灯将直接与经过此地的无人驾驶汽车进行交流。[16]大量的"智能城市"将会成长起来。肯塔基州的路易斯维尔市政府已经将 GPS（全球卫星定位系统）追踪器植入空气吸入器，以测量城市中哪些地区的空气污染程度高。[17]

连接性

技术在渗透进现实世界的同时，还将拥有更强的连接性，增强人与人之间、人与机器之间、机器与机器之间的信息交换。自从千禧年之后，联网的人数便快速增长，2000 年的上网人数为 4 亿人，到了 2016 年，这个数字变成了 35 亿。[18] 到 2021 年，全世界的上网人数有望达到 46 亿。[19] 似乎这个地球上的大部分人口最终都会被连接到一个以无线网为基础的网络之中，不仅仅是通过台式机，而是通过"智能设备"、智能手机、平板电脑、游戏机和可穿戴设备。Facebook 如今已拥有 20 亿活跃用户。[20] Twitter 有 3.13 亿活跃用户，其中有 80% 都是在移动设备上登录使用的。[21] Youtube 也已拥有 10 亿活跃用户。[22]

　　数字技术在改变人类连接方式的本质的同时，还改变了其程度。也许，最重大、最深远的变革就是去中心化的生产和分发信息、文化与知识的模式。维基百科就是这种去中心化生产最著名的范例。来自全世界的数十万写作者精诚合作，共同生产、组装了这个最大的人类知识宝库，他们做这件事并不是为了谋利，而且身处市场体系之外，也非响应国家号召。类似地，像 Tor 这种文档分享网站也逐渐流行起来，2015 年，知识共享（Creative Commons）这个友好合作型的版权系统，已经拥有了 1000 万用户，它鼓励对他人内容的使用和改编，且不需要取得原创者的同意。正如尤查·本科勒（Yochai Benkler）在《网络的财富》（*The Wealth of Networks*，2006）和《企鹅与利维坦》（*The Penguin and the Leviathan*，2011）中所说，在过去的二十年中，人类变得更加善于合作，这并非出自人性的改变。而且，这种程度的合作行为，在人类过去的历史上是不可能出现的，使如此大规模的合作行为成为可能的是连接技术。[23]

　　近几年，另一种有可能对连接与合作产生深远意义的技术开始兴起，它就是区块链。区块链由一个神秘的先驱者（或者是一群先驱者）中本聪（Satoshi Nakamoto）发明，它最广为人知的事迹是作为在 2009 年启用的数字加密货币——比特币的支持系统。区块链的运行方式在技术上很复杂，但是它的基本假定却能被简单地描述出来。想象一个巨大的数字账户（或电子表格），就像我们以前用的纸质表格，这个账户包含其所有使用者之间发生的所有转账记录。每过几分钟，它就会更新一次，用包含最近 10 分钟里全部转账记录的信息"块"来更新其区块信息。每个新的区块都返回到上一个区块，从而建立一个不间断的连续资产托管链，所有资产都可以追溯到它们的初始阶段。*这个账户不会存储在某个单个的位置。相反，它被同时存储（"分发"）到全世界数以万计的计算机上。为了安全起见，它只能被添加，不能被修改；它是公开的，可以接受审查；最重要的是，在其上发生的交易由强大的"公钥"加密技术保护。

区块链的社会意义在于它可以在陌生人之间实现安全交易，而无须可信的第三方中介，如银行、信用卡公司或国家。它意图解决计算机科学（和政治学）中长期存在的问题：在没有通常所说的"人际关系"的人与人之间，如何建立起"信任"之类的东西。数字货币也许是区块链技术最知名的应用，但是从理论上来说，它几乎能被用来记录一切，从出生、死亡证明到结婚证。[24] 它也可以为数字生活中的其他问题提供解决方案，像如何生产和保持对安全的数字"钱包"或账号的控制。[25] 展望未来，有理由想象"智能"财产可以通过把人工智能和区块链结合起来的方法来自我管理："备用卧室、没人住的公寓或是没人用的会议室，都能把自己租出去……自动化的中介能够管理我们的住宅和办公场所……"[26]

区块链还为规范除简单的财产权或使用权之外的、更复杂的法律

---

* 这个过程由我们所称的"矿工"进行监管，矿工的工作报酬通常由加密货币来支付，他们负责把最新区块中的信息，连同一些其他的信息，转换成一个简短的、看似随机的字母和数字序列，这个序列被称为"哈希"。每个哈希都是唯一的：如果区块中有一个字符被更改，那么它的哈希就会被完全更改。除了前一个区块中的信息外，矿工还将最新的一个区块中的哈希包含进来。因为每个区块的哈希都包含了之前区块的哈希，所以很难篡改它，因为这个动作意味着此前的区块要被改写，随着时间追溯回去，当然也包括最新的一个区块。——原注

和社会关系提供了可能的解决途径。例如，一份"智能合同"，就是一个能在预先达成一致的前提下自我执行的区块链软件，就像一份能把车辆所有权自动转移至顾客名下的买卖协议，它还能同时搞定所有的贷款支付。[27] 这就是早期的"去中心自动化组织"（DAOs），它们寻求在没有中心权力结构的情况下解决集体行动的问题。[28] 设想类似 Uber 和 Airbnb 的服务，它们实际上是没有任何中心化的正式组织在幕后运作的。[29] 以太坊（Ethereum）区块链的开发者们曾说，他们干脆希望用 DAOs 把国家也给替换掉。

区块链还对规模、治理甚至是安全提出了严重挑战，这些问题到现在仍未解决。[30] 然而，对于一项年轻的技术来说，它已经传递出了不少有趣的结果。洪都拉斯政府、格鲁吉亚政府和瑞典政府都在尝试使用区块链来处理地名[31]，爱沙尼亚政府用它来记录一百多万名患者的健康档案。[32] 在英国，劳动和养老部门正在探索用区块链来解决福利救济金的发放。[33] 在美国，国防部先进研究项目局（DARPA）正在研究使用区块链技术保护其军事网络和通信。[34]

越来越多的连接技术不仅与人和人之间的联系有关，还与增加人和机器之间的连接有关——通过像苹果的 Siri 一样的"神谕"来回答你的问题，还有能执行你的指令的"精灵"。[35] 未来，当你离开家时，"你与你家的吸尘器或机器人宠物之间的对话将通过你的无人驾驶汽车无缝对接，就像一个'人'居住在所有这些设备里一样"。[36] 三星正在寻求将其人工智能语音助手 Bixby 置入电视和冰箱等家用电器中，让它们回应人声指令。[37]

自动驾驶汽车之间将能相互交流，从而尽量减少交通流量并避免撞车。在家中，蓝牙网格技术可以越来越多地用于把各种"智能"设备连接起来，使用附近的每台设备作为范围增强器，在电子设备之间建立一个安全的网络连接，而此前有些设备可能不在网络的范围之内。[38]

（务必注意的是，"物联网"的挑战之一是开发使设备进行无缝通信的统一协议。[39]）

再往前看，硬件的发展可能会产生新的、令人惊讶的通信方式。在 2014 年，有人用脑电图（对大脑活动的记录，又被称为 EEG）耳机成功地将"想法"发送给了佩戴类似装置的、能够理解这一信息的人。这是第一个"思想到思想"传递信息的科学实例，也被称为心灵感应。[40] 你已经可以买到基本的脑电波读取设备，例如 Muse 头带，其旨在通过提供大脑的实时反馈来帮助冥想活动。[41] 像神念科技（NeuroSky）这样的公司也出售一种头戴设备，戴上它，你可以做到用意念在智能手机上操作应用程序和玩游戏。美国军队使用这个技术（显然不是很好用）操作了直升机的飞行。[42] 脑-机接口一直是硅谷十分关注的主题。[43]

总体而言，越来越多的连接技术似乎有望实现万维网的发明者蒂姆-伯纳斯·李提出的愿景："任何事物都有可能与其他事物连接起来。"[44]

敏感性

可以预见，我们周围的世界将充斥着越来越多的传感器，随之而来的还有这些传感器探测能力的大幅增长。这就是越来越敏感的技术。我们的手持设备已经包含能测量声音大小的麦克风，能确定位置的 GPS 芯片，能够捕获图像的照相机，还有其他种类的传感器。与此同时，我们周围的设备将越来越多地使用雷达、声呐、激光雷达（自动驾驶汽车发射激光来测量自身与物体距离所用的系统）、运动传感器、条码扫描器、湿度计、压力传感器、磁力计、气压计、加速度计和其他感应方式，以此与物理世界互动。

人们想要在家中和自己使用的设备上安装传感器的理由有很多——譬如用 GPS 找回丢失或被偷走的物品，或者远程监控家中的安全或温度状况。[45]实体工业也能从其机器在湿度、气压、电阻率或化学状态方面的实时反馈中受益。运输及配送公司可以监控工作量和其运输线上的压力大小。工程和建筑公司可以衡量腐蚀速率和应力。同样，在供水系统中，传感器可以测量水质、水压和流量，从而实现实时的管道管理与维护。[46]自动读表技术将使用情况的数据反馈给公用事业提供商，供他们发现故障，促进供需匹配并自动发出账单，很少或几乎不需要人工干预。[47]

市政机关已经认识到"密集传感器网络"的价值，它可以实现"跨系统或地区的不同条件的监视"。[48]自动车牌识别技术可用于跟踪跨越城市的车辆，并对其违反交通规则的行为处以罚金。[49]西班牙的桑坦德市已经在城区各处配备了 12000 个传感器来测量"噪声、温度、环境光照水平、一氧化碳浓度以及停车位的位置和可用数量等"。[50]在阿富汗执行任务时，美军留下了 1500 个"无人值守地面传感器"来监视阿富汗和巴基斯坦的人口流动。[51]麻省理工学院感官城市实验室的研究人员正在研究一套可装在路灯顶部的廉价传感器，这将使"几乎是逐户实时"的噪音和污染测量成为可能。[52]更多值得注意的技术目前也只是停留在计划阶段，如葡萄牙波尔图市以东的 PlanIT 谷。这个城市使用"城市操作系统"，通过 1 亿多个嵌入式传感器收集信息，将数据反馈给应用程序，从而监视和控制该城市系统。[53]

从宏观到微观，"智能除尘"技术包括大小小于 2 毫米 ×2 毫米的微机电系统，配有能够收集各种数据的微型传感器。一项名为"地下世界"的试点研究试图利用"被冲进马桶的数据"。这项研究设想让小型机器人穿过下水道去收集样本，分析测量人们的食物摄入，以及传染病和胃部健康情况。[54]

传感器也将扩张触角伸向了此前只能被生物体验到的传感领域。例如，一家公司正在开发一种能够"闻"和"尝"的移动化学传感器（只希望上段所述的下水道机器人不具备此功能）。有用之处是，你的智能手机将能够测试你血液中的酒精水平、血糖水平以及你是否患有口臭，需要使用大约 2000 个传感器来检测香气和风味——其数量远超人类鼻子中的 400 个传感器。[55] 麻省理工学院的科学家最近开发了一种菠菜——其中植入了纳米颗粒和碳纳米管——能够检测周围土壤中的硝基芳香化合物情况，并将结果实时发送给智能手机。结果如何呢？它变成了"炸弹检测菠菜"。[56]（最后，人们终于发现菠菜还有这用途。）

在机器视觉领域，人工智能系统能越来越精准地找到图像中最重要的部分，并就其"看到"的东西生成准确的文字说明（例如"人们正在户外市场购物"）。[57] 计算机人脸识别如今也十分先进，在欧洲和澳大利亚，它已经被用于常规的边境安全检测。[58] 面部识别技术的使用也不总是那么崇高，它还被用在北京天坛公园停车场厕所里的厕纸机器上，以确保没人能取用过多的厕纸。[59]

日益敏感的技术将促使人们改变要求机器按人类的要求办事的方式。我们目前处于"玻璃平板"时代——智能手机和平板电脑主要根据我们的触摸来响应需求，也包括其他刺激，例如语音命令等。[60] 不久，机器也将能够响应其他形式的命令，例如眼球运动[61] 或手势：已经有机器人玩具能够响应特定的挥手动作来"坐下"。一些接口将采用一种全新的模式，例如由麻省理工学院开发的临时文身，可用于控制你的智能手机[62]，或是电子喷漆，它能将任何物体变成像触摸屏一样可阅读手指按压的传感器。[63] 2015 年，斯德哥尔摩中心城区的工人们将微型芯片植入手中，使他们能够打开安全门，还能通过在传感器上方摆手来操作复印机。[64]

与我们关系最密切的敏感型技术将直接从我们的身体里收集数据。

普罗特斯生物医药公司（Proteus Biomedical）和诺华（Novartis）已经开发了一种"智能药片"，它可以告诉智能手机，你的身体对药物的反应如何。[65] 神经义肢的开发目前仍处于早期，它直接与神经组织相互作用。植入瘫痪病人运动皮层的芯片使其能通过意念移动屏幕上的光标，从而拼出单词。[66] 一项对 800 名世界经济论坛高管们的调查发现，他们之中有 82% 的人预计第一款可植入智能手机将在 2025 年实现商业化使用。[67] 届时，智能手机将真正像美国最高法院首席大法官约翰·罗伯茨（John Roberts）所说的那样，成为"人体解剖学的重要特征"。[68]

机器正在更重要的意义上变得敏感起来，因此它们越来越有能力去窥探人类的情感，这便是情感计算领域。这种系统能通过观察人脸实时判断此人是否快乐、困惑、感到惊讶或恶心。一位开发商声称已经建立了"世界上最大的情感数据库，存储着近 400 万张人类面孔"，该系统已经从这些数据中学会了解释微妙的情感暗示。[69] 拉菲·哈特查杜安（Raffi Khatchadourian）在《纽约客》中这样写道：

> 现在，计算机在区分社交用户的笑容是否发自内心的喜悦上，已经超过了大多数人类，它们还能区别假疼和真疼，确认患者是否正处于沮丧之中……它们还能记录转瞬即逝的表情，即使是做出这些表情的人类本身都难以意识到它们的存在。[70]

如果维特根斯坦关于脸是"身体的灵魂"的论断是正确的[71]，那么情感计算将标志着人类和机器之间的关系发生了精神上的巨变，这意味着人脸不再是进入、窥探我们内在生活的唯一门户：

> 例如，情绪的表达可以通过肢体动作监测，譬如使用陀螺仪

传感器，又譬如使用压力感应椅子监测姿势的变化，还可以使用皮肤导电电极捕捉汗液或电阻的指示性变化；甚至还可以从人类的眨眼模式、头部倾斜角度和速度、是否点头、心率变化、肌肉紧张程度以及呼吸频率进行情绪判断。以及，你可能已经猜到了，脑电波活动监测也可以用于判断人们的情绪状态。[72]

机器如今完全可以监测到这些信号。例如，通过监测一名女子和一个孩子之间对话的音调、节奏和强度，就能确定该女子是不是孩子的母亲。[73] 麻省理工学院的研究人员表示，通过将普通的 WiFi 信号反射到人体，能够确定一个他们之前从未研究过的人在 70% 的时间里的情感状态。这个百分比会随着该系统对此人了解程度的增长而增长。[74] 另一个生物特征是人的步态（行走的方式），人工智能系统可以以此从远处识别一个它已经"认识"的人类，甚至可以识别出系统"完全不认识"的人的可疑行为。[75]

机器不仅可以读取我们的情绪，还可以逐渐适应并回应我们的情绪。这就是情感人工智能（artificial emotional intelligence）。它的用途多种多样——自动提款机能看出你的情绪是否处于放松状态，以此确定你是否愿意接受广告；[76] 装有"面孔"和"眼睛"的人工智能"伴侣"则能以"看上去有感情的方式"回应你的需求。[77] 技术人员正在努力复制人们之间最亲密的关系，塑造能够说出性感话语、制造性感气氛的人工智能爱侣。[78]

构成性

越来越多的构成性技术，我指的是实体存在于坚硬的、由原子构成的物理世界中，而并非只是由二进制数字构成的"网络"世界中的数字技术。这在很大程度上是"机器人学"领域的问题。构建自动化机械的实践至少可以追溯到两千年前的亚历山大大帝时期,亚历山大曾造出了自动三轮手推车。[79] 最早提到自动人形机器的是犹太传说中的"傀儡"(Golem)。在博尔赫斯(Jorge Luis Borges)的想象中,这尊傀儡是一个"造得很笨拙的人体模型",它:

> 抬起昏昏欲睡的眼皮,
> 看到了它不了解的形式和颜色,
> 被我们的胡言乱语所迷惑,
> 随后做出了可怕的动作。

现代机器人科学仍然是一个充满挑战的领域,部分原因在于"莫拉韦克悖论"(Moravec's paradox),即(也许与预期相反)高层次推理只需要少量的计算,但低层次的感觉运动技巧则需要大量的计算资源。[80] 因此,比起使机器具备人类或动物的平衡和运动能力来说,设计解决问题的机器总是更加容易的。我们仍然没有造出值得信赖的理发机器人。

然而,全世界的机器人数量如今已超过 1000 万[81],其中有 100 万机器人正从事着有益的工作(如制造一辆汽车,80% 的工作是由机器人完成的)。[82] 亚马逊拥有 15000 多个机器人,它们看上去就像是一批流动的脚凳:从库存中拿出货物,然后将其送至人类雇员处。[83] 在日本,有 90% 的农作物喷粉都是由无人机完成的。[84] 2016 年,约有 30 万个新工业机器人被组装起来[85],机器人科学领域的全球投入,在 2025 年有望比 2010 年的同类投入高出四倍以上。[86] 一个"合理的预测"是,到 2020 年,许多家庭都将拥有一个或多个机器人,它们被用来运输、清洁、教育、护理、陪伴或是娱乐。[87]

我们已经相信机器人系统可以执行复杂且重要的任务。在这些任务中，最重要的便是外科手术。美国一个外科医生团队使用先进的机器人技术，隔着近 6500 千米的大西洋，成功移除了一名法国妇女的胆囊。[88] 无人驾驶汽车将来或许会成为最常见的机器人，能够"安全地"在现实世界中行驶，不用担心它们会像人类一样疲倦或分心。[89] 谷歌的自动驾驶车队已行驶了超过 320 万千米的里程，其间只出现过少数几次状况，据说其中有一次还是车辆本身出了点问题。[90] 鉴于在所有撞车事故中，至少有 80% 的事故是由人为错误造成的，安全性的提高将是使用无人驾驶汽车的主要优势之一。[91] 在未来十年，我们很可能会看到无人驾驶的卡车和船只，以及自主性各异的空中无人机：据美国联邦航空管理局（FAA）估计，到 2020 年，将会有 10000 架民用无人机飞行在美国上空。[92]

近来，机器人运动方面的进展，其灵感多来源于大自然。一些机器人可以"自我拆卸后再重新组装起来，有时还会组装成新的形状——比如一条蠕虫（可以穿过狭窄的管道），或者组装成球状或多足生物状（分别适用于水平或粗糙的地面）"。[93] 在哈佛大学，研究人员正在研究"机器蜜蜂"（RoboBees），它们的长度不到 2.5 厘米，重量不足 0.1 克。这些机器蜜蜂使用"人工肌肉"，在加强电压时，构成这种人工肌肉的材料就会收缩，其潜在的应用包括农作物授粉、搜索和救援、监视和绘制高分辨率的天气和气候图。[94] 对"机器蟑螂"[95]，还有"机器蜘蛛、机器蛇、机器蜻蜓和机器蝴蝶这些能飞、能爬、能跳进山洞或岩缝，深入敌后的机器动物"的研究也正在开展中。[96] "软体机器人技术"领域的研究人员已经开发出了"章鱼机器人"（Octobot），这是一种拇指大小的自动软体动物，它由软硅橡胶制成，体内无任何刚性结构。[97]

陪伴成了机器人越来越重要的功能。丰田手掌大小的机器人 Kirobo Mini 旨在激发与人类婴儿相似的情绪反应。[98] Paro 是一个可爱、活泼的互动小海豹，有着"迷人的黑色眼睛和茂密的睫毛"。它似乎对老年人和痴呆症患者有益。未来的模型将监控车主的生命体征，必要时，会向人类看护者发送警报。[99] Zenbo 是一个可爱的两轮机器人，有一个圆圆的头，其价格与一台智能手机相当。它配备了摄像机，还能感应触摸。它可以独立移动，响应语音命令，并在其屏幕上显示情感。[100]

机器人的潜在用途仅受我们的创造力限制。2016 年，俄罗斯当局"逮捕"了人形机器人 Promobot，因其在一次集会上代表某俄罗斯议会候选人拉票。在未能给这个"罪犯"戴上手铐之后，警察最终设法将其赶出了集会场所。据悉，Promobot 没有采取抵抗行动。[101]

2016 年的诺贝尔奖化学奖授予了另一个新兴的研究领域——纳米技术领域。其设备构造单位小到纳米级别（一纳米等于十亿分之一米）。纳米级指的是大小在 1—100 纳米之间的尺寸。相比之下，红细胞的宽度为 7000 纳米。[102] 纳米技术的可能性令人难以置信：纳米机器人已经可以"游过我们的身体，传递图像，投递靶向药物，准确攻击特定细胞；与纳米机器人相比，人类最优秀的外科医生的手术刀都显得钝了些"。[103] 还有可以根据人类的思想活动来释放药物的纳米机器人，使他们有希望准确检测并预防癫痫的发作。此类技术还有一个不太有益的应用，就是让你在醉酒时依然保持完美状态，避免失态，在与他人对谈中能及时响应。[104] 纳米技术对数据存储也很有意义。荷兰代尔夫特理工大学的研究人员创建了一个"原子硬盘"，它只有约 6.5 平方厘米，却能存储 500 太比特（terabits）字节的内容。换句话说，它只需要一个边长为 0.1 毫米的立方体，就能存储美国国会图书馆的全部内容。[105]

另一种构成技术是 3D 打印，也称为"增材制造"。它使我们能够根据数字设计来打印实物。有人认为这可能预示着"案头制造业"时代的到来——人们使用 3D 打印机，在家或办公室就可以"打印"各种物体。[106] 市政 3D 打印机可允许人们使用开放资源——"在线数字模板"，来打印任何他们需要的东西。[107] 目前公认最有用的 3D 打印物有相当一部分被用于医学领域。打印治疗四肢骨折的夹板相当常见[108]，而打印一个定制的替代气管只需要不到 15 分钟。[109] 外科医生用 3D 打印打印出支架、假肢，以及据称是可代替人类颅骨的部件。[110] 康奈尔大学的研究人员甚至打印出了一个人耳。[111] 人的肾脏、肝脏和其他器官以及血管的 3D 打印均在研发中。[112] 无法行走的人使用了 3D 打印的嵌入仿生技术的外骨骼后也恢复了行动能力。[113]

除医学领域外，3D 打印机也被用来制作全尺寸的仿制摩托车[114]、比基尼[115]、飞机零件[116]、整栋房子[117] 和合成化合物（即药物）[118]，还复制了一批 16 世纪的雕塑[119]。食品是 3D 打印的成长领域之一，巧克力、糖果、比萨、馄饨和鹰嘴豆块等都在打印"菜单"上。[120] 最终，预计会有大量材料用于 3D 打印，包括塑料、铝、陶瓷、不锈钢和高级合金。这些材料的生产曾经几乎需要整个工厂来完成。[121] "4D"打印同样也在发展中，旨在创造出可以随时间改变形状或性质的材料。[122]

沉浸性

艾略特（T. S. Eliot）笔下的人类"承担不了太多现实"。在未来，我们也没有必要承担太多现实。随着增强现实和虚拟现实的发展，技术将从根本上变得更具沉浸性。

20 世纪中叶的计算机像是一个"房间"，如果想使用计算机，就不得不先走进这个房间，同理，编程就跟使用螺丝刀差不多。[123] 之后，"桌面"成为人机之间的主要接口，在桌面上，我们先是通过键盘，后来又通过鼠标等方式来操控屏幕上的信息。[124] 如前所述，我们正处于一个"玻璃平板"的时代。[125]

"增强现实"（简称 AR）是指计算机生成的声音、图形、视频等增强了我们对物质世界的感官体验。智能眼镜让佩戴者体验覆盖在现实世界之上的数字影像，目前仍处于发展的婴儿期。这些影像也许会显示前往公园的路线，或者是一个新衣柜的组装说明，也能用来识别野生花鸟。它们甚至可以提供正与佩戴者交谈的人的相关信息——这对想要记住成千上万的面孔和名字的政客很有帮助。在听觉增强现实领域，谷歌已经开发出了可以翻译的耳塞，基本能做到提供 40 种外语的实时翻译。[126] 最有名的早期增强现实应用是 Snapchat 的 Lenses，它允许自拍者使用动画和滤镜编辑自拍照片。

另一个杰出的（虽然有些时髦）应用是智能手机游戏《神奇宝贝》。它在现实世界之上覆盖了捕捉和训练"神兽"的桥段。在《神奇宝贝》中，在数字终端上闲逛并不能带来胜利，玩家必须寻找在物理空间、现实世界中的荣耀。在一场不幸的事故中，科芬（Koffing），一只充满有害气体的球形野兽被发现正漫游于华盛顿特区的大屠杀博物馆。[127] 游戏引起了一些不合理的强烈感情，沙特阿拉伯的神职人员宣称这是"非伊斯兰"，哥萨克领导人说它是"撒旦主义的伪装"。[128] 民主抗议者以这次神奇宝贝事件为借口，跑到香港去搞非法集会，要不是这样，他们的聚会就必须经过合法注册和授权。[129] 全息图是增强现实的另一种形式。一个有争议的黑帮说唱歌手在加利福尼亚州通过全息图搞了一场在"印第安纳州的演唱会"（该演唱会被叫停了）。西班牙的抗议者通过全息摄影，在禁止他们进入的公共场所进行了一次虚拟抗议。[130]

以后，更先进的增强现实将让你几乎分不清虚拟和现实，即使两者同时存在，你可以同时经历，也很难分辨出来。秘密启动的 MagicLeap 项目致力于"可以把图像投射到用户的视网膜上的微型 3D 技术"，"将幻想与现实世界融为一体"。[131]

虚拟现实（VR）仍在不断给我们带来更多深远的变革。戴上 VR耳机，你会被带进一个生动的三维世界。触摸控制器带你感受自己的身体。[132]"触觉"衣通过遍布身体的微小振动电机给你感官上的反馈——你当然不想真被刺伤或枪杀。[133]一旦进入虚拟现实的世界，你就可以自由地观看、感受和探索这个新维度的存在并与其互动。与在现实世界中运作的增强现实技术不同，虚拟现实技术是一种全新的模式。Facebook（Oculus Rift）、微软（HoloLens）、三星（Gear VR）、谷歌（Daydream）和 Playstation（Playstation VR）等科技巨头已经在开发最佳虚拟现实系统的领域展开了激烈竞争。

虚拟现实技术会让人感觉非常真实。用户经过最初的调整或是抗拒后，就能开始慢慢适应他们周围的"新宇宙"。随着时间的流逝，人们最初那种难以置信的感觉会逐渐消失，同时开启对这个"真实"世界的感性记忆，就好像有些东西正在分离，开始褪色似的。根据本人的亲身体验，可以肯定的是，就算是简单的赛车游戏，也能激发出人们发自内心的振奋和恐惧。在测试早期的虚拟现实赛车系统时，我的"座驾"突然脱轨，冲向钢制路障。在那一瞬间，我真的觉得自己死到临头了（不管是不是真的，我还是第一次体验世界在眼前崩塌的感觉。实际上，整个情节还是没有我想象中的"最后清算"那么生动）。记者们曾谈到过在虚拟现实中受到性侵犯的感觉：即便身体上经历的"上下其手"不是真实的，但它还是会引起持久的惊吓和被侵犯的感觉。[134]

如今提到虚拟现实，大部分人仍把注意力放在游戏领域，但是在适当的时候，虚拟现实将被用来体验生活领域的方方面面。工人能出席虚拟会议，购物者可以在虚拟超市中选购物品，体育迷能经常光顾虚拟体育场，艺术家在虚拟现实中搞创作，政治哲学家在虚拟咖啡馆中高谈阔论，历史学家将在虚拟的战场上徘徊考察，社交名流可以在虚拟酒吧里流连，嫖客则会去寻找虚拟妓院。重要的是，每个场景下的体验都不会被"现实世界"的条条框框所束缚——虚拟现实将造就一个全新的世界，在那里，常规（法律、规范，甚至是物理法则）都会失去效用。想象一下，在虚拟现实中，宇航员正在与一艘外星飞船激烈战斗，羚羊在塞伦盖蒂草原狂奔，乌贼在深海畅游。这并不是要人为制造真实的幻境，而是让幻境看起来更真实。最终我们可能生活在一个"混合"的现实之中，先进的增强现实和虚拟现实技术让数字世界和现实世界变得难以区分。在这样的世界里，识别"技术"的起点和终点是很难的，而且很可能是徒劳的。

第三章
日益量化的社会

> 把社会事实看作事物，是一条最重要也最基本的规则……像对待事物一样对待各种现象就是把它们看作数据，这一点构成了科学的起点。
>
> ——埃米尔·涂尔干，《社会学方法的准则》（1895）

在数字生活世界中，越来越多的社交活动将作为数据被捕捉和记录，随后由数字系统进行分类、存储和处理。人类的动作、话语、行为、关系、情感和信念将越来越多地留下永久或是半永久的数字标记。除了记载人类生活的数据，自然界、机器行为和建筑环境等方面的有关数据也会被逐渐收集起来。反过来，所有这些数据将用于商业目的，训练机器学习人工智能系统，预测和控制人类行为。这是一个日益量化的社会。

21 世纪以来，人类和机器生成和处理的数据呈爆炸式增长。预计到 2020 年，全球至少有 40 泽字节（zettabytes）的数据——大概是人均 300 万册书的数据量。[1] 预计到那时，人类每隔几个小时产生的信息量差不多等于从人类文明诞生到 2003 年间所产生的所有信息量。[2] 我们如今每 10 分钟产生的信息量就等于最初一万代人类创造的信息量总和。[3] 我们生产信息的速度预计会像计算机处理能力一样继续呈几何级数增长。[4]

那么到底什么是数据？它们都来自哪里呢？

维克托·迈尔·舍恩伯格（Viktor Mayer-Schönberger）和肯尼斯·库克耶（Kenneth Cukier）在其著作《大数据》（*Big Data*，2013）中曾解释道，数据"是对某种事物的描述，它使对这些事物的记录、分析和重组成为可能"。将现象转化为数据的过程被称为"数据化"。[5] 我们已将地球上大量的活动进行了数据化和数字化（转换为机器可读的二进制代码）。直到 2000 年，世界上只有约三分之一的信息是以数据形式存储的。如今，这一比例已超过 98%。[6] 有四个因素促成了这个过程。第一，越来越多的社会活动通过数字系统或数字平台展开，可供收集的数据就更多了。第二，在过去五十年中，存储数据的成本每两年左右就减少一半，而其密度却增加了 5000 万倍。[7] 第三，算力的爆炸式增长使我们有能力处理存储的内容。第四，数字信息的复制几乎没有边际成本，它们可以相当廉价地复制数百万次。这些因素共同解释了为什么从基于印刷的信息系统过渡到数字化系统的过程中就产生了如此大规模的数据爆炸。

迈尔·舍恩伯格和库克耶比较了当前的发展和上一次"信息革命"——大约六百年前，约翰内斯·古腾堡（Johannes Gutenberg）发明了印刷术。在古腾堡发明印刷术后的五十年中，800 多万本纸质印刷书籍问世。学者伊丽莎白·爱森斯坦（Elizabeth Eisenstein）认为这个变化是"革命性的"，因为这很可能意味着此后半个世纪中印刷的书籍量将比过去一千二百年中"欧洲所有抄写员"录过的手抄本还多。[8] 然而，在古腾堡所处的时代，倘若需要五十年左右的时间才能让现存数据量翻番的话，现如今，同样的壮举大约每两年就能实现一次。[9]

世界上的大部分数据都是人类产生的。很多时候，我们在使用各种设备进行记录和交流时，会故意让这些数据产生。我们每天发送约 2690 亿封电子邮件[10]（每人约 36 封），向 Facebook 上传 3.5 亿张照片，发布 5 亿条推文。[11] 即便在看上去没有足够数据量的情况下，这些交流行为也能用此前被认为不切实际的方式去捕捉人类自身的生活情况。甚至像 Twitter 这种最初被限制在 140 个字符之内的、似乎是不值一提的信息，也包含着看似相当丰富的信息。它包含了 33 项元数据（"关于信息的信息"），总体上也是相当能说明问题的：

> 一项研究分析了来自 84 个国家/地区的 240 万人在两年中发布的推文，共计 5.09 亿条，结果显示，尽管世界各地的文化不同，人们的情绪却每天/每周都遵循着相似的规律——在情绪被数据化之前，人们从未注意过这一点。[12]

有些人有意选择远离社交媒体平台，监测自己身体产生的数据——通常是出于健康原因，但有时也是出于好玩或者好奇。一个小组的成员除了监测呼吸频率和脉冲外，还有如下计划：

> 全面记录生活日志并创建个人经历的统一数字记录……一个连续的、可搜索且能用来分析的、对过去的记录，包括每项行动、每个事件、每段对话、每个到访过的位置和个人生活的物质表现，以及体内的生理状况和外部条件（如方向、温度、污染水平）。[13]

自然，这些身体数据也共享给了以上设备的制造商。我们选择如此，就意味着身体最深层次的运作过程现在就可以做到完全数据化，甚至包括 DNA 中包含的信息。在 2003 年，解码人类基因组需要"十年高强度的工作"，如今，同样的工作在一天内就能完成。[14]

即使并非有意识地要创建或囤积数据，我们的日常生活也能排放不少"数据垃圾"。[15] 我们留下的"数字化足迹"被身上或身边的各种设备秘密地收集起来，譬如相当日常的税收和通话记录。其他情况则并非如此，例如智能手机上的应用程序，即便在我们完全没使用的时候，也会用 GPS 追踪和记录我们的位置。根据马克·古德曼（Marc Goodman）的说法，80% 的安卓应用程序都是以这种方式运行的。[16] 2012 年，研究人员能够使用智能手机的蜂窝系统（GPS 之外的另一种跟踪位置的途径）预测 20 米之内的人群在 24 小时后将出现在哪个位置。[17] 约有 82% 的应用程序会跟踪用户的一般线上行为。[18]

每秒钟，谷歌都能收到人类提交的 60000 多个搜索请求，每天的搜索请求数超过 35 亿。[19] 这些请求连同谷歌掌握的搜索者身份信息，都会被输入谷歌日益庞大的信息仓库中。如果把谷歌在一天中处理的数据印成书摞起来，其高度要大于地球与月球间距离的一半。这还只是每天的数据。[20] Facebook 同样掌握着有关每个用户的海量信息。奥地利的隐私维权人士马克斯·施雷姆斯（Max Schrems）要求查看 Facebook 存储的有关他个人的数据，三年中，他只是偶尔才登录一下 Facebook；他随后收到一张光盘，其中的文件有 1222 页，包含通讯录和亲友的电子邮箱地址、他用来登录的设备、他被邀请参加过的活动、他的"好友"和前"好友"，以及他私人信息的存档——里面还有他以为自己已经删掉的信息。就算是这个数量级的缓存，也很可能是不完整的，例如，它排除了面部识别的数据和关于他的网站使用情况的信息。[21] 施雷姆斯先生只是 Facebook 20 亿活跃用户（现在肯定更多）中的一员。Facebook 凭借这些用户信息，建造了一个超级丰富的人类生活资料库。

最后，机器生成的数据越来越多。其中的一些机器简直就是不断喷射海量数据的大怪兽。欧洲核子研究组织（CERN）的大型强子对撞机在启动时，每秒钟能产生 40 万亿字节的数据。[22] 在 2000 年投入运营的最初几周，斯隆数字巡天望远镜收获的数据，就比此前天文学史上收集的所有数据还多。[23] 未来，最大的数据来源将是广泛分布于地球各个角落的各种设备。就连中档汽车都包含了多个微型处理器和传感器，允许它们在维修车辆时上传性能数据给汽车制造商。[24] 2005 年，来自机器传感器的数据占全球总数据的 11%；预计到 2020 年，这个数字将增加到 42%。[25]

　　数据科学家一直在努力地通过清洗、处理和组织等方式，将原始数据转化为信息，然后对它们进行分析和解读，再将其转化为知识。[26] 大数据时代的到来需要一些方法上的创新。正如迈尔·舍恩伯格和库克耶所解释的那样，分析关于某主题的海量数据而非仅仅采用少量代表性样本的好处，取决于数据科学家接受"数据层面上真实世界的混乱"的意愿，而非追求准确性。[27] 在 20 世纪 90 年代，IBM 推出了 Candide，它致力于自动化语言翻译，采用的语料来自加拿大议会十年间的高质量文件。谷歌从 2006 年起开发其翻译系统，它另辟蹊径，从全网抓取更多的文档，这个芜杂的数据集收集了约 950 亿个英文句子，质量较差或中等的翻译也在列，其性能却远胜过 Candide 拥有的 300 万个经过精心翻译的英文句子的资料库。这并不是说谷歌最初使用了多么优越的算法，不同之处在于其未过滤的、不完美的数据集比 Candide 的数据集要大数万倍。谷歌的方法是将语言视为"用来判断概率的混乱数据"，这被证明是一种更有效的方法。[28]

　　数据是有价值的，在一个地方收集的数据越多，就越能增加它的价值。例如，我们搜索网页，每次搜索内容的价值似乎微乎其微，但当搜索的数量逐渐累积，它们就提供了深入了解搜索者的重要窗口，包括他的思想、信仰、关切、健康、市场活动、音乐品位和性取向等面向。我们为获得免费服务而交出个人资料——我在本书第十八章将其称之为"数据交易"。Facebook 的商业价值主要在于它从用户处收集的数据，这些数据用途十分广泛，从定向广告到搭建面部识别人工智能系统。2012 年，Facebook 上市，其每个用户的个人资料估计对该公司来说值 100 美元。[29] 后来，Facebook 著名的"图书推荐"（算法推荐而非人工推荐）推出后明显提高了图书销量，亚马逊则解雇了旗下所有书评人。这就是数据被称为"商业原材料"、"生产要素"和"新型煤矿"的原因。[30] 随后的热潮催生了一个价值数十亿美元的行业，这个行业"什么也不做，专门买卖人人共享的线上个人数据"。[31]

不仅是企业，政府对大数据也很感兴趣——包括设计智慧城市的地方政府和利用大数据来监视合规性的中央政府。比如英国税务机关就采用了欺诈检测系统，其数据量比大英图书馆（拥有在英国出版过的所有书）都多。[32] 政府使用个人数据进行全球监视的意图也越来越明显。美国国家安全局两个代号为 HAPPYFOOT 和 FASCIA 的内部数据库里存储了全球范围内电器设备的全面位置信息。[33]

日益量化的社会是一个更容易通过机器和控制机器的人来检查和分析的社会。随着越来越多的社交活动以数据形式被捕获，具有卓越计算能力的系统将构建出更加细微丰富的人类生活数字地图——体量巨大、极致详尽并实时更新。这些示意图虽说是从现实世界中抽象出来的，却忠实反映了现实世界，它们不仅被想把东西卖出去的人视为无价之宝，对那些想要了解和治理集体生活的人来说，它们同样很有价值。而且，政治当权者使用数据，并不只是拿来研究或是要影响人类行为，而是为了在我们知道之前就预测会发生什么——罪犯是否会再犯罪，病人会不会死去？这方面的意义才是深远重大的。正如我在本书导论中所述，信息与控制之间一直存在着紧密的联系。而在一个日益量化的社会中，这种联系就更加重要了。

无路可退？

这三章里描述的未来并非不可避免。至少从理论上讲，我们可以停止正在进行的创新，数字生活世界因此就永远不会到来。但这不太可能。创新是由强大的个人和共同的人类渴望驱动的，人们渴望繁荣、安全、便利、舒适和连接，这些都被一个为刺激和满足这些欲望而设计的市场系统所供养。我的观点是，未来的政治将主要在这些新技术生成的生活世界的范围内展开，相伴而来的是集中于如何使用、拥有、控制和分配这些新技术的争议，而不是能不能把精灵塞回神灯里。在第四章中，我们考虑如何清晰且批判地思考这对政治来说意味着什么。

第四章

像理论家一样思考

> 我们正试图使用一种为昨天的世界创造的语言去掌握今天的世界。而且，过去的生活似乎更加反映了人类的天性，原因很简单，过去的生活是人类语言的更好反映。

> ——安托万·德·圣艾克絮佩里,《风沙星辰》(1939)

过去，科学技术的进步帮助人类扫清了一些世界上的未解之谜。20 世纪初，马克斯·韦伯的写作将现代性的中心化特征定义为"除魅"(Entzauberung)，译为"启蒙"(de-magification) 或"祛魅"(disenchantment)。这个过程就是理性观察取代魔法和迷信，成为解释生活中神秘事件的方法之过程。我们这代人也许是体验了相反效果的第一代——世界的"再神秘化"。随着时间的流逝，我们会发现自己被具有超凡力量的、微妙而复杂的技术越发紧密地包围起来；其中的大多数我们都几乎无法理解，更不用说控制了。阿瑟·克拉克（Arthur C. Clarke）说："任何足够先进的技术都无法与魔法区分开来。"[1] 诚如斯言，若数字生活世界要为我们准备一场魔术表演，它必将与我们所见过的一切截然不同。

在此之前，我们从未与拥有强大力量和自主权的非人类系统共存过，从来没有在一个技术已无缝融入社交网络的世界生活过——普遍、连接、敏感、构成和沉浸的特质同处一个时空中。我们不了解生活中的大部分内容是如何被记录、跟踪和处理的。当我们在数字生活世界中继续前进时，面临的主要风险即失去自己的政治和道德直觉，不愿意或没准备好对我们已经习以为常的变化进行批判性思考。在本章中，我们将逐一考察可用的智能工具，帮助我们防止发生以上情况。

我们从政治的概念本身出发，探寻其适用于 21 世纪的定义。然后我们转向更加一般性的政治概念——构建我们思考政治方式的基本单位。接下来，我们将简要介绍作为学科的政治理论，它与这些概念的发展和分析息息相关。最后，我们会讨论该学科范围内的大胆尝试，致力于了解政治思想的未来。政治、语言和时间，它们是本章的主题。[2]末了，我们将会为第二部分的分析做好准备。

什么是政治？

政治没有固定的正确或错误的定义，听到这里可能会让你松一口气。像所有概念一样，它是人类思想创造出来，旨在描述世界上某种现象的。所有活动都不能贴上"政治"或"非政治"的标签。[3]每个语言共同体，即每个对语言的使用拥有共同期望的群体，都可以自由表达对某些事物是否具有政治性的看法。

大多数人对于"政治是什么"还是有一个粗略的认识的，即我们如何 / 为何共同生活，如何自我管理，等等。但我们可以表述得更加精确。对于某些人来说，政治等同于政府：立法者决定社会集体目标并制定能实现这些目标的法律和政策的过程。根据这种观点，政治是在政客和公务员的控制下，在议会、政府大楼和市政厅里发生的事情。普通公民也能通过投票或行动主义或多或少地参与政治（可以这么理解），这取决于国家性质和公民意愿。

另一种观点认为，政治无处不在[4]，不仅存在于公共领域，还存在于私人领域：朋友和同事之间、家庭内部；俱乐部、团队和宗教机构；在政府中，也在艺术、建筑、科学、文学中，并嵌入语言本身。只要是存在合作、冲突或控制的地方，政治就存在；或是在所有某些特定的社会关系可能被另作安排的领域，从职场政治到性政治，政治也存在。这种观点认为，政治不是一种可以避免或忽略的东西。

因此，可以从狭义或广义，以及介于两者之间的不同角度去理解政治。而且，每个角度之下都会有一些激烈对抗的子视角。例如，有争议的领域之一便是专制是否可以被称为一种政治制度。一些学者认为，通过政治机构（例如议会或国会）来协调不同利益是政治的本质。为了个人利益的残酷统治不仅是一个坏制度，甚至根本不算是政治制度。[5] 其他学者不同意这种观点，他们认为这个观点错误地将一种特定的政治概念——自由主义政治——提升到了一个高于其他所有政治的层面，包括专制，它同样也有资格被称作政治。另一个灰色地带是，战争是不是政治的一部分，而非与政治截然不同的东西。普鲁士将军克劳塞维茨（Carl von Clausewitz）有一个著名的观点：战争是"以其他方式延续的政治"，但伯纳德·克里克爵士（Sir Bernard Crick）和汉娜·阿伦特等学者认为，战争代表的是政治的崩溃，而不是政治本身。[6]

看到这里，你可能已经绝望到挠头了。那么，当我们无法就政治是什么达成共识之时，应如何去理解未来的政治呢？好消息是，如前所述，根本没有所谓一定正确或错误的答案。坏消息是，选择采用何种定义依然很重要。这是因为，若定义的范围太窄，某些话题便将被错误地排除在政治议程之外。有一个涉及如何处理性别和性取向的经典案例就说明了这一点。朱迪思·斯夸尔斯（Judith Squires）认为，狭义的"政治即政府"概念将家庭、性取向这类私人领域排除在政治话语之外。[7] 这一点很重要，因为任何主持过会议的人都知道，阻止某事发生或被改变的最可靠方法，就是干脆不要把它提上日程。[8] 把政治的范围仅仅局限于正式的政府机构，就意味着男性暴力侵害妇女的问题根本就不会得到讨论。这就产生了一种政治话语，它不仅不完整，还充满偏见。听好了，这就叫作"政治的政治"。[9]

然而，这种观点也许会遭到反对，认为性别暴力应作为讨论的一部分，但不必是政治讨论的一部分的说法何错之有？就像科学家不应担忧某项特定的发明是否被正确地称作生物、化学或医药领域的发展一样，为什么一件事情是否算作"政治"就那么重要呢？

以上问题至少有两个答案。第一，政治话语与政治权力紧密相关：如果某个话题是主流政治讨论的一部分，出现在政客、评论员、学者、说客和社会活动家的嘴里，其影响就比拿出来单独讨论要大得多。第二个答案，与第一个也有关，即政治具有特殊的严肃性和重要性。诚然，政治可能会是庸俗、卑鄙和令人沮丧的，政治话语也常常是浅陋粗鄙的；然而，若某事是"政治问题"，那就是在暗示兹事体大，与整个社会有关。活动家们意识到了这一点，这就是为什么20世纪70年代的女性解放运动要努力说服这个世界：个人是有意义的，个人本身也是重要的，而且个人的即政治的。这也部分解释了我为何要引用这句话，我现在要说：数字的即政治的。

我们如何选择政治的定义，将影响我们深入探讨数字生活世界政治的能力。这件事是有风险的，采用僵硬或陈旧的政治定义，会使我们对不符合旧定义，但在本质上却明显是政治的新发展视若无睹。例如，学者们普遍认为，真正使政治与众不同的是"国家使用武力"这个概念。[10] 按照这个概念，国家得以与其他形式的集体组织区别开来，如高尔夫俱乐部，因其本身就能通过（多多少少是合法的）威胁或动用实际力量迫使人们遵守其规则。如果你不缴税，政府官员可以给你戴上手铐，把你关进监狱，从而剥夺你的自由。相反，若不支付高尔夫俱乐部的会员费，俱乐部也不能把你扣作球童。然而，政治的

"武力"定义假设人类只能借由国家制定的规则来管理自己，并以武力威胁或武力使用为后盾。尽管这在过去可能是一个合理的假设，但它并不适用于将来。如本书下一部分所示，在数字生活世界中，我们受到的新式控制将越来越多，它们将规则嵌入我们所遭遇的技术之中。无人驾驶汽车无法超速行驶，因其软件阻止它开快；驾驶员超速驾驶后将面对行政处罚的约束，与根本无法开快车对驾驶员的约束是完全不同的。这就提出了一些有关权力和自由的基本问题，它们是政治最重要的部分，哪怕没有人真的被国家强迫做了什么事情。因此，对"武力"的定义是不充分的，因其从一开始就排除了一个相关的调查线索。

我提出了一种政治的定义，它更广泛也更具包容性，让我们在思考未来的政治时可以更有信心，我们不会在无意间对新的激进社会形态闭目塞听。我对政治的定义如下：

> 政治指的是人类的集体生活，包括我们为什么共同生活，如何安排和约束我们的集体生活，以及我们可以或应该以何种方式来有区别地安排和约束这种集体生活。

该定义不以任何特定形式的政治制度为前提。实际上，它所假设的只是（a）人类将继续集体生活，（b）人类的集体生活能够以不止一种方式组织起来，（c）约束集体生活的方式不止一种。这些都是最微小的假设，能让我们以一种开放的心态继续前行。

一些政治概念

假设现在正值选举季，你正在观看一个政治广告。片子里演的是一位政治人物站在演讲台后，语速适中。他身着深色西服套装，面带温暖的微笑。他正在将演讲推向高潮："自由。正义。民主。"他在喊这一口号中的每个词时，都会先攥紧拳头，随后用力地打开手掌。人群欢呼雀跃，这时，他提高嗓音盖住掌声，继续说道："大家知道，那就是我的立场。我向大家保证，如果你今天投了我的票，我将实现你、你的家人乃至全国人民的理想。这就是我立下的誓言！"演讲结束，人群中爆发出欢呼声，政客挥手致意，礼炮喷出的五彩纸屑漫天飞舞，音乐奏响，广告结束，然后你关上了电视。

他赢得了你的支持吗？

自由、正义与民主。你首先想到的是国家当然可以做得比这些更多。但你思考片刻后便开始怀疑：如果这个政客是为了自由、正义和民主，那另一个候选人是为了什么？为了不自由、不公正和暴政吗？事情不可能那么简单。事实上，你开始回想，她（另一位候选人）是否也同样说了支持自由、正义和民主的话？他们所说的自由、正义和民主的理念有什么不同吗？

假设你正在参加晚宴，坐在你旁边的人开始向你讲述她的政治观点。你礼貌地倾听着，不置可否，对方则越讲越来劲，挥舞着叉子下了结语："无论如何，我怎么想不重要，你怎么想也不重要。我们不再生活在民主国家里了。这个国家的所有权力都掌握在商业精英和主流媒体手中。"回家的路上，你思考自己是否同意她的话。如果她所说的"民主"指的是一种由这个国家的公民选举政治领导人来立法的正式制度，那么你就不同意。私人利益也许会对立法过程产生重大影响——在你看来是过于重大了——但它还没有废除整个民主制度。但如果她所说的"民主"具有更广泛的含义,譬如一般性的原则,如人人都应在管理其生活的政治决策上拥有平等的发言权,那么她的说法就有些道理了。当企业说客在昂贵的酒店和度假胜地跟政客扯闲篇时,普通人能有什么希望让自己的声音被平等地听到? 另外,她所说的"权力"指的是什么呢?如果她是说商业和媒体事实上控制着国家——设定议程、制定规则并强制执行这些规则——那她就扯得有点远了。也许,她真正的意思是商业、说客和媒体对这片土地上的法律施加的影响过大了。

权力、自由、民主和正义,这些都是基本的政治观念。我们在思考和谈论政治时会用到它们。[11] 然而,正如上述政治家和晚宴的故事所展现的,每一个概念都可能具有多个含义。例如,很可能我把自由定义为免遭政府干预,而你却觉得自由是选择个人目标并尽力去追求目标的能力。我们都在使用可接受的自由的概念。我们都没错。我们说这就是对同一概念的不同概念解释。[12] 对我们使用概念的方式的唯一限制,就是每个概念都有一些不能被磨灭的核心,这个核心是不可或缺的,没有它,这个概念就无法成立。[13] 可以说,自由这个概念无可辩驳的核心,即"不存在限制",这一点在以上两种定义中都存在,不同的只是对限制本质的讨论——政府干预或缺乏自主权。

谁决定了给定概念的不可化约之核心为何? 答案是:每个人,或至少是每个处于相同的语言共同体中的人。一个概念的含义取决于它在整个社群中是如何使用的。如果有人认为某个词指的是另外一件事,那么我就不能选用这个词来指涉这件事情。这就是为什么我不能说"自由意味着冰激凌",或者"正义意味着蓝色"是有意义的:在我所处的语言共同体中,没有多少人会认可这两个定义。概念没有客观上正确或错误的定义;重要的是某种特定用法是否"对于相当数量"的使用者是可接受的,或者说是正在被接受的。[14]

语言共同体在概念使用上的差别是至关重要的。当一个英国人听到"自由"一词时，他可能会想到弱化政府对经济和公民社会的干预的支持者。而如果是一个美国人听到"自由"一词，结果可能恰恰相反，他更可能想到主张扩大福利国家的社会主义者。这种差异在引入时间和地点的变量后会更加明显。拿财产的概念来说，财产对我们主要意味着物品。这看上去显而易见，但并非始终如此。在公元前 1776 年左右的巴比伦，财产可以很容易地对应到人身上，如孩子是父母的财产。如果我杀了你的女儿，那么我自己的女儿将被处死予以偿还。[15] 同样，今天我们认为财产被买卖是很正常的事。然而，在很早以前的希腊和罗马法律中，财产几乎是被禁止买卖的，因其不属于个人，而是属于包括死去的祖先和未出生的后代在内的家庭。[16] 因此，柏拉图《法律篇》中的雅典人：

> 你既不是自己的所有者，也不是此财产的所有者，过去和将来，你和财产都属于你的整个家庭。[17]

类似的例子还有很多。在 17 世纪的英格兰，"革命"这个概念是从天文学领域借来的，意思是恢复先前的政府形式。在法国 1789 年大革命之后，它的含义却完全相反——突然而剧烈的政治变革。[18] "新媒体"一词今天被广泛用于描述 Facebook、Twitter 和 Reddit 这种线上平台。然而，早在 20 世纪 40 年代初，美国最高法院使用这个词来指代载有扩音器的卡车。[19]

随着时间和地点的变化而变化的不只是政治概念，历史上的科学和技术术语也是如此。例如，在牛顿爵士之前，"力""质量""运动""时间"这些词并没有精确的科学含义，是牛顿赋予了它们严格的定义，并持续了几个世纪之久。同样，在 19 世纪，自然哲学家对"能量"（energy）一词进行了"数学化"，这个此前意为"活力"或"强度"的词，成了物理学学科的中心概念。[20] 今天，计算机（computer）就是一台摆在桌上的机器，而在一百多年前，它指的是一个人，通常是一个女人，主要负责算术和制作图表。[21]

为什么相同的概念在不同时空下可能指代着不同的事物呢？简而言之，共同体会让其语言适应于当时的政治、社会和文化需求。正如卡尔·马克思观察到的那样，"思想、观念和意识的产生"，"首先是直接与人们的物质活动，与人的物质交往交织在一起的"。[22] 我们所谓的"观点"深刻地植根于我们所处的文化和社会环境。也正因为如此，社会学家卡尔·曼海姆（Karl Mannheim）在《意识形态与乌托邦》（*Ideology and Utopia*，1929）中说道，就算是知识，也如艺术品或建筑一样，因其历史风格而被追溯。他认为，"严格说来"：

> 说某个个体思考是不正确的，说"某人参与了进一步思考其他人此前思考的东西"更正确。[23]

在马克思的倡导下，一个更加激进的立场认为，每个时代的"统治思想"都是其"统治阶级的思想"。[24] 这种观点认为，特定的一群人生产和分配服务于自己私人利益的想法。

我们不需要走得像马克思或者曼海姆那么远，尽可以从他们的话语中去瞻仰其智慧。政治观念不是凭空而来的。每个政治观念都是由在特定时空环境下生活和思考的人想出或使用的。正如"财产"和"革命"概念的例子所显示的，随着时代的变化，我们会让旧概念去处理生活中的新事件。旧思想是可以被挽救的，也能被重新设计用于新目的。就像你将在本书接下来的部分中读到的那样，只需稍加注意，许多古老的概念、类别、区分、理论和论点，都可以像过去一样，继续指导我们的未来。

然而，在某些时候，一个时代打破了过去的方方面面，那么它就需要相应地创造全新的概念。1667 年，托马斯·斯普拉特（Thomas Sprat）曾说："在如此繁忙和活跃的时代，人类涌现了更多的新思想，必须对这些新思想加以重视，同时还要采用新的表达方式。"[25]1996 年，埃里克·霍布斯鲍姆（Eric Hobsbawm）在《革命的年代》(The Age of Revolution) 中列举了部分在 1789 年至 1848 年这段短短的历史时期被发明出来，或是被赋予了现代含义的词语：

> "工业""工业主义者""工厂""中产阶级""资本主义"和"社会主义"。其中包括"贵族""铁路""自由主义"和作为政治术语的"保守主义"，还有"国籍""科学家""工程师""无产阶级"和（经济）"危机"。"功利主义"和"统计"，"社会学"和其他几个现代科学的名称，"新闻学"和"意识形态"，它们都对应或适应了这个时代，"罢工"和"贫困"也是如此。[26]

我们这个时代出现了什么新词呢？自 2000 年以来，《牛津英语词典》新纳入了"互联网"、"闭路电视"（CCTV）和"极客"（geek），还有"维基""芯片""大数据""机器学习""双击"，也有"赛博–"(cyber-)、"小故障"（glitch）、"基因工程"、"超人类主义"（transhumanism）、"短信"、"上传"和"网站"以及其他各种条目，而诸如"万维网"和"信息高速公路"的词条则已经过时了。

政治语言是灵活的：概念可能会因语言共同体在某个时间对它的使用而发生变化。没有永恒的概念，也没有永恒的意义。尽管这可能令人恐惧，但这也意味着我们不能简单地假设存在任何普遍的政治真理。在这个瞬息万变的世界中，政治理论家有责任去探索我们当下所拥有的智慧，有多少来源于我们目前的生活或曾经的生活，以及在我们的经验被改造得面目全非时，它们是否仍然有意义。思想是特定时代的特定产物，将它们视为永恒的文化，不得不永远用旧概念描述新世界。它们为解释和理解世界而发展的概念，反而成了"思想的镣铐"，只能使对世界的理解更加晦暗不明。[27] 这就是为什么必须时不时地测试我们的政治词汇是否完成了解释世界和为世界制定规则的任务。在很大程度上，这是政治理论的作用。它同样是本书的写作目的之一。

政治理论

"政治"还是一门学科。这本书尤其借鉴了政治学的一个二级学科的思想和方法——政治理论。（在此我不对"政治理论""政治哲学""政治理念""政治思想"进行严格区分，目前对以上概念的区分还未达成共识，这很难做出区分，遑论保持这种区分，因而也没有什么实际意义。）政治理论家发展和研究我们用来思考和谈论政治的概念，探索它们的意义、它们从何而来，以及它们是否能被称为真实的或虚假的、正确的或错误的。我们所见的政治概念，就是政治理论的实质。接下来的篇幅将着力讲清其方法，主要有三种：概念分析、规范分析和语境分析。如果你一开始觉得对这些概念不太熟悉，请不要担心。我们不仅会在本章致力于理论家式的思考实践，整本书都会贯穿着此类实践。

概念分析

在政治中，歧义无处不在——演讲、对话、宣言、宣传册、文章、书籍和博客。许多政治主张让人不满意，特别是发表在社交媒体上的那些，因为参与者误解、误读或者干脆懒得弄明白对方想说的究竟是什么。这时候概念分析就派上用场了。亚当·斯威夫特（Adam Swift）

解释说："在我们知道自己是否同意某人的观点之前……我们必须先知道她说的是什么。"[28] 概念分析就是试图去了解当人们在谈论政治时，他们在谈论什么的过程。[29] 这就包括使政治话语经得起细致的调查和质疑，弄清定义和区别，从而使其变得清晰、一致、简单。在学院派的政治理论中，这类工作是在书籍和文章中完成的。例如，大量的文献是对权力、自由、正义和民主的不同概念解释。在大学的研讨会上，优秀的教授不断测试他们的学生，直到其论述消除了一切模糊不清的地方。日常生活中的概念分析一般从不太正式的形式开始，如向别人发问："你说这话到底什么意思？"对上述故事中的政治家，我们可能会问他：我们能自由地去做什么？为谁伸张正义？你对民主的看法与我们当下运行的民主有何不同？

可以用概念分析把事物像华夫饼一样切开——坦率地说，政治话语中充斥了太多的胡说八道，无论是在议会、媒体上，还是在学院中。政治言论的目的经常就在于欺骗、叫停争论、混淆视听和迷惑别人；用奥威尔的话来说："撒谎听起来很真实，让谋杀受人尊敬，为空中的风赋予固态的外观。"[30] 尽管对于政客来说，耍这种把戏是很正常的事，但对于一个理论家来说，这种做法则很难得到宽恕，因为他们的责任就是要澄清概念，而不是混淆。有些人坚持用复杂的方式去表述本来能用三言两语就能说清楚的事情，是他们让政治理论这个学科背负骂名（顺便说一句，技术类的文章也有类似问题）。

当然，并非所有的政治言论都可以说得很清楚。有些政治言论说不清楚，是因为世界是复杂的，政治理念也并不总是那么容易解释或理解。还有一些理念是故意风格化或修辞化的，旨在鼓励甚至是激怒人们，而不是为了澄清或分类。"不自由，毋宁死！"面对日益高涨的呐喊声浪，只有最笨拙的新手才会回答："是的，不过等一下，你指的是哪种类型的自由？"在现实政治的激烈肉搏战中，一定程度的不准确可以给政客们提供达成妥协所需要的回旋余地。当温斯顿·丘吉尔（Winston Churchill）谈到"对生活在民主自由国度的伟大人民来说，谎言在其社交生活中起到了巨大且无疑是有帮助的作用"时，这也许就是他心中所想。[31] 然而，世界上仍有太多困惑。为了达成我们的目的，还是最好记住维特根斯坦的格言，"只要是能说的，其实都可以说得很清楚"。[32]

概念分析还涉及试图理解概念的道德内涵及其意义。说某些东西"太棒了"所指涉的有两方面，一方面是说这些东西拥有某些特质，另一方面是说它们拥有的这些特质在某种程度上是好的。说某些东西"愚蠢"或"令人厌恶"指涉的同样有两方面，即它们有某些特质，而这些特质是令人不悦的。政治也同样如此。例如，要把某个事情描述为"腐败"，那你就是在描述某些事物的状态，并含蓄地给它扣上了负面品质的帽子。如今，我们说一个过程是"民主"的，（一般）是赋予它一个正面的品质。腐败、民主都属于评价性的词汇，它们都具有一种公认的道德内涵和意义。[33] 不是所有的政治言论都是评价性的，例如，说某事物是"财产"时，就不一定是在说它到底是好是坏。一些概念分析就是试图了解一个概念的用法到底是不是评价性的。

概念分析在以新技术为重点的讨论中尤其有用。技术招致对怪异术语的使用，这些术语可能是模糊或难以理解的。这些令人兴奋的新玩意能让最冷静的写作者近乎浮夸地吹捧它，也通常会带来非理性或歇斯底里的分析结果。概念分析将准确性置于首位，正是为了拨开迷雾。

规范分析

简言之，"规范分析"即试图判断政治领域中是非善恶的方法，与道德哲学和伦理学紧密相关。我们对彼此负有何种正义的责任？我们是否有义务参与公共生活？我们享有做何种事情的自由，什么事情是应被禁止的？违反法律在任何情况下都是不可接受的吗？以上这些就是"规范性问题"。规范分析使我们能够通过反思和争论来确定原则，从而指导我们如何共同生活。它可以帮助我们找出"是什么"和"应该怎样"这两者之间的区别。正如一位学者所言："例如，你可以堆砌关于民主政体和专制统治之间差异的大量数据，然而，如果没有规范性要素……就无法确定应采用哪种形式的政府。"[34] 最具影响力的政治理论，如约翰·穆勒的《论自由》（1859），往往主要由规范分析构成。但是规范分析通常也是我们在日常讨论中经常使用的方法。集体生活中的是是非非，正是政治的有趣之处。

规范性理论用于阐明特定制度、政策或原则的道德正误。当使用"腐败"或"民主"这类评价性术语时，我们希望语言能够为我们辩护，但规范分析的一部分并不只是询问一个词语是否带有规范性含义，而是询问它是否值得带有这类含义。即便"民主"这个词在如今具有积极的评价意味，但在人类历史的大多数时间里，它是被作为一个侮辱性词汇来使用的（第十二章）。

语境分析

最后，语境分析是用来找出概念从何而来、为何能出现、在它们的构思过程中被赋予了何种含义，以及其含义是如何随着时间改变的。它与历史学息息相关，特别是"思想史"或"观念史"。如前所述，概念的含义随着时空的变化而变化是须将其置于语境中研究的原因之一。我们不能假设在18世纪的法国要求自由的人跟在21世纪的英国要求自由的人要的是同一种自由。

以上三种方法——概念的、规范的和语境的——可被充分地融合在一起。例如，概念分析，一般来说会被放在规范分析之前：这有助于先充分理解一种政治言论的意义，然后再争论它的对错。但不同的方法也不总是孤立的。你说，"民主意味着多数统治"，我说，"不，民主意味着充分尊重少数派的权利"，我们俩都试图说出民主的含义（一个概念上的要求）和它应该意味着什么（规范要求）。如果你这样说，"在2018年的美国，若无对少数群体权利的充分尊重，则民主毫无意义"那么这段表述就同时具有了语境的、概念的和规范的特质。我认为不是一定要将这三种方法严格分离开来，而是要注意我们何时在做概念性思考、何时在做规范性思考、何时在做语境化思考。这将有助于我们去思考政治的未来。

政治思想的未来

政治理论或因其无法作用于杂乱无章的现实政治，而被诟病为屠龙之术。 抽象的理念用在演说厅和辩论会上也许会显得妙趣横生，在解决实际的政治问题时却往往无能为力。理论并不能让火车准点开，理念也不能喂饱饿肚子的孩子。普通公民需要优质的学校和平坦的道路，而不是沉闷的"黑格尔辩证法理论研讨会"。我对这种论调抱有些许同情。太多的政治理论著作在"纸上谈兵，智力自慰"的路径上越陷越深[35]，而这种做法基本无法通向令人满意的答案。但是它本可以不走这条路。政治理论可以为当今最紧急的政治问题提供答案。人类历史上的一些最伟大的理论正是形成于革命、世界大战和内战等动荡时期，面临如此动荡，人们才拼命寻求理解当下发生的危机。例如，我们关于公民不服从最有力的写作，来自20世纪60年代的十年民权运动和越南。

我们正生活于一个同样动荡的时代。我们有哪些理论呢？

本章有三种思路可供参考。第一，无论你喜欢与否，我们都是政治理论家。根本没有什么无价值的或中立的政治立场；每种政治话语、行动（如投票）或逃避（如不投票），其中都包含了潜在的优先级和价值等级。政治理论之所以至关重要，正是因其使这些首要关切成为焦点，并使它们可用于理性辩论。第二，政治理论应牢固地扎根于生活事实，若如此，理论就永远不会脱离现实，而非以关于人性或良好生活的抽象思想和理论作为起点，我们应该从期望发现的世界开始行动——从现实的"大地"上升至思想的"天堂"，而不是走上截然相反的一条路。[36] 第三，也是最重要的一点，政治理论应该为我们如何共同生活提供有实际意义的指导。

我希望所有关心政治的未来的人能为"数字化生活世界将会怎样"贡献想象力。思考未来是困难的，但至少其理论方法应是简单的：从对未来展开一系列预测开始。然后，观察人类现有的政治思想对预测中的未来有何启示。这也许意味着问问托克维尔（Alexis de Tocqueville）会如何看待技术推动的直接民主这一想法，或是马克思的理论可以如何应用于解决人工智能系统的所有权和控制权等问题。如果事实表明我们拥有的概念不足以描述或批判这个正在兴起的世界，那么最后的任务将是开发一个属于当下的政治学词汇表，来帮助我们更好地理解自己正在建造的世界。我将采用这个方法来展开下面的论述。

接下来的第二部分

现在，我们已经准备好踏上这片政治学处女地。我们将从一个最基础的政治学概念入手：权力。

第二部分

未来的权力

哪里有活物，哪里就有对权力的渴望；从一个仆人身上，我也能闻到他成为主人的渴望。

——弗里德里希·尼采，《查拉图斯特拉如是说》(1891)

第五章
代码就是力量

> 几乎所有人都可以忍受逆境，但如果你想测试一个人的品格，不如给予他权力。
>
> ——亚伯拉罕·林肯

强者如何统治弱者？答案是施加权力，它是政治秩序的基石和政治概念的教父。任何试图了解政治未来的严肃努力，都必须包含对"何为权力""权力有何种形式""谁将行使权力"的探索。这就是接下来五章内容试图回答的问题。

我认为，未来的权力将采用三种形式。第一种是武力（第六章），第二种是审查（第七章），第三种是感知控制（第八章）。数字技术将逐渐成为这三种形式的主要来源。这表示，那些控制武力、审查和感知控制的技术的人将会更强大；相应地，那些不具备以上力量的人就会更无力。我的观点是：随着时间的推移，这些力量将会越来越集中到国家和科技巨头的手中。

本章的目的是要阐明我们所说的权力是什么，并更加细致地研究权力与数字技术之间的关系。逐渐展开的愿景看上去似乎有些无情，只是聚焦于权力残酷的事实，而非权力的合法性。别担心，后面我们将评判对错。

权力是什么？

权力是一个很难定义的概念，一名法官给"赤裸裸的色情文学"下的定义或许比较容易说明什么是权力：看过即知。然而，尽管这种解释能糊弄过美国法院的审查，政治理论家们却意在更加精确地解释权力，尤其当这种力量并不总是为你所见时。既然如此，我们不妨从"对某人有控制权"（having power over someone）和"有权力做某事"（having power to do something）的简单区分入手开始讨论。[1] 控制权（power over）是这样一种权力：如老板告诉他的下属去完成一项任务，或是学校老师要求其学生安静地坐着。这是关于管理者要求被管理者遵守规则的过程。相反，行动权（power to）并不意味着"管理者和被管理者"的体系，它指的是一种能力、才能，或是某人得以做某事的能力，例如，沿着街道行走或是举起沉重的杠铃。这是一个广义的定义。有了行动权的某人或某个团体在自身强大的同时并不需要剥夺相应对象的权力。

这两种权力概念在语言上都是可以接受的，都没错。但是在本书当下所处的调查阶段，有两个理由使我们在本章的讨论更关乎控制权，而非行动权。首先，如果我们想了解政治的未来，我们就需要了解谁比谁更有权力，这种权力将采取何种形式，以及它可能指向什么目的。我们关注的是人与人之间的权力关系，而非每个人随心所欲的能力的大小。其次，行动权与独特的自由权概念极为类似，我们将在本书第三部分的相应题目下更加明智地处理它。

我们把控制权作为首要关切来处理，那么，说 A 对 B 有控制权，到底是什么意思呢？这个问题有几种可能的答案，但值得先来看看伟大的政治学家罗伯特·达尔（Robert Dahl）提供的一个直观回答："A 对 B 的控制权达到了 A 能迫使 B 做他原本不会去做的事的程度。"[2] 该定义涵盖了各种情况，从钳制公民的国家权力到母亲要求孩子上床睡觉的权力。它还隐含了这样一个意思：若 A 阻止 B 做某事，B 就不能做某事，而这件事 B 原本是会去做的。但达尔的定义也并非无懈可击。若因我不稳定的驾驶水平，无意中迫使你在高速公路上变道（否则你不会变），我是否向你施加了权力？或者说某人只有在意图（intend）做某事的情况下才能施加权力呢？又如，我一怒之下要求女友把她好心给我买的生日礼物退掉——即使我喜欢这份礼物，而好好收下这个礼物对我来说更有利，这种情况该如何解释？当我的做法并非为了自己的利益时，我是否还在施加权力呢？[3] 以上都是人们可能会产生的合理分歧，但我不建议大家深陷其中。然而，我们应该关心的是，权力会否总是要求人们去做某些他们原本不会去做的事情。我无意偷你的钱包，但这是否意味着刑法对我无效，因为它只能阻止我去做我无论如何也不会做的事情？这看上去很奇怪。因此，放宽达尔的定义也许是更加明智的做法，不如这样说：若 A 对 B 有控制权，即 A 有能力迫使 B 做某些 B 原本不会去做的事情。

那么，什么能让一个人或实体有权力呢？这取决于三个因素。第一，其权力范围（地理范围和事件影响人数）广大。因此，国家政府权力遍及领土之内的全民，涉及广泛的领域，其权力自然比仅限于学校围墙之内、搞行政管理的校长要大得多。第二，有权势的个人或实体，其权力涉及重要事务。决定他人的自由权或其他权利的法官，其权力自然远大于决定你在午餐中分到多少土豆泥的咖啡厅服务员（尽管你在很饿的时候会把土豆泥看得很重要）。第三，权力的稳定性也很要紧。把人钉在地板上，若对方还能费力挣脱，那么这种力量就不如把人拴在地牢墙壁上的力量稳定。[4] 把这些头绪理顺一下，就是：

　　　　一个人或实体是强大的，在于其具有稳定且广泛的能力，迫

使其他人或实体去做某些他们本不会去做的重要事情，或者不做
他们本来会去做的事情。

这个定义很重要，本书会反复引用这个定义。连同第四章中对政
治的理解（"人类的集体生活，包括我们为什么共同生活，如何安排和
约束我们的集体生活，以及我们可以或应当以何种方式来有区别地安
排和约束这种集体生活"），它的范围足够广泛，可能包含传统上并不
被看作"政治的"新权力形式。

权力的不同面孔

权力表现为多种形式。为了说明这一点，让我们来想象一下：马
特想开枪打死他的朋友拉里，但一个叫金的人阻止了他。情况一，金
将马特摔倒在地，逼其缴械，使拉里得以全身而退。我们把这种形式
的权力称作"武力"（force）：金在这里剥夺了马特做出选择的可能，
无论其屈服与否。情况二，金对马特说："如果你谋杀拉里，我就放火
烧你的房子。"于是马特决定不向拉里开枪，因为他不想让自己的房子
被烧掉。在这种情况下，金采用的是"强制"（coercion）的权力形式，
马特因害怕受到惩罚或被剥夺而就范。情况三，金去说服马特，告诉
他枪杀拉里在道义上是错误的。如果他成功了，那么他就是施加了"影
响力"（influence）：确保马特的屈服并非来自剥夺的威胁。接下来，
假设金是一位宗教领袖，看到马特正准备屠杀拉里，他大喊道："别开
枪！"马特听从了金的提议，并不是因为他担心被剥夺，甚至不是因
为他觉得杀死拉里是错误的，而是因他将金拉比的"权威"（authority）
尊为道德命令之源。最后，想象一下金为了阻止马特谋杀拉里，假意
答应若不动手就给他一百万美元。在这种情况下，权力则采取了"操纵"

(manipulation) 的形式：马特的服从是因其还没能认清此要求的真实基础为何。[5]

武力、强制、影响力、权威和操纵，是思考不同形式的权力的有利途径。但我们不应该认为它们天然是正确或错误的——例如，影响力和权威，比强制或操纵在道德上听起来更可取。所有形式的权力都可被用来做好事，也能被拿去做坏事。武力可以是合法的（将逃脱的罪犯戴上手铐的警察），影响力可以也可能是邪恶的（"伊斯兰国"针对年轻穆斯林男子的宣传），权威可以被滥用（有恋童癖的神父）。即便是操纵，在道义上也可能是合理的：譬如一个通过欺骗渗透到犯罪团体内部的卧底。

现在，让我们把目光转向数字技术和权力之间的关系。

数字技术与权力

代码与算法

所有数字系统都在软件（也称为代码）上运行。代码由一系列说明组成，它告诉硬件（技术的物理形态）要做什么。它是用编程语言编写的，而非人类能理解的自然语言。用"语言"一词描述代码，是因为它也有其形式上的规则——语法、标点和句法等。[6]代码和自然语言之间最重要的区别在于，代码的含义须更加准确。它的目的是生产明确的指令，不留解释上的灰色空间。

记住，数字技术的关键是：它只能根据编写它的代码操作。如果你问计算器 5 + 5 等于多少，唯一的回答就是 10，无论你多么期待它能给出另一个答案。人类用户的愿望与代码的功能无关，除非给它编一个将这些愿望考虑在内的程序。出于同样的原因，你不能使用计算器起草电子邮件。[7]让一种特定的技术来执行未编程的操作是不可能的，就像你走进壁橱，让它把你带上五楼一样。

代码和算法经常被混为一谈，但从严格意义上讲，它们不是同一种东西。算法（algorithm）一词本身可追溯到 9 世纪的波斯数学家阿卜杜拉·花剌子模（Abd'Abdallah Muhammad ibn Mūsā Al-Khwārizmī）。对花剌子模名字的翻译——algorismus 被用来描述推理、计算和处理数据的一切数学方法。[8] 今天，算法这个词描述了用于执行任务或解决问题的一组指令。它不是非要用计算机代码编写。一套驾驶方向是算法的一种形式，它指定了在不同情况下应如何操作："直走，在邮局处右转，然后在路灯处左转。如果交通情况不好，就在车库处右转，然后在环岛的第二个出口驶出……"人际关系上的建议通常也是用算法的形式给出："如果他继续撒谎，那就跟他分手。但是如果他道歉，就冷静一下看看感觉如何，然后尝试通过交谈……"

当我们谈论数字技术时，算法是公式，代码则是该公式在编程语言中的表达式。大量的代码包含算法，无论是用于制定决策、学习技能、发现机制和整理数据，还是预测事件。

代码就是力量

代码与权力有什么关系？当我们与数字技术互动时，我们同样须服从其代码的指示。[9] 举一个简单的例子，除非输入正确的密码，否则你不能访问受密码保护的文档：机器对此没有选择权或裁量权，你也没有。[10] 即便这文件中存有可以挽救你生命的重要医学信息也是一样，如果你只是忘记了文件的密码，打不开还是打不开。该代码不允许你执行你本来要进行的操作。

我们经常遇到来自代码的约束。想想诸如音乐、电影和电子书这类数字内容。在 2009 年，奥巴马总统将 25 部美国经典电影当成礼物送给来访的英国首相戈登·布朗（Gordon Brown）。然而，布朗回到伦敦后，却发现这些电影无法在他的英国 DVD 播放机上播放，尽管他是这片土地上最有权势的人。[11]这是为什么？在未经相关训练的人看来，它看上去似乎是一个故障或机器失灵事件。但真相却相反，禁止播放的命令已由其制造商和发行商编成代码写到 DVD 中，以保护其商业利益，并实施版权法赋予的权力。这通常称为数字权限管理（DRM）。

　　由于代码能够精细地指导我们的行为，许多杰出的思想家跟随做出开创性工作的哈佛大学教授劳伦斯·莱斯格（Lawrence Lessig）一道，认为代码即法律（或至少像是法律）。[12]以关于 DVD 的思考为例，很明显，代码施加了一种权力：布朗先生完全被剥夺了是否播放 DVD 的选择权。但这跟强迫也没什么两样。想象一下你给姐姐发送了一封电子邮件，附件里有你从 iTunes 上下载的数字音乐文件。这个音乐文件很可能拒绝在她的电脑上播放，因为 DRM 规则禁止复制版权内容。再一次，这种权力又将阻止你姐姐去做她想做的事情。现在想象一下，iTunes 很有可能不会真的阻止她打开这些内容，但会因她尝试这样做而惩罚她，如在接下来的 24 小时中锁定她的（或你的）账户。如果你知道以上情况将发生，你也许就会三思而后行，不去下载并发送音乐，而你的姐姐如果收到了邮件，也不会尝试去收听这些音乐。在这个例子中，你们俩都表现出了某种行为方式，那是因为你们害怕受到惩罚。这就是强制而非武力。在这个例子中，代码的确表现出了一些类似于法律的特质。

　　但说代码就是法律，或者代码就像是法律，理由都不太充分。

　　代码同样可被用于影响和操纵人，不过其方式与法律的运行方式不同。正如我们所见，这种机制在技术被用来审查人们以及控制人们对世界的感知时就会起作用。一种比"代码是法律"更有启发的表达是"代码就是权力"：它能让我们去做只有武力、强制、影响力和操纵才会让我们就范的事情。而代码还能以更稳定也更广泛的方式来施加影响。这就是代码能在未来的政治中扮演如此关键角色的原因。

代码帝国

莱斯格在 2006 年写道："人们居住在赛博空间中……然后在某天的某个时刻，他们突然消失了……然后，他们回来了。"[13] 尽管这在当时很有先见之明，但这种思考方法如今已经过时了。在数字生活世界，"赛博空间"并不是一个谈论我们与技术之间互动的有效方法。如我们所见，我们的生活将在连接人与"智能"事物之间的领域展开，人与机器、线上与线下、虚拟与真实之间的区别越来越不明显。我们是否想要与数字技术互动，或者我们是否意识到了它们的存在，都越来越不重要了。

我怀疑，"网络"和"真实"之间的区分，对年轻读者来说已不太具有心理共鸣，在 WhatsApp 上聊天的人只是在聊天，而不是什么"网络聊天"，在亚马逊上购买商品就只是在购物，而不是什么"电子商务"（我们已经很久不谈 Amazon.com 了）。长远来看，网络空间与现实空间之间的区别将失去其阐释价值。对支撑你生活的数字步调制定者来说，没有什么东西是"虚拟"的。没有人会说乘坐自动驾驶汽车的人是在"网络空间"中行驶。在 2000 年，你还可以通过注销或关闭程序离开代码帝国，而在数字生活世界中，这种情况基本就不存在了。试图摆脱技术的影响将会像试图逃脱法律一样艰难：从理论上讲，你当然可以逃到旷野，但若想过正常的生活，这就太不切实际了。而且，随着虚拟现实系统越来越受欢迎，有些人就会沉浸在完全由代码构成的宇宙中——在那里，代码不仅是权力，也是本质与现实。

代码的未来

在数字生活世界中，围绕我们的许多代码将能自己修改程序，并随着时间不断变化，同时学习模式识别，创建模型和执行任务。正如我们在第一章所见，机器学习和人工智能系统通常会变得更加自动化，也更加"智能"，但它们并不一定要模仿人类的智力或初始程序员的意图。这些系统也将更加常见。它们将深刻影响代码发挥作用的方式。学术文献传统上一般将代码视为一种稳定的架构，为我们可以做什么、不能做什么设置了固定的、单方面的限制。这反映在我们谈论代码的结构性隐喻之中："平台、结构、对象、门户和网关。"[14] 未来，代码将会成为动态的、敏感的和适应性更强的人类行为裁判——能够更改规则，也能加强规则。有时，它会让人觉得很巧妙，也会让人摸不着头脑；有时，它似乎也缺乏理性或不太公平。然而，这就是权力。

接下来的四章

数字技术在与人类的互动过程中，通过定义人类可以做 / 不可以做的事情来监控人类，通过控制人类对外界事物的感知来向人施加权力。在数字生活世界中，这样的技术将无处不在。激活这些技术的代码将具备高度适应性和"智能性"，能够以一种灵活而集中的方式约束人类的行动。因此，某些数字技术将提供一种在数字生活世界中发挥巨大作用的方法，控制此类技术的人将通过它们施加巨大的权力。即使没有特定的人或团体能在给定时间"掌权"，人类也将不断受制于来自不同方向的权力，人的行为会受到这些权力的约束和引导。这是未来权力的本质，也是接下来的四章的主题。

第六章
武　力

摩西去把人民的长老召了来，把耶和华吩咐他的这一切话都摆在他们面前。人民都一致地回答，说："凡是耶和华吩咐的，我们都要遵行。"

——《出埃及记》19：7—19：8

引　言

本章是关于武力使用的——一方通过取消另一方对是否服从的选择权来确保后者的顺从。武力是权力最纯粹也最直接的表现形式。历史上，武力的合法使用权一直掌握在国家和执法人员手中。如我们所见，在数字生活世界中，武力的使用在未来几年将发生三个重要的变化。第一个变化就是我所说的"武力数字化"：从成文法到数字法的转变。第二个变化可称之为"武力私有化"，这是从劳伦斯·莱斯格那里借来的概念，它侵蚀了国家在武力使用方面的长期垄断。第三个变化就是"武力自动化"，它随着自主数字系统的出现而出现，自主数字系统能够在没有人类的即时监督和控制的情况下，对人类施加武力。

这些转变中的每一个都会具有深刻的政治意义。

武力数字化

我们习惯于将法律视为以散文体写就的规则，只有立法机关能予以更改，当规则被破坏时，人类官员将制裁破坏者。数字生活世界提出了一种新型法律的前景，它在四个重要方面与人类当前生活的世界不同。首先，它将由数字系统实施，而不是由人类实施。其次，它将迫使人类无法违反法律，而非简单地事后惩罚。再次，它将具备适应性，能随情况的变化而变化。最后，它可以用代码来起草，而非使用自然语言。这是数字法（digital law），是他人强迫我们行事或限制我们行动的一种全新方式。

自我执行法

数字生活世界实现的第一个也是最简单的改变，即从由人类执行的法律向由数字系统执行的法律转变。

过去，执法工作主要由人类肩负。几百年前，执法的可能是私人或准私人权力当局，如封建地主、教区行会、慈善协会、当地警员和巡回治安官等——他们全都有责任维持其辖区内的秩序。长期以来，最重要的官员就是行刑官，这一点被约瑟夫·德·迈斯特（Joseph de Maistre）形象地描述为"运行在国王与人民之间的齿轮"。[1]

在过去几个世纪中，出现了一种新的专业执法人员群体，他们专职负责系统地、有条不紊地执行法律。在这个群体中，最重要的就是警察部队，他们第一次像军队一样接受训练，统一穿上制服。[2] 随治安系统革命而来的则是惩罚的革命。鉴于此前的监狱羁押罪犯的时间基本不超过几个晚上，新的司法机构，例如监狱和疯人院，便逐渐成为半永久或永久关押成千上万囚犯的地方。这些地方配备了训练有素的管理员和警卫人员。负责起诉和判刑的司法系统依靠法官、陪审员和缓刑监督官来完成使命。[3]

　　未来，数字技术将能做很多以前由人类官员完成的执法工作。我们在上一章中提到将代码嵌入 DVD 和音乐文件的过程，基本就跟执法人员毫无干系。规则自行执行了规则：无须警察、调查员、检察官、法官或陪审团（人在 DRM 技术被黑客攻击时才会派上用场，而上述行为属于犯罪）。我们已经在马路上安装了自动测速摄像机，从测速摄像机发展到"智能"执法系统似乎只有一步之遥：每超速 10 秒钟，就自动从你的数字钱包中扣钱；你若非法停车，每分钟都会被直接罚款。[4]数字技术逐渐可扮演传统上法官的角色。不设法庭、没有律师，eBay 的在线纠纷解决系统每年能解决约 6000 万个商业纠纷——是整个美国法院系统诉讼总数的三倍多。[5]

　　随着越来越多的人类活动由数字系统承担，数字执法将成为必然，而不仅仅是出于方便。考虑一下金融交易。随着时间的推移，很少有交易需要由在交易大厅咆哮的股票经纪人处理了，取而代之的是智能交易算法，它们会根据市场情况，以闪电般的速度快速响应。高盛纽约总部曾有 600 名美国现金股票交易员，现在却只剩下两名。[6]该银行三分之一的员工是计算机工程师。自动化交易系统的产生使金融监管成为官员们的噩梦。一般来说，算法太迅速、太复杂，且因适应性太强而不易于受到人类的监督。执行法律最实用的方法日益变为使用检测和禁止错误行为的"其他算法"，至少做到能举报此类行为，以引起人们的注意。[7]其中一个用于监视财务行为的数字系统，就是 IBM 公司出的 Waston 的一个版本。[8]

　　数字执法的理念可能看上去有点奇怪，但事实并非如此，它并没有破坏我们关于法律是什么的观念。实际上，它与奥地利法学家汉斯·凯尔森（Hans Kelsen）20 世纪早期在其著作《纯粹法理论》（*Pure Theory of Law*，1934）中提出的法律定义并无龃龉，这本书为几代法学专业的学生打开了求知大门。凯尔森认为，法律实际上并没有禁止任何事物，它只是要求官员应对某些行为采取相应的制裁措施。[9] 根据这种理论，H.L.A.哈特(H. L. A. Hart)认为，没有任何法律禁止谋杀，"只有要求官员在特定境况下对谋杀者实施特定制裁的法律"。[10] 在数字生活世界中，这可以理解为："没有禁止不法行为的法律：只有以代码形式指示数字系统在某些情况下，对犯下此类罪行的人实行某些制裁的法律。"[11]

通过武力而非强制来执行的法律

无须向一台无人驾驶汽车施加超速罚款的威胁，因其内置代码根本不会让它超速。你也永远不会因非法停车交罚款，因为汽车本身不允许非法停车。你不能侵入私人财产，因其上的 GPS 系统知道要保证财产的私密性和安全性。遭到恐怖袭击时，即使你慌不择路，也不会撞倒行人。制造商已经表明，其生产的车辆能够识别救护车和消防车等紧急车辆，遇到它们时就会停下来，让它们先过。你的车也可被编程为遇到警察就停下来，无论你是否愿意。如果你曾驾驶过高尔夫越野车，你可能熟悉这种经验：车辆不会超过某个速度，在接近主要道路时速度会变慢，在绿地和水景附近则完全停止。当然，这也就剥夺了所有的乐趣。

这是第二次重大转变：从法律的强制执行（人们因怕被处罚而遵纪守法），到通过武力强制执行的法律（人们遵纪守法只是因为他们除了不犯法外别无选择）。这是莱斯格另一个开创性的见解。

总的来说，我们今天有违反法律的自由，只是由于犯法后可能被逮捕和遭惩罚的威胁才望而却步。官员很少会强迫人们不违反法律，因为他们不知道人们会在何时犯罪，而他们也不太可能正巧出现在那里。当然，罪犯也有可能被抓现行，但这种情况算是例外，不是普遍规则。我们都会采取行动来预防和制止犯罪——晚上锁好窗户并安装防盗警报器——但是国家通常只会在犯罪事实既定后才执行法律。

纵观人类历史，以上方式在促使人们遵守法律方面效果堪忧。在近代欧洲，走私、抢劫、逃税、放荡、偷窃和其他各种犯罪行为通常不受惩罚。法国哲学家（高领毛衣鉴赏家）福柯（Michel Foucault）在他的杰作《规训与惩罚》（*Discipline and Punish*，1975）中描述道："对法令大规模、普遍性的不遵守，意味着在几十年、甚至长达几个世纪的时间里，法令可能在从未执行过的情况下发布并持续更新。"[11] 在不少交通要道和内陆地区，到处都是流浪的强盗，完全游离于法律之外。愤怒的人们揭竿而起反对统治者。受当时技术条件的影响，这种半无政府状态在一定程度上成为可能。想让官员始终密切关注遥远省份的社区是不切实际的，这使人们在违反法律时，一般认为自己不会被抓到。

如果人们觉得干坏事不会被抓，国家将如何维持秩序呢？国家只能通过让犯罪的报应变得更加骇人，可怕到不值得去冒这个险。这意味着严厉的公开惩罚：镣铐、绞刑架、轮式刑车、示众架、颈手枷、断头台和足枷。在市镇民众众目睽睽之下，罪犯和嫌疑人会被公开羞辱、鞭打、拷打、肢解、斩首、截肢、焚烧、毁伤四肢、禁食挨饿、伤筋动骨、撕碎*和车裂。[12] 普通农奴也许会在偷面包前再三思忖，即便他被抓的可能性很小，但一旦被抓就可能被掏心挖肝。如今，福柯观察到，人们无须再担心身体上的折磨，但确实认为国家很有可能逮捕并以某种方式惩罚我们。惩罚的"必然性"已取代了惩罚的"强度"，成为大多数人避免犯重罪的原因。[13]

从人员强制执行的法律到技术强制执行的法律的转变，意味着权

---

* 此处原文为 ripped，指一系列将犯人的身体撕碎的惩罚方法，如古罗马军队中曾有士兵因引诱其主人妻子，而被人把两条腿分别绑在两棵被弯下来的树上，把树一放，人就被撕成了两半。（参考维基百科）——译注

力将越来越多地依赖于武力而非强制力，自我强制执行的法律是无法被打破的，因为它们被编码到我们周围的世界中。让我们来复盘一下——A 通过威胁剥夺来强迫 B，同时 A 通过取消选择权来迫使 B 只能服从。莱斯格用上锁的门来类比："一道上锁的门，并没有以国家惩罚的威胁来命令你'请勿进入'，而是设置了物理限制，决定某人能否自由出入某些地方。"[14] 未来，法律将更多地表现为一道上锁的门，而非"禁止入内"的命令。

让我们再重新思考一下 DRM 技术。我们被限制分享下载的音乐，并不是因为我们担心自己会受到惩罚，其首要原因就是该"法令"阻止我们违反版权法。在金融领域，我们实际上无法从冻结的银行账户中取钱。银行软件可以阻止这种行为。不难想象，将来，可能会由"智能门锁"技术来执行对罪犯的软禁或宵禁，这种技术能从物理上阻止他们接近或离开特定的财产。这种技术已经用于由生物识别传感器操作的"智能枪支"，只有该枪支的合法拥有者手持时才能射击，若这些武器遭到偷窃或非法交易，它们就变成了一堆废铁。[15] 出于安全（靠近机场）或隐私原因（在 GPS 划定的私人领地上空），可对空中飞行的无人机进行设定，使其无法在指定半径内飞行。想得再远一点，机器人系统可能会拒绝遵守它们判断为非法的命令。软件平台也许会拒绝完成某些交易：举个例子，亚马逊拒绝处理一份订单，因其看起来像是在订购制造炸弹所需的材料。

从另一个角度来考察，我们就会想到，法律并不仅仅命令人们不能做某事；它还赋予人们权力、权利和义务，使其能够订立并维持遗嘱、合同和婚姻。[16] 如今，如果你我想要签订一份合同，没有什么能"强迫"（forcing）你履行约定。如果你违反了合同，我可以要求国家强迫你履行你的承诺，或者至少补偿因你未能履行合同而使我遭受的损失。但是，就像刑法一样，武力一般只在违反规则之后才会施行。而数字化

"智能合同"的运作方式却截然不同。它不是一份书面文件，而是一份体现协议条款的代码，或被庄严地写进区块链，以确保其条款不会被改变或篡改（第二章）。代码本身就能执行双方之间的交易。比如，你通过第三方融资购买了一辆汽车。在你向贷款机构支付最后一期贷款后，智能合约会自动把车辆的所有权从贷款机构转让给你。没有必要采取进一步的人为干预，放款人也不可能违背自己签署的协议。[17] 智能合同与正常合同的不同之处在于其达成是基于规范，而非基于双方的可信赖度或谨慎程度。正因如此，它们就更难被违反。随着时间推移，可以更多地采用代码强制执行的严格协议来管理事务。各国政府已经在探索利用智能合同管理福利支付的设想，以减少欺诈、错误和拖延。[18]

适应性法律

通常，我们不会指望法律在没有经过某种正式程序的情况下发生变化，比如通过新的立法或法院的介入。然而，在数字生活世界中，实施能够对变化的环境做出快速和精准反应的适应性法律将是可能的。[19]

想象一下，不是在高速公路上搞静态限速，而是由数字系统监控交通和天气情况，实时设置限速数字。[20] 在平峰期或天气状况良好时，数字系统就允许你的汽车（自动或非自动）开得快些。又比如，你车开得比别人更好，事故记录较少（或者比其他司机的评分更高），那你就有权以每小时 112 千米的速度驾驶摩托车，而有人每小时开过 64 千米就算超速。某人（由于没有犯罪记录）有权每天向别的银行账户汇款 10000 美金，而该软件限制另一人（因其先前的犯罪和欺诈记录）每天只能转账 500 美元。对于高级数字系统而言，这类适应性调整管理和执行起来并不困难，主要由于这些调整是基于规则的：应用限速管理不需要自由裁量或判断力。[21]

规则的替代方法是标准。"车速不要超过每小时 80 千米"是规则，"在这些情况下须小心驾驶"则是标准。标准，例如是否合适、合理或过多，存在相当大的灰色地带。今天的法律包含了规则和标准，但人们普遍认为只有规则才能适用于数字执法，因为系统不能或不应被赋予自由裁量权。但我认为，数字生活世界可能不再如此。

想象一个用于特定医疗决策的数字系统，其预测结果的准确性相当高。凭借正确的信息，它可以估计一次肿瘤切除术成功的可能性，或者某种抗生素治愈感染的可能性。我们将此系统称为机器人 MD。机器人 MD 之所以能做出这样的预测，并不是因为它了解医学且能像医生一样思考，而是因其强大的算力、机器学习能力，能获取与成千上万的以往病例相关的数据。它可以识别出医生都不一定看得出来的模型和相关性。（我们已经拥有了能比人类病理学家更好地区分肺癌和预测存活期的人工智能系统。其他系统可以在阿尔茨海默氏症发病前十年就察觉其迹象，准确率达 80%。[22] 像 MedEthEx 这样的人工智能系统可以为医生在特定情形下提供工作伦理的建议。）[23]

现在看看第二个人工智能系统，机器人 JD，它不"了解"医学，但却对法律知之甚深。如果医生把与某个患者有关的事实给予机器人 JD，并解释他计划采取的行动方案，机器人 JD 就能高度精准地预判法官将判该医生的治疗方案为过失的可能性。同样，这也不是因为机器人 JD 可以像医生或律师一样思考，而是因为它已经消化了数千个过往案例，才能在出现特定事实的情况下预测法院的判决。（在欧洲人权法院审讯的数百起案件中，这种早期系统已经猜中了 79% 的判决结果。[24] 与 83 位人类法学家组成的专家团相比，另一个系统能更好地预测美国最高法院的裁决，专家团中有近一半的成员正在为最高法院的大法官工作，他们预测的正确率竟不到 60%，而该算法的正确率是 75%。）[25]

那么，机器人 MD 和机器人 JD 是如何促成适应性法律发展的呢？如果借鉴安东尼·凯西（Anthony Casey）和安东尼·尼布利特（Anthony Niblett）卓越的研究，我们可能会做出如下预测。[26] 首先，医生可以咨询机器人 MD 和机器人 JD，询问它们的意见，以便了解决策过程。今后，随着对机器人 MD 和机器人 JD 的使用变得越来越普遍，若在采取行动之前不咨询它们竟成了怪事，就像如今在做脑科手术之前不进行磁共振成像（MRI）扫描一样。如果有台机器能准确预测某个环节是否会出岔子，或者造成法律上的疏忽，那有什么理由不在事前咨询它呢？到最后，立法者或法院也许会决定，不遵循机器人 MD 或机器人 JD 确定的行动方针的行为本身是有过失的，就像今天的医生不看 MRI 结果就做诊断一样。在数字生活世界中，人工智能系统本身的要求在某种意义上已经成为法律——而法律将根据情况做出适应性改变和调整。因此，我们基于标准得出了适应性法律，而不只是基于规则。[27]

使用系统来预测法律，从而确定法律，并不会如你想象的那样异端。奥利弗·温德尔·霍姆斯（Oliver Wendell Holmes）是美国法律现实主义学派的领军人物，在一篇发表于 1897 年的著名文章中，他认为，法律"即此法庭实际上将会做出什么之预言也，而绝非什么矫饰浮夸之辞"。[28] 该论述是一个受人尊敬的概念，即使当下我们拥有像机器人 JD 这类可以预测法律判决结果的机器，也难掩其光辉。现在，这些机器确实代表了一种可能性。这意味着在任何事实已知的情况下，任何法律标准都可以预先声明（如有必要，可以强制执行），无须等法院回过头来裁定某个特定标准是否遭到破坏。

代码化的法律

如果越来越多的法律是由将一般标准运用于特定情况的人工智能系统计算出来的，这就意味着我们的规则将越来越多地被代码本身所"起草"。这在可能发生的所有变化中也许是最激进的，它被称为法律的"代码化"。[29]在代码化的世界中，法律的权威性声明并不体现在成文法令或判决中，而将体现于描述和执行它的代码中。弱形式的代码化法律可被用于诸如土地注册、婚姻注册等手续的办理。如今，如果你没在民事部门登过记，就算没结婚。将来，婚姻状况可能取决于已经在正确的数字登记处输入的内容。（由代码结合在一起，没有人能将其拆散。）但是代码化的法律也可能需要采取更强有力的形式，就像机器人 JD 和机器人 MD 被要求掌管过失法，而法律仅仅是程序在某个特定时间所声明的状态。这将在一个逐渐由代码决定"法律是什么"以及"它如何执行"的世界中说得通。

最初，用代码代替成文法的想法可能听起来很吓人。因为我们总觉得法律应是以散文体写就，并以印刷文档的方式记录在案。我们希望法律是可被理解和阐释的，即便不是每个受过教育的人都能看明白，起码受过专门培训的律师得明白。我们无须记住法律的确切内容，因为它们是精确的、相对稳定且被永久记录的。如果我们想了解有关特定问题的法律，我们就能直接查阅到。但我们也要意识到，代码化的法律如今在我们看来很古怪，而我们的祖先当年还觉得成文法毫无意义呢。我们现在所理解的"法律"是一个极其文雅的概念。然而，"在不知道文字或文字能用来干什么的"的情况下，不同文化中的情况就会相当不同。在那些时候，没有人曾查阅过法律。实际上，正如沃尔特·翁（Walter Ong）所说，没有人查阅过任何内容：

在主要使用口语的文化中，"要查找某物"是一个空洞的短语：它没有任何确实的含义。没有文字，这样的语言就不能产生任何可视化的存在，即使其指代的客体是可视化的。它们是声音。你可以把它们"召唤"回来。然而，却无处可寻。它们没有重点，也无迹可寻（视觉上的隐喻，体现了对文字的依赖），甚至连个轨迹也没有。它们只是曾经发生过的事件。[30]

想想看，文字发明之前的"法律"与如今有多大差异。指导社群生活方式的是风俗习惯，而非成文法典。合法行事通常意味着以一种高雅的、得体的，也是正当的方式行事。详细的规定并不存在。规则以格言、俗语和诗歌的形式得到强化。社群中的大多数人熟知这种规则的一般原则，只有一小部分有学识的长者才算得上精通此道。[31] 通常，合法原则并非诉诸一般性表达，而是通过民间故事和寓言间接表达出来。例如荷马的口头诗歌，其中不包含任何关于正义的抽象概念（这在没有书面语言的文化中几乎是不可能表达出来的）。事实上，这些诗歌将"正义"（dikai）的概念以小故事单元的形式表达出来，其中蕴含着关于人类应如何生活的哲理。[32] 有时，在识字普及前的社会中，对特定事项的判决或决定是由政府机构做出的。今天，我们会说此类决定是世世代代流传下来的，但在主要使用口语的社会中，它们实际上是被宣布的，而非被仔细记录下来并以备后用，此类声明仅在它们能被记得的情况下才有效力。[33]

在人类历史中，随着印刷术的发明和其他图形表现方法的出现，人类才能够精确地记录法律。这个成就是革命性的。它带来了法律在数量和复杂性上的激增。它使规则随着时间的推移而变得稳定、具体和持久。而且，这有助于培养判例法原则，根据过去类似案例的判决来决定案件的司法判决。[34] 然而，即便如此，我们仍可能过于理想化成文法的优点。实际上，从托克维尔在 1835 年写下"只有搞法律的"是熟悉法律的那句话以来，变化微乎其微："几乎整个民族都不解这些法律中的奥妙，人们只能从个别的案例中看到这些法律的作用，又很难领会其中含义，且不假思索地予以服从。"[*35] 其与代码化的法律的区别在于，我们不太可能偶然违反我们从未意识到的规则——因为代码会强制执行这些规则。

我想重点阐述的是：法律将越来越多地以代码而非文字的形式出现，它将逐渐取代成文法；这听上去可能是异想天开，但也不比起初放弃使用口头叙事诗，将法律以抽象的散文体语言记录下来的想法更古怪。当然，代码化的法律到底值不值得这份期待，就是另外一回事了。

起作用的数字法

那么，自我执行、适应性和代码化的法律到底是什么样的呢？让我们再次基于凯西和尼布利特的研究，就以下情形进行思考。[36]

现在，你因腿部酸痛入院。一到急诊室，你就被送去做 X 光检查，然后坐下来等待结果。过了一会儿，你见到了史密斯医生，他检查了你的腿，说你需要立即接受手术。听他一说，你很担忧，于是问他：这个结果是否与 X 光检查的结果一致？结果史密斯医生回答说他还没看 X 光检查结果，他不需要看。他是一位经验丰富的医师，之前已经看过无数次类似病例——腿部需要立即动手术。手术后，你发现史密斯医生是错的：根本没有必要动手术。X 光检查的结果清晰可见。不幸的是，手术引起的并发症使你长期经受着腿痛的折磨。于是你起诉医院。不出所料，在法庭上，法官认定史密斯医生渎职，因为他没有

---

* 此处译文参考《论美国的民主》中译本（董果良译，商务印书馆，1988 年）第 51 页，有所调整。——译注

看扫描结果——不是因为法律包含了一条规则，详细说明了医生一定要看 X 光检查结果，而是因为法律设定了一个标准，那就是医生必须合理谨慎行事，否则他们将被判玩忽职守。法庭认为，看都不看扫描结果即有过失。[37]

现在想象一下数字生活世界中也发生类似的事情会如何。史密斯医生必须在手术之前咨询机器人 MD 和机器人 JD。只要他没有这样做，就是疏忽大意。实际上，如果没先咨询机器人 MD 和机器人 JD，可能都无法在系统上登记手术程序。咨询时，这些人工智能系统就会提醒史密斯医生，应等待 X 光检查结果；如果不这样做，就可能给患者造成伤害，并被法院视为过失。最有可能的情况就是，史密斯医生可能会被迫等待 X 光检查结果，你的腿可能就不用遭受折磨了。面对来自机器人 MD 和机器人 JD 的法律警告，如果史密斯医生依然固执己见，那么做这场手术需要用到的医疗器械也许就会自动关闭，或者是史密斯医生的从业执照就会被短暂吊销，以至根本无法进行手术。[38]

我并不认为未来所有法律都会变成数字法律，也不是说所有数字法律都将具有本章描述的所有功能特征。但是，只要此处陈述的某些变化成为现实，它就会标志着对既有情况的重大背离。我们必须决定在何种情况下，数字法律才是掌管人类事务的适当方式，而在何种情况下应予以抵制。这是一个新的政治问题。我们将在第三部分和第四部分重新讨论这个问题。

武力的私有化

有一种观念会最先被灌输给政治学系的学生：除了某些例外，国家是唯一有权对人民使用武力的主体，或者是唯一有权允许其他主体对人民使用武力的主体。这个观念在与德国理论家马克斯·韦伯有关的论述中被广泛引用：

> 托洛茨基曾在布列斯特说过："每个国家都建立在武力之上。"
> 诚如斯言……国家是（成功地）宣称在特定区域内对合法的身体
> 暴力享有垄断权的人类共同体。[39]

　　理论家长期以来一直在争论，我们为何要允许国家存在，为何只允许国家对我们使用武力。最著名的答案来自 17 世纪的英国思想家霍布斯，他经历过血腥的内战时期，惯用阴郁的视角窥探人类的本质。他认为，若无"所有人都敬畏"的"共同的力量"，人们将永久地陷入"战争状态"，每个人都在反对每个人。[40] 瑞士 * 思想家卢梭对此抱有一种更加乐观积极的态度，他认为国家是每个公民之间伟大的、自愿的社会契约的产物。服从国家给人们带来的损失很少，收获却很多。因为我们每个人"在把自己献给所有人的同时，并没有把自己献给任何人"。[41] 与卢梭同时代的大卫·休谟（David Hume）对他的言论嗤之以鼻（两人之间闹翻了）。像霍布斯一样，休谟也认为服从国家是出于必要，而非出于认同。只有国家才能使用武力，是"因为社会若不如此便无法存活下去"，还因为你无论如何也不可能逃脱它：

> 譬如，一个贫穷的农民或工匠可以自由地选择离开他们的国家，尽管他不懂外语或国外的礼节，凭借他微薄的工资也能生活。这种说法能当真吗？我们也可能断言，一个人滞留在船上，自主选择接受主人的支配；即便他是在睡梦中被带上了船，还必须在离开船的那一刻跳入大海死去。[42]

---

* 原文如此。卢梭生于瑞士日内瓦，但一般称他为法国思想家。——编注

无论你支持哪种论断，它都是政治理论的一项主要内容，即仅国家有权在达成一致的基础上强迫人们去做他们本来不会做的事情，以及不去做他们本来想要去做的事情。但是，在现代体制下，国家的权力受制于法律准则。法律严格定义并限制了国家使用武力的权力。它还提供了国家向其公民推行秩序和纪律的手段，通过列出（a）禁止的和必要的行为，（b）从事具有法律性质的事情所需要的手续，如签订合同、结婚和立遗嘱等，以及（c）违反（a）和（b）中的规则和手续时要实施的制裁。功能（c）是执法事务——并且如我们所见，这是国家使用武力的权力发挥作用时的表现。如果有人违反刑法，国家能以罚款或征用的形式让他/她上交财产，甚至以判处监禁的方式剥夺他/她的人身自由。法庭可以命令一个人履行合同或遗嘱规定的义务。违抗法庭命令是一种犯罪，同样会受到武力的制裁。

写到这里，本章已假设国家（只有国家）可以在其领土范围内合法地使用武力（以及武力威胁）。这与主流政治理论观点一致。但是，如果你仔细想想，本书业已描述的许多技术都是由私人公司开发、制造和分发的。例如，最先进的人工智能研究一般来说是谷歌和Facebook等公司的研究机构做出的，而非任何国家政府（甚至大学）。我们假设只要这些公司建立在各个国家之中，并受其法律约束，那么这些技术就可能被要求用作该国执行一国法律的手段。因此，当我们谈到公路自我执行的速度限制时，我们真正要说的是，国家可能会要求谷歌、福特、特斯拉和Uber将此类速度限制以代码的形式写入其公司生产的自动驾驶汽车。

然而，还有一点很重要，在数字生活世界中，我们时常会受到与国家法律无关的私人来源代码的支配。使用数字平台时，无论是亚马逊式的市场，还是Facebook式的论坛，我们都须完全遵守由该平台的代码决定的平台准则。[43]在反对该现象的法律缺席的情况下，如果代码要求人们提供详细的个人信息作为一种身份验证的手段，那么只要你想使用这个平台，你就别无选择，只能服从平台的规定。如果它规定我们的所有消息将被永久保存，我们对此也无能为力。如果我们无论因为何种原因被驱逐出网络，该代码都可能会禁止我们再次加入。

相同的分析也可以应用于嵌入代码的物品上。我们的家用电器、车辆、公共设施、建筑物、机器人和无人机，不再是"无声"的客体，它们将逐渐被代码激活，这些代码规定了人们可以对这些物品做什么或不能做什么。我们需要遵守工程师为这些设备写下的规则、价值和优先级的代码规则。（例如，Keurig 公司销售的"叛徒咖啡机"拒绝煮其他品牌的咖啡豆。）[44]这些技术造成的单个限制可能只施加了很小的压力，但其累积的结果会是我们要受制于相当大的权力，这些权力来自控制这些技术的主体。这种情况对自由的影响将在本书下一部分讨论。

让我们以著名的"电车难题"为例。[45]自动驾驶汽车载着你沿高速公路行驶，一个小孩走进了你的行车路线之中。如果控制住汽车，你就有可能转弯避开孩子，同时你也知道，这种行为将让你与相邻车道上的卡车相撞，你和卡车司机可能都会没命——但为了保护孩子的生命，你愿意牺牲。然而，你的汽车却不这么想。无论是被有意设计还是通过从他人处"习得"的，它认为拯救两个生命胜于拯救一个生命。因此，你别无选择，被迫撞向孩子，致其当场死亡。之后，你扪心自问：杀死两名成人还是一名儿童的决定，真要留给汽车制造商来做吗？这类问题不应该是个人的良心问题吗？这样你就可以根据自己的道德观念对车辆进行重新编程，然后接受这种行为带来的一切后果？或者，由于它可能会影响每个人，那么这个问题是否需要集体决议，去决定汽车在这类情况下应采取何种行动？莱斯格说得对，在不同的情况下，

"这全都是政治"：

> 代码将价值编成代码，但是奇怪的是，大多数人似乎都只把代码看作工程问题。或者觉得似乎最好把代码问题留给市场。或者最好不要由政府插手解决。[46]

　　这个问题已经超越了价值观层面，涉及了政治中的分权制衡问题——因为技术具有的强大力量能够做出可怕的事情。想象某些噩梦般的场景，你乘坐的自动驾驶汽车眼看就要冲下悬崖了，竟是由于这家汽车制造工厂的"流氓工程师"修改了内置程序，还远程锁定了你的车门！甚至整个车队都被重新编程，全都高速撞向眼前的墙壁。这些想法可能太过戏剧化，但它们确实需要认真对待。法律为政府部门的行政机关之间设置了权力制衡机制。几个世纪以来，理论家一直在争论，在涉及政府时应采取怎样的制衡方式。如今我们不禁要问，对于数字技术而言，怎样的控制是必要的，它们的力量不断增强，也很容易被滥用。只把这些事情留给制造商去处理，未免太过天真了。

　　往回推，你可能会问，在所有这些示例中，是否有人真正强迫你去做任何事。你并不需要加入一个社交网络；即便是想要加入，你很可能用不非要加入一个条款和条件都让你讨厌的社交网络。你也不一定非得开自动驾驶汽车，或是非得开某一款。如果你不喜欢这个代码，为什么不另找一个呢？

　　这是一个值得尊敬的异议，我们将在本书的下一部分花更多笔墨讨论。而现在，只需说这种反对的成立取决于替代选择市场的存在，这不是我们可以想当然的事情。应强调的是，选择退出一种品牌或技术是有可能的，但想彻底退出数字生活世界却是不可能的。仅仅从我们所从事的日常事务来看，我们都会受到技术力量的影响，无论我们是否乐意。试图退出代码帝国的人会像休谟口中试图退出国家的人一样；在熟睡的时候被扔上船，送到国外，他逃离国家的唯一方法就是跳下甲板。或者借用伊丽莎白·安德森（Elizabeth Anderson）在另一语境下的言论：说科技公司不会对我们施加影响，因为我们可以选择退出，就类似于说墨索里尼不是独裁者，因为意大利人可以移民。[47]现实是，我们将越来越受制于来自各个新方向的力量。不管对这种权力的规范是应该事关集体控制，还是应由市场来规范，再或者是由其他形式的问责制来约束，它都将成为数字生活世界具有决定性的政治议题。

武力自动化

最后，让我们来畅想一下一种即将发生的最根本的改变：出现能够在不受人为控制的情况下施加武力的自主数字系统的可能性。想让这样的系统稳定运行，需要三个特征。首先，它们必须在某种意义上是"自我指导"（self-directing）的，即被充分编码以执行其功能，而无须任何进一步的人为干预。这意味着这些系统或是经过精心设计，可以应对任何可能的情况，或者有能力"学习"如何去处理工作中的新情况。（然而，这种自我指导并不需要通用人工智能，甚至连道德感也不需要。飞机自动驾驶系统的自我指导水平相当高，它没有道德或认知能力，但我们相信它有能力确保我们在空中的安全。就像一架航空飞机，它既非道德主体，也不能自觉意识到其存在，一个系统可以在完全不知道自己正在做什么的情况下施加力量。）[48]

其次，这样的系统必须是能"自我维持"（self-sustaining）的，即能在没有人类帮助的情况下良好运转相当长的时间。这可能需要永久的能量来源，例如太阳能。但这也可能涉及从商业市场获得能量和保持市场需求的能力，就像一个人或公司一样。数字系统已经能够在彼此之间进行交易，例如三星洗衣机会在洗涤剂用完后自动从商店订购新的洗涤剂来补充。[49] 启用区块链的智能合约可以实现更复杂的商业运作，机器人可以从其他人或机器那里购买各种杂物。

最后，此类系统在功能上必须是独立的，从这个意义上说，它们不可能轻易被寻求重新获得控制权的人类主人接管。区块链技术可能再次发挥作用：如果操作代码分布在全球范围内多个机器上，那么就很难将其关闭。区块链专家普里马韦拉·德·菲利皮（Primavera de Filippi）说："即使是在灾难事件发生的情况下，这样的系统依然可以运行。"[50]

那么，我们就只能面对像菲利皮所描述的那种关于系统前景的假设示例：

> 由人工智能驱动的自主机器人，旨在作为个人助理来运行。该机器人为老年人提供服务并与其他人类或机器……在服务的价格和质量上展开竞争。受益于这些服务的老年人可以给机器人支付数字货币，这些货币存储在机器人的账户中。机器人可以通过多种方式使用收集到的资金：购买运行所需的能源，无论何时发生故障都能自行修复，根据需要升级软件或硬件……如果这个机器人依靠更先进的人工智能……公众对把这个机器人从集中化控制状态中解放出来的兴趣可能会越来越大……[51]

除了私人助理机器人，还有其他技术能靠功能自主最好地实现其目标。这并不是什么难事，例如，想象一群小型的自动农业机器人，其主要功能是在热带雨林的脆弱区域为植物授粉或治病。从根本上讲，可以看看温德尔·瓦拉赫（Wendell Wallach）提出的机场保安系统：(a)

自我指导，其特征在于，没有人类协助也能识别可疑人员或已备案的恐怖分子；（b）自给自足，因为它不依靠人类的积极干预也能保持在线状态；（c）功能独立，因此它不容易受到人类的压制。这样的系统可能会在检测到危险活动时自动锁定终端，而不需要进一步的人工干预，那可能造成致命延误。[52] 从长远来看，数字生活世界可能成为此类各种各样自治系统的家园。

当然，使用自主机器人来照料植物是一回事，使用它们来保护我们的公共空间又是另一回事。但是，人类的生命应该在多大程度上受制于不受人类直接控制的力量呢？

武力：含意

在本书的导论中，我提出了一个临时的假设：我们如何收集、存储、分析和交流信息，本质上也就是如何组织它们，这与我们如何组织集体生活的问题紧密相关——当社会发展出各种奇奇怪怪的信息通信技术，我们可能还会期待政治变革。我们在本章已开始检验这个假设，因其与武力的概念相关。数字法律，私有化的力量，自主化的武力系统，这些都从根本上挑战了我们过去思考武力运用的方式。在接下来的两章中，我们将介绍一些微妙但同样重要的权力含意，以及技术能如何被用于影响和操纵。

第七章

审　查

党员从生到死都活在思想警察的眼皮底下。即使一个人待着的时候，他也永远不能确定他到底是不是一个人。不管他在哪里，睡着或醒着，工作或休息，洗澡还是躺在床上，他会在没有警告的情况下被检查，而他却完全不知道自己正在接受检查。无论他做什么，都不会带来任何改变。他的友谊，他的休闲，他对妻子和孩子的行为，他独处时脸上的表情，他在睡眠中的喃喃自语，甚至他身体特有的动作，都在被不信任地审查着。任何行为不端，甚至只是稍微怪异点的行为，不管它有多小，任何习惯上的改变，任何有点神经质的举止，都可能是内心挣扎的表现，自然就会被检测到。

——乔治·奥威尔，《1984》（1949）

权力不非得是暴力或有威胁性的。它也可以很文雅，甚至是温柔的。有些权力微妙到几乎肉眼不可见，弱者甚至经常意识不到自己正处于某种强大力量的控制之下。有时他们确实知道自己是被统治了，但是他们乐于被统治。最精明老练的政治领导人知道，强迫别人就是要控制他们的身体；同时要影响或操纵他们，从而控制他们的思想。以上手法就是一种最深刻、最丰富的权力形式。

　　在接下来的两章中，我们将探讨未来在不使用或不威胁使用武力的前提下，如何能让人们去做他们原本不会做的事情。重点是两个简单却意义非凡的权力工具。第一，审查：收集、存储和处理有关他人的信息的能力。第二，感知控制：控制他人所知、所想和他们准备发表的对世界的看法。让我们从审查开始说起。

什么是审查？

　　有一种权力，它能看见别人却又不被别人看见，它能了解其他人，却又能保持自己不被别人所知。纵观历史，弱者一直努力躲避审查，同时要求强者保持透明。在法国大革命中，受卢梭的启发，一些反叛者梦想拥有这样一个世界，在那里，有钱有势之人无处可藏：

　　　　那是一个透明的社会，每个角落都是可见且清晰可辨的，梦想着那里不再有任何黑暗的区域，在皇室特权或某些组织特权所构建的地带也是如此。[1]

　　除了 20 世纪极权主义政权的部分例外，大多数的人类生活其实并没有发生在政权当局的直接注视下。历史上，即使是政府官员实施的最高效监视，如警察、间谍和线人，一定是粗略且不完整的，给人们的隐私留下了相当多的空间，供他们做想做的事情。直到 20 世纪，监视技术在很大程度上都是没什么效果的。

　　数字生活世界将有所不同。法国革命者梦想的一个没有黑暗区域的社会将成为现实，但同时也伴随着痛苦：他人的生命将只对那些控制审查手段的人可见。对其余的人来说，生命是在那些"我们必须向其交账"的人们面前"赤露敞开的"（《希伯来书》4:13）。这标志着一个深刻的变化。

我所说的审查，不只限于视觉观察，还包括任何收集、存储和处理有关某人的信息的方式。将来，受到审查将成为常态，完成大部分搜集工作的主要是机器，而不是人类。人们的所作所为将越来越难以逃避技术的关注。此外，那些掌握审查手段（能收集和处理信息的技术）的人，对其他人的控制力将会大大增加；在约翰·弥尔顿（John Milton）的《失乐园》（1667）中，撒旦对这类权力下了诱人的预言：

> 你的眼睛是如此清澈，
>
> 却又黯淡无光，但到那时它将是完美的
>
> 睁开眼后如此清亮，那时你就会跟神一样。[2]

审查的力量

说起审查，我们一般都会谈到其对人类尊严和隐私所产生的影响——这都很重要——但其最深远的含意在于权力。审查与权力之间的关系是密切且双重的。首先，审查有助于收集信息，这在部署权力时相当有用。这是它的辅助功能。其次，审查本身就可以让人们去做他们本来可能不想做的事情，或者阻止他们做本来想要去做的事情。这就是其规训的功能。让我们来依次讨论它们。

辅　助

审查的辅助功能非常简单直接：你对某人了解越多，你就越容易让他服从于你的权力，无论是通过武力、强制和影响力，还是权威和操纵。因此，如果亚历山德拉想让丹尼尔做些他可能不会做的事情，那么多了解丹尼尔就有助于亚历山德拉更简单地达成目标。例如在哪里可以找到他，他靠什么赚钱，他拥有什么财产，哪些人与他交往，他的好恶，他对什么感到恐惧，他是否成家，等等。有了这些信息，亚历山德拉就可以最准确地测量出哪个"胡萝卜"（奖励、贿赂和性引诱）或是哪个"大棒"（威胁、制裁和剥夺）最有可能让丹尼尔顺从。而且，通过严格审查丹尼尔，亚历山德拉可以观察她选择的施加权力的方式是否能取得理想效果，或者她是否需要调整。信息本身不是权力，却有助于获得权力。审查的辅助功能就是收集此类信息。

规 训

审查的第二项功能就是规训。仅仅知道我们正在被观察这件事就会让我们的行为有所不同。它使得我们更不可能去做那些被认为是可耻、有罪或是错误的事情。一个孩子如果知道妈妈正在看着他，就不太可能去拿妈妈不准他拿的饼干罐子。一个叛徒若知道其告密信会落到政府间谍的手里，在寄出之前肯定就得再三思量。如果一个人知道在谷歌上搜索"儿童色情片"会被自动报告给执法官员，也许他从一开始就不会去网页上搜索了。企图采取行动的恐怖分子若知道美国国家安全局每天监听 10 亿通电话，就不太可能使用智能手机来密谋袭击。[3]

审查的规训功能也可能会更加分散化。例如，桑德拉·巴特基（Sandra Bartky）等学者指出，尽管很少有人会梦想强迫女性明确保持某种形象和外表，但外在的审视会使女性自我"规训"：

> 这个女人每天要检查自己的妆容六遍，看看她的粉底是不是已经结块了，或者睫毛膏是不是花了，她还担心风吹雨淋会破坏她的发型，她频繁地看是不是袜子又掉到脚踝了，或者谁觉得她胖，监控她吃的每一样东西……她变成了一个自我监管的主体，致力

于不懈地自我监视活动。[4]

审查导致自我规训这一观点一般被认为来自福柯。作为 20 世纪政治思想的超级巨星，福柯认为权力并不仅限于国家对民众的强迫和胁迫。相反，他提出了"规训权力"这个概念，一种通过不断审查而获得的权力，他认为这可能比使用武力或威胁使用武力更加有效。这种权力与残酷的武力不同，"它深入每个个体内心深处，触摸他们的身体，并将自身植入每个人的行动和态度，植入他们的话语、学习过程及日常生活"。[5]福柯的写作发生在互联网出现之前，他把现代社会比作杰里米·边沁（Jeremy Bentham）笔下的"圆形监狱"，在这个监狱中，每个人都受到一个"完全且循环的不信任机器"的持续监视。[6]在一个"全景"社会中：

> 不需要武器，也不需要身体暴力和物质限制。只需要注视。一种检查式的注视，每个能够感受到其重压的人，最终都会把"人是人自己的监督者"内化，因此每个人都在进行监视，就是监视自己。[7]

福柯说没必要使用武力来维持政治秩序，这确实有点夸大其词，但重要的是其更深层次的思想：审查本身可以被视为一种强制。它不会强迫你做任何事情，但确实会鼓励你出于对不良后果的担心而进行自我监管，无论这种后果是真实的还是想象的。这就是为什么"完美的规训机器"将成为可以"不间断地看到一切"的"单一的注视"。[8]

数字生活世界中的审查

数字生活世界将带来人类相互监督能力的变革，它在五个方面与过去不同。第一，人类整个生命中不可记录的那部分，或是因过于复杂而无法窥其全貌的部分，将能够通过各种审查手段来观察和理解。社会现象的可读性因此将大大增加。第二，这种审查将会越来越私密，甚至发生在我们此前看作"私人"领域的地方。第三，通过审查搜集到的信息也许会更加"不朽"，始终活在人们的记忆中，甚至贯穿整个人生。第四，对负责展望未来的机器来说，人的行为的可预测性将越来越强。第五，人类生活的可评估性越来越强，在分数、评级和排名的驱使下，人们为了获得社会公共产品而相互竞争。累积的结果作为一种审查，将超过我们以往经历过的所有审查。相应地，那些制约我们的权力也得到了增加。

可解读

对个人来说是真理的东西，也同样适用于社会：关于它们，你知道得越多，就越容易控制它们。

耶鲁大学政治学教授詹姆斯·斯科特（James C. Scott）在《国家的视角》（*Seeing Like a State*，1998）一书中提出，任何改变人类社会结构的重要努力——他称之为"大规模社会工程"——都取决于社会之于统治者在多大程度上是"可读的"（相比于"可读的"即 legible，我更倾向于用"可解读的"，即 scrutable）。[9] 斯科特写道："我们来想象一个国家，如果它没有可靠的手段来了解其人口数量和分布，无法衡量其财富，也不能用地图形式标示其土地、资源和定居点，那么这个国家对社会的干预就必然是低劣的。"[10] 相反，一个拥有强大手段来完成前述事项的国家，其对社会的干预就可以说是广泛而深刻的。

　　一个社会的可解读性有多强，在多大程度上能通过观察来理解，这将取决于（a）收集有用信息的难易程度，以及（b）弄清楚这些信息的容易程度。第二点很重要，没有一个官员能掌握人类社会的全面复杂性，即便是强大的精英也需要有办法将世界提炼成易于理解的形式。达成这个目标的方法之一是通过地图、图表和统计信息等启发式方法，呈现现实的简化版本。另一个是重组社会本身，以使其更容易理解。法国大革命的启蒙知识分子邦雅曼·贡斯当（Benjamin Constant）深谙此道：

> 　　我们这个时代的征服者，无论是贵族王公还是平民，都希望他们的帝国拥有一块统一的土地，一只超级神力之眼漫游其上，在此过程中，它不会遭遇任何伤害或限制其视野的不平等。相同的法律条文，相同的措施，相同的规则，以及在可能的情况下，使用相同的语言；这就是所谓的社会组织的完美之处……到那时，最伟大的口号就是：统一。[11]

　　在数字生活世界中，人类的生活将是唯一可被解读的，因此也是唯一易受权力染指的。我已在第三章中解释过了，我们正在进入一个日益量化的社会，越来越多的社会活动将被捕获并作为信息记录下来，然后被机器分类、存储和处理。我们越来越多的行动、表达、动作、关系、情感和信仰将以永久或半永久的形式记录下来。在过去的几年中，机器收集的有关人类自身的数据量激增，主要是因为更多的人类活动以数字媒体技术为中介来进行。在过去的五十年，数字存储的成本每两年左右就能减少一半，其密度却能增加 5000 万倍。同时，数字信息可被复制数百万次，几乎没有任何成本，其质量也不会有什么损耗，功能日益强大的系统能让我们更好地处理自己存储的数据。

其结果是，没过多久，我们受到的审查将急剧增加。我们去哪里、做什么、买什么、写什么、吃什么、阅读什么、何时何处睡觉、说什么、知道什么、喜欢什么和如何工作，以及我们的计划和野心，都将成为审查的主题，被机器捕获并处理。这不是社会第一次从根本上变得更易于解读，因而也更容易受到控制，但是，这一次的变化在规模上是前所未有的。斯科特在《国家的视角》中引用了一些过去的例子，它们有助于我们更好地理解未来。

首先思考一下城市的概念。你在观赏一幅中世纪定居点的地图时，映入眼帘的也许只是一些混乱的街巷，没有固定的街道命名或编号系统。城市布局似乎是有机地发展起来的，并没有什么固定的计划。如此令人摸不着头脑的城市景观，导致外来的精英，如税吏、征兵人员或治安调查员等，很难去控制一个自己不熟悉的城市。他们若想寻找当地的人员和地址，就需要有愿意帮助他们的当地人。于是，想要躲避权力触角的城市人就会发现，隐藏或消失在这样的城市里，简直易如反掌。这样的定居点是神秘的，因为它不容易被外来精英所把握、总结或简化。拿这种设计跟费城、芝加哥和纽约等现代城市来比较，现代城市是按照单一设计建造的，又长又直的街道呈网格状排列，并以直角相交。对全知全能的政权来说，现代城市是很容易立即就了解的——即便一个对此地不熟悉的政权也不难做到。在曼哈顿，为了更容易定位，街道被连续编号。重要的是，当你俯瞰这些城市时，就像地方长官注视这些城市的鸟瞰图，它们是最容易理解的。导航和搜索在以这种方式组织起来的定居点是很容易的，在处理其人口的识别、征税、征召、逮捕和其他问题时也是如此。[12]

从混乱的中世纪城市到有整体规划的现代都市的演变，其意义固然重大，但与下一阶段的城市进化比起来就相形见绌了：嵌入密集传感器网络的"智慧城市"，允许当局跟踪一系列眼花缭乱的变量，从噪声、温度、光照、空气中的有毒气体和基础设施的使用，到车辆和人的运动、位置和活动。未来，科技将使当局能够通过详细记录了城市居民活动的监控和反馈系统（而不是纸质地图）来监控重大事件和突发事件。即使与过去几个世纪的电网城市相比，智能城市的可解读性也将达到无法想象的程度。在智能城市里，几乎没有什么公共活动是无法追踪的。

现在想想这些城市的居民的可解读性。如果你不知道他们是谁，就很难管理他们。我们大多数人都认为，姓氏被用作识别方式是理所当然的，但斯科特观察到，直到14世纪，大多数普通人都没有固定的"姓"。一个"名"通常就足以在当地被识别，如果需要更多标识，可以再加上职业（Smith、Baker和Taylor）、住处（Hill和Wood）、个人特征（Strong、Short和Small），或者父亲的名字（Robertson，即罗伯特的儿子）。[13] 斯科特邀请我们一同设想，如果你是去一个村子收税的税吏，结果这里有90%的男人都叫这六个名字：约翰、威廉、罗伯特、理查德、亨利和托马斯，你该怎么办？[14]

姓氏的引入几乎是普遍的国家要求，最早可追溯到公元前4世纪，秦王朝将姓氏强加于其子民头上。这样做的目的是让个人变得更加可捉摸，而不是无差别的群体，这样官员们就可以更好地追踪他们的财产所有权，规范继承权，防止犯罪，征收税款，强迫劳动和征召士兵。[15] 几千年后，我们仍然以姓氏作为可解读性的工具。没有这些信息的身份证件会很奇怪。[16] 然而，有趣的是，名字从来都不是人类可解读性的顶峰：在奥斯维辛-比克瑙集中营，纳粹给每个囚犯的前臂纹上五位数的编码，以替代他们的姓名。每个初始数字都与IBM公司的何勒内斯（Hollerith）打孔卡号相对应。[17]

在数字生活世界中，解读个人将比以前更容易。身份的验证将不再关乎姓名、数字这类外化的称谓，而是直接提取我们的身体信息，可以通过面部、指纹、视网膜、虹膜或步态等生物特征的细节来识别每一个人。在无法通过生物识别技术识别我们的地方，依据由我们的移动、购物行为和同事伙伴排出的"数字尾气"（Digital Exhaust），也能很容易地发现我们的动向。例如，想象一下，一个实行种族灭绝的政府试图在某一特定地区围捕某一宗教或种族的全部成员，那么他们留下的数据会立即泄露其身份：购买记录、社交媒体上的帖子、相熟的伙伴、智能手机的移动以及通话记录等，这些都能显示出他们属于被追捕的社会群体。

除了拥有丰富的数据，数字生活世界还将包含能以前所未有的效率处理这些数据的机器。研究人员通过人们在 Facebook 上点的"赞"，猜出某人性取向的准确率为 88%，猜出其种族的概率为 95%，有 85% 的可能猜出其政党归属。[18] 取得这个成果只是用当前的技术处理了全部可用数据中的一小部分。试想一下，如果用具有超级性能的系统来处理每个人所有生命活动产生的数据，它会被拿来做什么呢？

然而，我们必须要明白，个人的可解读性在未来将不仅用于确认我们的身份，发现我们的行踪。它事关理解我们的生活、欲望、计划和目的。基于这个原因，数字系统将不仅止步于识别有血有肉的个体人类。通常，它们更关注从人们身上收集来的数据说明了人们的什么信息。为了这个目的，不存在稳定的、准确定义的"我"或"你"。正如约翰·切尼·利波尔德（John Cheney-Lippold）在《我们是数据》（We Are Data，2017）中的观察，当涉及对人类生活的处理和分类时，算法看到的是一个不断变化和流动的数据集，算法为了解决它关心的问题，就不断地解构、重新编译和分析这些数据集。[19] 一种预测性警务算法会在查看关于我的数据后发问：这个人有可能犯罪吗？抵押贷款算法则会从另一个角度调查我的数据：这是一个有偿付能力的人吗？美国国家安全局的算法可能会检验我的数据是否符合他们对"恐怖分子"的预期。营销算法可能会注意到我是一个 20 多岁的千禧一代男性，于是相应地给我推送牛油果和胡须护理油广告。[20] 算法根据自己的目的来判断它们想看什么。

那些仔细审视数字生活世界的人不会在意我们有没有固定的身份，或者我们观念中的那种"真实"的自我。相反，我们会被"数百家不同的公司和机构以数千种竞争的方式识别出来"，"在一天内被审查一千遍"。[21] 回想一下尤瓦尔·赫拉利的观察，即写作一开始是一种反映现实的方式，但它最终成为一种重塑现实的有力途径：出于官僚主义的目的，书写在表格上的内容比"真相"更重要。在数字生活的世界里，出于实际目的，无论我们是否乐意，我们都将成为被算法描述的人。代码每一次做出关于我们的决定，都是一个"新生成的算法真相，它不关心这个真相是否真实，但更介意它是不是一个有效的分类度量标准"。[22] 大多数情况下，我们至多在事后才知道自己被下了何种结论，就像当一个"有针对性"的广告出现在网上时，我们会感到吃惊："他们为什么会认为我对那个东西感兴趣？"算法眼中的我们，有时与我们对自己的认知大相径庭。

过去，人类生活的不可解读性被视为一股对抗强权的力量。据说，没有人能够完全理解人类社会的复杂性，因此也没有人能够完全控制它。奥地利经济学家和思想家哈耶克（Friedrich Hayek）强调了这一论断，并批评了中央集权政府代表其所统治的人民做出决策的努力。哈耶克在 1945 年指出，这样的权威总是缺乏对"特殊时空下的具体情况"的了解，即使他们能够了解一些，也不免将问题高度简化，从而妨碍他们做出高质量的决策。[23] 哈耶克的观点在冷战期间被美国及其盟友所接受，五十年后，斯科特在《国家的视角》中也呼应了这一观点。对斯科特来说，简化现实生活只能以牺牲对现实生活的理解为代价：

如果一幅城市地图试图描绘出每一个红绿灯、每一个坑洞、每一栋建筑、每一个公园里的每棵灌木，那么它很可能会像其所描绘的城市那样庞大和复杂。而且，这种做法必然会破坏绘制地图的目的，即抽象和总结。[24]

但哈耶克和斯科特都是为 20 世纪而非 21 世纪写作的。斯科特用作例子的纸质实物地图已经过时了。数字生活世界中的管理者，无论是人还是机器，都可以随时审查社会的方方面面。

私 密

2015 年 11 月，在阿肯色州的本顿维尔，维克多·柯林斯的尸体在詹姆斯·贝茨家的热水浴缸里被发现。贝茨被指控谋杀了柯林斯。这场谋杀没有任何目击证人，据说是在贝茨的家中秘密发生的。案件调查人员对贝茨的"智能家居"设备非常感兴趣。例如，他的智能水表显示，在柯林斯死亡当晚的凌晨 1 点到 3 点，曾有 530 升的用水量。侦探们推断，这么大量的水可能是为了冲洗掉庭院里的证据。更有趣的是，贝茨有一台"亚马逊回声"（Amazon Echo），这是一种个人助理系统，可以听到并执行人类主人的简单语音指令，比如"点个比萨饼"或"关灯"。当"回声"处于激活状态时，就会监听并记录所有对它说的话。警察，当然，还有整个国家都对此感到好奇，也许这个装置"听到"了这起所谓的谋杀案的发生。侦探们带走了"回声"，试图从中提取案发当晚的数据。几个月来，似乎"回声"成了审判詹姆斯·贝茨谋杀案的决定性证据。[25] 然而，对他的指控最终却被撤销了。

维克多·柯林斯死后一个月，康妮·达巴特在康涅狄格州郊区家中的地下室被枪杀。当警察赶到时，她的丈夫理查德告诉他们，一个蒙面袭击者闯入并袭击了他，将他绑在椅子上后还用刀砍伤了他，随后又开枪射杀了他的妻子。但达巴特夫人的 Fitbit（一种为健康目的收集数据的运动设备）却讲述了不同的故事。显然，在达巴特先生声称其妻被枪杀的时候，她已经在房子周围移动了 370 米。理查德·达巴特将因谋杀妻子而受审。[26]

一名马拉松奖牌得主被曝光，因其 Garmin 运动设备显示她并没有跑完 21 千米。[27] 一名房屋被烧毁的男子被指控纵火和骗保，因为从他的心脏起搏器上收集的数据显示，其心脏活动与其疯狂奔向安全地带的行动并不一致。[28]

设备对我们的窃听程度远远超过我们的理解能力。

几个世纪以来，私人住宅的神圣性一直是英国法律的一部分。1604 年，英国法官爱德华·柯克爵士（Sir Edward Coke）认为，一个人的家就是他的"城堡和要塞"。[29] 然而，在数字生活世界里，家也不一定是躲避审查的避难所。就像詹姆斯·贝茨家中的"亚马逊回声"一样，家用技术将能够收集主人在最私密空间里的信息。而那些悄无声息地记录我们生活的便携式技术——智能手机、可穿戴设备和植入式设备——对我们每时每刻所处的位置并不感兴趣。不管我们在不在家，摄像机都是一样的。如果增强现实和虚拟现实技术取代了"玻璃平板"计算模式[30]，设备制造商将真正做到"通过你的眼睛看世界"[31]。随之而来的，至少在这种差别可以在空间上被划分为"家里 / 外"的情况下，我们也许会变得不太考虑私域和公域之间的差别。2017 年，一家振动按摩器制造商同意向客户支付赔偿金，因为他们的智能振动按摩器在用户不知情的情况下跟踪用户的使用情况，并将设备的温度和振动强度的细节反馈给制造商。没有什么比这种行为更私密的了（更不用说用来控制振动器的应用程序"完全是不安全的"，这意味着"蓝牙范围内的任何人"都可以"控制"它）。[32]

执法官员毫不掩饰他们将物联网作为信息收集手段的兴趣。美国国家情报总监说：

> 在未来，情报机构可能会利用（物联网）进行身份识别、监视、监控、位置跟踪和有针对性的征兵，获取网络接入或用户凭证。[33]

不 朽

我们往往认为遗忘是一种恶习。当我们丢了钥匙或忘记在妈妈生日那天给她打电话（机灵的儿子其实只犯过这一次错）时，我们就会诅咒我们糟糕的记性。在柏拉图的《斐多篇》中，苏格拉底批评书写的发明对人们的记忆产生了不可避免的影响：

> 因为你的发明将在那些已经学会它的人的灵魂中制造遗忘，他们缺乏使用记忆的练习，因为依赖于书写，他们的记忆靠外部标记提醒，而非来自内部。[34]

然而，遗忘实际上发挥着重要的社交功能。[35] 有时，为了改变和前进，我们需要抛开过去的失败、遗憾、尴尬和偏见。我们试着放下别人对我们犯下的错误，并希望别人也能忘记我们的过错。对于我们已努力让自己忘却的失败，我们不愿意（讨厌）别人再提起。

我们总是担心，过去可能会在新的、不可逆料的情境中复活。还记得十年前你在生日派对上穿成"性感犰狳"的糟糕照片吗？它仍然潜伏在 Facebook 的某个角落里。希望你的新老板没有看到它。

事实上，正如维克多·迈尔·舍恩伯格和肯尼斯·库克耶所说，在人类历史的大多数时期，遗忘是常态，记住才是例外。[36] 人类所知、所言、所做和所想中的绝大多数从未被记录下来，它们流失在时间的长河里。然而，在数字生活世界里，情况恰恰相反：人们记住了很多东西，却很少会忘记。数字形式的信息比以往任何形式的信息都更容易储存和复制，速度越来越快，且保存这些信息的动机一直都存在。基于第三章中给出的所有理由，数据是一种有价值的商品，其价值只会随着时间的推移而增长。在 2007 年，谷歌承认它保存了用户输入的每条搜索记录和他们随后点击的每一个搜索结果。每当你问了一个愚蠢的问题，查询了一个颇为尴尬的医学症状，或者漫不经心地输入了你迷人同事的名字，谷歌就会存储你搜索的详细信息。尽管九个月后这些查询会被匿名化，但它仍在继续这样做。[37] 可以想见，谷歌所有过去和现在的搜索数据库为它提供了非同寻常的审查手段。每天有超过 10 亿人向谷歌输入超过 35 亿次的搜索查询（更不用说它从超过 10 亿的 Gmail 账户中获取的数据了）。相比过去任何统治者或精神领袖，谷歌拥有一个更加清晰的窗口，可以走进人类的内心生活。

现在考虑一下在数字生活世界中收集到的关于你的所有其他信息，这些信息可能会以永久或半永久的形式保存下来，几十年后还可以被索引、恢复、搜索和分析。现在说这话还早，但公司已经收集并出售了数以百万计的普通人的档案，这些档案包含了上千个个人数据点，包括社会保险、健康、教育、法庭、犯罪和财产等细节，以及从你的"数字尾气"中收集到的任何其他信息。[38] 用威廉·福克纳（William Faulkner）的话来说，在未来，"过去永不消逝。过去甚至还没有过去"。

这就是为什么一些政客（也许是考虑到他们自己虚度的青春）支持 18 岁以下的年轻人拥有删除他们社交媒体平台上令人难堪的内容的权利。[39] 这也是为什么欧盟对如何处理个人数据制定了严格的、约束性强的法律，而随着 2018 年《一般数据保护条例》的出台，这些法律将进一步收紧。2014 年，欧洲法院要求谷歌删除马里奥·科斯特加·冈萨雷斯（Mario Costeja González）提出的"不充分、不相关或不再相关以及过度"的搜索结果，这一决定使欧洲产生了一种所谓的"被遗忘的权利"。[40] 在《Ctrl+Z》（2016）一书中，梅格·利塔·琼斯（Meg Leta Jones）提出了一种"数字救赎或数字再造"的形式，更像是一种被原谅的权利。[41]

数据有时会丢失。不是所有的事情都会被记住。但对审查的规训功能来说，这真的无关紧要：我们不容易知道哪些数据会丢失或销毁，因此可能会表现得好像什么都不会忘记。

可预测

虽然我们大多数人都明白，我们过去和现在的行动可能被其他人审查，但显然不希望我们在未来也受到同样的对待。毕竟没人知道未来是什么样。但在数字生活世界中，功能强大的系统将能够以非凡的广度和精度来预测我们生活的各个方面。保险公司已经在用算法预测投保者是否有可能，或何时会发生车祸事故，以及我们何时会生病，甚至是死亡；雇主预测我们是否会加入竞争对手的公司；金融机构预测我们是否会拖欠贷款；官员预测哪个犯人将会杀人或者被杀；[42] 警察利用数字系统预测未来的犯罪，如罪犯和受害者分别是谁；[43] 临床研究人员可以预测我们是否会欺骗配偶或离婚；智能手机公司能以近乎变态的准确性来预测我们的位置；服务提供商可以预测我们能否将服务带到其他地方；美国国家税务局预测我们是否会进行税务欺诈（根据风险对纳税申报单进行预测排序，这使国税局"在不增加调查数量的情况下发现了 25 倍多的逃税行为"）。[44]

技术支持的预测水晶球，使用的主要是机器学习算法，这是一种新的、强大的审查手段。它能让观察者可以"看到"尚未发生的事情。这就是它的辅助功能。而它的规训意义可能更令人印象深刻：人们可以想象，人类不只是要避免犯罪行为，还要留意完全合法的事情，例如去碰巧有犯罪记录的朋友家中做客，通过关联，系统会预测他们也会像朋友一样去犯罪。

评　分

在过去的几年里，你可能使用过一个在线平台来"众包"对某些商品的评级——电影、Uber 司机、酒店、餐馆、干洗店等。你可能没有想到，在某些时候，你也可能会成为别人评价的对象。

我们已经被以各种方式排名或评分了——从决定我们是否能够获得融资的信用评分，到从网上收集到的信息编制的"健康评分"。[45]在数字生活世界里，每个人都有可能背上一份完整的个人评分，打分的人可能是我们的朋友、同事、公司和熟人，打分的指标则是我们的社会价值：可信度、可靠性、吸引力、魅力、智力、力量和健康等。反过来，人们的评级可以决定他们能否获得具有社会价值的东西，比如住房或工作。这是一个相当严峻的前景，像这样的系统已经成为一些优秀小说的主题，包括 2016 年拍摄的科幻电视剧《黑镜》中的一集。

但类似的事情已经在中国发生了，30 多个地方政府开始编纂社会和金融行为的数字记录，以便对公民进行信用评级。据报道，中国公民的一系列越界行为，包括公共交通工具上的逃票行为、乱穿马路或违反其他规定等，都可能会收到负面评价。随着时间的推移，政府部门希望动用更广泛的数据集，包括人们在线活动的数据。一旦数据被收集起来，算法就会计算出公民的评分，而这些评分将被用来决定谁能得到贷款，谁能从政府官员那里得到更快的回应，谁能进入豪华酒店，谁能获得其他有社会价值的东西。中国政府认为，这一制度将"让值得信赖的人走遍四方，让信誉不好的人寸步难行"。[46]

暂且把中国的例子放在一边，我们可以清楚地看到，在一个日益量化的社会中，我们自身的数据很容易就决定了我们能否获得有社会价值的东西，而我们也许对这些数据几乎没有控制力。至关重要的是，行使这种权力的不一定是国家。各行各业的服务商都可以坚持一定的评级，这增加了这些服务商的权力，而相应地减少了被评估者的权力。[47]

审查：含意

在数字生活世界中，我们很难想象审查的辅助和规训作用的全貌。如果你知道自己的每一次旅行、每一次购物、每一条个人信息、每一次政治言论或反叛行为都有可能被捕捉并永久保存下来，然后用以决定你的人生机遇，你还会这样做吗？你会更小心一点吗？对审查手段的控制——在看见别人的同时不被别人看见——将成为未来一种非凡的权力来源。反过来，审查手段也将越来越多地受到旨在增强隐私和保护匿名性的抵抗技术的挑战（第十章）。

第八章
感知控制

因为你创造了我的内心世界。

——《旧约·诗篇》139:13

在不让人民屈服于武力或审查的情况下，对人们施加权力的最后一种方式就是控制他们的所知、所想和准备就世界发表的看法。让人不去做某件事的好办法之一，就是从一开始就阻止他们做这件事的企图，或者是让他们确信，自己的欲望是错误的、不合法的、可耻的，甚至是疯狂的。[1] 我把这种手段称为"感知控制"。

如果有可能创造一种对公开表达某种政治异见恶意满满的环境，那么人们就不太可能把这些不满带到台前。[2] 如果你知道批评某位政客会让你泡着的酒吧陷入可怕的沉默，或者在社交媒体上引发一场"推特风暴"，对你进行人身攻击，那么你在发表批评意见时恐怕就会三思而后行了。[3] 那些寻求权力的人善于将针对对手的偏见煽动起来。将某些问题完全排除在政治议程之外，就是一种权力。[4] 有什么办法比创造一种仅是批评一下现状都是不可接受的环境还更有利于维持现状呢？

另一种通过感知控制来行使权力的方法是，从一开始就防止人们在某些方面产生不满。[5] 这可能只是一个说服的问题，但也可能是欺诈的结果，比如审查制度，它完全阻断了人们对某些问题的关注。人们不可能对他们不知道的事情感到气愤。

更微妙的是，如果当权者能够制造出一种广泛的信念或传统智慧，即认为符合其利益的事情也符合其他所有人的利益，那么就不需要通过强制或审查来确保获得服从。

为了解超出我们直接经验的事物，我们须依赖他人去（a）寻找和收集信息，（b）选择什么值得报告或记录，（c）决定有多少背景和细节是必要的,（d）以易于理解的形式反馈给我们。这些工作都是在"过滤"。我们如何感知更广阔的世界，在很大程度上取决于我们可用来理解这个世界的过滤器。我们知道，经过过滤的内容通常只是事物全貌的一部分，但我们希望并相信，我们收到的信息是真实的，其最重要的方面已经得到优先考虑。

过滤是一种无比强大的感知控制手段。如果你控制了一个社会的信息流动，你就可以影响这个社会对是非、公不公平、干不干净、得体不得体、真实还是虚假、已知还是未知的共同观念。你可以告诉人们世界是什么样，什么是重要的，以及他们应该如何去思考和感受。你可以说明人们应该如何判断别人的行为。你可以唤起热情和恐惧、沮丧和绝望。你可以塑造规范和习俗，定义什么可以做，什么不能做，哪些礼仪是可以接受的，什么行为是适当的或不适当的，以及共享的社会仪式，如问候、求爱、仪式、谈话和抗议应该如何执行；什么可以说，什么被认为是不能说的；公认的政治和社会行为的界限是什么。如果我违反了一项规范或习俗，我可能不会像违反法律那样受到武力制裁，但后果可能会更糟：嘲笑、羞耻、排斥、孤立，甚至放逐。正如曼纽尔·卡斯特（Manuel Castells）所说："我们感受和思考的方式决定了我们行动的方式。"[6] 那些控制感知手段的人将更多地决定我们的感受和思考方式，进而决定我们的行动方式。

理解感知控制的作用有助于解释一个最经久不衰的政治学问题：为什么世界上那些"面带病容、积劳成疾和患有肺痨的穷苦人"很少起来反抗他们有钱有势的统治者。[7]马克思及其追随者，尤其是意大利思想家安东尼奥·葛兰西（Antonio Gramsci）给出的答案是，普通人在心理上已经习惯于被动接受自己的命运。[8]他们被幻想和错觉所控制，觉得改变是不可能的，甚至是不可取的。为了解释这一现象，人们提出了许多听起来很酷的理论，包括霸权主义、意识形态、错误意识和拜物教（不是不文明的那种）。马克思相信，假设有正确的历史条件，一旦世界的现实在工人阶级（"无产阶级"）面前揭示出来，他们就会联合起来推翻资本主义。马克思认为，知识分子的作用是帮助普通民众摆脱错误观念："哲学把无产阶级当作自己的物质武器，同样，无产阶级也把哲学当作自己的精神武器。"[*][9]（我们将在第十三章更深入地探讨后真相政治和假新闻。）

20 世纪的感知控制

在 20 世纪，过滤的日常工作主要由大众媒体完成：大量的公司通过印刷、广播和电视向数百万甚至数十亿消费者广播信息。重权在握的媒体公司和媒体大亨常常是人们关注的主题，人们担心这些公司可能会利用符合其自身利益和偏见的信息来操纵民意，或对消费者洗脑。尽管如此，除了国家面临极端危险的时候，英语世界的政治文化都强烈支持媒体的自我监管。

互联网的发明和广泛应用标志着传统大众媒体垄断过滤手段的终

---

[*]　此处译文参考了《马克思恩格斯选集》第一卷（人民出版社，2012 年）中译本相关段落。——译注

结。与旧系统相伴，一种"网络信息经济"出现了，在这种经济中，社交媒体和数字新闻平台使人们成为内容的生产者和批评者，同时也是消费者。[10] 在 21 世纪头十年，人们普遍热情地对待这一发展。哈佛大学教授尤查·本科勒在《网络的财富》一书中预言，网络化信息环境的结果将是"更多的表达空间，其来源不同，质量也不同"：

> 不仅拥有言论自由，还能免受操纵，可以了解到多种意见……信息、知识和文化在根本上也更加多样化。[11]

在某种程度上，这一预测是正确的，主要是因为前移动互联网时代的结构和文化依赖于自由和多元的信息流。[12] 但正如我们将在第十三章看到的，新的信息环境也带来了自己的困境和问题，很难展开理性的思考。

重要的是要看到，互联网已经被用于更精确、更广泛地控制我们传递和接收的信息，从而控制我们感知世界的方式。有时，这仅仅是一个控制物理基础设施的问题——传输塔、路由器和交换机——信息通过这些基础设施传输。一个高压的国家想要在其管辖范围内审查互联网上所有的可用内容，甚至是创建一个独立的隔离网络，就能靠这种基础设施来完成。[13] 本科勒承认，后来在智能手机上使用的无线互联网的基础结构，旨在使制造商和服务提供商能对内容进行更多的控制。[14]

数字生活世界的感知控制

在未来，我们如何感知世界将越来越多地由数字系统向我们揭示或隐藏的东西所决定。当我们只体验到世界的一小部分时，呈现在我们面前的那一部分将起到重大作用。它将决定我们的所知、所感和想要什么，从而影响我们去做什么。控制以上途径就是政治的本质。

新　闻

第一个被数字技术控制的感知方式就是新闻。我们已经越来越依赖社交媒体来分类和呈现新闻。数字时代的新闻与现在不同，传统上从事过滤工作的记者、作家、编辑和版主将逐渐被自动化系统取代。算法过滤器能够以你最喜欢的形式给你推送特定的内容：给正在洗澡的你大声朗读（新闻），播放简短的全息剪辑，在增强现实或虚拟现实中给新闻赋予生命，甚至是以优美的古文形式呈现出来。它还能满足你了解适量细节和语境的需求。算法过滤的主要承诺是为我们每个人量身定制一个信息环境。如果你相信代码的话。

新闻自动化的进程已然开启，自动化的文章生成、自动化的评论审核，以及自动化的编辑来决定你看／不看什么新闻。就像亚马逊和网飞（Netflix）推荐你应该消费的书籍和电视节目一样，直到最近，据说你在 Facebook 新闻平台上看到的新闻是由该平台通过权衡约 10 万种因素决定的，包括点击、点赞、分享、评论和发帖人的受欢迎程度，你与发帖人的特定关系，你一般对什么主题感兴趣，以及该话题所呈现出的相关性和可信度。[15]

搜　索

第二，当我们搜索信息时，过滤器就会起作用。搜索引擎决定哪些结果或答案应该优先响应我们的查询。谷歌页面排名方法的具体细节尚不可知，但一般认为它根据特定查询的相关性和重要性来对站点进行排名，部分取决于某网页被其他寻找相同信息的搜索者关联起来并点击的频率。在谷歌搜索中排名靠前这件事的商业和政治重要性，怎么强调都不为过。90% 的点击产生于搜索结果的第一页。如果你或你的企业的排名太低，那么从信息的角度来说，你可能就是"不存在"的。[16] 未来，搜索系统将能够更好地解析用自然语言提出的问题，因此当你"看"某样东西的时候，就不太像是在扫描一个庞大的数据库，而更像是在咨询一位无所不知的私人助理。[17] 这些神谕系统将决定什么是你需要知道的，什么是不应该知道的。就像新闻一样，不能保证你得到的信息和我得到的信息是一样的；它可以根据系统判定的与我们最相关的内容进行调整。

通　信

第三，无论我们何时使用数字方式进行交流——在数字生活的世界中，这是十分常见的——我们同时也就在这个系统中向"过滤"开放了。举一个基本的例子，我们的电子邮件消息系统已经使用算法来确定哪些是垃圾邮件，哪些不是（当得知某人的电子邮件系统认定你的邮件是"垃圾邮件"时，总会令人隐隐感到不安）。中国版 Skype 的用户被该应用程序的代码禁止相互发送某些术语。[18] 这反映了一种更广泛的趋势，即通信技术受制于基于禁用词的即时审查。微信是世界上第四大聊天软件，有近 9 亿的月活跃用户 *，它会根据关键词进行审查。如果你发送的消息中包含禁用词，远程服务器将通过审查系统直接拒绝发送该消息（而你并没有被告知）。[19] 以前，人类官员觉得实时审查谈话内容只是个梦想。我们的交流过程也能以更微妙的方式形塑。例如，苹果公司决定从其设备上的信息应用程序中删除枪支表情符号，这是一项有趣的努力，目的是监督人们的言论，进而监管他们的行为。[20]

---

*　截止到 2019 年 9 月，微信月活跃账户数为 11.51 亿。数据来自《2019 年微信数据报告》。——译注

情　绪

第四，数字技术将对我们的感受和认知产生日益明显的影响。Facebook 最近进行的一项研究表明，数字技术可以通过过滤"积极"或"消极"的新闻内容来影响用户的情绪（有争议的是，这项研究是在受试者不知情或没有征得其同意的情况下进行的）。[21] 而这仅仅是个开始：越来越敏感的技术将能够有效地感知和适应我们的情绪。有着能灵敏地回应我们需求的"面孔"和"眼睛"的人工智能"伙伴"充斥在我们周围，它们或许还能以其他方式激发我们的情感，我们的感知方式将牢牢掌握在技术手中。我们也将越来越受制于技术规范和习俗的约束，它们鼓励我们以特定的方式行事。在创作可能产生流量或得到"病毒式传播"的内容方面，写作者已经感受到了压力。对年轻人来说，在 Twitter 上吐露自己的内心想法，在 Instagram 上展示自己的生活和身体，在 Facebook 上表达自己的好恶，都能获得社会回报。

即时的感官体验

最后，以前只有当我们试图了解视线之外的事物时，外部过滤器才会真正发挥作用，但在未来，我们会越来越多地将我们的直接感官体验提交给过滤器。我曾在第一章中解释，增强现实技术通过计算机生成的输入，如声音、图像或视频来增强我们对物理世界的体验。智能眼镜（以及最终基于视网膜的增强现实技术）可能会为我们的所见提供一种视觉覆盖；耳机也是如此。随着技术越来越先进，即便你同时体验现实与虚拟，想要区分它们也将变得越来越困难（或毫无结果）。如果增强现实或虚拟现实系统真的取代了"玻璃平板"计算模式，这种过滤形式的重要性就会上升。

我们看到了什么，什么被屏蔽了，哪些情感被激发，哪些没有被触动——我们将把这些决定托付给为我们过滤世界的设备。一个把无家可归者从视野中抹除的世界，意味着在这个世界中，无家可归者的政治重要性很低。[22] 你的智能视网膜根据你伴侣身体发出的信号向你提供她的实时信息——她的笑容真诚吗？她紧张吗？她对你来电吗？由于这种技术的存在，你们喝酒约会的结果可能是天差地别的。控制我们感知的这种力量，将使试图控制我们的人的武器库如虎添翼。

感知控制：含意

有人说"治理就是选择"，反之亦然，"选择就是治理"。每当一个算法选择讲述哪个新闻故事，或确定搜索结果的优先级时，它也必然会漏掉一些信息。例如，根据点击量和受欢迎程度对新闻或搜索结果进行优先排序的方式，必然会排除或边缘化那些不太主流的观点。它鼓励出现轰动效应。未能应对假新闻也是一种选择，这使得提供假新闻的人可以发挥影响力（第十三章）。我们在本书中看到，以我们的自由、民主和社会正义的要求为背景，那些看似技术上的决定往往是政治上的决定。

当然，从另一方面看，社交媒体和社交网络平台也为普通人提供了发声的途径。像"阿拉伯之春"和"占领华尔街"这样的政治运动在动员和组织上深度依赖此类技术。但这些例子只是强调了一个更深层次的问题，即当我们使用社交媒体交流时，是受制于那些控制这些平台的人的。我们在他们的许可下，遵循他们的条件进行交流。使用他们的代码，遵守他们的规则。

生活在一个逐渐将感知控制委托给数字技术和控制它的人的世界里，有什么更深层次的含意呢？当然，因世界被过滤方式的不同，我们看待世界的方式也各不相同，社会分裂的问题就出现了。本书第四部分会讨论其中一些问题。

它还是一个合法性问题,这个问题将贯穿全书。我们似乎相信科技公司会以公平和公正的方式过滤世界——但如果它们不这样做呢?数字生活世界才刚刚起步,很多迹象却足以引起我们的不安了。例如,苹果公司就曾阻止或拒绝支持批评其制造商工作条件的应用程序。[23]你在使用搜索引擎时,很难判断搜索结果是公司竞价排名买来的,还是玩弄算法得来的。[24]

让他人有能力控制我们的感知会有不少问题,有出现极端结果的风险即其一。2009 年,在与一家出版商发生龃龉后,亚马逊进入了每一款 Kindle 设备,并在未经允许的情况下删除了某本书的副本。这一壮举之所以成为可能,是因为电子阅读器使用了云存储技术。这本书的书名很应景——乔治·奥威尔的《1984》。[25]如果时间倒回 1995 年,印刷书商想立即召回已经卖出去的数千本书自然是不可能的。不难想象,一位缺乏安全感的总统会试图阻止人们访问有关他过去交易的特定信息。

现在想象一下,你的新闻和搜索过滤器,以及你的增强现实设备,都是由一家叫德尔斐的技术公司运营的。有一天,一位政客认为德尔斐公司已经变得过于富有和强大,她的参选理由即源于该公司应该被拆分,并应以更高的税率征税。德尔斐的高管认为,这位政客的提议对公司的生存构成威胁,因此决定采取激进行动来保护自身的地位。随着时间的推移,人们谈论的这位政客已从大众视野中消失。人们几乎收不到任何有关她竞选活动的消息,即使收到了什么消息,也不会是好消息。当人们用德尔斐公司的"搜索神谕"查询"选举候选人"的信息时,该政客作为候选人的事实不是被忽略掉或当作备选,就是饰以令人不快的事实。那些亲自听过她讲话的人发现,他们的增强现实滤镜让她的声音听起来毫无吸引力。在这轮博弈中,政客输给了科技公司，现状却保持不变。这个颇具代表性的例子，就是哈佛大学教授乔纳森·齐特林（Jonathan Zittrain）所说的"数字化的选区不公正划分"（digital gerrymandering）*，它结合了对数字生活世界中感知方式之力量的诸多担忧。[26] 它表明，尽管权力可以被用于积极的目的，如让人们充分了解信息等，但也可以用来创造一个对特定想法充满敌意的环境，从公众意识中消除或降低某些问题的声量，从而促进不考虑公众利益的规范和习俗的形成。

如果一个算法显著地扭曲了我们对世界的看法，导致我们持有原本可能没有的信念，或拥有原本可能没有的感觉，或者去做我们本来不会去做的事，那么我们甚至很难意识到施加在我们身上的权力的本质。我们不知道自己不知道什么。过滤器滤掉了对强者进行审视的必要视角。

---

* 指的是通过操纵选区边界来制造某政党的政治优势。齐特林对"数字化的选区不公正划分"的定义为：通过由媒介进行的信息选择性展示来满足媒介的议程，而非为其用户服务。参考：Zittrain, J. (2014). "Engineering an Election: Digital gerrymandering poses a threat to democracy". *Harvard Law Review*, 127(8), p.336. ——译注

第九章
公私权力

在孩子手中放一根炸药并不能使他变得强大，只会增加他不负责任的危险。

——刘易斯·芒福德，《技术与文明》(1934)

谁控制谁？

据说列宁把政治浓缩为两个词："谁主？谁客？"[1]如果前面四章是在接近事实的真相，那么接下来我们就需要认真思考未来谁拥有权力，谁受制于权力。这就是本章的写作目的。

首先来看"谁受制于权力"，很明显，我们大多数人将在两个主要方面受制于技术的力量。第一是我们为了特定目的而使用技术的时刻——使用社交媒体、通信或购物平台，乘坐自动驾驶汽车等都算。几乎每一件事都将受到这样或那样的数字平台系统的中介或促进。大多数时候，我们在这个问题上并没有选择：例如，生活在一个完全无现金的经济体中，我们别无选择，只能使用一个又一个数字支付平台。第二种是作为被动的主体——比如，当我们走在街上时，监控摄像头会跟踪我们的轨迹。在生活中，我们必然且常常是无意识地与技术打交道。即使我们试图通过关掉个人设备来避免这种接触，融入我们周围世界的技术也总是会在暗处起作用。

"谁拥有权力"的问题更为棘手。在现代，我们通常将国家和其他所有人之间的区别视为政治生活最核心的分歧。这源于四个假设。第一，只有政府才能强迫你做事。第二，国家（而不是私人公司）做了大部分的审查工作。第三，媒体（而不是国家）适当地享有感知控制的权力。第四，感知控制的力量总体上是一种比武力和审查更弱的权力形式。我们看到，这些假设在数字生活世界中都不可能成立。

在《正义诸领域》（*Spheres Of Justice*，1983）一书中，政治哲学家迈克尔·沃尔泽（Michael Walzer）认为，"支配总是以一套被称为'主导物品'的社会物品为中介"[*]。[2] 他解释说，在资本主义社会中，资本是占主导地位的物品，因为它可以"轻易地转化为"人们渴望的其他东西，如权力、威望和特权。[3] 我认为，在数字生活世界里，占主导地位的物品将是数字技术，因为对控制它的人来说，它不仅会带来便利、娱乐甚至财富，它还会带来权力。请注意，权力将属于那些控制技术的人，而不一定是拥有技术的人。在未来，你会拥有个人电脑、智能手机，会拥有"智能"恒温器、门锁和电表，还会拥有自动驾驶汽车和机器人助手，但如果今天的现实可资参考，那么你基本无法控制这些设备的代码。科技公司对其产品的初始设计拥有控制权，决定其"形态和技术属性"[4]以及"可能的使用范围"[5]。他们显然会保留对平台（比如社交媒体应用）的控制权，这些平台仍由他们直接拥有。但是他们也会控制其售出设备的代码。[6]这意味着我们为某一目的而购买的技术可以在未经我们同意，甚至在我们丝毫不知情的情况下被重新编程。

对科技公司来说，代码就是力量。

---

[*] 此处译文参考了沃尔泽《正义诸领域》中译本（褚松燕译，译林出版社，2002年）。在该译本中，social good(s) 一词因容纳事实和价值两方面，根据具体语境被译作"社会善""社会物品"，故本书沿用该译法，后文不做赘述。——译注

但是国家也会插手进来。例如，如果也能获得广泛的审查手段，它对我们使用武力的能力就会大大加强。这就是为什么尽管国家没有掌握收集我们数据的技术，但它已试图建立对这些技术的控制——有时是来自技术公司的支持，有时则违背公司的意愿，甚至是在他们不知情的情况下进行的。举几个例子，执法人员不需要扫描 Gmail 用户的电子邮件去收集儿童色情的证据，因为谷歌会替他们做这件事，并主动向其报告可疑活动。[7] 同样，国家不需要收集所有公开和非公开的个人数据记录（在美国，宪法部分阻止了这种行为），但国家完全有能力从自我审查的数据经销商那里买到这些信息。[8] 据说，"老大哥"的位置已经为一群企业"小兄弟"所取代了。[9] 2011 年，谷歌收到了1 万多份政府索取资料的请求，并履行了其中的 93%。[10] 科技公司屈从于政府的原因多种多样：有时是认可政府的目标，有时是能够得到丰厚的利益，有时是因为想在尖端技术领域与国家合作，有时是出于商业考量才站在国家一方。[11] 在这个背景下，牛津大学互联网研究教授菲利普·霍华德（Philip Howard）已经认定，他所谓的大型科技公司和政府之间的"协议"，是一种对双方都有利的"政治、经济和文化安排"。[12]

除了请求许可外，政府有时还会利用法律来协助控制审查手段。美国和不少欧洲国家已经颁布法律，要求互联网服务提供商（ISPs）调整其网络，从而能被官方窃听。[13] 然而，科技公司有时会反击，比如苹果公司拒绝满足美国联邦调查局的要求去解锁圣伯纳迪诺恐怖分子的 iPhone。[14] 但是，当国家想要获取无法通过购买、立法或征收手段得到的信息时，它仍然有非法的选择——入侵那些持有这些信息的人的数据库。爱德华·斯诺登（Edward Snowden）揭露的其中一桩是，美国国家安全局的"肌肉计划"（MUSCULAR）已经侵入了谷歌和雅虎的云存储设施，为自己的目的收集了大量电子邮件、短信、视频和音频。[15]

我们在第八章中曾说，一些国家不仅获得了控制武力和审查的途径，还有能力通过审查民众接收的新闻来进行感知控制——人们搜索信息时能搜到什么，甚至在使用数字平台时相互能说什么话。在西半球，国家也试图强行介入感知控制的手段，尽管是以一种更加间接的方式（人们对任何看起来像是国家控制媒体的东西都很警惕）。例如，谷歌同意调整算法，对侵权网站降级处理。这就降低了国家审查或强制执行的必要性。[16]

与国家和科技公司一样，黑客也会暂时控制特定技术，从而获得不那么稳定的权力形式。这可能意味着外国政府、有组织的犯罪分子、愤怒的邻居、淘气的学生和工业间谍也能在权力角逐中分一杯羹。我在第十章中会讨论更多这方面的内容。

科技公司的政治

回顾过去的假设可以让我们清楚地看到，在数字生活世界中，企业可以积累多少权力。例如，同时拥有审查手段和感知控制手段的公司，能以过去的政治统治者所羡慕的方式监控和操纵人类行为。想象一下，它们能够控制我们的感知，实时审视我们的反应，在一个持续的互动循环中回应我们的行为。它们将有能力针对我们每个人倡导某些行为，并通过注视甚至武力来强制执行。

这些科技公司与过去的公司不同。它们将拥有真正的权力：那是一种稳定且广泛的能力，可以让其他人去做他们原本不会去做的重要事情，或者让他们不做他们原本会去做的事情。这是一种新的政治发展——事实上，它是如此之新，以至我们现有的词汇不足以描述它。一些评论人士将谷歌这样的大公司比作政府或国家，但这在概念上是草率的。科技公司是在市场体系中运行并追求有限经济利益的私人实体。它并不对广大公众负责，而是对它的所有者和利益相关者负责。科技公司有自己的利益，与用户的利益是分开的。相比之下，国家不应该拥有自己的利益。至少在理论上，国家是为了公众而存在的。当然，谷歌和国家的共同之处是它们都在行使权力。但这种权力的性质和范围是不同的。我们对语言的使用应当适应这种差异。

这样的类比或许更加贴切：最重要的科技公司越来越像公共事业公司，也就是说，越来越像维护电力、天然气、污水处理和供水等基础设施的组织。[17]如果公共事业公司是私有的，它们通常会受到国家法规的约束，要求其为公共利益行事（其他公共服务供应商，如医疗和教育公司也是如此）。支撑互联网的物理基础设施已经被视为一种公共设施。这就是为什么人们长期以来都强烈支持网络中立性，也就是说，私有网络提供商不应该根据用户的不同而提高或降低连接速度——或者就此而言，屏蔽自己不喜欢的内容。就在我写这一章的时候，特朗普政府正在重新审视由历届美国政府支持的"网络中立"原则。[18]

这种效用类比同样适用于即将成为重要公共物品的技术：市政自动驾驶汽车车队、使用无人机的国家邮政服务、对国家经济生活至关重要的云计算服务等。但这个类比并不完美。我们与公共事业的关系更倾向于依赖，而不是权力：我们确实需要它们，但它们不会经常让我们做自己不愿做的事情。与公共事业不同，我们在数字生活世界中遇到的大多数数字技术都不是为了满足集体需求而存在的。例如，公开或私下收集人们数据的技术这种审查手段，它主要是为了控制它们的人的利益而存在的。

本质上，当我们谈论强大的科技公司时，我们谈论的是政治上强大的经济实体。然而，并非所有科技公司都握有同等权力。只有当它们的权力稳定、广泛且涉及重大问题时，它们才会真正拥有强大权力。譬如说，一个为政治辩论提供重要论坛的平台，比一个提供时髦方式去交换和编辑毛茸茸的猫咪图片的平台更强大。最强大的公司将是那些控制着影响我们核心自由之技术的公司，比如思考、发言、旅行和集会的能力（第十章和第十一章）；它们能够影响民主进程的运作（第十二章和第十三章）；它们有力量解决社会正义问题（第十四、十五、十六章）；它们还会是在所有这些领域获得市场支配地位的公司（第十八章）。

这并不是经济实体第一次拥有强大的政治力量。在封建制度下，土地的经济所有权也使土地所有者对在土地上生活和工作的人享有政治控制权。当权者可以向他们的农奴征税，把他们征召为民兵，让他们工作，规训和惩罚他们，并禁止他们离开。[19]中世纪的行会是另一种运用政治权力的经济实体。他们颁布了与商品的价格、质量和贸易有关的精确规定，他们的私人司法系统对拒绝遵守规定的成员处以罚款和监禁。[20]即使是英国国教，这个经济和精神上的强权，也行使着相当大的政治权力。它对其教区居民征收什一税，如果居民违反教规，就会受到惩罚。英国国教有权审查那些它认为是"异端或不敬"的出版物。[21]现代性的一个决定性的特征（无论好坏），是作为最高政治主体之国家的出现，它享有主权，有别于市场、社会和教会，并"凌驾于"它们之上。在我们这个时代，人们经常说，金钱和政治之间的分野远非其应有的那样明确。但是，今天的企业大多是通过游说、网络、公关和竞选资金获得政治权力的，而在未来，因掌握并控制数字技术，它们将拥有属于自己的权力。

我并不是要说科技公司将在权力的性质或程度上与国家竞争。事实上，我并不是在预测国家的灭亡，我认为，数字技术的大部分力量可以被国家利用，从而增强国家的权力。但我们必须摆脱这样一种危险的观点，即认为一个机构必须像国家一样强大，我们才会开始认真对待它，把它当作一个真正的政治实体。具有强大政治力量的科技公司的崛起，本身就是一个意义重大的发展。它应该拥有属于自己的理论。

火力"权"开

在这五章中，我们已经预见到了权力的未来，而且我们已能够看到，它将与过去大不相同。它在武力领域表现为：从成文法律到数字法律的转变，能对我们使用武力的私人实体力量的崛起，以及无人监督控制的自主数字系统的出现。它在审查领域表现为：我们受到（或可能受到）的审查大幅增加，我们的隐私更能为他人看到，第三方更有能力评价和预测我们的行为，然后长时间保存关于我们的所有信息。它在感知领域表现为：权力有能力越来越精确地控制我们的所知、所感和所欲，从而控制我们的行动。

在未来，强大的实体——公共的和私人的——将试图夺取这些新的武力、审查和感知控制手段的控制权。任何寻求强大权力的人都会梦想将这三者全部收入麾下。数字生活世界将充斥着权力和政治。

我们能否驾驭这些强大而复杂的新技术？普通人以何种方式才有可能分享管理他们的权力？这些问题是本书接下来两部分的主题——关于自由和民主的未来。一位著名作家曾写道，人类事务中出现了一种令人印象深刻的新权力形式，它"与此前世界上存在的任何形式都不同"：

> 它给整个社会生活覆上了一张琐碎而复杂的规则之网，这些规则细微而统一，即使是最具独创精神和最有活力的人也无法破网而出。它不会摧毁人的意志，而是软化、驯服和引导它；它很少发出命令，但经常抑制行动……它并不专制，但它却能阻碍、抑制、削弱、扼杀和僵化行动——以至最后，每个国家所管理的

不过是一群胆怯而勤劳的动物，政府则是牧羊人。[22]

　　这一段落看上去描述的是技术在数字生活世界中的力量。事实上，它由年轻的法国贵族托克维尔写于 1835 年，差不多两百年前。他的话题是什么呢？论美国的民主。

第三部分

未来的自由

每个人让自己戴上项圈，因为他明白，握住链子末端的不是一个人，也不是一个阶级，而是社会本身。

——托克维尔，《论美国的民主》（1835）

第十章

自由和增压的国家

> 我们不或明或暗地触及人类自由问题，就几乎不可能触及任何一个政治问题。因为自由……实际是人们在政治组织中一起生活的原因；没有它，这样的政治生活将毫无意义。

> ——汉娜·阿伦特，《自由与政治》(1960)

几个世纪以来，人类一直在为自由而战，并以自由或其他名义发表了难以计数的长篇大论和演讲，还颁布了宪法，发动了革命与战争。然而，自由的言辞却掩盖了一个更加模糊的现实。20 世纪告诉我们，某些类型的自由与无知、战争和疾病并不矛盾。哈耶克写道："自由并不意味着万事大吉。自由也可能意味着挨饿的自由。"[1] 伟大的哲学家和心理分析学家埃里克·弗洛姆（Erich Fromm）于 20 世纪 30 年代逃离德国，他在 1942 年出版的《逃避自由》(*The Fear of Freedom*) 一书中指出，自由会带来难以忍受的焦虑、孤独和不安。他写道，在他的祖国，数百万人"对放弃自由的渴望，一如其父辈争取自由的渴望"。[2]

对自由的未来的展望往往有两种形式。乐观主义者说，技术将使我们获得自由，把我们的身心从旧的枷锁中解放出来。悲观主义者预测，技术将成为强者践踏弱者自由的另一种方式。哪一个愿景是对的？我们为什么要关心？我个人的看法是，乐观和悲观的看法都各有道理，未来若要确保约翰·F. 肯尼迪（John F. Kennedy）所说的"保存自由，使其成功"，那么我们最需要的就是一种警惕性的态度。[3] 本章探讨的是个人与国家之间的关系；第十一章着眼于个人与强大的科技公司之间的关系。在第三部分的最后，我提出了一套新的概念，旨在帮助我们清晰地思考自由的未来：数字自由意志主义、数字自由主义、数字邦联主义、数字家长主义、数字道德主义和数字共和主义。但是现在，不要担心这些可怕的术语。让我们先尝试理解当人们谈论自由时，他们在谈论什么。

三种形式的自由

对于职业政治理论家来说，自由是一份永不停止给予的礼物。这个概念具有惊人的弹性，它可以指涉的含义多到令人眼花缭乱。他们的整个职业生涯都在乐此不疲地尝试去定义自由。请允许我在此标新立异，我认为自由可以分为三类：行动自由、思想自由和结社自由（结社自由也被称为共和主义的自由概念）。

行动自由

行动自由意味着可以不受干扰地行动：能不受干扰地集会、旅行、游行、示威、做爱、学习、写作和演讲。它是一种关于自由的身体概念，与行动、活动、动议和运动有关，而无关精神层面的内部运作。

思想自由

自由的另一种形式是内在的。

能够以一种真实的方式思考、相信和渴望，去发展自己的特质，制订人生计划，陶冶个人品位，这些都是思想自由的基本方面。它与另一个概念"自治"（autonomy）密切相关，这个词源自希腊语单词 autos（自我）和 nomos（规则或法律）：对内在自我的掌控。

对于一些思想家来说，人们不能仅仅屈从于自身欲望的引导。他们认为，一个真正自由的心灵，能够反思这些欲望，并根据"更高层次的偏好和价值观"来改变它们。[4] 一个人渴望喝杯烈酒，如果他无法思考个中缘由（也许就会相应调整自己的欲望），那么渴望喝酒的事实就没有什么意义了。卢梭认为，"让人们只受欲望的支配，就是奴隶制"。[5] 托马斯·斯坎伦（Thomas M. Scanlon）这样的当代哲学家认为，真正的自治要求我们权衡"相互竞争的行动理由"。[6] 对斯坎伦来说，思想自由实际上意味着以一种特定方式思考的自由，它应是有意识的、清晰的和理性的。

当我们谈及身心的自由时，总会想起奥德修斯的神话。奥德修斯命令水手们把他捆在桅杆上，就算是自己接下来要求他们解开绳索，也不要听命。他之所以这样做，是为了保护他和手下的人免遭塞壬的致命伤害，因为奥德修斯知道，塞壬会用歌声引诱船靠岸。当塞壬的歌声传入耳中，被束缚的奥德修斯痛苦挣扎，要求得到自由。但是，用蜂蜡堵住耳朵的忠诚手下们拒绝服从他的命令。船安然无恙地继续航行。从某种意义上说，奥德修斯被绑在桅顶上时肯定是不自由的。他的直接意识"自我"被阻止去做它想做的事，就像他的身体一样。但这种不自由是他早些时候理性的自我自由选择的结果。这个神话证明了我们早已洞悉的道理：有时我们会凭借直觉和本能自发地行动，而有时我们则会理性、谨慎和有意识地行动。有时我们的行为与道德信念保持一致，有时我们却会违反最深层的道德。就好像在每个个体内部都没有一个统一的自我，而是一群相互竞争的自我，为争夺至高地位而斗争和竞争。瘾君子在注射毒品的那一刻，他有意识的"自我"（在行动领域）肯定是自由的，但是其更深层的、更理性的、渴望戒除毒瘾的"自我"却被吸毒成瘾的恶习所束缚。以下是三个要点。第一，正如以赛亚·柏林所说，"自由的概念直接源自对什么东西构成了自我、人格和人的看法"。[7] 因此，说"我是自由的"就会引发这样一个问题："哪个我？"第二，自由和不自由有可能同时存在，这取决于哪一个"自我"在发号施令。第三，我们有可能让自己陷入部分或暂时的不自由。当一个人自愿服从军队的军事制度或要求被情人绑起来时，情况也是如此。当我看到人们在他们的智能手机上使用"自由"这款手机应用程序时，我就会想到奥德修斯。在用户的要求下，这款应用会暂时屏蔽互联网和社交媒体，让用户在不受干扰的情况下工作。[8] 就像奥德修斯一样，用户在指定时间之前不能打断他们的数字锁链。

在讨论共和主义的自由之前，值得强调的是，思想自由和行动自由（典型的自由主义观点）是相辅相成的。如果只是因为别人的要求才做事，那么就算能做的事情很多，也没有多大意义。弗洛姆博士提醒我们："表达自己思想的权利，只有在我们能够拥有自己的思想时才有意义。"[9] 因此第八章讨论了感知控制的力量。同样地，能够独立思考固然很好，但如果不能将这些想法付诸行动，它们就会永远囚禁在我们的头脑中。

共和主义的自由

自由行动和自由思考携手并进，共和主义的自由却是另一回事。

行动和思想通常被归结于个人，但共和主义的自由观对自由有一种更广泛的看法，即自由就是成为自由社会的积极成员。它在现代最主要的支持者是菲利普·佩迪特（Philip Pettit）和昆廷·斯金纳（Quentin Skinner）。[10] 共和主义的自由有三个维度。

首先，一个自由的社群通过追寻其公民意志来进行自我管理，不受外部干涉。诗人兼辩论家、《失乐园》的作者约翰·弥尔顿称其为"共同自由"(common liberty)。[11]这是一个很古老的想法。事实上,"自治"这个词早在用来形容人之前就已经被用来形容城邦了。[12]

第二,真正的自由来自政治参与和西塞罗所说的"美德"(virtus)的发展,意大利理论家后来将其翻译为 virtù,英语共和主义者将其翻译成"公民美德"(civic virtue)或"公共精神"(public-spiritedness)。[13]

第三,"实际自由"比那种所谓的"绝对自由"更重要,这是英国革命和美国革命的关键区别。17 世纪上半叶,英国议会的"民主绅士"开始抱怨国王查理一世的权力。表现糟糕的不仅仅是国王(尽管他的确如此)。更大的问题是,国王在宪法上的地位至高无上,意味着他想什么时候做坏事就什么时候做坏事。正如托马斯·潘恩(Thomas Paine)所言,他的权力是绝对的,也就是说,臣民的自由全赖他的一时兴起和恩赐。[14]如果国王变得疯狂、报复心强或专制,他就能夺取人民的自由,却不会受惩罚。久而久之,有很多臣民已经认为,"仅仅意识到自己生活在专制权力之下"本身就是对他们自由的一种不可接受的约束。[15]国王被踢下宝座,随之被踢下台的还有他的头颅。

英式共和未能存活下来,在 18 世纪后半叶,羽翼未丰的美国国会赢得了独立。这场革命也基于这样一种信念:"如果你依靠别人的善意来维护你的权利",那么"即使你的权利实际上得到了维护,你也将生活在奴役之中"。[16]

这个想法很简单:依赖强者约束的自由根本不是一种自由。

共和主义理想最终可以追溯到罗马思想家,尤其是西塞罗,他们将罗马共和国视为自由社会的典范。与思想自由和行动自由不同,共和主义的自由观念不太强调每个人各行其是,而更强调整个社会的自由。矛盾的是,这意味着在自由的名义下,个人有时可能被迫以一种更具公益精神的方式行事,而不是让他们自己选择。

数字解放

未来的自由面临很多严峻挑战。由数字技术武装起来的未来国家，将能够比过去更严密地监视并控制我们的行为。但在厄运和黑暗来临之前，让我们来考虑一下数字生活世界可能拥有的自由的诸多可能性，它们是非同寻常和崭新的。

新的功能可供性

针对技术提供的功能可供性（affordances）来思考技术是有帮助的。这个术语描述了可能由于人与物之间的关系所产生的行为。[17] 对于成年人来说，椅子提供了一个可以坐下的地方；而对孩童来说，椅子可能提供了一个攀爬架，一个躲猫猫的好地方，或者一个跳板。同样的对象有着不同的功能可供性。毫无疑问，数字生活世界中的技术将提供许多新的功能可供性。数字技术为我们提供了享受工作、旅行、购物、创作艺术、玩游戏、保护家人、表达自我、保持联系、认识陌生人、协调行动、保持健康和自我完善的方式，这对于前人来说是无法想象的。新的创造、自我表现和自我实现的形式在未来都应该是可能的。大量消耗我们时间的琐事，如打扫卫生、购物和管理，将越来越多地实现自动化，从而为我们做其他事情腾出时间。这些对人类自由的实现，作用不可谓不大。

以一组特定的功能可供性为例，许多目前被认为身患残疾的人士，他们的行动自由将在数字生活世界中得到显著扩大。语音控制的机器人将听从行动不便者的指令。自动驾驶汽车将使他们的出行更容易。失语或失聪的人可以戴上能把手语转化为文字的手套。[18] "智能"眼镜中嵌入了语音识别软件，穿戴者可以读出所有声音，包括语音、警报和汽笛声。[19] 有了大脑接口，有交流障碍的人仅用想法就能把信息"传输"给别人。[20]

至于思想自由，虽然数字技术伴随我们的时间不长，却已经带来了信息创造和交流的爆炸性增长。这应该对自由思想的敌人——无知、心胸狭窄和单一文化——构成威胁。我们可以想象，在未来，越来越多的人都能更容易接触到人类文化和文明的伟大作品。然而，我之所以说"想象"，是因为它并不一定会到来。我整本书都在试图论述，我们选择如何在数字生活世界中构建信息流，这本身就是一个首要的政治问题。

一些未来学家预测，未来的人们能够通过生物或数字手段增强其智力。[21]这显然代表了思想自由的一种转变，让思想本身的边界后退。但如果运用得当，科技能以细微的方式解放我们的思想。小的刺激、警告、提示、提醒、公告、告诫和些许建议，这些数字服务结合起来，会让我们更有条理、见地和思想，也更敏感、更具自我意识。

当然，技术到底是在对我们产生影响还是施加操纵，并不总是那么清晰可辨。在未来，我们也许难以判断某种特定形式的审视或感知控制会否让我们更加自主，或者它是否真在以一种难以察觉的方式施加控制。一个人的思想受到多大程度的外界影响才会不"自由"？古怪的哲学家奥古斯特·孔德（Auguste Comte）认为，良好思考的关键是与他人的想法绝缘。他称之为"大脑卫生"。[22]（学生们：下次如果你没有完成课堂要求的阅读，就怪"大脑卫生"吧。）我更喜欢海伦·尼森鲍姆（Helen Nissenbaum）的观点，即"完全独立于所有外部影响"并不是自主，而是成为一个"傻瓜"。[23]哈佛大学教授卡斯·桑斯坦（Cass Sunstein）在这个问题上做了一些有趣的思考，最新的思考见于2016年出版的《影响伦理学》（*The Ethics of Influence*）。对桑斯坦来说，提醒、告诫、事实信息的披露、简化和"主动选择"的框架对人们的影响都不过是轻轻一推，但它们也保留了人们选择的自由。"影响"只有在"没有充分调动或吸引"人们"反省和深思的能力"的时候才会变成"操纵"。[24] 或如杰拉尔德·德沃金 (Gerald Dworkin) 在《自治的理论和实践》(*The Theory and Practice of Autonomy*, 1989)中所说，我们需要区分"促进和提高"人们反思和批判能力的方法和真正"破坏"这些能力的方法。[25]

增压的国家

现在，你已了解数字生活世界中扩展了的自由的例子，让我们再来看看另一边的例子。正如我们所见，科技将使当局的执法变得更容易。这个问题非同小可，因为人类当前面临着一个更有效、更广泛和更稳定的控制体系，这是前所未见的。现代国家已经拥有了以武力威胁或武力来执法的强大权力。然而，与国家在数字生活世界中享有的权力相比，先前这些权力根本不足挂齿。这很可能意味着自由的减少。在这里，我确定了四个值得担忧的领域，这些担忧可能来自增压国家的到来。

法律帝国的扩张

你有过在超市拿着购物袋不付钱的经历吗？或者给明知不会报税的人支付现金？也许你曾蹭看过一集《权力的游戏》，乘坐公共汽车时逃过票，从自动饮水机上顺过一杯水，在水果摊上多"尝"了许多葡萄，为了占便宜而谎报孩子年龄，或者为了少交点税而堂食外卖。这些都属于违法行为。而根据一项民意调查，多达 74% 的英国人承认自己曾经有过此类行为。[26] 以上情况见怪不怪，并不是因为英国人是无赖，毕竟人无完人。认为如果以上轻率行为通常都能被发现并受到惩罚，世界就会更美好，这种想法是荒谬的。

所有文明的法律制度都包含了些许可以喘息的空间，使人们在某些情况下能逍遥法外。这个空间里蕴含的"自由量"惊人。它的存在是对相信大多数人在大多数时候都能遵纪守法这一事实的务实让步。数字生活世界的危险之一，是法律将进一步开垦这片珍贵的"顽皮"腹地。这是对我们的行为进行广泛和密切的审查，以及自我执行并适应不同情况的数字法律的自然结果。我们现在生活的世界，与运用数字版权管理，使得无法以流媒体形式播放《权力的游戏》的世界相去甚远；乘车时，车费会自动从你的智能钱包中扣除；饮水机可以对你进行面部识别，并拒绝其他服务；"智能"葡萄摊在遭盗窃而重量减轻时会发出警报；即时的视网膜扫描能当场确认儿童的年龄；等等。不同之处正在于日常自由的变化。

预测的政治

一个更严重的问题是，利用技术来预测和预防犯罪将严重影响自由。我们在第七章中看到，机器学习系统日益基于大量旁证来预测犯罪、罪犯和受害者。根据布莱斯·阿圭拉-阿尔卡斯（Blaise Aguera y Arcas）及其他人的解释，预测越轨行为的尝试并不新鲜。在 19 世纪，人们会把犯罪与人的身体特征关联起来。例如，侵扰意大利南部的强盗被认为是"原始人"的一种。他们头骨后面的凹陷和"不对称的脸"显示了其天生具有犯罪倾向。[27] 从那以后，犯罪学家和一些江湖庸医就一直在寻觅更"科学"的方法，以图在犯罪行为发生前进行预测。有一段时间，精神病学是犯罪学的最主要分支，后来社会学也加入了这个行列。[28] 在 20 世纪后半叶，对犯罪行为的预测成了一项"精算"工作，包括使用统计方法来确定模式和概率。[29]

近期发表的一篇论文声称，机器学习系统仅凭一张人脸照片就能预测这个人犯过罪的可能性，准确率接近 90%。[30] 这篇论文遭到了多方批评，但它并不是完全孤立的个案。以色列一家名为 Faception 的创业公司称，他们正在开发一种系统，该系统可以用来分析一个人的性格，"读取面部表情就能揭示人物性格"。根据面部特征的不同，人们会被打上"高智商""白领罪犯""恋童癖""恐怖分子"的分类标签。[31] 这种做法也许有些过头了，但我们已经知道，只需要观察人的面部表情、步伐、心跳和许多其他线索，人工智能系统就可以学习大量关于约翰·穆勒所说的"内在的意识领域"[32]，人们只要活着，就只能不断输出此类线索（第二章）。仅仅通过观察就能识破骗局的能力将会从根本上改变当局和人民之间关系的平衡。

　　这种做法产生的结果是，数字系统的预测能力显著增强，并越来越多地用于执法。为什么它对自由来说很重要？如果你想基于对人们未来行为的预测来限制人们的自由，那么你就应该能够解释这种预测。但我们往往做不到这一点。预测性警务系统经常指示警察把资源调动到某个特定地区，却不能给出明确的理由。[33] 而在一个自由的社会里，你也许会问站在你家外面的警察（或警察机器人）为什么出现在那里，并且得到一个比"因为根据系统预测，我就应该站在这里"更好的答案。同样的道理也适用于预测判决。我们已经使用算法来预测罪犯有多大可能再犯罪。如果司法系统认为这种可能性很高，那么法官可能会选择延长刑期。然而，与预测性警务系统一样，某个罪犯得分高低的原因常常是模糊的。在美国的威斯康星诉卢米斯（Wisconsin v. Loomis）一案中，被告对一系列问题的回答被输入进威斯康星州惩教署使用的 Compas 预测系统。Compas 系统给被告贴上了"高风险"的标签，使他在很长一段时间里陷入人生低谷。他不清楚自己为何会被认为是高风险的人，而法律也不允许他检查 Compas 算法本身的运作。[34] 很显然，被告被监禁后，他的行动自由也就受到了限制。但我们也可以从共和主义自由的角度来思考这个问题：基于一种运行完全不透明的算法，个人自由是可以受到限制的，这一看法正好与共和主义自由的理想相悖。*

从哲学的角度来看，基于对人们未来行为的预测来限制人们的自由也是有问题的。将预测犯罪学纳入更广泛的知识传统将有助于弄清其中缘由。几个世纪以来，政治思想家们一直试图发现能够解释人类事务演变的通用公式、规律和社会力量。"种族、肤色、宗教、国家和阶级；气候灌溉、技术和地缘政治局势；文明、社会结构、人类精神和集体无意识"——都曾被说成是最终支配和解释人类活动的力量。[36]对于信奉这种传统的思想家来说，他们的宗旨就是完美地预测政治的未来：

> 掌握了所有相关的规律和足够的相关事实，人们就有可能知道发生了什么事，也知道这些事为什么会发生；因为，如果规律被正确地确立，描述某事物，实际上也就是断言它只能以某种方式发生。[37]

这种思维方式最著名的倡导者或许是奥古斯特·孔德（提倡"大脑卫生"那个人）。孔德认为，人类所有的行为都是由"一种像万有引力一样确定的法则"预先决定的。[38]因此，政治需要被提升到"观测科学的级别"，且不需要道德反思。就像天文学家、物理学家、化学家和生理学家"既不欣赏也不批评他们各自的现象"一样，社会科学家的作用也只是"观察"这些支配人类行为的规律，并有目的地遵守它们。[39]发明了"社会学"一词的孔德，肯定也会对预测人类行为的

---

* 独立网站 ProPublica 获得了 7000 多个风险评分，并比对了系统对再次犯罪的预测与其实际结果。该系统预测黑人罪犯的再犯率近双倍于白人罪犯，这与实际情况大相径庭。[35]见第十六章关于算法不公正的论述。——原注

机器学习系统着迷。据我猜测，他研究政治的方法，如今或许还能引起某些偏重数学思维的人的共鸣。

但问题来了。预测人们未来犯罪的可能性，就是接受了这样一个事实：人类的行为在很大程度上受到一般规律和模式的支配，而这些一般规律和模式无关乎个人的自由选择。如果一台机器能够获取关于某人的个人、社会和历史的事实，并对人们未来的活动做出准确预测，那么这就意味着人类拥有的思想和行动自由少于刑事司法系统愿意预设的自由。如果人们的自由减少了，不就意味着他们的道德责任也相应减少了吗？这就是预测判决的核心矛盾所在。在很多刑罚理论中，惩罚的前提是个人能对自己的选择承担道德责任。这种预测的前提基于一种观念：个人选择通常不取决于他们当下直接控制的因素。因此，对我们而言，预测性警务技术难道不应该用来更努力地理解人们犯罪的原因，并尽可能解决它们，而非把人关进监狱吗？

道德自动化

据说，自由遵守法律的行为教导我们须合乎道德地行事。这一论点至少可以追溯到亚里士多德，他认为国家的存在是"为了高尚的行为"。[40] 在《尼各马可伦理学》中，亚里士多德指出，性格的美德源于习惯，"正确的习惯能区分好的政治制度和坏的政治制度"。[41]

习惯、道德、方便、谨慎、害怕惩罚……这些都可能是我们遵守法律的原因。无论主要原因是什么，有意识的服从行为教会我们按道德行事。学会思考我们所做事情的对错是成为一个好公民的重要组成部分。这是自由的礼物。然而，在一个已经替我们做出许多道德决定的世界里，在自我执行的法律面前，许多选择根本就不存在，或者因为惩罚的不可避免意味着不值得去冒险，我们就不会被要求以同样的方式磨炼自己的品格。在这样一个世界里，正如罗杰·布朗斯沃德

(Roger Brownsword）所说，问题通常是什么是实际的或可能的，而不是什么是道德的。[42] 在一个不可能做坏事，或者做坏事极其困难的社会中出生的孩子，将不会明白"选择不违法"是一种怎样的体验。

1911 年，数学家怀特海（Alfred North Whitehead）写道："文明进步通过增加重要任务的数量来实现，而这些任务我们无须思考就能完成。"[43] 硅谷的实证主义者们可能会再次为他的格言鼓掌，但需要对它进行哲学上的追问。不惜一切代价防止犯罪是不是国家的职责？道德的自动化是否会在某种程度上削弱并剥夺我们人性中的重要部分——我们想做坏事就能做的自由，以及选择不做坏事的自由？

极权主义的大潮

到目前为止，本章默认的假设是，我们面对的国家，是一个广泛地为公民利益而治理的国家，而非积极地寻求压迫他们。我们同时假设国家还没完全掌控武力、监督和感知控制手段。但是，我们现在必须考虑一个能够利用权力技术进行镇压的威权政权对自由的威胁。为了描述这种社会可能会是什么样子，让我们想象一个叫约瑟夫的人，他正在计划参加一场被禁止的抗议活动。

> 约瑟夫根本没想过要知道有关抗议的事。一名同伴发来的包含集会地点细节的电子邮件在发送过程中遭到审查，约瑟夫一直没有收到。人工智能系统在报告、过滤和呈现给约瑟夫的消息中，并没有提及此事。在网络上也搜索不到相关结果。不过无论是通过何种途径，他最终还是知道了这件事。
>
> 但他不知道的是，政府的犯罪预测系统已经开始对他感兴趣了。各种个人资料的片段表明，他可能参与了颠覆活动。三个月前，他在给朋友的短信中愚蠢地使用了"示威游行"这个词，因而被

监控系统发现，于是自动审查了他过去在社交媒体上的所有活动，结果显示，十年前，他曾与两个已知的抗议头目有过交集。更糟糕的是，就在两周前，他下载了巴拉克拉瓦（balaclava）*的设计，并在家里用自己的3D打印机做了一个。这就难免使自己被系统误盯上了。

在抗议的那天早上，约瑟夫的数字助手提醒他当天有暴雨，交通状况也很差，最好待在室内，居家工作。然而，约瑟夫明白，这个设备是未经加密的。它被当局的黑客攻击过吗？这个提醒也是一种微妙的镇压形式吗？

惴惴不安的约瑟夫并没有因此被吓住，他出发去了抗议地点——市中心某广场。他冷静地注意到：这里并没有下雨，车辆也很少。但在第一次尝试时，他无法到达抗议地点附近。由市政自动驾驶汽车队组成的公共交通系统拒绝让乘客在抗议广场方圆近百米的范围内下车。（在我们这个时代，纽约大都会运输署曾禁止列车在抗议活动附近的车站停靠，以"阻止人们集会"。）[44]

约瑟夫只好步行前往。

意识到现在市中心到处都是面部识别摄像头，约瑟夫拉起巴拉克拉瓦面罩遮住了脸。他还意识到摄像头可以通过他正常的步态来识别他，为了改变他走路的方式，他故意穿了一双比自己平常尺码要小的鞋子。但他仍逃不开机器的注意。他的姿势暴露了他的身份。他保持身体的方式使人联想到鬼鬼祟祟的行为。在他头顶几千米的高空，一架无人机静静地记录着他的行程。[美国国防部高级研究计划局（DARPA）已经开发了一种"监视平台，可以从近6千米的高度分辨出小到约15厘米的细节"。][45]

---

* 巴拉克拉瓦是一种头套，戴在头上仅暴露出脸的一部分，常被用于非法活动。——译注

　　当他走近广场时，约瑟夫担心地发现他的同志们不见了。直到晚些时候他才知道，他们已经被安装在公寓门窗上的国家控制的"智能锁"软禁起来了，被远程限制在家中，寸步难行。

　　到了抗议区域的外围，约瑟夫看到一小群沮丧的抗议者被一个机器人护柱方阵包围在广场中央。一群在空中控制暴乱的无人机在他们的头顶盘旋，大声地发出命令，偶尔也会向人群中喷射彩弹。（南非已经研制出了与其功能类似的奥鼬防暴直升机。这种机载无人机，装备有闪光灯、摄像头、激光器、扬声器和 4 支彩弹枪，每秒钟可以发射 20 发彩弹，这些彩弹由染料、胡椒喷雾或固体塑料制成。）[46]

　　在毫无防备的情况下，一个全息图像突然出现在约瑟夫眼前。他呆住了，图像里显示的就是他。全息图像显示，他跪在牢房里，双手被铐在背后，痛苦地哭泣。约瑟夫意识到，这个图像直接打在了他的智能隐形眼镜上。[47]这是一个警告："我们看到你了，赶紧回家，否则后果自负。"

　　鲜血从约瑟夫的脸上流了下来。他转身就跑了。

　　这个小插曲显示了数字技术在未来可以赋予威权政府多么巨大、广泛的权力。令人震惊的是，只有少数的权力手段涉及身体暴力，其余的手段则比较柔和，不那么刺眼。它们中的大多数可以很容易实现自动化。这就是它们如此危险的原因。

数字化的异议

　　约瑟夫的故事提出了异议的未来这一问题。即使在宣称要为其公民的最大利益服务的国家，也没有一个法律体系是完美的。这就是为什么许多伟大的思想家认为，服从自己的良心比服从法律更重要，而违反法律可以被认为是鼓励改变法律的一种方式。梭罗写道："对法律和权利给予同等的尊重是不可取的。"[48]公民不服从的原则认为，法律能够以一种公共、非暴力和有良心的方式被破坏，目的是改变法律。[49]1963年，马丁·路德·金因参加民权游行而被关押在伯明翰市监狱，他在狱中写道：

> 有公正的法律，也有不公正的法律……我认为，如果一个人违反了良心认为是不公正的法律，并心甘情愿留在监狱里接受惩罚，以此呼唤社会群体认识到这项法律是不公正的，这实际上是对法律的最高尊重。[50]

金博士实践的这种公民不服从之可能，依赖于某些最低限度的自由，但就像所有形式的违法行为一样，这种反抗在数字生活世界中也将变得越来越困难。新的公民不服从形式可能会出现。如果权力需要通过数字技术来施加，那么抵抗也将越来越多地采用数字形式。黑客可能首当其冲。

政治黑客

黑客文化已经存在了一段时间，对它的定义有很多。尽管政府和企业也参与其中，但从最广泛的意义上说，它指的还是程序员之间一种"开玩笑"和"恶作剧"的态度。而我们在此关注的主要是，一个人出于政治目的未经授权便进入数字系统。借用加布里埃拉·科尔曼（Gabriella Coleman）的一句妙语，这样的黑客行为一般"要么处于法律的模糊地带，要么就在新的法律意义的交点"。[51]我将其称为"政治黑客"。它的目的可能是访问信息，暴露系统功能，甚至是更改或禁用特定的系统——也有可能是为了自由。

许多黑客行为已经带上了政治色彩，尽管其各自采用的方式有所不同。据科尔曼讲，欧洲和南北美洲的黑客通常比其他地方的黑客更"反独裁"，而南欧的黑客则比北方的黑客更"左翼、无政府主义"。而中国黑客在工作中"相当民族主义"。[52]

如果权力存在于对某些数字系统的控制中，那么黑客行为就是通过降低这些系统的效率来削弱这种权力。这是一件严肃的事情。随着黑客行为在政治上日益重要，将其完全寄托于黑客们自己的判断不免太过天真，尤其是（似乎是这样）在黑客这项工作本身正变得越来越自动化的情况下。[53]跟所有重要的政治活动一样，我们需要建立一个可接受的道德框架，以此来判断政治黑客的行动。例如，我们可以借用约翰·罗尔斯的观点来表达：

只有基于公众利益的黑客行为才能被证明是正当的，基于黑客或其他任何一方的利益的行为则不能被认作正当的。

影响由民主决定的政策的黑客攻击应仅限于"实质的和明显的不公正"案例。

黑客行为的程度应该与他们寻求补救的不公正程度成正比，不能为了达到目的而采取不必要的行动。

黑客行为不应该对人造成身体上的伤害。

黑客行为的后果应尽可能地公开可见，而不应是"隐蔽或秘密的"。

即使在合理正当的情况下，黑客行为也应谨慎使用。

在民主国家，黑客行为应该是经过正当程序渠道的"善意"努力之后，不得不使用的最后办法。[54]

在民主国家，黑客必须平静地接受自己行为的后果，包括可能被捕和受惩罚（对黑客行为的惩罚应该与犯罪行为相称，并考虑到其政治功能）。

这只是一些可能的原则，还会有其他原则。

密码学

除了黑客攻击，还有一种日益重要的数字抵抗形式——密码学，即"使用代码和密码的学问"。[55] 加密技术已经成为数字系统中不可缺少的一部分。它保护我们在线交易的完整、数据库的安全和通信隐私，也保护公共设施、通信网络和武器系统。它最明显的功能是击退那些试图收集我们数据的人的审查。但是，它对武力手段也能产生影响，因为它能防止平台和设备被远程劫持或重新编程。

事实上，加密是对付恶意黑客入侵最重要的防御手段。恶意黑客行为是指个人并非因为公众利益，即在未经授权的情况下进入数字系统。我们今天耳闻的一些黑客行为相当有趣，比如，一个"智能"马桶被重新编程，将水喷到不幸的使用者屁股上。[56] 然而，也有用心更险恶的，像"智能"娃娃可被重新编程，使其能听正在玩它的孩子说话，并对这个孩子说话。还有一些问题让人深感不安[57]：2016年，"勒索软件"截获了人们的医疗记录，保险公司为此赔付了2000万美元。[58] 该问题波及的范围也相当大。2014年，一项针对"关键基础设施公司"的研究显示，在过去的一年里，近70%的公司至少出现过一次安全漏洞，导致其机密信息丢失或运营中断。其中一家公司透露，它"每个月都会遭遇超过一万次的网络攻击企图"。[59] 2014年，连接到物联网的设备中，约有70%被发现易受黑客攻击。[60] 有了这么多连接在一起的设备，数字生活世界发生恶意黑客攻击的可能性将远远比今天更大。如果武器或者大型机器被犯罪分子或外国敌对势力入侵，可能会对人类的自由造成毁灭性打击。想象一下，叙利亚的一名恐怖分子远程劫持纽约的一架武装无人机，就能把无辜平民送入地狱；或某国的地缘政治对手进入了该国的导弹系统，也会造成同样的惨剧。正如威廉·米切尔（William Mitchell）所说："我们越来越能对远处的人有所作为，他们也能对我们有所作为。"[61]而密码学则提供了一定程度的保护。

　　密码学方法的政治功能将是数字生活世界中最重要的政治问题之一。有趣的是，最近的趋势却是加强数字平台的加密。举个众所周知的例子，你在 WhatsApp 上发送的信息现在是被"端到端"加密的，这意味着它们不会轻易被 WhatsApp 或任何其他第三方拦截或检查。社交媒体和新闻平台加大加密力度，使得威权政权更难有选择地过滤信息流。先前，他们可以删除个人的"账户、网页和推文"。[62]加密行为逐渐迫使他们必须在封锁整个平台或完全不封锁之间做出选择。一些国家采用了更为开放的方案：伊朗现在可以访问完整的维基百科，沙特阿拉伯也可以访问 Twitter。这两个平台之前都是选择性阻断的对象。另一方面，土耳其政府则在 2017 年完全屏蔽了维基百科，埃及对在线出版平台《赫芬顿邮报》和 Medium（以及其他许多网站）也采取了同样的手段。[63]

　　加密并不总是自由之友。有一个勇敢地把密码学用作盾牌对抗暴政的持不同政见者或记者，就会有一个用它来掩盖罪行的恐怖组织、人口贩卖集团、贩毒集团或诈骗犯。端到端加密自然会引起情报界的担忧，因为它会加大国家机构探测和发现恐怖分子阴谋的难度。任由危险团体肆意发展当然不符合自由的利益。还有一个风险，那就是私人加密将鼓励各国开发自己的"本土平台"，从而使其更容易受到控制。伊朗开发了本土版本的 YouTube，土耳其也在打造自己的搜索引擎和电子邮件平台。[64]

　　哈佛大学伯克曼·克莱因网络与社会中心的最新研究预测，加密不太可能会成为未来技术的普遍特性，主要是因为企业自身希望人们能通过简单操作就登录平台，也有商业原因（数据收集），同时还考虑到过度加密会让检测并纠正问题变得更困难。[65]

即使是当权者也无法就加密问题在政治上达成统一。2017 年底，英国政府表示可能会打击端到端加密的行为，而与此形成鲜明对比的是，欧洲议会正在仔细考虑，禁止成员国保护对加密技术的"后门访问"。[66]为了保护我们的自由，必须有一个平衡：个人、公司和政府都有相互竞争和重叠的优先选项，但其核心应是思想自由、行动自由和社群自由。

明智的限制

通往哈佛法学院主图书馆的楼梯间挂着一个牌子，上书："为塑造和应用使人（men）自由的明智限制贡献力量，你已经准备好了"。在哈佛大学伯克曼·克莱因网络与社会中心工作的一年中，我无数次经过这块牌匾，几乎每次都能激荡起我内心的感悟。同样的格言——性别更均衡——仍然为哈佛法学院的毕业生所标榜：限制使我们（us）自由。这听起来有些自相矛盾，但事实的确如此。

一个设计良好的法律体系，就像任何良好的规则体系一样，可以在限制人们自由的同时提高人类自由的总体水平。基于自由主义的观念，它通过保证每个人都拥有不受他人伤害而自由发展的空间来实现。这就是霍布斯所说的，需要一种"共同的力量"来让人们"共同敬畏"。[67]在共和主义的自由观念中，法律的约束可以使我们的生活朝着更有目的、更加公民化的方向发展，从而使我们更自由。不管你偏向是自由主义还是共和主义，自由的未来不仅取决于技术提供的新功能，还将取决于我们是否能共同塑造和应用明智的限制，从而使我们自由。这些限制常常出现在代码中。

至少有四点可以为这个增压国家辩护。首先，如果这个体制是一种"明智的限制"，那么，不言而喻，执行这些限制应该对自由有利。执行好的法律并不是坏事。（未执行的法律只不过是写在纸上的文字集合而已。借用一句古老的政治理论笑话，一条不成文又没有强制执行的法律，写出来都是浪费纸。要知道，政治理论家并不以幽默著称。）于是，问题变成了好的法律应是什么样。例如，我们可能会认为，在一个执法权力更大的世界，规则应该相应地更弱或更少。假设国家会利用一切手段来执行法律，我们就需要为数字生活世界而非过去的世界制定法律。

其次，随着数字技术在速度、复杂性和重要性方面的发展，我们需要使用数字执法的方法来控制它们。回想一下第六章中金融领域的例子，交易算法现在最好由其他算法来监管。

再次，赋予数字系统更多权力的同时，也意味着对人类官员依赖性的降低。诚然，这些官员可能是善良和富有同情心的，但他们也可能是自私、短视、贪婪、虚荣、残忍，甚至邪恶的。显然，德国哲学家康德（Immanuel Kant）并不以乐观闻名，他认为，人类自治的"完全解决"是"不可能的"，因为"从造就人的曲木中，不可能建造出完全笔直的东西"*。[68] 然而，硅虽然不是弯曲的，但它的运作却是可预测的，是连贯的。至少在理论上，数字系统可以以一种公正的方式执行代码，并因此适用法律，减少人类偏见或错误的空间（对这一论点的一些挑战将在第十六章讨论，主要着眼于算法的不公正）。

最后，尽管数字法律对我们的控制可能比书面法律更加精细，但

---

* 此处译文参考了《康德著作全集》第 8 卷（李秋零译，中国人民大学出版社，2010 年），略有改动。——译注

它的方式通常不会太显眼。比较一下在机场走过非接触式人体扫描仪和被一个戴着外科手术手套的陌生人搜身的感觉有何不同。同样地，相比于对那些粗暴地要求你出示证件的保安，一个谨慎的生物认证系统也许代表着一种进步。

自由的未来

我们设计出的权力体系是否对其所统治的人民来说太完整、太有效了？尽管我们将享受许多新的功能可供性，但本章已经展示了增压国家带来的风险。用精确且完善的执法体系来治理有缺陷、不完美、受损害的人类，也许并不适合。某些"明智的限制"系统也许可以帮助我们在数字生活世界中保持令人满意的"总体自由程度"。然而，我们还不到沾沾自喜的时候，毕竟故事才讲到一半。现在，让我们将目光转向自由在这种情况下的命运，这时为自由设定界限的就不是国家，而是私人公司了。

第十一章
科技公司与自由

> 让每一个国家知道，不管它希望我们好还是希望我
> 们坏，我们将付出任何代价，承受任何负担，应付任何
> 困难，支持任何朋友，反对任何敌人，以确保自由的存
> 在和自由的胜利。
>
> ——约翰·F.肯尼迪在 1961 年的就职演说

　　马基雅维利（Niccolo Machiavelli）在《君主论》中写道："古代的人比我们今天的人更热爱自由。"[1]这已经是五百年前的事了。在那时，对"共同自由"的最大威胁是国王、殖民和征服。在未来，还会有第四个威胁，那就是代码。

　　数字技术不仅会使国家处于增压状态，还会使越来越多的权力集中在控制技术的科技公司手中。让我们回顾一下托克维尔在《论美国的民主》一书中对这部分内容的描述："每个人让自己戴上项圈，因为他明白，握住链子末端的不是一个人，也不是一个阶级，而是社会本身。"而在数字生活的世界里，情况并不总是如此。数字权力的"项圈"，并不系于国家，而往往是由一个非常特殊的"阶层"控制，即由控制技术的公司控制。本章致力于理解这对自由意味着什么。

　　我的观点很简单：如果科技公司拥有影响我们最宝贵的自由的力量，那么它们也必须理解和尊重自由的某些基本原则。人类已经花了几个世纪来发展这些原则。在什么情况下允许限制一个人的自由？我

们可以自由地自我伤害吗？是否应该阻止我们做出不道德的行为？这些问题不能仅仅被视为企业或商业问题。它们是政治理论的基本问题。

自由和私人权力

正如我们所见，数字技术有一个奇怪的特质，它可以同时增强和限制我们的自由。它使我们可以自由地去做以前不能做的事情，但同时也根据代码的约束限制我们的行为。想一想你用过的苹果设备，它通常是富于美感的：光滑、流畅和直观。它提供了大量的应用程序。但这是一个由苹果闭环设计的世界，你不能根据自己的喜好对其重新编程，只能使用苹果公司选择的应用程序，而苹果公司对应用程序开发者的指导方针是：

> 我们将拒绝任何我们认为过分的内容或行为。你可能会问，哪里过分了？嗯，正如一位最高法院法官曾经所言，"看过即知"。

尽管这一条款有些武断，但抱怨它还是显得有些无礼。苹果设备为用户提供了大量选择，系统运行良好。法律学者吴修铭（Tim Wu）在提到这个例子时指出，"从总体上看，消费者似乎满足于为了方便而忍受一点极权主义"。[2] 吴修铭的说法是正确的。我们凭直觉理解，苹果设备整体上给我们带来了更多自由，即使我们不能用它做到任何我们想做的事。问题是，同样的取舍在数字生活世界中是否仍然有意义，这个代码帝国将扩展到几乎所有我们当下认为理所当然的自由。

以言论自由为例，这是一种最神圣的自由。言论自由允许真实的自我表达。它保护我们不受强大利益集团的侵害，也使它们暴露在批评和嘲笑之下。它允许"反对意见的碰撞"，这是追求真理的必要过程。[3] 除了一些例外，我们大多数人都会对政府审查我们的言论或表达方式这一想法感到恐惧。我们崇敬希腊集会的理念，在那里，公民自由、无畏、平等地发言（见第十二章和第十三章）。

在数字生活世界里，几乎所有言论都将由私人科技公司中介和调节。这是因为，我们与熟人或是生人的交流，都将几乎完全依赖私人公司提供的平台。这意味着科技公司将决定可用的通信形式（例如，图像、音频、文本、全息图、虚拟现实、增强现实，以及不超过 140 个字符等）。它们也会决定我们交流的对象，包括可以联系谁（仅限网民？），以及如何根据相关性、流行度或其他标准对内容进行排名和排序。它们甚至会决定我们表达的内容，禁止它们不认可的言论。这涉及一些微妙的区别。根据《卫报》获得的泄密文件，Facebook 不会删除一篇内容为"掐住婊子的脖子，确保你所有的压力作用在她喉咙的中间位置"的文章，但它会移除讲"有人向特朗普开枪了"的内容，因为总统作为国家首脑，处于受保护的范畴。堕胎的视频显然也是可以发布的，除非其中包含裸露镜头。[4]

有能力限制言论的不仅仅是社交媒体平台。在发言者和受众之间通常还有其他一些技术中介，包括控制信息传递硬件的公司。[5] 不管精准程度如何，每一方都能或多或少地控制信息流。

简而言之，我们正在目睹一种新的、历史性的政治平衡出现：我们获得了全新的发言形式和机会，但作为交换，我们也要接受一个事实，即我们的言论必须遵从控制论坛的人制定的规则。这就好像雅典的城市广场已经私有化，被一个雅典寡头收购，这个寡头因此有权决定辩论规则，选择谁可以发言和发言多长时间，以及决定哪些话题是禁止讨论的。这两者主要的区别在于，平台的算法监管意味着，每天会有成千上万个影响我们言论自由的决定做出，这些决定是自动做出的，并且无障碍执行，人们没有上诉的权利。例如，微软、Twitter 和

YouTube 最近联手宣布成立全球互联网反恐论坛。在其他措施中，他们将"共同改进和提升现有的技术联合工作"，包括使用机器学习技术进行"内容检测和分类"。[6]

现在，许多人将乐于让科技公司承担规范言论的任务。但既然这是一个关于自由的章节，我们就有必要回顾一下共和主义的自由原则：依赖于强权约束的自由根本不是自由。每个控制言论平台的公司，只要它们愿意，可以随时减少或改进我们的言论自由。这种关系就像革命前的英国人和美国人一样，我们的言论自由的生存依赖于他们的一时兴起和爱好。从政治上讲，这令人满意吗？

这不仅仅关乎言论。让我们总体思考一下思想自由问题。我们已经相信科技公司能够找到和收集关于这个世界的信息，选择值得报道的内容，决定有多少背景和细节是必要的，然后以易于理解的形式反馈给我们。不带任何附加条件，我们赋予它们一种力量，以塑造我们对是非、公平与不公平、洁净与不洁净、得体与不得体、真实与虚假、正确与错误和已知与未知的共同认知。简而言之，我们让它们控制了我们对世界的感知。这对思想自由来说是一件大事。

现在来考察一下另一种基本自由：行动自由。自动驾驶汽车显然将带来有价值的新功能。开车行驶在道路上的不一定是司机了。公路运输将更安全、更快，节能性也更好。乘客可以在行驶途中工作、吃饭、睡觉或社交。然而，为了换取这些功能可供性，我们必须牺牲其他自由：（偶尔）超速驾驶的自由，（偶尔）在双黄线上非法行驶或停车的自由，不留下任何记录的旅行自由，甚至还可能是做出道德选择的自由，比如（在第六章中描述的电车问题中）是选择撞死孩子还是撞死卡车司机。再说一次，我并不是想说这是一笔不值得敲定的交易。但我确实建议我们看清它的本来面目：它本身就是一种交易，人类最宝贵的自由就是其交易的一部分。

从自由的角度来看，国家所掌握的权力与科技公司所掌握的权力有四个重要区别。

第一，也是最明显的是，民主国家要对人民负责，公民也对管理他们的规则有实质意义上的发言权。权力可以被问责。但对于大多数私营科技公司来说，情况却并非如此。它们制定规则，我们接受规则。你想想，自己虽拥有一台设备，但这并不一定意味着可以控制它。数字生活世界中的大多数技术都将在远处被重新编程。我们的财产可以在我们眼皮底下，在未经我们同意甚至毫不知情的情况下被用于其他目的。

第二，（至少在理论上）国家的存在是为大众利益服务的。一个运作良好的政府制定旨在促进共同利益的法律和政策。相比之下，科技公司就像所有以资本主义模式运营的私营公司一样，为其所有者的商业利益而存在。

第三，成熟的法律制度是根据明确的规则和准则，随着时间的推移系统发展起来的。相反，私有代码以一种特殊的、不一致的方式开发出来。不同的公司采取的方式各不相同：Facebook 可能会审查 Twitter 认为可以接受的内容；一个应用程序可能会收集你的个人数据，另一个可能不会；你的自动驾驶汽车可能会撞死孩子，而我的车可能会突然转向，撞死卡车司机。代码帝国并不是一个统一的领域，而是由一些重叠的管辖区拼凑而成的。这并不一定是件坏事，它可能会形成一种数字邦联主义，人们可以根据自己喜欢的代码在不同的系统之间游走。我们稍后会对其详细介绍。

第四，数字生活世界中技术的复杂程度令人无法想象，比政府的运作方式更加难以捉摸。这一点至关重要。塞缪尔·阿贝斯曼（Samuel Arbesman）观察到，一架波音 747-400 飞机——已经是一个相当老旧的装备——也有 600 万个独立部件和 275 千米长的线路。[7] 但是，与将要发生的事情相比，它只能算是小儿科了。未来将充斥着各种组件和新奇的发明、设备和传感器、机器人和平台，这些平台包含着数不清的数万亿行代码，这些代码将以越来越快的速度复制、学习和进化。有些系统将完全在"人类知识和理解之外"运行。[8]机器的功能与人类不同，这一事实使它们天生难以理解。但在通常情况下，它们甚至不能根据其设计来运转。就像父母对孩子文身的决定感到困惑一样，软件工程师也经常对自己的人工智能系统做出的决定感到惊讶。随着算法越来越复杂，它们也变得越来越神秘。许多系统已经运行了数千行自生成的"黑暗代码"，其功能未知。[9]将来，甚至可以越来越多地听到来自技术创造者们的发问：它为什么要这样做？它是怎么做到的呢？对于我们这些不懂技术的人来说，数字生活世界的技术运作将是完全不透明的。

让技术变得不可思议的不仅仅是其复杂性。我们经常被有意地阻止去了解它们是如何工作的。代码通常是有商业价值的，它的所有者会利用一切可用的手段使其不被竞争对手发现。正如弗兰克·帕斯奎尔（Frank Pasquale）在《黑箱社会》（*The Black Box Society*, 2015）中所说，我们逐渐被"由律师围成人墙来保护"的"专有算法"所包围，从而使得这些算法"不受审查，除非碰到检举人提起诉讼或泄密这种极少数情况"。[10]

此外，在数字生活的世界里，经常会有一些时候，我们甚至没有意识到权力正施加于我们。许多监控技术都在后台悄然运行。如果一个新闻算法巧妙地倡导和推广了某一种叙述而不是另一种叙述，或者隐藏某些故事，我们又从何得知呢？未来，最好的技术不会让人觉得太过于引人注意，它会一点也"不技术"。正如丹尼尔·索洛（Daniel Solove）所说，风险在于，我们会发现自己身处一个卡夫卡和奥威尔式的世界，在巨大的、不可知的、通常是看不见的力量面前，总是表现得"无助、沮丧和脆弱"。[11]

　　鉴于未来科技公司将不得不塑造和限制我们的自由，我们有必要回到社会应该允许和不应该允许的基本原则上来。我们宝贵的自由被托付给某些人，这些原则应该用来指导他们工作。

伤害的原则

　　约翰·穆勒是思想史上的一位杰出人物。作为苏格兰著名哲学家詹姆斯·穆勒（James Mill）的儿子，年幼的约翰·穆勒被有意地与除兄弟姐妹以外的孩子隔绝开来，并接受了严格的教育。他在 1873 年出版的自传中写道："我不记得从何时开始学习希腊语，听说是在三岁的时候。"[12] 他八岁那年开始学拉丁语。[13] 他自幼就与"边沁先生"争论问题，边沁是他父亲的朋友，也是西方哲学中最重要的思想家之一。年轻的约翰·穆勒显然是个天才，但老穆勒没有让他过早知晓这个事实。他以"极度警惕"的态度避免儿子听到别人对他的赞美之词。[14]

　　穆勒成长为一位尽精微而致广大的思想家，一生致力于个人自由的理想。以赛亚·伯林观察到，成年后的穆勒最害怕的就是"心胸狭隘、整齐划一、压迫戕害，用权威、习俗或公共舆论碾压个体"。他拒绝"推崇秩序或整齐，甚至和平"，他喜欢"未被驯服的人类的多样性和色彩，它们充满着不灭的激情和无拘无束的想象力"。[15] 穆勒远远领先于他所处的时代。在被维多利亚时代严格的道德主义[16]定义的时代，他无畏地倡导个人主义，而不是"从众"和"平庸"。[17] 作为一个三岁就开始学习古希腊语的人，他认为其时代主要的危险是"现在很少有人敢做一个特立独行的人"。[18]

穆勒是个开明人士*，但不是自由论者。他承认，为了社会的延续，必须对个人自由施加超过最小限度的限制（如果你愿意，可以称之为明智的限制）。但他相信，想要限制他人的自由，须有充分的理由。他开始认识到，只有一个理由可以证明这种限制是合理的：防止伤害他人。这就是伤害原则，西方政治思想中最具影响力的观念之一。这是穆勒的《自由论》的核心部分：

> 对文明社会的任何成员，在违背其意愿的情况下，正当地行使权力的唯一目的，是防止对他人造成伤害……对他自己，对他的身体和心灵，个人是至高无上的。[19]

后来的自由主义思想家改进了对伤害原则的论述。例如，在乔尔·范伯格（Joel Feinberg）的表述中，只有那些造成"可避免的实质性损害"的行为才可以被理所当然地禁止。[20]

不幸的是，伤害原则在历史上一直被肆意违背。从一开始，人们就因为持有"错误"的信仰而受到迫害，因为与"错误"性别的人做爱而受到惩罚，因为向"错误"的上帝祈祷而遭到屠杀——这其中没有一件事伤害到了其他人。在数字生活世界中，科技公司必须比过去握有权力的强者做得更好。这是我们构建人类自由的机会，其目的应是解放人们，而不是摧毁他们。

自我伤害

想象以下四个场景。

---

* 开明人士（liberal）指的是思想自由、开通的人，其反义词为保守人士（conservative）；自由论者（libertarian）指的是认为人应当自由地行事、思考，不应该受到任何政府约束的人。——译注

第一个场景，伊娃给别人写了一封邮件，内容包含侮辱劳拉的言辞，结果却不小心把邮件发给了劳拉（我们都有过这样的经历）。幸运的是，一个自动提示立即弹出："系统检测认为此人可能不是预定的收件人。发送／修改？"伊娃怀着感恩的心情纠正了自己的错误并重新发送了邮件。电子邮件系统对伊娃的自由施加了限制，一旦她按下"发送"键，邮件就会被扣留。但这种限制是暂时的，性质上是次要的，也能够立即被推翻。这使她免于陷入一种相当难堪的境地。我想，大多数人都会欢迎这类对我们自由的干涉。

接下来看看詹姆斯，他超重了几磅。夜深了，他饥肠辘辘，就蹑手蹑脚地来到厨房，打开"智能"冰箱，取出一大块馅饼。他流着口水，手拿馅饼站在水槽边以防馅饼渣掉得到处都是，正打算大快朵颐，突然间，冰箱大声地嘲讽他："詹姆斯，你真的需要那块饼吗？"他又震惊又羞愧，赶紧把馅饼塞回冰箱，自己溜回床上。就像伊娃的电子邮件提醒一样，詹姆斯无礼的冰箱让他改变了行动方式（或者，从权力的角度来说，让他克制自己不去做一些本来会做的事情）。没错，冰箱并没有强迫詹姆斯不要吃馅饼，但它的监督也产生了同样强烈的规训作用。我猜大多数人会对这种来自他人的干扰感到不适，更不用说是来自某个厨房电器的干扰了。即使是为了我们好，它们管得也太宽了，让我们觉得多少有点被冒犯。当然，如果詹姆斯以奥德修斯式的自我克制（见第十章）来要求冰箱监督他的饮食习惯，情况又会有所不同。

再想象一个叫尼克的人，他指导其食物准备系统（我们叫它"机器人大厨"）[21]根据他准备的食谱做一盘咖喱菜。然而，尼克提供的食谱中在辣椒用量上出现错误，导致辣椒含量过高，高到足以让尼克整个晚上都处于极度不适的状态。机器人大厨检测了到这个不成比例的数字，于是选择忽略它，采用适量的香料做出了美味的印度咖喱菜。

尼克享用了这道美味，那么他应该如何看待机器人大厨的介入呢？不可否认，机器人大厨是在按照尼克的利益行事（它正确地认识到了这一点）。但它在没有知会尼克的情况下违背了他的指示，没征求主人的意见就假定了他的利益，这便让人有些不安了。如果菜谱中辣椒的用量并没有错呢？也许尼克就是那种爱吃辣的人呢？——管不了胃舒服不舒服了！如果他直接让机器人大厨提供一道真正超级辣的咖喱菜——对大多数人都有害——机器人大厨拒绝做这道菜会是对的吗？换句话说，一个数字系统是否应该拒绝一个具有完全行为能力的成年人在自愿并知情的情况下选择的后果呢？

最后，想象一位上了年纪、深受慢性疾病折磨的绅士，我们姑且叫他格雷厄姆。他孤身一人却心态平和，真心希望结束自己的生命。为此，他指示他的机器人大厨准备一种致命的氰化物汤。机器人大厨拒绝了他的要求。于是，格雷厄姆沮丧地躺在车道上，命令他的自动驾驶汽车从其头骨上碾过。汽车也礼貌地拒绝了他的要求。绝望之下，格雷厄姆试图服药自杀。但他的"智能"楼层系统检测到他躺在地板上失去知觉的身体，并自动向紧急服务机构发出呼叫。[22] 格雷厄姆的生命再次被挽救，这显然违背了他的意愿。

在上述所有情境中，数字系统都会进行干预，以约束人类的意志或行为，尽管其方式在本质上可能是好的，其目的也是保护人类不致自我伤害。我们可以称之为"数字家长主义"。数字家长主义应该在多大程度上成为数字生活世界的特征？数字系统应该纵容还是保护我们？我们能猜出约翰·穆勒会怎么说。他认为，一个人"自身的利益，无论是物质上的还是道德上的"，从来都不是对他行使权力的"充分理由"。只有伤害他人才能证明这一点。[23] 但是，在一个对自由施加小小限制就能带来真正好处的世界里，穆勒的原则似乎有些狭隘。艾萨克·阿西莫夫（Isaac Asimov）著名的"机器人第一定律"与穆勒的观点大相径庭，该定律规定，机器人不得伤害人类，也不得坐视人类受到伤害。但是，阿西莫夫也清楚，第一定律本身并不足以指导行动。它并没有告诉我们为了保护人类，机器人必须走多远。它也没有说明什么才算是伤害。个人的尴尬？一块不健康的馅饼会引起心脏病吗？超级辣的咖喱菜？还是死亡？

　　在这四种情境中，格雷厄姆的假设最简单，也最令人烦恼。在大多数发达国家，自杀早已不再是犯罪。一般而言，一个人协助另一个人死亡或致残是非法的；因此，在大多数国家，你不能参与安乐死，不能给人注射海洛因，不能因施虐受虐的性爱行为而对他人造成严重伤害。受害人的许可也不能为你辩护。但格雷厄姆并不是在寻求其他任何人的帮助。相反，他的死在道义上并不需要牵连除他以外的任何人。他只有一个愿望——去死，而且他认为可以通过技术手段来实现这个愿望。然而，这种技术要么拒绝帮助他实现目标，要么就积极地阻碍它。这不是对格雷厄姆自由的严重侵犯吗？也许是这样，但你如果认为自由是唯一的价值，那就错了。允许机器协助自我伤害（或在伤害发生时袖手旁观）可能会威胁到"社会赖以建立的伟大道德原则之一，即人类生命的神圣性"。[24] 从这个观点来看，格雷厄姆的自杀可能不是针对他自己的犯罪，而是对"整个社会"的冒犯，这是不能容忍的，即使这意味着使格雷厄姆和跟他情况类似的人更不自由。[25]

　　我认为，在穆勒所拥护的自由和数字家长主义的好处之间，可以取得富有成效的平衡。上述情境表明，在决定是否应该限制自由以防止自我伤害时，至少要考虑 11 个因素。被剥夺的自由有多重要？相比之下，所寻求的益处有多大？被限制的是一种自愿的、有意识的和知情的选择，还是一种偶然的、本能的，或者非自愿的行为？这种约束是公开的还是隐蔽的？这种约束的施加根据是我们明确表达的利益，还是仅仅是我们被感知到的利益？它是否涉及武力、影响或操纵（也就是说，它是否为自由选择留下了适当的空间）？约束是一种忽视还是一种行动？它能被推翻吗？它持续了多长时间？自由受到限制的人是成年人还是未成年人？他/她是否拥有正常的心智？

界限必须要划定，但这个问题是政治性的，不是技术性的。

不道德却无害

每个社会对于什么是邪恶、错误、有罪和不道德都会产生某些共识。一个长期存在的问题是，我们是否应该被允许做一些不道德却无害的事情。举个例子，一个有恋童癖幻想却从未伤害过孩子的人（事实上，一个人有这种想法本身就会让人反感）。一个男人有可能私下里和他父亲发生自愿的性行为，而不会伤害任何人。这种事情应该被禁止吗？如果这种事见了光，他们应该受到惩罚吗？这些问题在以前纯属法律和道德的范畴。在数字生活世界中，它们也将是代码问题。

想象一个为用户提供身临其境体验的虚拟现实平台。头戴设备和耳机提供视觉和声音。气味是由嗅觉气体和气味油合成的。通过"触觉"套装和手套以及适当形式的定制道具来刺激身体接触。当体验需要产生性刺激时，有专门设计的"电子爱抚装"（teledildonic）设备提供。[26] 该系统甚至能够对通过脑电图（EEG）检测到的脑电波做出直接反应。[27] 它被用于家庭的私密空间。只有用户才能看到他们的虚拟冒险，哪怕制造商也收不到这些信息。

你会选择用这种技术做什么？在超级碗比赛中投出制胜一球？与拳王阿里面对面交手？还是和弗雷德·阿斯泰尔（Fred Astaire）跳舞？

相反，如果你想"体验"在奥斯维辛当纳粹刽子手的感觉呢？或者以第一视角再现"9·11"劫机者之一穆罕默德·阿塔在生命最后一天的场景呢？用户应该在虚拟现实中模拟淹死小狗或勒死小猫的行为吗？他们应该被允许折磨和残害他们邻居的虚拟化身吗？强奸儿童的"体验"呢？在虚拟现实中，有可能知道把耶稣钉上十字架是什么感觉吗？

对大多数人来说，连想想这些场景都是可怕的。它们严重冒犯了我们共同的道德感。这正是我们必须思考这些案例的原因。衡量一个社会对自由的承诺，不在于它对道德主流内的行为有何看法，而在于它对那些被认为是不可言说的、淫秽的或禁忌的行为必须说些什么。

我们很可能同意，选择在虚拟现实中体验以上经历本身就可能腐蚀人们的道德品质。这是对自己的一种伤害。但实际上并没有人被肢解、强奸或侵犯。如果你认为社会无权监管人们的私人道德，那么你可以顺理成章地得出结论：在虚拟现实中，任何事情都应该被允许。只要没有对别人造成伤害，就应该让人们为所欲为。毕竟，在自己的内心深处幻想这些事情并不能遭到禁止。使用虚拟现实不也差不多吗？

一些哲学背景有助于深入思考这个问题。

长久以来，惩罚人们的思想活动被认为是一种糟糕的形式。我们看到，在 19 世纪，约翰·穆勒认为社会无权禁止只影响个人的行为。与穆勒同时代的一位法官詹姆斯·斯蒂芬（James Fitzjames Stephen）持不同看法，他认为，我们有充分理由"不仅对他人的行为感兴趣，而且对他人的思想、感受和意见感兴趣"。[28] 一个世纪之后，在 H.L.A. 哈特和德夫林（Patrick Devlin）发生于 20 世纪 60 年代的著名辩论中，同样的分歧再次出现。哈特是典型的自由主义法学教授，他性情温和，才智过人，举止文雅。德夫林全然收起了他固执的个性。与斯蒂芬一样，德夫林也是一名法官。哈特和德夫林的辩论是由同性恋犯罪和卖淫委员会在 1957 年发表的报告引起的，该报告通常被称为《沃尔夫登报告》（Wolfenden Report）。该报告的著名结论是，"法律没有义务关注不道德行为"："必须保留私人道德和不道德的领域，简单粗暴地说，这与法律无关。"[29]

德夫林不同意报告的结论。他认为社会是一个"思想的共同体"，不仅仅是政治思想，还有"关于其成员应该如何行动和管理其生活的思想"。[30] 也就是说，每个社会都必须有共同的道德，否则社会就不可能存在。[31] 允许不道德的行为不受惩罚，即使这些行为对他人没有明显伤害，也会降低维系人们团结的道德结构。他在 1965 年写道："在 1940 年，一个堕落的国家不会令人满意地响应温斯顿·丘吉尔的号召，付出热血、辛劳、汗水和泪水。"[32]

哈特承认，任何社会的存在都需要某种共同的道德准则，起码是为了限制暴力、盗窃和欺诈。但他驳斥了德夫林的观点，认为法律与规范道德无关。哈特认为，没有证据表明成年人在私下违背"公认的性道德""像叛国一样威胁社会存在"："事实上，它不应该比'查士丁尼皇帝称同性恋是地震起因'的声明获得更多的尊重。"[33] 对哈特来说，我们的个人选择，尤其是那些私下做出的选择，与我们是不是忠诚的公民没有关系。[哈特本人曾毫不犹豫地响应丘吉尔的号召，因为他在二战的大部分时间里都在军事情报部门工作。同样，在布莱切利公园工作过的伟大数学家、密码破译者艾伦·图灵（Alan Turing），也曾因同性恋行为受到刑事起诉。]

哈特和德夫林之间的辩论如果放在今天，将会如何展开呢？

首先，我们可能会认为虚拟现实实际上与纯粹的幻想大不相同。它的现实感和感官上的真实性使它更接近于实际在做某事，而不仅仅是思考。这个论点的问题在于，如果你像穆勒和哈特那样，在原则上相信，单纯的不道德绝不应该成为强制的对象，那么，说某件事"非常不道德"，而不仅仅是"比较不道德"，也没有太大意义。

另一个论点是，如果我们允许人们在虚拟现实中做出极端行为，那么他们也许更有可能在"真正的现实"中这么做。虚拟现实中的暴力性体验可能会鼓励实际性暴力的发生。这是一个可以通过实验验证的经验主义论点。此前的研究表明这是很有可能的。[34] 如果虚拟行为确实导致了真实行为，那么根据伤害原则，禁止某些虚拟体验就是合理的。也就是说，如果我的淫秽虚拟现实体验只涉及对我个人的虚拟伤害，比如一个被暴力控制的幻想，那么我显然不会出去伤害其他人。

第三个更加德夫林式的反对意见是，虚拟现实中不受约束的自由可能严重腐蚀共同的道德，或者人们传统的生活方式。[35] 另一种说法是，自由应该被构建为能"提升或完善人类性格"，而不是去降低它。[36]有趣的是，一项早期研究表明，能够在虚拟现实中飞行的体验会鼓励现实世界中的利他行为，这显然是触发了对超人这样的空中超级英雄的联想。[37] 这一论点的另一种变体是，没有一种道德体系在本质上比另一种好，但同一个共同体内存在多重道德确实是个问题。正如德夫林所说，如果没有"关于善恶的基本共识"，社会就会"解体"。因为社会不是一个在物理上保持为一体的东西，是共同思想的无形纽带维系着它。[38] 在现代语境中，我们把这个问题称为"碎片化的道德"。

最后一个反对不受约束的虚拟自由的理由是，虚拟现实的硬件和软件制造商不应从这类怪异行为中获利，这对所有数字技术都会产生更广泛的影响。这种观点强有力地表示，法律应禁止技术公司创造这样的技术，或要求它们编写代码，以使某些虚拟体验无法发生。换句话说，制造商应该被赋予选择其虚拟现实系统功能的自由裁量权——如果这意味着助长淫秽，那么该公司就会受到道德谴责。第二种方法有两个困难——它不能解决"道德碎片化"的问题，而且将人类自由的重要问题完全委托给了私人公司。将公共道德问题归结为企业战略问题是明智的吗？退一步说，我们的自由是否应该由科技公司的管理人员、律师和工程师的品位来决定，这本身就是值得怀疑的。面对一个只允许对某特定种族实施虚拟暴力的平台，或者是只允许异性恋而拒绝同性恋的数字平台，我们会作何感想？或者再发散下思维，若只是因为制造商反对工厂化养殖，一辆无人驾驶汽车就拒绝带乘客去快餐店，怎么办？若因为制造商是虔诚的基督徒，多功能手术机器人就拒绝做合法堕胎手术，又该如何？

诚然，技术将带来新的功能可供性，但这也意味着不道德行为和偏常行为有了我们想象不到的新机会。有些人会为这一前景欢欣鼓舞，也有人会因此不寒而栗。只要没有伤害到别人，我们就能为所欲为吗？决定这些问题的不应只有科技公司。

数字自由

先别急着往下推进，让我们现在回顾一下目前这两章的含意。我认为，我们需要的是一个新的概念集合，它们可用来解释通向自由的未来的不同途径。我在这里列出了一个适中的选择。看看哪一种最吸引你。

数字自由意志主义所代表的是一种信念，它认为未来的自由意味着不受技术影响的自由。每一行施加权力的代码都是违背自由的。自由始于技术的终结。这一学说支持缩减所有形式的数字力量，无论其本质或起源如何。任何人都不应该被迫在其他手段可以奏效的地方使用数字系统。如果我不想在家里安装"智能"电器，那么我就不应该安装它们。

数字自由主义是一种更为微妙的信念，它认为技术应该被设计来确保所有人享有最大可能的个人自由。这就是"明智的限制"路径。它的作用在于要求代码在善的不同概念之间尽可能保持中立。它不应该积极地倡导一种生活方式胜过倡导另一种生活方式，而应该给个人最大的自由空间来决定他们的道路，也许是通过对自己拥有的设备进行个性化定制。

数字邦联主义的理念是，维护自由的最佳方式是确保人们可以根据自己喜欢的代码在不同的系统之间移动。例如，如果我认为一个发言平台限制太多，我就能转向另一个。数字邦联主义要求，对于任何重要的自由，如通信、新闻收集、搜索和运输，都必须有多个可用的数字系统来行使它。而且，必须要能在这些系统之间移动而不产生负面后果。[39] 在实践中，私人或国家垄断任何特定平台或技术，都可能对数字邦联主义造成致命影响（第十八章）。

相比之下，数字家长主义和数字道德主义认为，技术应该分别被设计来保护人们免受自身行为的有害影响，让人们远离不道德的生活。它们能做到什么程度则是一个品位问题。如果冰箱只是提醒你多吃一块馅饼的健康后果，那么它对你的限制将小于在你把它消化完之前阻止你吃更多馅饼的冰箱。一个限制极端淫秽内容的虚拟现实系统将比一个只允许用户体验有益健康的活动，如去虚拟教堂或参加虚拟讲座的虚拟现实系统要宽松得多。

最后，数字共和主义认为，任何人都不应受制于控制数字技术者的专断权力。至少，这意味着必须有人协助我们理解，控制我们生活的技术是如何实际工作的，它们所包含的价值为何，是谁设计和创造了它们，它们服务于何种目的。真正的数字共和主义则更为激进，不仅要求我们理解对我们施加权力的数字系统，而且要求我们能够参与塑造它们的实际工作。依靠科技公司的善心和智慧来为我们的自由做出重要决定是不够的。这种观点认为，只要他们可以随意改变规则，让技术为其自身利益而不是我们的利益工作，我们就认为自己一定是不自由的。实际上，即使在技术方面，这也不能算是新说。正如道格拉斯·洛西科夫（Douglas Rushkoff）所解释的，在个人电脑发展的早期，"操作电脑和为电脑编程没有什么区别"。电脑只是"我们写自己的软件的白板"。[40] 是人在控制技术，而不是反过来。这并不是说数字共和主义意味着每个人都应该接受再培训，成为软件工程师。但这是一种激进主义。它要求公民培养让国家和科技公司承担责任所需要的公民美德：在可能的情况下去理解技术，同时还要保持警惕、谨慎、好奇、坚持、自信和公益精神。这是为了确保我们不会受制于我们无法理解、无法选择的规则，而这些规则却可以随时改变。数字共和主义者的口号可以说是要求透明、责任和参与。"去编程吧，否则就要被程序编进去了！"[41]

自由和民主

前两个章节始终笼罩着一个隐而不彰的理念：自由和民主之间有着重要的联系。对自由主义者来说，这种联系的性质很简单：只有在民主国家，人民才能确保他们的自由不被践踏，并能参与制定"使人自由的明智的限制"。对于具有罗马传统的共和党人来说，这种联系则更为紧密。他们认为，就其对自由的危害而言，由民主程序施加的限制要小于由私人机构施加的同样限制，因为它是通过民主来决定的。正如卢梭所言："人类由于社会契约而丧失的，乃是他的天然的自由……而他所获得的，乃是社会的自由……"[*42] 结合自由派和共和党人的路径，可以清楚地看到，民主问责制将变得比以往任何时候都重要。它将是我们对抗日益强大的国家和私人公司并自我保护时不可或缺的武器。我在第九章中说过，数字生活世界将充斥着权力和政治。如果我们关心自由，那么公民问责的能力也必须相应提高。

因此，让我们将目光转向民主。

---

* 此处译文参考了《社会契约论》中译本（何兆武译，商务印书馆，2003年）。——译注

第四部分

未来的民主

我不愿意做奴隶，也不愿意做主人。这就是我对民主的看法。

——亚伯拉罕·林肯

第十二章

民主的梦想

赞扬民主的文章如此之多，以至提出这个话题都令人生畏。各路学者耆宿都告诉我们，"民主"这个词是"神圣的"。[1]它在政治上是"十全十美"的[2]，是一种"普适价值"[3]，并具有"合法性特权光环"[4]。它是"对权威和尊重的要求"。[5]它是"当前时代衡量政治合法性的首要标准"。[6]

在 20 世纪，民主在思想领域的声望与其在实践中的发展并驾齐驱。"二战"结束时，世界上只有 12 个民选国家[7]，而到 20 世纪 90 年代末，已经增加到 120 个，占全世界独立国家的 60% 以上。[8]

但这并不是故事的全部。

在历史长河大部分的时间里，人类对民主这一观念始终持怀疑态度。作为一种政府制度，民主之所以引人注目，主要是因为"民主的缺失"。而自 2006 年以来，世界上民主国家的数量和质量都在逐渐下降。[9]许多国家都被低投票率、政治僵局、公众长期的冷漠和不信任所困扰。[10]公众的不满情绪与日俱增。[11]政客们普遍不受欢迎。尽管柏拉图把民主描述为穷人"赢过、杀死或流放他们的对手"的说法有些夸张[12]，但他在抗拒一些假设的时候却是正确的，这些假设是：民主永远是好的，民主越多越好，柏拉图了解到的民主（也是我们当前所知的民主）是政府最好的形式。同任何其他概念一样，民主的意义和价值也会受到质疑。就像任何其他的政府制度一样，它可以改变、失去或毁灭。

在接下来的两章中，我们将着眼于数字生活世界并提出一个问题：人民如何统治世界？未来的民主将不同于雅典时期的古典民主，甚至不同于20世纪先进的民主。民主进程的某些方面，比如竞选和协商，已经被数字技术不可逆转地改变了。展望未来，我们可能会发现准备立法的方式、投票的方式，甚至到底要不要投票的情况都将发生进一步的变化。技术可能从根本上改变人类自我管理的意义。放眼全球，我们可以看到五种不同的民主制度，每一种都是通过数字技术实现的：协商民主、直接民主、维基民主、数据民主和人工智能民主。没有一种制度是完美的。但每一种都有一些方面优于我们现有的制度。21世纪的民主主义者面临的问题是：将这些模式以某种方式结合，是否能创造一种新的、更好的方式来组织我们的集体生活，并让权力承担责任？民主现在可能会经历一段艰难的岁月，但随着国家和科技公司的力量不断扩张，它又可能会变得比以往任何时候都更重要。数字生活世界仍有可能带来民主的高光时刻。但是，它必须符合民主的目的。

我们从民主的故事开始讲起，从古代雅典讲到现在。接下来，我们考察传统上支持民主的论点。然后，我们把焦点转向数字生活世界，逐一审视上面列出的每一种替代模式，看看它们在实践中可能带来什么，它们有哪些部分是我们喜欢的，其中又存在哪些问题。

对许多读者来说，接下来两章的一些观点也许是陌生的，甚至还有点令人反感。认识到我们在民主的名义下做了多少牺牲，我们就有理由怀疑对选举民主理念的任何挑战。而且，我们很难忽视当前做法对我们的影响。但请记住，你可能会觉得，让人工智能系统代表你做出政治决定，就跟我们的先辈在深思熟虑之后，让其他人来替他们做出政治决定差不多，只不过他们觉得不配做政治决定的是人民。

民主的故事

民主是什么？

"民主"这个词通常指的是一种政府形式，其最终的政治权力掌握在多数人（人民、群众、多数派和被统治者）手中，而不是少数人（君主、独裁者和寡头）手中。这一定义包括一系列制度，从人人参与政府事务的制度，到民主浓度不那么高——统治者仅对被统治者负责、由被统治者选举，或为维护被统治者的利益而统治的制度。[13] 众所周知，demokratia 这个词是将两个希腊语词根 demos（人民）和 kratos（统治）结合在一起而形成的。除了描述采取集体决策的程序，民主一词还用来描述作为这一程序基础的社会理想。稍后将进一步介绍这些理念。首先，让我们给民主这个政治上最有魅力的概念做个小传。

古典民主

大约在耶稣诞生前五百年，民主在雅典迎来首次繁荣。雅典的市民议会（议会）既是一个统治机构，也是一个有形场所。公民们聚集在那里决定各种各样的事情，包括法律、税收、战争与和平等各种问题。雅典的社会规模不大，关系也很紧密。在约 30000 公民中，只有 6000 人能出席议会。6000 人聚集在一起，试图达成一致的决定。在无法达成一致意见的时候，多数人就占了上风。任何雅典公民都可以被选任公职，并且参与公职是有报酬的，因此所有人都能平等地获得参与公职的机会。[14] 修昔底德（Thucydides）在《伯罗奔尼撒战争史》（公元前5世纪）中记录了雅典最伟大的政治家伯里克利（Pericles）对该制度的描述：

> 我们的宪法被称为民主，因为我们的治理是为了多数人，而不是少数人的利益。在私人纠纷中，我们的法律赋予所有人平等的权利，但公众的偏好依赖于个体的优异，而且主要是取决于功绩而非轮流坐庄：如果一个人生活条件不佳，但他若有能力为城邦做一些好事，那么贫穷就不会成为他执政的障碍。[15]

这就是古典民主，一种经常被热切地援引为人类自治的最高形式的模式。实际上，它有一些相当严重的缺点。比如，伯里克利提到的"全体人民"就有点误导性。不是每个雅典人都是公民。事实上，只有在雅典出生、年龄超过20岁的男子才有资格获得公民身份。这就排除了所有移民、妇女和奴隶——他们的人数加起来是有投票权的公民的十倍。[16]

直到公元前322年被马其顿的征服者消灭，雅典的民主只持续了一百七十五年。[17] 在雅典民主消亡后的两千多年里，由于古典世界让位于早期的基督教世界，民主的制度和概念在人类事务中皆不复存在。中世纪世界的一个政治概念取代了古典的遗迹，占据了主导地位，那就是：人类生活的中心日的是服从上帝的旨意。权力来自天堂，而非来自人民。[18] 君主和教皇靠神权统治，而不是靠民意统治。服从是一种信仰，而非政治。

直到11世纪，也就是雅典陷落近一千五百年后，真正的世俗自治制度才开始在欧洲再次出现。早期意大利的佛罗伦萨、锡耶纳、比萨和米兰等城市共和国，并非由国王统治，而是由来自财富家族的委员会来统治。雅典人不会认为这些国家实行的是真正的自治，它们当然不是我们所理解的民主国家。但是，让世俗执政官和行政官员管理世俗事务的想法在当时是革命性的。[19]

早期意大利城市共和国之所以不自称是民主政体的另一个原因是，直到 13 世纪，拉丁语世界才知道 demokratia 这个词。罗马人从未使用过它，它随着希腊文明消失了。大约在 1260 年，多明我会修士穆尔贝克的威廉（William of Moerbeke）在翻译亚里士多德的《政治学》时，这个词才进入拉丁语世界。[20] 然而，这个概念在经历了几个世纪的默默无闻之后，并没有受到人们的热烈欢迎。相反，民主被用来描述一种可怕的政治制度，在这种制度下，浑身散发着臭气的乌合之众能够在他人身上强加其肮脏的欲望。托马斯·阿奎那（Thomas Aquinas）是中世纪世界最重要的学者，也是威廉的同时代人，他这样描述民主："当普通民众凭人数压迫富人时……就像一个暴君。"[21]

事实证明，这是一个经久不衰的观点。

如果我们快进五百年，来到 17 世纪的英国——一个被内战分裂的国家，我们会发现一群被称为平等派（Levellers）的人正在进行一场历史性的斗争，争取人民主权、扩大的公民权和法律面前的平等。他们的目标是典型的民主：将政府的力量置于人民的控制之下。然而，即使是平等派的人也没有把自己描述成民主党人，尽管这个词在前一个世纪就已进入英语中。[22] 民主仍然是平等派的政敌用来嘲弄他们的一个词。[23]

直到 18 世纪晚期，在法国和美国喧嚣的革命时代，名词 democrat、形容词 democratic 和动词 democratize 才成为主流用法。[24] 然而，当时的人们在说这些话时，仍然心存疑虑。詹姆斯·麦迪逊（James Madison）认为，"民主制度从来都是动荡和争论的奇观……一般来说，它们的存活时间都很短暂，就像它们暴力的死亡一样短暂"。[25] 18 世纪的风流浪子贾科莫·卡萨诺瓦（Giacomo Casanova）在其回忆录中描述了他看到一群醉鬼在伦敦横冲直撞的景象（想象一下 1975 年左右的一场英国足球比赛），并将这些暴徒描述为"民主动物"。这可不是一种恭维。[26]

自由的民主

经过两千多年的概念荒芜后，民主这个词终于在 19 世纪末踏上了它的回归之旅，但此次回归不是以其古典形式，而是作为自由民主重生。自由民主的中心前提，可以追溯到 17 世纪约翰·洛克（John Locke）的著作——个人应该被给予广泛的自由，让他们按照自己认为合适的方式生活。这意味着使用民主程序来制约权力（民主的部分），同时也意味着保护人民不受人民自己的伤害（自由的部分）。自由民主的拥护者认为——借用罗马历史学家李维（Livy）的话——尽管"暴民"通常是"卑微的奴隶"，但也可能是"残忍的主人"。[27]自由民主的独特之处在于它拒绝了"民主越多越好"的观点。法治、个人权利、政教分离和分权，这些都是自由民主的核心内容，但其根本目的是限制而非促进不受约束的人民权力。

自由民主对民选统治者可以合法地做什么施加了严格限制。在古代雅典，一个人的权利完全取决于议会的好感：如果人民决定剥夺你的财产或让你去死，那也没办法。苏格拉底对此有着深刻的理解。甚至每年还有一个称为"放逐"的程序，议会可以通过这个程序，投票流放任何公民长达十年之久。那个被投出来的不幸儿，必须在十天内离开这座城市，如若中途返回，等待他的惩罚就是死刑。在自由民主的国家，流放是不可能的。不可忽视的公民权利被镌刻在岩石上，永远铭记。即使大多数人都在喊着要你的命，制衡和正当程序也将保护你。与雅典议会不同的是，法律禁止自由国家侵犯私人生活的神圣空间：家、家庭和社会生活的某些方面。[28] 就连压根算不上自由思想家的马基雅维利也认识到，不受控制的民众和不受控制的君主一样坏：“当人人都能肆无忌惮地作恶时，他们也会犯同样的错误。”*[29]

自由主义理想主宰了 20 世纪的民主思想。

竞争性精英主义

20 世纪下半叶出现的许多民主国家都属于自由民主国家。它们的共同特点是代议制民主，而非直接民主制。这意味着掌握决策权的是民选代表，而非全体公民。使这种情况可取的因素有很多。第一，现代政体的体量和规模使得像雅典议会这样的机构不可能存在。第二，现代生活的复杂性被视为不适合大众审议。第三，代议制民主使“最优秀和最聪明的人”（嗯）脱颖而出，创造了一个为公众利益服务的职业政客阶层。第四，政客和公众之间的对话是产生好点子的有效途径。第五，代议制被认为是调解并缓和群众喜怒无常的激情的最佳方式，同时也照顾了他们的情绪。在现代，代议制民主是我们对约瑟夫·熊彼特（Joseph Schumpeter）提出的问题——“从技术上讲，‘人民’如何进行统治？”[30]——的最佳答案。

熊彼特是 20 世纪的经济学巨人，他从原则上怀疑群众直接参与民主的价值，认为“大众选民……除了踩踏之外不能采取任何行动”。[31] 他也观察了自己时代的现代民主制度，认为它们在实践中跟古典的民主形式也是完全不同的。对熊彼特来说，民主的定义不是大众参与或协商，而是选举和抛弃政治领袖的基本操作而已。基于这个观点，民主进程基本上等同于消费品市场。用政治理论家阿兰·瑞安（Alan

---

* 此处译文参考了《论李维》中译本（冯克利译，上海人民出版社，2005 年），第 58 章。——译注

Ryan）的话来说，即：

> 我们不会坐在家里详细阐述汽车等复杂构成物件的规格，再去找制造商把它做出来。企业家们设计出他们认为广告商可以说服我们去购买的产品，然后集合资本和劳动力来生产这些产品，再以一定的价格卖给我们。如果他们猜中了可以说服我们去购买的产品，他们就会兴旺发达，否则就会破产。[32]

政客也是如此，他们制定政策，然后把政策呈现给人民，其成功或失败取决于其政策的受欢迎程度。

熊彼特的民主模式通常被称为竞争性精英主义，这听起来像哈佛大学的划拳酒局，但实际上是描述我们许多人赖以生存的民主制度最准确的方式。*

互联网出现后的民主

互联网本应改变民主。自20世纪90年代被广泛应用以来，互联网确实对成熟的民主体制的运作方式产生了重大影响，其对以下三方面的影响尤其明显。

首先是在政治竞选领域。几乎在每一次重大选举中，网络工具都被用来筹集资金、组织支持者、加强信息纪律、传播信息和监视激进分子。近年来，政治精英也开始充分利用大数据在公民画像、模拟公民政治行为方面的潜能，预测他们的意图，并相应地投放广告和组织

---

* 熊彼特本人在哈佛大学教书，是个有趣的家伙。此人自称有三大人生目标：成为世界上最伟大的经济学家、奥地利最好的骑手和维也纳最棒的情人。维基百科上说，他称已经实现了其中的两个目标，但从来没有说过是哪两个——尽管他确实注意到，"奥地利有太多优秀的骑士，自己不可能实现所有的愿望"。[33]——原注

资源。[34]熊彼特一定会激动不已：这个过程有效地反映了企业用来向
消费者介绍和推销产品的技术。例如，奥巴马 2012 年的总统连任竞
选活动将选民信息收集到一个数据库中，并把它与从社交媒体和其他
地方爬取的数据结合起来。然后，机器学习算法就开始预测每位选民
支持奥巴马的可能性、参加投票的可能性、回应提醒的可能性，以及
会因针对某议题的发言而改变心意的可能性。该竞选团队每天晚上进
行 6.6 万次模拟选举，并利用模拟结果分配竞选资源："该给谁打电话，
该敲哪扇门，该说什么。"[35]四年后，在 2016 年的美国总统大选中，
据报道，一家名叫剑桥分析公司的政治咨询公司（特朗普购买了这家
公司的服务）基于 5000 个不同的数据点，收集了一个囊括 2.2 亿人的
数据库——几乎是美国所有的投票人口，每个选民的心理特征都被其
收入囊中。[36]这使得特朗普的竞选团队能够利用机器人（人工智能系统）
和社交媒体广告对单个选民进行精准投放。最终达成的是政治竞选的
重要目标：公众舆论的大规模转变。这种基于数据的竞选新方法被称
为"同意工程"[37]，一种更不详的说法是"人工智能武装宣传机器"。[38]

　　其次，互联网改变了政府和公民之间的关系，使他们能够共同致
力于解决公共政策问题。在线磋商、开放政府和在线请愿[39]、观念众
包（如爱沙尼亚和芬兰）[40]、编程马拉松和参与式预算（例如在巴黎，
居民提名公共支出项目并投票）[41]，都是提出创意的新方法，使政策得
到审查和完善，将私营部门的资源用于重大问题，提高政府的效率和
合法性。[42]贝丝·西蒙娜·诺维克（Beth Simone Noveck）提出了一
个支撑了电子政府概念的问题："如果我们可以开发算法和平台来锁定
消费者，那么我们是否也可以将目标瞄准公民，以实现更有价值的公
共服务？"[43]答案基本是肯定的。

　　最后，通过促进网络协会和网络运动的出现，互联网改变了公民
之间的关系。阿拉伯之春的激进人士、MoveOn、"占领"运动、反全

球化运动、"死亡权利"的倡导者、匿名的"黑客行动主义者",所有这些团体都使用互联网来协调行动,发表抗议,而这种方式在以前会有很大的不同。其结果是,一批令人眼花缭乱的新型网络协会逐渐渗透进了诸如工会、行会和俱乐部这样的传统利益集团,这些网络协会要求其成员投入的时间和金钱都要少得多。在 Facebook 上点"赞",或者转发你赞同的政治声明,总比在教堂地下室坐着参加没完没了的无聊会议更轻松。网络群组的成长、变异和衰退速度通常要比线下群组快得多。因此,我们的政治生态系统的躁动程度比过去更高了,"混乱的多元主义"是对这种状态的恰当描述。[44]

在我看来,这些发展令人印象深刻,但在民主历史的大弧线上,它们不是革命性的。线上竞选和电子政务都只是用了新方式,做的还是旧事情。它们没有改变竞选的性质,政府也是该做什么还做什么。多元主义民主的概念也无甚新奇之处[45]:托克维尔在《论美国的民主》中承认,至少从美国成立之初起,俱乐部和社团等公民社会组织就一直是"反对多数人暴政的必要保障"。[46]如果熊彼特还活着,他会说,线上竞选实际上加强了在 20 世纪占主导地位的竞争性精英主义的民主模式,而其他与互联网相关的发展仅仅是触及其边缘而已。如果由于某些可怕的奇迹,亨利·福特也复活了,他可能会把我们目前所看到的进步描述成更快的马,而不是汽车。

为什么要民主?

我们需要思考数字生活世界中的民主的挑战和机遇,我们的思考应尽量超越古典的、自由的和竞争性精英主义的三种模式。在第十三章,我们将研究五种不同的模式。但在此之前,让我们先花点时间思考一下为什么民主一直被认为是政府的最佳形式。这将使我们今后能够更好地评估各种民主形式的优点。

支持民主的第一个也是最古老的论据源于自由。它与我们在第三部分中看到的共和主义的自由理想有关。它认为，只有生活在自己制定的法律之下，我们才是真正自由的。否则，我们就是国王、暴君和外国占领者这些外部权力的玩物，无法设定我们自己的道路，或选择我们对美好生活的看法。独特的是，民主使所有的人都享有自由。只有当我们大家都牺牲一点自然自由，屈从于别人的意志，我们才能成为自己共同命运的主人。卢梭称："既然每个人都把自己献给了所有人，他就不再属于任何人；而且，既然每个人都能获得与其他人的权利相同的权利，那么每个人都能得到与他失去的一切相等的东西。"[47]

支持民主的第二个论点也来自共和主义传统，它依赖于人性。亚里士多德的著名论断是"人天生是政治的动物"。[48]在他所处的雅典城邦，国家不仅仅是让人们聚集在一起的工具；国家的存在是"为了高尚的行为"，而这种行为的实现要依靠公民参与公共事务。[49]参与政治是做人和过充实生活的一部分。因此伯里克利也写道："我们对不参与公共事务的人的看法是独特的：我们不称其为平静的生活，我们称其为无用的生活。"[50]关于这一论点，约翰·穆勒在《代议制政府》（1861）中提出了一个更为温和的版本，即参与政治是自我完善的重要手段。无论是日常单调乏味的工作，还是追求个人财富，或是仅仅"满足日常需要"，都不能充分培养我们在道德和智识上的能力。但让我们"为公众做点事情"对我们有好处。它要求我们权衡利益而不仅是追求一己私利，并在一段时间内以共同利益而不是自私的欲望为指导。[51]人们可以通过与他人一起参与政治来提升自我。

对很多人来说，最为重要的是第三个论点——基于平等的理想。如果每个人的生命都具有同等的道德价值，那么政治决策就应该平等地关注每个人的利益和偏好。因此，政治共同体内的每一个人都应该有平等的机会去影响与他们有关的决定，不应允许任何精英集团或个人为自己积聚权力。民主是确保这一点的好方法。平等代表权也被视为实现其他社会经济或文化平等的必要途径（见第五部分）。

支持民主的第四个理由是，在所有政府形式中，民主往往会在法律和政策方面产生最好的结果。这一论点有着各种各样的展开方式，但它都能归结为这样一种观点：在特定共同体中，民主是利用散落于个人头脑中的有用信息和知识的最佳方式。我们可以称之为民主的认识论优势（认识论是对知识的研究）。[52] 有人说，首先，人民在表达自己的利益和偏好时是最有发言权的，而不应是由某个国王或官僚替他们做决定。即使每个人都不那么博学，一个共同体内的经验、技能、洞察力、专业知识、直觉和信仰的结合也可以生产出丰富的智慧。这个观点也是亚里士多德著名观察的根源：

> 多数人，其中没有一个人是完美的，但总的来说，可能比少数人（不是单独的，而是集体的）更好，就像大家共同贡献的百家宴，总比一家独自供应的筵席好。[53]

亚里士多德的信仰基于经验的现实。如今的学者们认为古代雅典之所以能够在智力上胜过非民主的希腊对手，并使之更加持久，这是因为它有通过民主进程中的辩论和投票来组织公民知识的独特能力。[54]

政治学家试图用两种不同的方式来解释民主的认知优势。一群被称为"计数者"（counters）的理论家认为，从数学逻辑的角度来看，一个庞大而又多样化的群体比一个更小的群体——即使是由专家组成的群体——能更好地回答政治问题。[55] 这一思路可以追溯到 17 世纪的荷兰思想家斯宾诺莎（Baruch Spinoza），他认为"一个民族的大多数，尤其是一个庞大的民族，几乎不可能同意一个非理性的设计"。[56] 18

世纪著名哲学家和数学家孔多塞侯爵（Marquis de Condorcet）与斯宾诺莎有着相同的观念，他提出的"陪审团定理"（Jury Theorem）认为，在基本条件下，一大群选民就"是"或"不是"的问题投票，多数选民几乎肯定会投票选出正确的答案，只要：（a）在选择正确答案方面，中间选民优于随机选择，（b）选民投票是彼此独立的，（c）选民投票是基于真诚而非基于策略。如今，这种现象被称为"群体智慧"（the wisdom of crowds）。[57] 它解释了一个古老的故事：在猜牛重量的比赛中，800 名参与者的平均答案与正确数字相差不到 1 磅。[58]

　　另一群被称为"谈话者"（talkers）的理论家认为，民主不仅仅是个人意见的聚集。正是民主的"协商"（deliberative）元素带来了更好的立法结果。政治问题的公开传播可以让思想和信息得以分享，让偏见和既得利益得以暴露，让理性和合理性战胜无知和偏见。"更好的论证的非强制力量"最终导致最佳结果。[59]

　　无论你是一个计数者还是一个谈话者，作为集体的人类比作为个体的人类更聪明的观点是很重要的。与此相矛盾的是，在人类历史的大部分时间里，人们一直相信群氓无权干涉复杂的国家事务。

　　支持民主的第五个理由与稳定有关：与其他政府形式相比，民主制度更有可能被视为合法的，因此它在治理压力下崩溃的可能性最小。托克维尔在描述美国初具雏形的民主制度时，谈到了一种"当家做主的自豪感"，这种自豪感能保护一个民主政府，即使它把事情搞砸了。[60]

　　支持民主的最后一个论点是，尽管它有种种缺点，它仍是防止暴政和腐败的最佳途径。只要人民保持对权力杠杆的控制，他们就有可能避免疯狂的国王和坏蛋独裁者犯下最严重的暴行。"民有"和"民治"的政府最有可能也是"民享"的政府。这是上一章末尾所强调的要点。

　　以上论点中的每一个都应该受到质疑。例如，如果自由是重要的，那么在民主国家中，生活在多数人强行规定的严酷规则下的少数群体真的"自由"吗？卢梭轻描淡写地回答说，这些人是"被迫获得自由的"，这不太可能平息众议。[61] 如果平等如此重要，那么一个自由的制度——将平等权利置于法律之下——难道不是比民主更重要吗？在民主制度下，多数人可以通过歧视某些群体的法律。我们能否接受大众如声称的那样明智？他们判了苏格拉底死刑，把希特勒选上台，往往显得不理智、反复无常或排外。[62] 最近的独裁主义趋势难道不是在表明，民主并没有如我们所愿，成为对抗暴政的坚固堡垒吗？对于这些反对意见，民主党人总是可以用丘吉尔的方式来回答：民主确实是有缺陷的，但却是所有制度中最不坏的一种。但这样的说法已不再令人满意。我们能做得更好吗？

第十三章
未来的民主

我们所知道的民主，就是政府最后可能的改进吗？
难道它就不能在承认和组织人权方面更进一步了吗？

——梭罗，《公民不服从》（1849）

我们现在来谈谈民主的未来。对于希望政府体系能把自由、平等、人类繁荣、认识论优势、稳定和免受暴政迫害的价值观结合起来的人，数字生活世界将提供一些有趣的机会。但它也会给我们传统上理解的民主带来一些挑战。这一章围绕"自治"的五个新旧程度不同的概念展开：协商民主、直接民主、维基民主、数据民主和人工智能民主。

我们从协商民主开始，这是一种古老但日渐衰弱的自治形式。

协商民主

协商是共同体成员理性地讨论政治问题，以找到所有（或大多数）理性人士都能接受的解决方案的过程。在理想的协商过程中，每个人都有平等参与的机会，任何人都可以对议题或讨论方式提出质疑。[1] 政治辩论一直是混乱的，但协商被视为这个过程中重要的一环，因为它汇集知识与信息，鼓励相互尊重，允许人们改变观点，曝光追求一己私利的人，增加达成共识的希望，而非简单地统计赞成与否。协商的支持者们称它是调解合理道德分歧唯一成熟的方式。[2]"协商民主派"则更进一步，认为协商不仅是民主的一部分，而且是民主至关重要的组成部分：依靠真正的公共协商做出的决定才能继承民主合法性的衣钵。古代雅典人应该也会同意这种观点。

互联网的到来促使人们对协商民主的未来充满乐观情绪。网络空间将成为一个充满活力的政治辩论论坛。创造和交换可靠政治信息的不仅仅是少数大众媒体渠道，还有大量分散的个人。公民们并非被动地接收信息，而是积极参与讨论、辩论和协商。[3]然而很遗憾，事实并非如此。尽管普通公民表达个人意见的机会比以往任何时候都多，但这并没有广泛提高协商或政治讨论的质量。相反，政治上的分裂和信息不透明让人觉得跟过去没什么差别，甚至愈演愈烈。[4]如果我们还不改变路线，那么在数字生活世界中，我们的协商质量可能会进一步下降。这是四种威胁造成的：感知控制、碎片化的现实、在线匿名和来自机器人日益严重的威胁。

感知控制

我们已经看到，在未来，我们如何感知世界将越来越多地由数字系统所揭示或隐藏的东西决定。这些系统——新闻和搜索服务、交流渠道、情感计算和增强现实平台——将决定我们的所知、所感，决定我们想要什么、做什么。反过来，那些拥有和运营这些系统的人将有能力塑造我们的政治偏好。因此，对协商民主的第一个威胁是，我们的观念越来越容易受到控制，有时还受制于我们试图问责的机构。当你的政治思想和感受是由别人为你构建和塑造的时候，你就很难理性地行动了。

碎片化的现实

第二个威胁来自公共话语的瓦解与极化。[5]人们倾向于与他们喜欢的人交谈，也爱看那些证实了他们想法的新闻内容，同时过滤掉让他们觉得不愉快的信息和人群。[6]科技让他们越来越有能力这样做。如果你是一名用 Twitter 关注美国众议院竞选的自由派人士，你看到的推文平均有 90% 来自民主党；如果你是保守派，你看到的推文中通常有90% 来自共和党。[7]在互联网发展的早期，人们曾预测我们会对自己的信息环境进行个性化定制，根据其中的政治内容来选择我们要阅读的内容。然而，这项过滤的工作越来越多地由自动化系统完成，这些系统选择值得报告或记录的内容，并决定你需要读多少上下文和细节。问题在于，这意味着我每天看到的世界可能与你看到的世界截然不同。

美国参议员、驻联合国大使丹尼尔·莫伊尼汉（Daniel Moynihan）说："你们有权发表自己的观点，但你们无权陈述自己的事实。"[8]数字生活世界存在的风险是，敌对派系不仅会宣称自己的观点，还会宣扬自己的事实。这已经成为一个麻烦。当协商在数字网络上进行时，可能就很难区分真相和谎言了。正如奥巴马所说，"在你的 Facebook页面上，一位诺贝尔物理学奖获得者对气候变化的解释，与科赫兄弟（Koch）雇用的某个否认气候变化的人的说法看上去一模一样……一切都是真的，那就没有什么是真的"：

> 理想说来，在一个民主社会中，每个人都会认为气候变化是人类行为的结果，因为 99% 的科学家都是这么告诉我们的……然后我们就会有一个关于如何修复它的辩论……你可能会在方法上进行争论，但仍存在一个可以在此基础上解决问题的事实基线。而现在我们却没有这个基线。[9]

"假新闻"一词最初被用来描述在互联网上提出并广泛传播的虚假消息。而如今，连这个词本身也失去了意义，它被用来描述说话者不同意的任何东西。尽管一些社交媒体平台已经采取了应对措施，但网络交流的本质（如目前所设计的）的确有助于错误信息的迅速传播。其结果就是所谓的"后真相政治"。想想这个时刻：在 2016 年美国总统竞选的最后三个月，Facebook 上排名前 20 的假新闻所产生的分享、回应和评论，均超过了主要新闻媒体上排名前 20 的新闻（包括《纽约时报》《华盛顿邮报》《赫芬顿邮报》）。[10] 2016 年 12 月的一项民意调查发现，在看到假新闻标题的人中，有 75% 的人认为它们是真的。[11]

还有两个因素加剧了后真相政治的问题。首先，除了过滤之外，来自政治精英的个性化政治信息还意味着你从某个候选人或政党收到的信息将与我得到的信息不一样，每条信息都会根据我们最想听到的内容量身定做。[12] 其次，我们天生的群体极化倾向意味着，随着时间的推移，拥有相同观点的群体成员会变得更加极端。正如卡斯·桑斯坦所说："最需要倾听反对意见的恰恰是那些最有可能过滤掉反对意见的人。"[13] 我把两极分化和后真相政治的双重现象称为"碎片化的现实"（这与第十一章中讨论的"碎片化的道德"有关）。

如果数字生活世界成为碎片化现实的牺牲品，我们拥有的共同参照系和共同经历将会越来越少。如果这种情况出现，理性协商将愈加困难。如果信息环境鼓励我们对每件事都持不同意见，那么我们如何能对任何事情达成共识？亚伯拉罕·林肯（Abraham Lincoln）说过："我非常相信人民。如果知道真相，他们可以依靠自己应对任何国家危机。但关键是要告诉他们真相。"

那么，谁来告诉我们真相？

谁去了那里？

第三种威胁无助于协商的原因是，许多网络平台允许我们匿名或非实名参与。这种方式鼓励我们以一种在面对面交流的时代做梦也想不到的方式行事。我们的行为不能被追究，没有人知道我们长什么样子，你面对的不是真实的人，你眼前呈现的不是真实的世界，这些感觉结合在一起，导致许多人举止恶劣。[14] 这就像托尔金（J. R. R. Tolkien）笔下的"至尊魔戒"（或者换个优雅点的说法，是柏拉图的"裘格斯之戒"）[15]，它能让我们隐形，让我们可以随心所欲。当局通常在技术上有可能发现我们是谁，但这一事实不会提高协商的质量。

如果雅典人听说有"可以在不透露你是谁的情况下进行协商"的说法，肯定会不屑一顾。在议会中，你不可能隐藏你的身份、立场或利益。隐藏就完全违背了集会和协商的意义。然而，在数字生活世界中，越来越多的对话在数字媒体上发生，在线和离线之间没有明显区别。这就提出了一个重要问题：协商是否应被视为私人行为，由个人为追求自身利益而匿名进行；或者，它是否应该被视为一种公共行为，由一个共同体的成员为追求公共利益而公开进行？如果它是一种公共行为，那么我们就需要以一种反映这种理想的方式来为数字平台编码。一些工作已经在进行中了，我们会用几页篇幅来探讨它。

生存，还是机器生存？ *

如果你想让人们憎恨你的敌人，那么一个策略就是伪装成你的敌人，说一些令人反感的话。在 Twitter 上，就有所谓的"吟游诗人账户"

---

* 此处原文为"To Be, or Bot to Be？"，作者化用了《哈姆雷特》中的名句"To Be, or Not to Be？"，意为两种生存模式的对立。——译注

（minstrel accounts）通过模仿少数民族群体并散布成见和漫骂来这么做。为了对抗他们，像 @ImposterBuster 这样的账户专门追踪吟游者的账户，并揭露其骗子嘴脸。冒充敌人是一种古老的政治技巧。为了激起对犹太人的仇恨，像《锡安长老议定书》这样的伪造文件已经流传了几个世纪。但如今出现了一个关键的区别：Twitter 上的吟游者账号和 @ImposterBuster 账号都不是人类[16]，而是人工智能机器人，它们已经"学会"模仿人类说话。

虽然机器人才刚刚开始染指在线讨论，但它们的重要性正在迅速上升。2017 年的一项研究估计，Twitter 上有 4800 万用户（占用户总数的 9%—15%）是机器人。[17] 在 2016 年的美国总统大选中，使用 #LockHerUp 这样的标签来支持特朗普的机器人在社交媒体上泛滥，比希拉里（Hillary Clinton）竞选团队的机器人多出四倍，它们还传播了大量假新闻。据估计，在英国脱欧公投期间，Twitter 上大约三分之一的流量来自自动程序，它们几乎都站在脱欧的一方。[18] 并不是所有的机器人都不利于协商：所谓的"蜜罐"（HoneyPot）*通过使用煽动性的信息引诱人类"喷子"发起无休止且无用的网络辩论，从而分散他们的注意力。[19] 但总的来说，到目前为止，机器人的影响不能说是无害的。

在协商本身不再是人类专利的系统中，协商民主还能生存下去吗？人类的声音有可能会被那些对我们的会话规范漠不关心的机器人完全排挤出公共领域。在未来，这些声音将不仅仅是无实体的代码行：它们被赋予了面孔、声音及非凡的修辞天赋，完全能做到听上去和看起来都像是人类。如果对手是被一百万条自作聪明的反驳武装的机器人

---

* 蜜罐，计算机科学术语，是故意设置的攻击目标，引诱黑客前来攻击，从而捕获和分析攻击行为，使防御方可清晰地了解其面临的安全威胁，从而增强安全防护能力。（提炼自百度百科）——译注

大军，我们的观点瞬间就会被它们撕得粉碎，那么凭我们脆弱的大脑和有限的知识，怎么才能有效地参与协商？机器人的支持者可能会有不同说法：当日益先进的机器人能够更快、更有效地代表我们讨论问题时，为什么还要花时间去协商呢？

用来修复维基百科错误的机器人的例子可以为我们提供一个小小的窗口，让我们知道如果任由机器人陷入持续的争论，世界会变成什么样子。在幕后，许多这些简单的软件系统已经陷入了多年的激烈战斗，它们会撤销对方的编辑，编辑对方的超链接。例如，在 2009 年到 2010 年间，一个名为 Xqbot 的机器人撤销了另一个名为 Darknessbot 的机器人所做的 2000 多次编辑。作为报复，Darknessbot 撤销了 Xqbot 的 1700 多个修改。[20]

在适当的时候，我们可以看到协商本身的自动化。这并不能说是一个特别诱人的前景。

认知流行病

协商民主的前景看起来有点暗淡，这不仅仅是因为它宣称的认识论优势。想想自由的论点：如果我们选择的法律源于谎言和捏造，我们真的能宣称自己是自由公民，从而进行自我管理吗？或者从平等出发的论点：如果协商过程取决于控制着最先进的机器人军队的人，我们怎么能有平等的机会来影响那些对我们生活有影响的决定呢？亚里士多德和约翰·穆勒真的会认为我们通过像动物一样为最基本的事实而战，就能提高自己，或使自己变得高尚吗？一个建立在假新闻基础上的政权，如果它的生存依赖于指望大众永远不会发现真相，它还会稳定吗？

重要的是，本节描述的问题不一定会成为数字生活世界的一部分。我们可以找到这个问题的技术解决方案。社交网络的所有者正在慢慢采取措施规范他们的讨论空间。loomio.org 的软件工程师们正在尝试用代码创建理想的协商平台。"v 台湾"平台使人们在线上酒类销售法规、拼车法规等公共法规问题上达成了共识，还促成了与共享经济和 Airbnb 相关的规定。[21] 数字化事实核查和"喷子"锁定的重要性正在上升 [22]，这项工作的自动化过程也已开始，尽管它还不够完美。[23] 这些努力是重要的。协商能否在数字生活世界中继续存活，很大程度上取决于它们能否成功。有一点是很清楚的，"思想市场"的概念虽然听上去很吸引人，但可能并不是最好的。如果内容是根据点击率（以及因此产生的广告收入）来设计和排序的，那么真相往往就会成为牺牲品。如果辩论室的主导者是那些拥有过滤能力的人，或者能派出最强大的机器人大军的人，那么对话就会偏向那些拥有更好技术的人，而不一定是有更好想法的人。协商民主需要一个民间讨论的论坛，而不是满是商人叫卖声的市场。

也就是说，我们不应该认为协商民主所面临的挑战是纯技术性的。这些挑战同样也给我们提出了哲学问题。一是极端言论的问题。在大多数民主社会中，当言论自由会对其他自由或价值观构成不可接受的威胁时，限制言论自由就是必要的。与政治无关的暴力言论、煽动犯罪和威胁都属于这一类。但是，人们还没有对于该在何处划定界限达成共识。例如，美国宪法第一修正案为在其他地方可能是非法的言论提供了不同寻常的保护。在奥地利、法国和德国，否认大屠杀是犯罪，但在美国却是合法的。欧洲有严格的法律禁止针对种族、宗教和民族的仇恨言论，而在美国，新纳粹分子却能尽情地在大屠杀幸存者的小镇上挥舞万字标志。在英国，你可能会因为不小心发表了一份可能被一些公众理解为间接鼓励恐怖行为的声明而被逮捕。但在美国，同样的言论必须是指向煽动或制造迫在眉睫的违法行为，并且有可能煽动或制造此类行为。[24]

正如我们所见，在数字生活世界中，那些控制数字平台的人对他人言论的监督将愈演愈烈。目前，科技公司对仇恨言论的限制越来越大胆。例如，很少有人会为了苹果公司从其平台上删除了几款声称能帮助"治愈"男同性恋性取向的应用而惋惜难过。[25] 在 2017 年年中，夏洛茨维尔发生白人至上主义示威活动后，数家内容传播平台停止出售右翼仇恨组织的内容，更是无人发声。（内容分发网络 Cloudflare* 终止了新纳粹主义报纸《每日风暴》的账号服务。[26] 音乐流媒体服务商 Spotify 停止提供出自"仇恨乐队"的音乐。[27] 游戏聊天应用程序 Discord 关闭了与夏洛茨维尔骚乱有关的账户。Facebook 封杀了以"红翼骑士""白人民族主义者联盟""右翼死亡队"和"美国先锋"为名的一众极右翼团体。[28]）

但是如果 Facebook 移除了一个大型库尔德城市市长的主页会怎么样？尽管这个主页已经获得了超过 40 万人的点"赞"。按照泽伊内普·图费克奇（Zeynep Tufekci）的说法，Facebook 之所以会采取这种行动，是因为它无法区分"仅仅是关于库尔德人和他们的文化的普通内容"和库尔德工人党（被美国国务院认定为恐怖组织）的宣传。[29] 用图费克奇的话来讲，"就像禁止任何饰以三叶草†或小矮妖‡的爱尔兰人页面，把它们当作爱尔兰共和军的页面"。[30]

我的目的不是要去批评这些单个决定，它们只是每年做出的数百万决定之一，其中还有许多是自动化系统做出的。更重要的是决定的权力，决定什么内容是惹人生气、令人厌恶的，什么内容是骇人的、伤人的，或有冒犯性的，甚至根本就不该说出来，这种权力严重影响着我们协商的整体质量。不知为何，所谓的"共同体准则"会被认为

---

* 原书此处写错了，写成了 Cloudfare。——译注
† 爱尔兰国花。——译注
‡ 爱尔兰民间传说中的小妖精。——译注

是在系统层面解决这一问题的最佳方式：最终受影响的"社区"是作为整体的政治共同体。假装这些平台是像私人辩论俱乐部一样的地方未免过于天真：它们是新的"广场"，它们产生的结果影响着我们所有人。

因此，作为一个政治共同体，无论我们个人是否使用某个特定的平台，我们都需要警惕数字媒介监管言论的方式。它确实意味着，如果想让协商在数字生活世界里生存下去，就必须接受对言论的一些限制（你也可以将其称为"明智的限制"）。在数字平台上享有不受约束的言论自由的想法必然行不通。某些形式的极端言论是不能容忍的。即便在 19 世纪，约翰·穆勒也承认，某些限制是必要的。在他所举的例子中，对报纸说"玉米贩子让穷人吃不上饭"是可以接受的，但这句话若是对"聚集在玉米贩子门前的一群激动的暴徒"说，那就是不可接受的了。[31] 穆勒明白，我们当然不应该拘泥于那些关注话语形式而非内容的规则。就像半夜在居民区忍住不大吵大闹并不是什么麻烦事一样，我们当然能接受：在线讨论应该按照规则进行，对于谁可以发言、什么时候发言、发言多久等事项做出明确而公平的规定。在数字生活世界中，这一点将比以往任何时候都更重要：利用我们掌握的物理和数字技术，穆勒笔下"激动的暴徒"都能被更容易地召集起来。

另一个棘手的原则问题与碎片化的现实有关。单单把后真相政治归咎于数字技术当然很容易。但事实是，人类利用欺骗达到政治目的的历史悠久而丰富！[32] 理查德·霍夫施塔特（Richard Hofstadter）在 1963 年对公众生活中的"偏执狂风格"的描述——"过度夸张、多疑和阴谋幻想"——可能也适用于今天。[33] 汉娜·阿伦特在《真理与政治》（1967）一文中也做了如此评论："没有人曾怀疑过，真理和政治之间的关系竟是如此恶劣。"[34] 乔治·奥威尔也在 1942 年的日记中抱怨道：

我们都淹没在污秽中。当我与任何别有企图的人交谈或阅读他们的文字时，我就会感到理智的诚实和平衡的判断已经从地球上消失了……每个人都只是故意压制其对手的观点，而且，除了他自己和亲友的痛苦之外，他们对任何痛苦都完全无感。[35]

毫无疑问，由于技术的发展，今天这个问题也有了新的发展，但部分也是因为政治和知识界的氛围本身就敌视客观真理。有影响力的后现代主义和建构主义思想家长期以来坚称真理概念是无稽之谈。信仰就是单纯的信仰，不多也不少。我们认定为真的东西，就是我们同意的东西，或者是"社会"告诉我们要相信的东西，或者是没有任何客观现实基础的语言游戏的产物。[36]或者，假定有一个客观的现实存在，但它是如此虚无缥缈、难以捉摸、以至根本没有必要去捕捉它。福柯甚至认为，真理本身就是镇压的工具：

我们必须讲真话；我们被迫或注定要承认或发现真理。权力从未停止过对真理的审问、调查和登记：它使其追求制度化和专业化，并对此予以回报。[37]

学院派的思想当然不止这一种，但这种思想的追随者声势浩大。

我认为，如果你把能迅速传播谎言的技术引入一个政治生态系统，而在这个生态系统中，真相并不被视为最高的政治美德，甚至在某些方面被视为邪恶，那么，公众辩论的质量将会受到严重影响。我们需要面对一些关于民主与真理关系的难题。

首先，民主的目的是否在于汇聚集体智慧，以便我们找到通往可发现的"真相"的道路（一种工具主义观点）？或者出于实际目的，所谓的"真与假""对与错"，仅仅是由多数人在任何特定时间所决定的吗？自特朗普当选总统和英国脱欧公投以来，这个问题一直困扰着很多人。人们已经表达了意见，但他们会出错吗？一个相关的问题是，民主是否应该被视为一个由共同体基于一致同意的基本事实决定做什么的过程，或者是否应该被视为一个由共同体决定基本事实到底是什么的过程？作家唐·塔普斯科特（Don Tapscott）认为，可以通过"显示对真相的共识的算法"来反驳对大屠杀的否认。[38] 但是，如果无知的大多数在某一特定时刻不相信大屠杀发生了呢？这是否意味着出于政治目的，它就没有发生？当然不是。

对于以上问题，人们可能会有不同意见，但我不认为它们是纯粹的理论问题，只有哲学家才感兴趣；当然，这些问题也不能留给科技公司来回答。我知道自己支持哪一方。正如马修·德安科纳（Matthew d'Ancona）所说，真相是一种"社会需要……这是一项循序渐进、来之不易的成就"，不仅在政治领域，而且在科学、法律和商业领域都是一种"约束力量"。[39] 说政客因其提供的"真相"为公众所接受而很可能在民主选举中获胜是一回事，但说这样的胜利是合理的或可取的，那就另当别论了——如果事实证明所谓的"真相"根本就不是真的呢？

直接民主

在直接民主中，人们就某一议题直接投票，而不是选举政治家为他们做决定。举手表决，一堆选票，一片欢呼声，这就是最纯粹的民主。

但在历史的大部分时间里，这都是虚构的桥段。

正如我们所见，绝大多数民主国家都采用了在竞争性精英主义框架内运作的间接民主或代议制民主。这其中有很多原因，但最重要的就是可操作性问题。卢梭说："很难想象所有人都会永远坐在一个会议上处理公共事务。"[40] 然而，在数字生活世界里，人们不需要为了维持直接民主而"长期坐着"。公民针对广泛议题，想做多少实时投票，就能做多少，这在技术上是可行的。

不难想象躺在你智能手机（或者替代手机的任何设备）里的日常通知清单，罗列了你每周需要做出决定的问题——新的建设计划是否应该上马，是否应该引进新的学校课程，是否应该向冲突地区派遣更多的部队，同时还有人工智能对这些问题生成的简短介绍和意见双方的论点总结。你可以躺在床上投票，也可以在乘坐火车时投票。私人使用的投票程序已然存在[41]，尽管互联网投票还不够安全透明，无法普遍使用，但我们有理由期待它在将来能做到这一点。一些人认为最终的解决方案可能来自区块链技术，因其承诺加密不可破解。[42]

因此，直接民主也许是可行的，但它真的可取吗？

赞成的理由众所周知。直接民主将允许在平等的基础上实现真正的自治。每个人都可以从事有意义的公共服务，从而提高自己的道德能力。它将把直接来自群众的智慧引入到更多的公共政策决策中。而且，由于人们会接受政治决策，知道这些决策是真正由他们自己做出的，所以这个体系将是稳定和安全的。或许最妙的是，直接民主将意味着不再需要政客。马克思闻此必然欣喜若狂，他曾写道，选举民主不过是每三年或六年就决定一次"统治阶级的哪个成员会在议会中歪曲民意"。[43]这回总算摆脱了这些政客！

然而，在我们内心深处，真的相信自己能在复杂的公共政策问题上做出未经过滤的决定吗？这是我们希望承担的负担吗？当然，我们都有自己感兴趣的领域，但我对巨蟒剧团深厚而丰富的了解在选择不同的环境监管方案时真能派上用场吗？

这不仅仅是因为我们大多数人对公共政策的了解有限，甚至不是因为我们有时会非理性地投票。在某种程度上，投票实际上是不理性的：因为投票通常是由成千上万或数百万张选票决定的，我们每个人对最终结果只有很小的发言权。所以何苦呢？这被称为"理性无知问题"，是对直接民主的巨大挑战。[44] 实际上，这意味着人们最终可能不会参与其中。一个疲惫的工薪家庭真的会抽出宝贵的时间来考虑金融衍生品新规的优点吗？他或她应该这么做吗？

在把政客扔进垃圾堆之前，我们也应该仔细思考一下：让一群专业的政治家为我们担负日常的治理工作，让我们省去麻烦和烦恼，或许是有道理的。桑斯坦认为，美国的民主从来都不是基于"直接民主是可取的，而只是不可行"的理念。相反，对于开国元勋们来说，"良好的民主秩序"包括"明智和深思熟虑的决定，而不是简单截取一时的个人意见"。[45] 这就是为什么詹姆斯·麦迪逊主张在政府中"完全排除所有以集体身份存在的人民"。[46]

一条可能的中间道路是建立部分的直接民主制度。我们不需要让所有人在所有时间为所有问题投票。公民可以削减他们希望投票的问题，例如通过地域筛选（我想就涉及伦敦的问题投票，因为我住在那儿），通过专业知识筛选（我想就能源行业相关问题投票，因为我对这方面懂得比较多），或者通过利益来筛选（我想就农业问题投票，因其影响我作为农民的生计；我知道在伦敦农民很少，但你明白我的意思）。这样的制度将从根本上把全国性政府的工作分割开来，但是能追求更真实的民主这一更广泛的理想。另一方面，公共政策的某些领域可能被当地或特定利益集团所劫持的风险仍然存在。与以往一样，冷漠或离群索居的人可能又会被抛在后面。

一种更先锋的制度是，在某些议题上，我们不仅可以将自己的选票委托给政客，还能委托给我们喜欢的任何人；对不了解的议题，我们与其弃权，不如把投票权委托给那些了解或关心这些议题的人。例如，在国家安全问题上，我可能希望一位现役军官代表我投票；在城市规划问题上，我可能希望一位著名的建筑师为我投票；在医疗保健方面，可以将我的意见委托给一个由护士、医生和患者团体组成的联盟。这种民主模式的数字平台已经由 DemocracyOS 的创建者开创[47]，并被欧洲各政党使用。这就是所谓的"流动民主"（liquid democracy）。[48]这种想法由来已久。早在 19 世纪，约翰·穆勒在《关于议会改革的思考》（1859）一文中观察到，没有人"在任何与自己有关的事情上，不愿让知识和智慧更高的人来管理自己的事务，而愿意让一个知识和智慧更低的人来管理"。[49]在数字生活世界中，一个组织恰当的流动民主体系可以平衡对合法性、稳定性和专业知识的需求。

通过消除或根本减少对民选政客的需求，直接民主将标志着与熊彼特竞争性精英主义的彻底决裂。另一个模型通过让民众参与起草法律的工作来达到同样的效果，它就是维基民主。

维基民主

想象一下，不是派代表参加制宪大会，而是整个 18 世纪的美国人口尝试共同撰写宪法，该如何做到这一点呢？也许他们会聚集在某个地方的广阔乡村，即使是最优秀的演说家也会被刺耳噪声的喧嚣所淹没。在任何时间，很少有与会者会知道发生了什么。也许会弥漫着一股节日的气氛，到处都是狂饮、狂欢的场景，偶尔会有踩踏，也许还夹杂着交配的呻吟，或者不时爆出激烈的争吵。该文件的竞争草案本应同时分发，但毫无疑问，由于公民们都只想各抒己见，不少竞争草案就难免被损坏、撕毁和遗失的命运了。混乱不堪。

大批陌生人在内容生产过程中进行有效或有意义的协作，直到相当晚近都还不可行，更不用说让他们起草一套精确而敏感的规则来管理人们的集体生活了。如今情况已经得到了改变。互联网催生了一种新的内容生产方式，互不相识的人们可以合作制作出非常先进的资料。

成功的例子比预期的要少，其中最著名的是维基百科，它是一种在线百科全书，其内容由任何希望贡献者编写和审阅。另一个经常被引用的范例是开源（或"免费"）软件，包括可在全球的平板电脑、电视、智能手机、服务器和超级计算机上运行的操作系统 Linux。它的代码由将近 12000 个贡献者编写，他们的工作都默认一个前提：只要有足够的人员进行处理，任何技术问题（无论多么困难）都可以得到解决。在没有自上而下控制的情况下进行的活动，被称为共同对等生产或开源生产。[50] 在集中指导和控制更多的地方，这种活动通常被称为众包。

在数字生活世界中，通过共同对等生产或众包直接邀请公民来帮助制定政治议程、制定政策和起草并完善法律是可能的。这种民主制度或它的变体的拥护者，将其称为维基政府（wiki-government）、合作民主（collaborative democracy）和群众民主（crowdocracy）。[51] 我倾向称它为维基民主。

已经有小型的维基民主实验获得了一些成功。早在 2007 年，新西兰就为公民提供了使用维基参与撰写新《警务法》的机会。[52] 在巴西，《青年法规条例草案》最终文本大约有三分之一出自年轻的巴西人之手，《互联网民权法案》在"网络民主维基人"（e-Democracia Wikilegis）平台上获得了数百次贡献。[53] 这些是在严格限制的参数范围内精心计划的运用。随着数字平台变得越来越复杂，还有更多的潜力。

像直接民主一样，维基民主将减少民选代表的作用。而且，在维基民主中，我们不只是按照要求对其他人预先决定的一系列问题回答"是"或"否"。我们将有机会以更丰富、更有意义的方式来自己制定议程。维基民主还拥有直接民主的某些认知优势，因为它可以充分利用群体的智慧，尤其是适时地运用专家的智慧。

在充分发展的维基民主中，就像在直接民主中一样，个人贡献的方式和程度必须具有灵活性。决策过程可以分为多个部分（诊断、架构、数据收集、起草和完善立法等），每个部分都可以由最有意愿或最有能力做出贡献的团体和个人来指导。[54] 在代码化的法律世界（请参阅第六章）中，理论上，代码／法律可以由广大公众或由获得执行授权的人员或人工智能系统重新编程。

但是，充分发展的维基民主这一理念在实践中则困难重重。它比其他任何民主模式都更加重视参与者的时间和注意力。并非所有人都会乐于参与对法律的修改，喜欢修改代码的人就更少了。其结果可能是冷漠感增加，合法性却下降了，这是因为维基民主变成了知识渊博又有闲的阶层的维基民主了。

如果没有明显的决策制定和坚持机制，它也可能导致延迟和僵局。与具有内在决定性的直接民主不同，协作过程的增长和演进并没有明确的终点。 Linux 和维基百科在不断地变化。正如于尔根·哈贝马斯（Jürgen Habermas）在 20 世纪所说，"对话不会去治理"。[55] 维基人也可以这样说，至少如果他们的行动是开放式的话。

在协作的基本目标本身受到质疑的情况下，维基如何发挥良好的作用，目前还不明朗。至少维基百科的总体目标还是比较明确：产生可验证的百科全书内容。它在贡献者试图实现该目标，而制造麻烦的人试图破坏该目标时表现得很明显。但在涉及法律时，人们在目标上总是会有合理的分歧。如果我根本不认为毒品应该合法化，那么我该如何为撰写一条让毒品合法化的新维基法律出力呢？通过删除整个法规吗？

如果维基百科能够像普通法一样，随着时间的推移而得到完善和改编，这种前景是令人向往的。但是普通法迈着庄严的步伐缓慢向前，而维基一秒钟就可能改变数千次。杰伦·拉尼尔理所当然地邀请我们想象一下维基法律的"紧张变化"："这是一件令人恐惧的事情。精力过剩的人们正疯狂地修改税法的措辞，永无止境。"[56]

　　维基民主的实际问题看上去似乎很难克服。但是，只有当我们尝试捍卫缺乏任何制衡措施的纯维基民主模式时，它们才是致命的。当然，这样做是荒谬的。有了适当的宪法（也许是任何人都不能通过单击鼠标来改变的宪法），就可以基于明确的规则来建立维基民主，例如明确规定何种法律是可编辑的，何时何地由谁编辑，法律可以或不可以包含什么内容，等等。这不是人们第一次考虑如何将不受限制的民主乱局变成一种稳定和有用的东西。动荡而不稳定的大多数，统治阶级的暴政，法律的不确定性，这些正是激励、鼓动了 17 世纪的约翰·洛克、身处自由民主传统中的那些人的问题。事实是，维基民主需要刹车片，也需要控制、检查和平衡，这一点并不意味着它是非法的或不可能的。

数据民主

　　我们已经看到，民主的主要目的之一是释放人们思想中所包含的信息和知识，并将其用于政治。但转念一想，选举和全民投票也不会产生多么丰富的信息。对少量问题（通常是支持哪个政党或候选人）的投票只会产生少量数据点。在一个日益量化的社会中，即使算上私人民意测评，民主进程中所产生的信息量也小得可笑。回想一下，到 2020 年，世界上将有 40 泽字节的数据，相当于每个活着的人拥有 300 万本书。预计我们每隔几小时产生的信息量，相当于我们在文明诞生到 2003 年之间创造的信息量。[57] 这些数据将提供人类生活的记录，这是我们的先辈们难以想象的。这就引出了一个问题：如果到了 2020 年，每个在世人士的信息量将达到 300 万本，那么我们为什么要基于每隔几年在方框上打的钩来进行管理呢？一个新的、更好的社会信息综合系统一定是可能的。借鉴东浩纪（Hiroki Azuma）和尤瓦尔·赫拉利的工作 [58]，我们可以将这种系统称为数据民主。

　　在数据民主中，最终的政治权力将属于人民，但一些政治决策将基于数据而非投票做出。通过收集和综合大量的可用数据——对每个人的利益、偏好和价值观给予同等考量——我们可以绘制出最清晰、最完整的公共利益画像。在这种模式下，政策将建立在对人们的生活——所做、所需、所想、所言和所感——无比丰富和准确的描述之上。这些数据将是新鲜且实时更新的，而非以四五年为周期来处理。理论上，这将确保更大程度的政治平等，因为这些数据是平等地从每个人身上抽取的，而不仅仅来自那些热衷参与政治进程的人。这个论点认为，数据不会说谎：它显示的是真实的我们，而不是我们认为的我们。它规避了人们的认知偏见。人们是有偏见的，比如大家会偏向有利于自身特殊利益的论点，倾向于摒弃那些与自己世界观不一致的东西。我们通过精英们描述的框架来看待世界。我们对前后不一致的情况感到厌烦，即使改变自身想法是更合理的。我们受他人的影响很大，尤其是那些有权威的人。我们喜欢随大流，也希望别人喜欢自己。相比于理性，人们更喜欢依赖自己的直觉，也更愿意维持现状。[59]

　　机器学习系统从人们的言行中推断其观点的能力愈加强大，已经有了通过处理社交媒体上的大众情绪来分析公众意见的技术。[60]数字系统也能更加准确地预测个体观点。例如，只需要你点过的10个"赞"，Facebook算法就能预测你的观点，比你同事对你的预测还准确；如你点过150个"赞"，它对你的预测准确度就能超过你的家人；而在你点过300个"赞"后，Facebook就比你的配偶还明白你的想法了。[61]与数字生活世界中可用的数据量相比，以上结果的产生只是基于极少量的数据。

　　简而言之，支持数据民主的论点是，它将是一个真正的代议制，比人类历史上其他所有民主模式都更具代表性。

　　的确，政府已经在使用数据来做出政策决定。[62]"公民数据"的兴起是一个受欢迎的进展。然而，数据民主派会说，偶尔使用数据是出于慎重考虑，而一直使用数据则是出于道德需要，这两者之间是有区别的。如果民众参与的选举是由统治精英临时起意发起的，恐怕大家都不会对这种选举民主感到满意。出于同样的原因，如果民主的目的是考虑民众的喜好，那么使用数据就是必须的，而不仅仅是一种良好治理的标志。从这个观点来看，一个无视数据的政府和一个无视人民选票的政府一样糟糕。政府拥有的数据越多，这个体系就越"民主"。

让我们稍作停顿，纯粹的数据民主模式存在明显问题。在实践层面上，该系统将依赖于质量良好的数据，也不能受不法行为或机器干扰的破坏。这两点我们都不能保证。

从更哲学的层面上说，我们知道民主不仅事关认知优势。那些认为民主建立在自由基础上的人会说，数据民主降低了人类意志在民主过程中的重要作用。投票不只是一个数据点，就选民而言，投票也是一种重要的同意行为。人们通过有意识地参与民主进程，同意遵守由此产生的政权制定的规则，即使人们偶尔会不那么认同某些规则。数据民主派可能会这样回答，人类的意志可以被纳入数据民主的系统中——可能是通过有意识地同意（或拒绝）向处理器提交某些数据。一种更为尖锐的反驳也许是，如果数据民主产生的结果远优于选举民主，那么这种结果就使它拥有了自身的合法性。

另一个反对数据民主的论点是，该系统通过将人们的全部生活变成潜在的政治参与行为，剥夺了我们有意识地参与政治生活的益处。用亚里士多德的话来说，它还允许我们做哪些"高尚的行为"呢？它能以什么方式促进人类自身的繁荣？民主的意义远不止有效管理集体事务。

反对数据民主的最有力论据是，在做出选举过程中利害攸关的政治决策时，数据经常是无用的。民主制度需要能够解决合理的道德分歧问题。其中一些问题与资源稀缺有关：应该把更多的钱花在教育或医疗保健上？还有一些与伦理有关：是否应该允许病弱者享有选择死亡的权利？即使是最先进、能够预测我们未来行为的系统，也很难帮助我们回答这些问题。数据告诉我们情况是什么，但它没有告诉我们它应该是什么。在一个严格禁止饮酒的国家，酒精消费量低的数据只反映了人们遵守法律的事实，而不能说明法律本身是正确的。

　　这一难题并不会难倒奥古斯特·孔德，他认为人类所有的行为都是由"一条像地心引力一样必要的法则"预先决定的。[63] 但是，大多数人不会把预测看作道德推理的替代品。因此，一个数据民主的系统需要覆盖某种包罗万象的道德框架，或许它本身就是民主选择或协商的主题。或者更简单地说，数据民主在政策层面的用处可能比在原则层面更大。

　　数据民主是一个有缺陷的、颇具挑战性的想法，但民主理论家却无法聪明地回避它。赞成者最不起眼的论据是，通过纳入其内容，可以大大改善已有的民主进程。更有力的观点则认为，数据民主最终可能提供一种比选举民主更理想的政治制度。问题是：数据民主对选举民主的替代在哪些方面是值得的，哪些不值得呢？

人工智能民主

　　人工智能将在人类事务的管理中扮演什么角色？它应该扮演什么角色？这些问题从最早的计算机出现以来就一直存在。在 20 世纪，对第一个问题的反应往往涉及人类在机器人统治者的铁蹄下日益衰弱的暗黑预测。对第二个问题的思考则比较有限，值得进一步思考。

　　我们知道，以前只有人类才能完成，现在可以由人工智能系统来完成的任务和活动已达数百项，甚至数千项，而且它们往往做得更好，规模也大得多。如今，这些系统几乎可以在每一场比赛中击败最专业的人类选手。我们有充分的理由期待这些系统将变得更加强大，它们的发展速度也将日益加快。

我们逐渐把最重要、最敏感的任务委托给人工智能系统，让它们代表我们交易价值数十亿美元的股票和证券，报道新闻，诊断致命的疾病。在不久的将来，人工智能系统将为我们驾驶汽车，而我们相信它们能把我们安全地送达目的地。我们已经乐于接受由人工智能系统来掌握（隐喻性的）我们的生命和生计。随着它们能力的爆炸性提升，我们对这种现状的接受就变得更合理了。

除了技术之外，近几十年来，我们对这样一种观点也越来越感兴趣：一些政治问题最好由专家来处理，而不是卷入党派政治的意识形态旋涡之中。"专家"有时会被嘲笑，也经常受到忽视，但央行行长、独立委员会和（在某些地方）"技术官僚"的声望不断上升，这证明了一个事实，即我们并不总是介意由这些人代表我们做出艰难、冷静、长远的决定。事实上，从柏拉图开始，无数的政治理论家就声称，由仁慈的守护者统治比由大众统治更可取。

在以上语境中，谈论我们在何种情况下可能会允许人工智能系统参与政府的一些工作并非不合理，更谈不上疯狂。如果总部位于香港的风险投资公司深度知识可以任命一种算法进入其董事会，那么在数字生活世界中，任命一个人工智能系统进入当地水利局或能源部门，还算是多异想天开吗？现在是政治理论家认真对待这个想法的时候了，就像商业和职业领域一样，在政治领域，可能会有人工智能的一席之地。

人民的呼声，人工智能的呼声

人工智能民主可能采取何种形式？它如何才能符合民主的规范呢？

首先，我们可以使用简单的人工智能系统来帮助我们做出民主要求的选择。已经有应用程序可以基于我们对一些问题的回答，为我们应该投票给谁提出建议。[64]这类应用自我标榜为"给政治牵线搭桥"[65]，这句话听起来有点像本来是去相亲的，到了之后却发现在酒吧等着你的是一个令人毛骨悚然的政客。在未来，这样的应用程序的精密程度将大大增加，不仅利用问卷调查，还大量依靠揭示我们实际生活和优先事项的数据。

随着时间的推移，我们甚至可能让这些系统在民主进程中代表我们投票。这将涉及将权力（无论大小，随我们的意愿而定）下放给专家系统，我们认为这些系统比我们自己还能更好地决定我们的利益。税收、消费者福利、环境政策、金融监管，这些领域的复杂性和我们对它们的无知，鼓励我们允许人工智能系统根据它对我们生活经验和道德偏好的了解来为我们做出决定。在本章前面所描述的那种狂热的直接民主中，如果把选票委托给一个值得信赖的人工智能系统，可以节省很多时间。

一种更先进的模式是，中央政府每天向人民进行几千次完全不会打扰到他们的问询，而不是几年一次。[66]人工智能系统能以闪电般的速度，代表我们对政府的纳米级大小的投票做出反应，而他们的答案也不必局限于"是"或"否"两个选项。它们可以包含警告（我的公民支持这项建议的这一方面，但不支持那一方面），或激烈的表达（我的公民温和地反对这一项，但强烈支持那一项）。与我们当下采用的竞争性精英主义模式相比，这种模式更有理由和资格把民众利益纳入考量。

在适当的时候，人工智能们也可能会参与立法程序，协助草拟和修订法例（特别是在遥远的未来，这些法例可能会以代码的形式出现：见第六章）。长远来看，我们甚至可能允许人工智能以法人的身份"代表"参与选举政府的行政和技术职位。

人工智能系统可以在民主中发挥作用，同时仍从属于人类协商和人类投票等传统民主过程。它们可以服从人类主人的道德规范。如果公民不愿意放弃他们的道德判断，那么放弃就不是必须的。

然而，对于人工智能民主的理念仍存在强烈的反对意见。其中最重要的是对透明度问题的异议：如果我们不能真正理解为我们做出决定的基础为何，我们真的能称该制度是民主的吗？尽管人工智能民主可以让我们在日常生活中更加自由、更加繁荣，但它也倾向于使人们受到代表他们做决定的体制的奴役。我们似乎看到伯里克利厌恶地摇了摇头。

过去，人类已经准备好在合适的环境下，把他们的政治事务交付于强大的、看不见的智慧。《圣经·旧约》中的希伯来人在拥有他们的王之前，并未有过世俗的政治生活。他们只受上帝的统治，受其祖先与上帝所立盟约的约束。[67]古希腊人参考预兆和神谕。罗马人仰望星空。这些做法现在看来古朴而遥远，与我们所了解的理性和科学的方法大相径庭。但它们却引发了人们的反思。为了找到一个真正代表人民的政府体系，我们准备走多远？我们准备做出何种牺牲？

民主的日子

回到本书导论中提出的尝试性论题：当一个社会发展出了新型的信息和通信技术，人们可能同样也期待着政治变革。这甚至适用于像民主这样古老的概念。古希腊的古典模式、现代自由和竞争性精英主义模式，这些都是"民主"的模式，但也都是为它们所处时代的条件量身定做的。数字生活世界对我们发起挑战，迫使我们决定民主的哪些方面对我们来说最重要。我们是否足够重视协商，以使其能免于当下面临的威胁？如果我们重视自由和人类繁荣，那么为什么不建立一个直接民主或维基民主的系统呢？如果我们想要最好的结果，并且平等地考虑各方利益，那么数据民主和人工智能民主不该占据一席之地吗？

　　在这一章，我以考察已有多少关于民主的论述开头。随着数字生活世界的出现，事实证明，我们仍需进行大量的思考和辩论。在一个充满新奇的权力形式的未来，人们需要一种能够真正让我们的主人屈服的民主形式。

第五部分

未来的正义

每当一个人捍卫某种理想，或行动起来改善众人的遭际，或为反对不公而出击，他就激起了希望的小小涟漪，来自无数不同的能量中心的涟漪相互交汇，这使它们敢于形成一股潮流，足以推倒最强大的压迫与反抗之墙。

——罗伯特·F. 肯尼迪

第十四章

分配的算法

> 一个秩序良好的社会是……一种能有效地受到公众
> 正义观念规范的社会。
>
> ——约翰·罗尔斯,《正义论》(1971)

对正义的追求能激励我们做出伟大的牺牲和奉献。不公正的景象会使我们陷入难以名状的悲伤和愤怒中。政治理论家约翰·罗尔斯将正义称为社会制度的"第一美德"。[1] 马丁·路德·金教导我们,道德世界的弧线最终导向正义。正义的理想从来都不是政治或法律独有的;而在政治概念中,它有着神圣的地位,永远铭刻在《申命记》的戒律中:"正义,而且只有正义,你应该追求。"

正义一直是许多政治理论的主题,但要冷静地分析它本身却并不容易。在我们的日常生活中,它通常是一种感觉或情绪,甚至是一种本能。它主要来自感性而非理性。对于那些挣扎在世界上最不公正一端的人来说,即使是关于正义这一主题最好的论文,也会显得过分冷漠和疏离。战争和饥荒、肮脏和饥饿、无知和疾病、仇恨和偏执,这些都是内心的问题,也是头脑的问题。地球上最富有的八个人拥有的财富相当于人类最贫穷的一半人口所拥有的财富[2],世界上 1% 的人口控制着人类一半的资产。[3] 多么雄辩的政治理论都无法充分解释世界上存在着的严重不公正。没有任何学术论证能比得上马克思那句古老战斗口号的根本紧迫性："我没有任何地位，但我必须成为一切。"*4

　　然而，政治理论家并没有权利得意忘形。世界上的咆哮和混乱已经够多了。有时候，开放的思想比紧握的拳头更有利于正义的事业。开放的思想有利于对正义展开冷静的研究，甚至是临床研究，还可以用算法的方式来研究它。正如罗尔斯所说，正义论的目的是"厘清和组织我们对社会形式的正义和不正义的成熟判断"。5 我在本书这一部分的目的与其类似，不过提法可能更加谦逊：从数字生活世界的视角来澄清和组织我们关于社会正义的观点。

　　接下来的三章都与我所说的算法不公正有关。争论的焦点是社会正义的灵魂，即分配和承认；关于它们的问题将越来越多地通过包含在代码中的算法解决。第十七章事关技术导致失业的问题：面对一个工作不足的世界，政治理论会发表何种意见？最后，第十八章探讨了数字生活世界中的财富可能越来越落入少数人或公司手中的风险，并追问我们对财产的理解的变化如何能阻止这种情况发生。

社会正义是什么？

　　"社会正义"这个词的确切含义仍存在争议，但广义上来说，它被用来描述一种理念——每个人得到的都应是他们应得的东西，不能多也不能少。它可以区别于其法律领域的姊妹概念——刑事正义（惩罚违法者）和民事正义（解决当事人之间的法律纠纷），尽管它们在同一片概念牧场上孕育而生。

---

* 此处译文参考了《马克思恩格斯选集》第一卷（人民出版社，2012 年）中译本相关段落。——译注

正义和平等不一定非得是一回事。许多古代和中世纪思想家认为，人类天生就是不平等的，不仅在天赋和力量上不平等，在基本价值和道德地位上也不平等。根据这种观点，农奴、奴隶和妇女就不应该被平等对待，他们就应该安静地生活在主人和比他们更好的人的枷锁之下。[6] 这就是正义在那个时代的意义。这些原则据说是来自传统，或者是"自然法则"，甚至来自上帝的话语。亚里士多德在《政治学》中写道："人们认为正义就是平等……事实也是如此，但是……只针对那些平等的人。"[7]

相比之下，社会正义与平等的观念如今紧密联系在一起。平等主义是一种信仰，它认为人们应该在重要的方面受到平等对待，尽管平等主义者自己并不总是能就什么是重要的达成一致。例如，有些人会说，正义需要财富的均等化，另一些人则说，正义只需要保证人们获得财富的机会均等。大多数社会正义理论至少共同拥有着一个平等主义信念：所有人在基本价值上是平等的。如今，少有人会同意亚里士多德的观点：有些人的生命比其他人的生命的价值更低。这种在政治理论家中罕见的共识被称为平等主义共识（egalitarian plateau）。[8] 在接下来的几章中，笔者都没有离开平等主义共识。我认为，所有人本质上都具有平等的宇宙价值，这是不言自明的，同时，我还要追问其对数字生活世界的社会正义可能带来何种结果。我们会看到，正义并不总是转化为物质上的平等。也许有合理的理由（只是理由）来解释，为什么财富和地位的不平等仍然应该被允许。正义当然不意味着对每个人都一视同仁。

分配正义

思考社会正义的方式主要有两种。第一，分配正义。顾名思义，分配正义指的是在社会中应如何分配资产。第二，承认正义。承认正义事关人们应如何彼此看待和相处，涉及人们的社会地位和尊重体系。在本章中，我们从分配正义开始讨论。

　　如果穷人和富人之间存在差距的话，那么这个差距应该是怎样的？最富裕的人应该缴多少税？谁应该从政府支出中获益最多？这些都是关于分配正义的经典问题。它们引发了一系列可能的回应。

　　假设你不介意贫富差距，但你认为没有人应该挨饿或露宿街头；你觉得每个人不必拥有同样的东西，但每个人必须拥有足够的东西。[9]如果这就是你的观点，那你是一个充足主义者（sufficientarian）。[10]

　　许多人会认为，社会中最贫困的人口对资源的道德诉求比富人更强。所以，假如政府有 50 万美元可支配，那么在贫困地区建一个青少年活动中心比在繁华的郊区建一个休闲会所要好。有些人的观点更进一步：一般来说，你越不富裕（即使你并不那么穷困潦倒），你对社会资源的道德诉求就越强。[11]这种信念通常被称为优先主义(prioritarian)。就像充足主义者一样，优先主义者不关心穷人和富人之间的整体差距，觉得只要不太富裕的人能得到优先考虑就行。

　　另一些人则认为，分配正义还要求更多，即机会平等，这意味着性别、性取向或种族等无关因素，不应妨碍人们追求工作或教育等有价值的事物。[12]机会平等与另一种正义概念紧密相连，即正义是应得的。这一概念的意思是人们应该得到他们应得的。如果你努力工作，遵守规则，那么你就应该得到奖励。但是如果你整天无所事事，那么你就应该分到更少的份额。［"正义即应得"（justice as desert）与另一条鲜为人知的原则"正义即甜品"（justice as dessert）＊不同，在后一

＊　这里应是作者对罗尔斯在《正义论》中提出的"程序正义"理论的解释，罗尔斯用分蛋糕的过程来解释"完善的程序正义"。——译注

条原则中，每个人都能得到自己选择的布丁。] 将"机会平等"和"正义即应得"的路径结合起来，你可能会说资源的公平分配是指每个人都有平等的机会去获得他们应得的东西。

许多平等主义者质疑，资格或其他衡量优长的"客观"指标，到底是不是对人们应该得到什么的公正指引。不妨设想一个聪明勤奋但出身贫困的女孩，尽管她已经尽了最大努力，高中毕业时的成绩还是未能尽如人意。然而，她资质平平的表姐可能会以更好的成绩从一所私立学校毕业，还在课外鼓捣了些给自己贴金的项目。如果这两个人申请同一所大学，有钱的表姐显然更有资格被录取，但她真的比那个穷孩子更配在这所大学学习吗？在这种情况下，真正的机会平等不仅仅需要放弃种族主义或偏见，还要求采取平权行动，考虑到表姐赢得资格（也许不是赢得的，视情况而定）的社会经济条件。

关于应得的另一种视角是，与其视功绩来决定人们应该得到什么，我们更应该努力奖励道德上应得或对社会有用的行为，而不是那些只有商业价值的行为。按照这种观点，护士和教师的收入应该与金融家和企业律师一样多。

从更激进的角度来看，我们可能会质疑我们中的任何一个人是否真的配得上那些决定我们财务成功的品质。如果我长得丑、没有才华，这与你长得漂亮、有天赋是一样的，这都不是我的错。如果任由市场自行发展，它往往会将更多的好东西分配给美丽而有天赋的人，而非丑陋无能的人，这对我来说也不是好运。运气平等主义者的传统认为以上情况是不正义的：我们不应该由于自己无法控制的事情而受到惩罚或奖励。这包括基因和教养。如果运气平等主义者是对的，那么基因上得天独厚的人就应该被剥夺他们不劳而获的财富，而那些不太幸运的人则应该因其在生活中运气不佳而得到补偿。[13]

反对运气平等主义的一个理由是，它没有考虑到职业道德的不同。

如果你和我的天赋相当，但我更努力地去做最好的自己，那么我当然应该比你得到更多！也许应该是这样。但前提是你必须相信努力工作的愿望和能力本身是我们选择或应得的，而不是与生俱来的属性或后天培养的结果。如果它们也是机会的问题，那么（按照运气平等主义者的观点），双方都不应该比对方得到更多。

那么，这是否意味着，没有才华且懒惰的人应该得到跟有才华且勤奋的人相等份额的社会资源呢？当然，还是应该根据人们对可承担的道德责任的选择来分配利益和负担。赌赢了的人就应该得到承担风险的回报——但同样地，人们也得为自己下错的赌注负责，并付出代价。

或者有人认为，如果想利用人的才能和勤奋造福社会，就需要用更高的奖励来激励他们，即使这样做会产生某种不平等。人们常说，如果缺乏经济激励，人们就不太愿意努力工作、冒险或创新。经济会停滞不前，我们都将被迫从这张冷塌了的经济馅饼中分到平等但微薄的一份（这是对社会财富的一种比喻，而不是回到"正义即甜点"论）。约翰·罗尔斯在《正义论》中提出过此类主张，他认为，只要社会和经济不平等有利于弱势群体的最大利益，那么这种不平等就是被允许的。接受贫富差距扩大的前提是，贫富差距扩大能使穷人比其他任何群体都更快地富起来。罗尔斯的原则将我们带回到本节涉及的第一个问题——分配正义到底是更关心绝对剥夺，还是更在乎相对不平等。相对不平等之所以事关重大是有理由的：它有能力侵蚀把我们联系在一起的人类共同纽带，会让不太富裕的人感到痛苦和羞耻，还可以阻止穷人充分参与社会和政治生活。[14] 这就是为什么许多激进的平等主义者大声疾呼，为了确保儿童享有平等的机会，国家必须使成年人享有结果平等，因为他们的财富决定了其后代的特权。[15] 平等主义者们寻求的是一个人人平等的社会。

在政治光谱的另一边，许多人对平等主义这个概念本身怀有敌意，至少在它要求对社会物品进行再分配的情况下如此。埃德蒙·伯克（Edmund Burke）、大卫·休谟和哈耶克提出了一种观点，他们认为追求平等就会要求国家对我们的生活进行灾难性的干预。[16] 在休谟看来：

> 即使财产平等了，人们不同的技艺、用心和勤奋程度也会立即打破这种平等。或者你检验这些美德，你会把社会降到最贫困的地步；它不是在防止少数人的穷困和乞讨，而是要使整个社会都不可避免地陷入穷困和乞讨的境地。[17]

其他非平等主义者，如罗伯特·诺齐克（Robert Nozick），认为任何人为的财富再分配都是在不公正地干涉个人对自己财产享有的压倒性权利。诺齐克拥有非凡的头脑和同样非凡的眉毛，他认为任何资产分配的公正性只取决于它是如何产生的，而与每个人拥有多少无关。唯一的问题是某一特定资源是否被恰当地获得和自由地转让（作为交换或作为礼物给予和接受）。如果是这样，那么国家就无权从某人处把它拿走然后转交给另一人，不管他/她多么应该得到这份资源。"我们所处的情形不是小孩子在分馅饼，如果馅饼切不均匀，最后还得要求再分。"[18]（像所有优秀的理论家一样，诺齐克很喜欢甜点这个比喻，但一想到平等主义的奶油蛋糕，他就会觉得恶心。）区块链技术是迄今为止最先进的系统，可以安全地记录某处房产的完整所有权轨迹，诺齐克很可能会迷上它。区块链上固定记录的合法所有权链本身就证明正义得到了伸张——不管每个人最后得到了多少。

市场与国家

分配正义的问题在现实世界中是如何发挥作用的？我们通过什么机制来决定社会物品的实际分配？答案是通过市场体系和国家的相互

作用。

在现代社会，资源配置的默认方式是利用市场体系。在一个纯粹的市场体系中，没有中央决策者指导资源应该分配到哪里。相反，分配的工作是由每个参与市场体系的个体完成的。资源为私人所有，可用来交换其他商品、货币和劳动力。亚当·斯密（Adam Smith）在《国富论》（1776）中有一个著名的观察，即市场体系的运作是基于人们通常会追求自己的利益："我们期望的晚餐并非来自屠夫、酿酒师和面包师的恩惠，而是来自他们对自身利益的关切。我们把注意力放在他们的自利心上，而非诉诸其人性。"[19]

在分配经济资源方面，市场是合理有效的。它允许资源流向最需要它们的地方，这一点至少能从买家愿意支付的价格看出。（当然，这是一种不完美的需求衡量方法：数十亿家中急需用电的人会觉得，市场体制并没有真正反映他们的需求。）市场给了人们一定程度的自由，让他们可以随心所欲地使用手中的资源。然而，市场悲剧性的缺陷在于，它能在总体上有效地分配资源，但不一定是公正的。市场的逻辑并不能保证最穷的人得到足够的钱，或者使他们享有优先权，提供平等的机会，让人们得到他们应得的东西（无论你倾向于哪种分配正义的原则）。根据人们愿意付出多少来分配资源并不意味着资源会按正义的要求来分配。市场体制中总是需要某种外部干预，以保证表面上的公平正义。

这时就需要国家出场了。

国家的主要经济职能之一就是规范市场，明确什么可以拥有、购买和出售，以及在什么条件下可以拥有、购买和出售（包括如禁止买卖人口的规定）。这能防止一些最严重的不公正情况出现。国家也经常要自掏腰包，使自己有能力将资源导向正义所要求的地方（例如，为失业者或病人发放福利）。

20 世纪最伟大的政治辩论之一，就是关于国家干预市场经济的程度和性质的辩论。一个极端是，一些人倾向于"计划经济"，在这种经济中，国家承担大部分支出，并决定人们的收入、生产和价格。在另一个极端的是那些支持"守夜人国家"（night watchman state）的人，这类国家尽可能少地监管和支出。在这两个极端之间还有一系列的选择。

算法分配

分配正义的未来是什么？我认为，与过去根本不同的是，算法将在其中扮演四个重要的角色。但在我介绍它们之前，我们应该简要回顾一下前情。你可能还记得，代码是指给硬件（技术的物理载体）的指令——告诉它要做什么。数字系统只能按照它们的代码运行。算法是执行任务或解决问题的指令集。算法可以用代码表示，即数字系统能够理解的编程语言。机器学习算法是能"学习"知识和技能的算法，包括如何发现模式、创建模型和执行任务。有些机器人的行动方式可能会超出其人类创造者的预见，而许多机器人则在不需要模仿人类智能的方式上表现得非常出色。

算法和分配

首先，数字生活世界中用到算法的地方将越来越多，它将与市场和国家一起决定我们获得重要社会物品的途径。这使得算法成为一种新的、重要的分配正义机制。

让我们从获得工作开始谈起。工作（至少就目前而言）是我们大多数人获得生存和发展所需资金的主要途径。即使是现在，求职申请通常还是由算法决定的。72% 的简历"从来没被人类的眼睛看过"。[20]

是算法在快速扫描简历，并确定哪些候选人拥有必要的技能和经验。其他算法被用来在正式的申请程序之外确定候选人的性格和能力。它们通过消化任何可用的个人数据来得出自己的结论，尽管所使用的数据可能与就业并不直接相关。应聘者的网上浏览活动，或者他们在Facebook上的人脉的"质量"，都可能决定他们的申请是否成功。[21]机器学习算法还可以用来发现个人的特性，如习惯、嗜好和弱点，这些是招聘人员在评估纸质申请表时永远不可能知道的。简而言之，算法将决定数百万人能否获得市场所提供的最宝贵的东西：生计。

一旦一个人有了一份工作，算法就会越来越普遍地对此人的工作本身进行测量、监控和评估。它们已经被用来预测员工什么时候可能会辞职；人们期望它们能越来越多地用于审查员工的总体表现，决定薪酬和晋升。[22]全球最大的对冲基金——桥水基金（Bridgewater Associates）正在构建一个人工智能系统，用于公司的日常管理，包括对员工打分和解雇员工。[23]

算法也将在决定我们对其他至关重要资源的获取方面发挥越来越大的作用。它们已经被用来决定我们的信用评分，并判断我们是否会成为好租户。[24]保险公司使用算法来估计我们的死亡时间。健康风险的自动预测（可能基于与我们食物消费相关的数据）可以决定我们支付多少保费。[25]关于我们驾驶技能的数据可以用来决定我们能否获得汽车保险。[26]

工作、贷款、住房和保险，这些都不是奢侈品，而是必不可少的社会物品。所有理性公民都想拥有以上物品，不管他们还在追求别的什么东西。[27]拥有这些物品，人们就能过上舒适富足的生活；没有它们，生活可能就会异常艰辛。如何分配这些物品，根据什么标准分配，对未来的分配正义来说就至关重要。

使用算法和数据来对以上物品的分配做出决定并不是一件坏事。

相反，精心设计的算法可能会消除人类决策者的私心和偏见。例如，在工作方面，平权行动算法可以用于扩大通常的大学和机构以外的成功申请者的人数。当涉及贷款、住房和保险时，算法可以用来扩大那些最需要或最有资格的人的准入机会。在这个阶段，我的观点更简单：体现为算法的代码是一种越来越重要的分配正义机制。它需要密切的政治关注。

随着时间的推移，我们将更多地了解算法如何与市场和国家互动，市场和国家在过去是分配正义的关键机制。算法显然不会取代市场和国家，但它们会以有趣且重要的方式影响以上二者的功能。在已经列出的例子中，算法决定了获得社会物品的条件，而这些物品以前是根据市场力量或国家干预来分配的。这是一个重大的变化。

算法和市场参与

其次，算法作为市场参与者进行干预，除了做其他事情外，还买卖价值数十亿美元的金融产品。这会在分配上产生影响，例如，自引入自动交易以来，金融机构所享有的财富在总财富中所占比例急剧膨胀。[28]

算法和信息

第三，算法越来越多地被用于确定购买者可以获得的信息。在美国，超过80%的消费者在购买产品前会上网搜索，搜索结果直接界定了他们在购买时的选择范围。[29]通常，算法会利用阶级区分，在线购物平台经常会给不太富裕的群体展示发薪日贷款*广告。[30]这种算法对

---

* 一种无须抵押的小额短期贷款，自20世纪90年代在北美大规模兴起，其信用依据是借款人的工作及薪资记录，借款人承诺在下一发薪日偿还贷款并支付一定的利息及费用。（提炼自维基百科）——译注

某些群体的好处会比其他群体大。问题是，算法应该优先考虑谁的利益？卖方还是买方？富人还是穷人？这些都是分配正义的典型问题。

算法和价格

最后，算法越来越多地干预了市场经济最根本的机制：价格机制。消费者买东西时可能会因其居住的地点而被收取不同的费用（像 Staples 这类商店对同一种产品的定价会因买家邮编的不同而不同）[31]，在不同的时间收费也不同（加油站在高峰时段的收费更高）[32]，外部天气情况也会影响收费（自动售货机通过算法，根据气温来为食品饮料定价）。[33] 以上例子看起来很简单，但算法干预价格的可能性则激进得多。研究表明，如果网飞把客户的在线行为（5000 个变量，包括用户对 IMDB 和烂番茄的访问频率）考虑在内，其利润可能会增加 12%。[34] 一个极端的结果将表现为"因人而异定价"，即算法将准确地收取顾客在付款时所能接受的最高价格。[35] 这种做法在以前是不可能的，卖主没有足够的买家信息，而且把价格变来变去也不可行。但是，在数字生活世界中，情况却并非如此。当我使用数字应用程序购买物品时，基于本人曾经的消费习惯和卖主对我的其他了解，也许很难知道现在所显示的价格是不是专门为我设定的。

算法对价格机制的干预引发了关于分配正义的深刻问题。这难道仅仅是人们为同样的东西支付不同价格的问题吗？对于稀缺社会物品的分配，市场已经不能保证满足最不富裕的人或社会物品使其享有优先权。市场也不能保证机会平等，或者确保人们得到他们应得的东西。因人而异定价会使情况变得更糟。一个病人可能愿意为一场挽救自己生命的简单手术支付一生的积蓄，但这意味着他应该支付这笔钱吗？或许，算法可以为再分配的目的服务，对于同样的商品，富人多付一点，穷人少付一点。

　　这也可以被视作与自由有关的问题。商品的价格在一定程度上决定了我们在生活中能做什么和不能做什么。[36]用一句古老的俏皮话来说,"利兹酒店(Ritz)对富人和穷人都一样开放"——但我们知道,实际上能自由出入的只有富人,因为他们有支付能力。当我们打乱价格时,我们也打乱了自由。

　　几个世纪以来,我们一直在讨论什么经济规则是适用于市场和国家的,如今,同样的讨论也应该针对代码。什么应该被视为可接受的?什么应该被管制?什么应该被禁止?第十六章会对此有更多的说明。

　　现在,让我们来谈谈第二种正义:承认。

第十五章
承认的算法

在我工作的非洲中部高地，当人们在散步时遇见对方……在一条小径上，一个人说"嗨，你好吗，早上好"，但答案并不是"我很好，你好吗？"他们的答案翻译成英语就是："我看见你了。"想想看。"我看见你了。"我们每天和多少人擦肩而过却从未彼此看见呢？

——比尔·克林顿

社会正义不仅仅涉及物品（stuff）的分配。被迫亲吻主人脚下泥土的奴隶，在厉声呵斥的老板面前畏畏缩缩的工人，妻子被迫屈服于丈夫的残忍要求，这些情况会使我们的良心不安，但却不全是因为一方富裕一方贫穷。这种不公正来自另一组不平等——地位和尊严。这就是思考社会正义的第二种方式：承认的正义。[1]

从这个角度来看，不管一个人拥有多少钱，因其出生、阶级、性别、种族、职业、年龄、残疾和文化或其他特征而被视为高人一等或低人一等都是不公平的。人类有一种根深蒂固的愿望，就是希望得到有尊严的对待，希望自己的生活方式被尊重。[2]阿克塞尔·霍耐特（Axel Honneth）将其称为"为承认而斗争"。[3]对许多人来说，这种斗争比争取分配正义更重要。这一点常常让政治精英们感到困惑，也是不太富裕的选民经常拒绝那些看上去符合他们经济利益的社会福利政策的原因。他们对自己被同情或别人屈尊俯就的反感——在别人眼里低人一等——可能超过纯粹的经济担忧。

"承认"这个概念源于德国的政治思想传统——强调社群在帮助个人充分发挥其潜力上的作用。它借鉴了黑格尔的一个稍显矛盾的思想，即为了个人的发展，我们首先需要他人的承认和尊重。它还借鉴了伊曼努尔·康德的观点，即每个人都应被看作自主的、能承担道德责任的个体，有能力制定自我管理的法律和规则。德语中有一个特定的词汇 Mißachtung，用来描述没有给予某人应有的承认，这个词听起来像打喷嚏，通常翻译为"不尊重"，但它巧妙地包含了人际交往中的各种错误：羞辱、侮辱、贬低和虐待。[4]

承认中的不公正有两种形式：客观的不公正和主体间的不公正。等级制度是造成客观不公正的原因。例如，在亚里士多德所处的社会里，奴隶和妇女生来就被认为是低人一等的。这在他们的社会地位上得到了相应的反映。当个体无法将彼此视为具有同等道德价值的存在时，就会出现主体间的承认缺失。你是那种看不起下层社会的衣着、习惯和口音的人吗？当你看到与你不同的人时，你是否承认你们共同具有的人性，还是在心中涌起一阵恐惧、厌恶甚至憎恨？当你从一群潜伏在街角的年轻人身边走过时，你把他们看作同道，还是动物或人渣？

承认的正义是指把彼此视作同伴，并以同伴的方式对待彼此。一代又一代的 LGBTQ+ 人*一直在与剥夺他们参军、结婚和收养孩子的权利的（客观的）规则抗争。他们也努力让自己的爱和欲望（主体间地）被认为与其他人的爱和欲望具有同等的价值——而不是被视为有罪的或可耻的。这样的运动从来就不仅仅关乎财富的再分配。用伊丽莎白·安德森的话来说，他们的观点是"创建人际关系平等的社会"。[5]与这种理想相反的观念是，认为有些人的生命从本质上来说就没什么价值。

---

* 男 / 女同性恋、双性恋、跨性别者和酷儿的统称。——译注

这种观念可以在种族主义、性别歧视和仇外主义的教条中找到。[6]

不被承认的另一个后果就是压迫。正如艾利斯·玛丽昂·扬（Iris Marion Young）所解释的那样，这个概念包含了各种弊端。有时它意味着剥削，譬如一个群体让另一个群体在不公正的条件下工作。有时它意味着边缘化，像某些群体（如依赖他人的老年人）注定要孤独终老，受人排斥。被边缘化的群体每天都必须重新证明他们的尊严，而那些穿着、口音、肤色和资格都正确的人，则理所当然地被认为是正直的，他们得到了警察、服务员、公职人员等更用心的服务。文化压迫允许占主导地位的群体将他们的艺术、音乐和美学视为"正常"，对少数群体的文化则报以成见、忽视或压制。电视节目中扮演恐怖分子的大部分都是穆斯林就是文化压迫的一个典型例子。这个问题不是用再分配税就能解决得了的。

在极端案例中，不被承认会演变成人身暴力：女性在公开或私下场合受到性侵犯，法国的犹太学龄儿童因惮于被攻击而不得不受到武装护送，非洲裔美国人成为警察暴行的受害者。[7]在美国，残疾人成为暴力犯罪受害者的可能性是一般人的 2.5 倍左右。[8]

平等地关心和尊重人并不一定意味着对每个人都一模一样。事实上，这在一定程度上是为了认识到每个人都是不一样的；我们都拥有独特的身份、需求和属性，这些使我们成为我们自己。面对脆弱的老年人，或任性的年轻人，公平对待他们的方式应有所不同。如果某种文化正处于困境，那么我们就可以向该群体合理地提供额外的资源和支持。[9]

对于分配和承认哪一个是社会正义更重要的方面，学术界仍存在着一些争论。我们不需要做出决定：显然，这两者都很重要，而且它们通常紧密相连。如果你处于社会的最底层，如身为"错误的"种姓或阶级，那么你的低下地位很可能导致你缺乏就业机会，拥有较少的经济资源。同样，如果你一贫如洗，流落街头，那么你的社会地位也不太可能很高。分配和不被承认往往是不公正的两个方面。

法律和规范

争取承认的斗争到底是如何进行的呢？我们用什么机制来决定人们的等级、地位和尊重？最重要的两个就是法律和规范。

禁止妇女投票、禁止有色人种使用公共设施和禁止同性恋伴侣结婚的法律，导致了不公平的等级制度。德国于 1935 年颁布的《纽伦堡法》将纳粹种族主义学说奉为圭臬，禁止犹太人和非犹太人之间的性行为和婚姻，并宣布只有拥有"日耳曼"血统的人才能成为公民。这样的法律是不公正的，因为它们赋予某些群体宝贵的权利，同时剥夺了其他群体同样的权利，其基础是对群体的区分，而根据公认的正义原则，这种区分不具备正当性。

法律同样能纳入种姓、阶级、荣誉和等级的规则，这些规则曾经在承认政治的历史发展中起到了重要作用。但这些规则也可以存在于法律之外。它们就像主宰欧洲几个世纪的贵族制度一样，往往都伴以关于头衔、称谓、惯例和仪式的复杂规范。皇室和贵族家庭的成员会被虚情假意地尊称为"陛下"或"阁下"，并伴有大量的谄媚、鞠躬礼、屈膝礼、脱帽礼和亲吻戒指礼。在自我意识不那么强烈的时代，上层阶级经常用笼统的名字称呼下层阶级，这些名字几乎不承认他们的人格，例如"男孩""女孩""女人""奴隶"。[10]

如今，公开的不公正法律等级制日益萎缩，旧的社会地位和角色规则通常被视为尴尬的存在。然而，许多旧的等级制度已僵化为经济、工作、家庭和社会生活中的不成文规范。规范是很棘手的，因为它们通常没有明说，却一直潜伏在我们的传统和习俗中。这些规范常常会使我们无意识地以不公正的方式对待他人。男女同工不同酬有时是蓄意歧视的结果，但其主要是由工作场所中一些不成文的假设和行为共同造成的。它同样是承认的失败导致分配不公的一个典型例子。

算法和承认

未来，算法除了在分配资源方面发挥作用，还将越来越多地用于对人类进行识别、排名、分类和管理。这意味着争取承认的斗争将在代码领域展开，就与在法律和规范中一样。

算法在争取承认的斗争中有三个方面的重要意义。

数字的不尊重

曾几何时，我们都领教过公务员的粗暴，或者被客服人员看扁过。当下能对我们不尊敬或不人道的还只有人类；然而，在数字生活世界里，这种情况将不复存在。2016 年，新西兰的一名亚裔男子在线申请护照遭拒，因为自动系统将他上传的照片识别为闭眼照。[11] 这只是未来可能发生的情况的暗示：在这个世界上，争取承认的斗争长期以来仅限于人与人之间，而在将来，这个斗争也会扩张至与我们朝夕相处、频繁互动的数字系统。超过三分之一的美国人承认在言语上，甚至在物理上伤害了自己的电脑。[12] 技术不能正常运转就足以让我们义愤填膺了，更何况再加上被智能数字系统驳回、忽视或侮辱时的愤怒和羞辱，尤其是当这种粗暴对待是由种族、性别或其他任意特征带来的。

数字排名

其次，在未来，授予表扬、荣誉、威望和名声的方法也有新花样。粉丝、好友、收藏、点赞和转发已然成为一种新的货币，人们的想法和活动通过它进行评分、衡量和比较。[13] 在社交媒体平台上，对名声、名人、宣传和承认本身的追求和接受程度日益上升。持有和分享对彼此的观点并不是什么革命性的突破，但技术意味着我们可以更频繁、更有效和更精确地表达这些观点。最大的不同在于，算法越来越多地决定了这些排名和排序系统如何发挥作用，选择谁被看到，谁被隐藏；谁入局，谁出局；哪些内容会像病毒一样传播开来，哪些内容注定无人问津。数字生活世界中会有很多"可见性的不平等"——我们当中有些人将是完全不可见的。[14] 过去，决定可见性、地位和尊重的是政治、法律、文化和社会精英。未来，它将更多地由算法来完成。再说一次，这种情况本质上并不是一件坏事。问题（在第十六章）是使用新的决定方法是否能比旧方法带来更多的正义。

同样，给数字生活世界中的生活评定也变得日益容易了。我们可以根据可信度、可靠性、吸引力、魅力、智力、力量和健康，以及其他任何被认为合适的因素来给出整体的个人评分。从争取承认的角度来看，这种情况可能会让你感到些许不安。将人们的受欢迎程度和社会价值如此赤裸裸公开量化的做法是否明智？开发一种基于人们身上可被人感知的"优点"来对其排名和评级的系统，是一种审慎的做法吗？——这并非单纯出于此类排名可能是错误或不公平的，原因还在于，给人打分的行为本身就扭曲了我们在价值上对人的生命一视同仁的能力。个人评级系统的风险在于，它鼓励我们追求的并不是平等的社会地位，而是与同辈比起来更有利的地位。这是令人遗憾但又很常见的人类缺点。例如，我们从收入中获得的自尊和社会地位，更大程度上取决于我们同龄人的收入，而不是我们客观上挣了多少钱。[15] 持续的社会比较只会加剧这一令人遗憾的缺点。在过去的美好时光，我们回家后可以平静地、略带苦涩地反躬自省；如今，总会有一些自鸣得意的校友在 Facebook 上谦虚地吹嘘自己最近的晋升。在数字生活世界，还可能会发生更加可怕的事情。

数字过滤

最后，正如我们在第八章中看到的，在数字生活世界中，感知控制技术将用于过滤我们感知他人的方式。数字系统（包括但不限于增强现实技术）将日渐横亘于人与人之间，决定他们对彼此的了解。在争取承认的斗争中，还有谁的影响力能大过它呢？

从算法角度思考正义

对于那些究其一生只从市场、国家、法律和规范的角度来思考正义的人来说，最近这两章中的一些观点几近异端邪说。其实，说代码将涉及社会正义问题还有什么好惊讶的呢？竞争的分配模式（谁在何种条件下，以何种比例得到什么东西）和承认模型（谁的排名更高 / 低，谁更重要 / 不重要）在本质上就是算法。回想一下引言中提到的苏美尔人的泥版文书，其中就包含了人类历史上最早有记录的算法，并且直接涉及分配问题：如何在不同数量的人之间分配粮食收成才是最好的。[16] 就其核心而言，相互竞争的正义观本质上是由相互竞争的原则确证的替代算法。现在这些算法正在进入代码，它们将很快触及人类生活的方方面面。我们要做的是确保定义数字生活世界规则的算法能够符合正义原则的要求。为了看看事情可能会在哪些方面出问题，我们现在开始考虑算法不公正这一概念。

第十六章
算法不公正

我们不知道为何这个世界充满苦难。但是，我们可以知道，世界是如何决定痛苦将降临于某些人而不是其他人的。

——圭多·卡拉布雷西和菲利普·博比特，
《悲剧性选择》（1978）

在数字生活的世界里，社会工程和软件工程将变得越来越难以区分，有两个原因。首先，随着时间的推移，在市场和国家体系里，算法逐渐会被用于确定重要社会物品的分配，包括工作、贷款、住房和保险等。其次，在法律法规允许的范围下，算法在对人的识别、排序、分类和管理方面的应用也会越来越多。分配和承认作为社会正义的实质，将来会被逐渐托付给代码。这是本书以上两章的主题。更委婉地说，这将是人类政治生活的重要发展。这意味着可以用代码来减少不公正，代码也可以让旧的不公正沉渣泛起，也可能创造新的正义。在数字生活世界中，正义在很大程度上取决于其所使用的算法及应用算法的方式。我之所以谈到算法的应用，是因为算法和数据的结合经常会产生不公正的结果，这种情况不是算法一方造成的。下文将进一步解释此说法。

接下来，我将花一点篇幅来为思考算法不公正提供广泛框架。算法不公正即指算法的应用会产生不公正的结果。我们从两种主要的算

法不公正开始：基于数据的不公正和基于规则的不公正。然后，我们
检视我称其为"中立谬误"的东西，这个有缺陷的观念认为，我们需
要的是中立或公正的算法。在本章的最后，我们会发现，隐藏在所有技
术背后的大多数算法不公正，实际上可以追溯到人的行为和决定——
从软件工程师到使用谷歌搜索的用户，都可能是其中的一分子。

速成测试

在讨论细节之前，有一种简单的方法可以判断某个算法的特定应
用公不公正：它提供的结果是否符合相关的正义原则？以用于计算医
疗保险费的算法为例。譬如，为了符合充足主义者的原则，这种算
法必须将资源集中在社会最贫困的那部分人身上，确保他们有低保。
相反，如果它向穷人普遍征收更高的保险费用，那么很明显，它最终
将使穷人更难获得保险。因此，从充足主义者的角度看，这种应用就
是不公正的。多么简单！这个粗略、方便的测试采用了一种结果导向
的方法，它并不试图评估代码的应用在本质上是善良的或是正确的，
也不需要对算法本身进行严密的技术分析，只需要评估某种算法的应
用产生的结果是否能与给定的正义原则相一致。这只是评估算法不公
正的一种方法。政治理论家的任务之一就是要发现更多的评估方法。

"算法区分"

不同类型的算法不公正有时被集中在一起，统称为"算法区分"
（algorithmic discrimination）。我一般避免使用该词和"算法偏见"
（algrithmic bias），因其会令人不解。区分（discrimination）是一个
微妙的概念，至少有三个可接受的含义。第一个是中性的，指的是

区分一件事物和另一件事物的过程。［如果我说你是一个极有眼光的（discriminating）艺术评论家，我是在称赞你的敏锐，而不是在说你偏执。］第二个是指在群体之间明显不公平的区分，比如父亲拒绝让自己的孩子与其他种族的孩子交往。第三个则是法律意义上的，指违反禁止给予特定群体较差待遇的某一特定法律的规则或行为，即歧视。作为一名律师，我经常处理涉嫌歧视指控的案件。

从上述不同可以看出，并不是所有的区分都是不公正的，也不是所有不公平都是非法的。例如，在英国法律里，雇主不能歧视雇员的年龄、残疾、变性、怀孕生育、种族、宗教信仰、性别和性取向等，但他们可以根据阶层区别对待（只要不违反其他法律）。基于阶层的区分并不违法，但它仍然是不公正的。这种区别非常重要，因为记者和律师往往把算法不公正的问题简化为法律上的歧视问题，美国或欧洲法律允许这种代码应用吗？尽管这类问题很重要，但政治理论的方法更为广泛。我们不仅需要问什么是合法的，还要问什么是公正的；不仅要知道法律是什么，还要知道它应该是什么。所以让我们暂退一步，从更宏观的角度来考察这个问题。

算法的不公正主要有两类：基于数据的不公正和基于规则的不公正。

基于数据的不公正

当一种算法应用于选择不当、不完整、过时或存在选择偏见的数据时，不公正就出现了。[1] 不良数据的问题对机器学习算法来说尤其突出，因为机器只能依据其面对的数据来学习。例如为人脸识别而训练的算法，如果它的训练集主要是白人面孔，那么在遇到非白人面孔时，机器就很难或者根本识别不出来。[2] 如果语音识别算法是从包含大量男性声音的数据集中训练出来的，那么它将无法辨识女性声音。³ 如果训练时接触的主要是白人面孔，那么就连一种可以根据面部对称、皱纹和年轻程度等所谓"中立特征"来判断人是否美貌的算法，也会发展出对白种人特征的喜好。在最近的一次竞赛中，来自世界各地的 60 万名参赛者发送了自拍照，由机器学习算法进行评判。在被认为最具吸引力的 44 张面孔中，只有 6 张不是白人，而其中肤色明显偏黑的只有一人。⁴ 一个名叫 Flickr 的图片网站将黑人照片自动标记为"动物"和"猿猴"，将集中营的照片打上了"运动"和"攀爬架"的标签。⁵ 谷歌的照片算法竟把两个黑人标记为"大猩猩"。⁶ 不管算法有多聪明，若给它灌输的都是对世界的片面或误导性的看法，它就不会公正地对待那些被隐藏在其视野之外或光线暗淡处的人。这就是基于数据的不公正。

基于规则的不公正

即使没有数据选择不佳、不完整、过时或选择偏见的影响，若算法应用的规则不公正，也会产生不公正。这包括两种类型：显性不公正的和隐性不公正的。

显性不公正的规则

显性不公正的规则是指：根据表面上看起来就不公正的标准来决定有关分配和承认的问题。某机器人服务生被编入拒绝为穆斯林服务的程序，只因对方是穆斯林；某安全系统被编入针对黑人的程序，只因为对方是黑人；某简历处理系统被写入拒绝女性申请者的程序，只因对方是女性。这些都是显性不公正的标准。它们之所以不公正，是因为挑出来的个人特征（宗教、种族、性别）和其导致的分配或承认被剥夺的结果（一盘食物、进入某建筑物的许可、一份工作）之间没有原则性关联。

　　显性不公正的规则在涉及种族和性别等特征时最为明显，这些特征在过去是典型的压迫依据，与该规则的适用背景无关。然而，导致不公正的其他标准还有很多。以相貌丑陋为例，如果我拥有一家夜总会，它安装有扫描人脸的自动门禁系统（叫它"机器保镖"好了），够漂亮的人才准入内，这样算不算不公平？现实生活中的保镖也总这么做。如果应聘者具备胜任这份工作的资格，而招聘算法却基于应聘者的信用分数将其拒绝，这种做法是否有失公允？反过来说，如果某人是 Facebook 上某有钱人的朋友，信用评分算法就去给他更高的评分，这公平吗？[7] 根据现行法律，这些例子可能并不构成歧视，但仍可以说它们是不公正的，因为它们依据标准，而非参照与个人直接相关的属性，来确定人们是否能够获得一项重要社会福利。

　　规则在很多方面都可能是显性不公正的。这里有一个任意性的问题，即所应用的标准和所寻求的东西之间无关。或者它们违反了"群体属性谬误"（group membership fallacy）：我属于一个群体，而这个群体往往具有某种特征，但这并不意味着我一定也有那种特征（这一点在概率的机器学习方法中时常被忽略）。还有一个根深蒂固的问题：来自高收入家庭的学生在大学取得更好成绩的可能性更大，但以家庭收入作为录取标准显然会加深已然存在的教育不平等。[8] 这是一种因果关系谬误：数据或许会显示，打高尔夫的人往往在生意上更成功，但这并不意味着他们生意的成功是打高尔夫带来的（在此类基础上的招聘很可能与正义原则相龃龉，因为正义原则认为招聘应该择优录取）。这只是其中几个例子，鉴于我们对人类无知和偏见的了解，它们显然只是冰山一角。

隐性不公正的规则

隐性不公正规则是指：不直接单独粗暴对待任何特定个人或群体，而是间接地使某些群体受到不如其他群体的待遇。如招聘规则要求应聘者身高必须超过 1.8 米，喉结突出，尽管它并没有提及性别，但显然是对女性更不利的。

隐性不公正的规则有时被用作公开的性别歧视或种族主义的遮羞布，但不公正这种副作用总归不是人们乐于接受的。想象一下，一个软件工程师的招聘算法会优先考虑 18 岁之前就开始编程的人。如果你和大多数人一样相信，早年的学习经验是日后熟练度的良好指标，那么这个规则似乎是合理的。它并没有直接挑出任何社会群体给予较差待遇，因此它不是显性不公正的。但在实践中，这个规则就可能会损害女性候选人的前途，因为文化和代际因素，她们年轻时或许没有接触过计算机科学。同时，它还会限制年龄较大的候选人的机会，因为他们小时候家里甚至没有个人电脑。因此，一个看似合理的规则可能会间接地使某些群体处于不利地位。[9]

不公正的规则在形式上可能很微妙。让我们回顾一下此前在基于数据的区分部分讨论过的人脸识别算法。这些算法在数字生活世界中将会很常见，因为强大的系统每天都在识别我们，并与我们互动。想象一下与数字系统互动时的可怖场景，它可能由于色差、疤痕或毁容等特征的变化而无法识别你的脸。可见，即使是定位人脸这种小事，也可能危机四伏，更不用说确定这张脸到底属于哪个人了。一种方法是使用算法定位"或明或暗的'斑点'图案"，来表示眼睛、颧骨和鼻子。但是，由于这种方法有赖于脸部颜色和眼白之间的色彩对比，光线问题可能会导致较难识别某些种族。而"边缘检测法"（edge detection）则试图找出人脸与其周围背景之间的区别。这仍然会造成问题，因为它取决于人脸的颜色和背景的颜色。还有一种方法是根据预先写入的肤色调色板来检测人脸。这种技术或许不会产生冒犯性结果，但它需要程序员在定义什么颜色是"肤色"时具有高度的敏感性。[10]你可能疑惑，这有什么好大惊小怪的？但若由于种族原因，人们一直无法识别某个群体，这就会被认为是一种明显的不承认，也是对该群体尊严的侮辱。被机器和人无礼对待，究竟哪一个更糟糕，还不太容易回答。不过，无论机器还是人，皆事关正义。

再举一个棘手的例子。"普林斯顿评论"提供 SAT 在线辅导课程，这款软件根据学生所在地邮政编码收取不同的费用。其目的似乎是让富人支付更多的私人学费。在相对贫困的地区，课程费用可能是 6000 美元，而在更富裕的地区，费用可能高达 8400 美元。从表面上看，根据公认的正义原则，这一规则可能是合理的，它优先考虑较不富裕的人群，看上去是在鼓励机会平等。但它也有一个副作用，就是对亚裔美国学生收取更高的学费。从统计数据来看，亚裔美国学生往往集中在较富裕的地区，因此对他们收取更高学费的可能性几乎是其他群体的两倍。[11]这个事例的棘手之处在于，它需要在两个相互冲突的正义原则之间进行权衡：是给予穷人教育优势更重要，还是避免差别对待某些族群更重要？你的答案可能与我的答案不同，这都很正常。

上一段的例子有效地提醒我们，并非所有区分群体的规则都必然是不公平的，即使它们使得某些群体的待遇不如其他群体。有时，根据正义原则，"区分"可以被证明是正当的。几年前，在我决定自己的人生方向时，曾考虑过参军。像许多头脑发热的年轻人一样，我被英国精英团——英国特种空勤团（SAS）深深地吸引住了。我拿着笔和记事本，满怀激动地坐下研究 SAS 的招聘网站。我从网站上了解到，很多人都想加入空军特种部队，而他们中的大多数都失败了。艰难的筛选过程将把大多数人都淘汰下去，平均每 125 名候选人中，最后留

下的只有 10 人。"太棒了,"我对自己说,"这听起来很有挑战。"继续
读下去,我了解到这个选拔过程包括三个阶段。第一项是"耐力",一
项为期三周的体能和生存测试,要背着 25 公斤的背包,跋涉 65 千米,
穿越臭名昭著的恶劣地形——南威尔士的布雷肯山和布莱克山。幸存
下来的人就能进入伯利兹的丛林训练阶段,这个阶段"将淘汰那些不
能遵守纪律的人",以便"选出能在高压严酷的环境中连续工作数周的
人"。听上去挺不错的。伯利兹阶段过后,学员们可以放松下来,因为
他们知道,该过程的第三个阶段,即逃生、避险和战术讯问,只需顶
住白噪声轰炸下残忍的审讯,并以"压力姿势"(stress positions)立
正数小时就能过关。该网站耐心地解释道,"女性审讯者"甚至会"嘲
笑其审问对象的男子气概"。

　　因此,我放弃参军,成了一名律师。

　　英国特种空勤团的招募过程显然体现了"区分"的中性含义。最
重要的是,它将"真的猛士"和"沙发土豆"区别开来,后者希望不
费什么力气就能穿上酷酷的制服。更直接地说,在寻找具备必要素质
的"男性"时,它也完全排除了妇女在部队服役的机会。第一个区分
显然是一种合法的"区分"形式。第二个则是有争议的:有些人可能
会说,如果能通过这些阶段的考验,女性为什么不能加入 SAS 呢?如
今,世界各地的军队都有女战士的身影。除了大多数律师都是糟糕的
士兵这一事实,我还认为,对区分的识别只是对话的开始。这就是一
再说这个术语并不总是有用的原因。对于隐性或显性不公正的规则,
真正关键的始终是其结果能否根据正义原则被证明。

中立谬误

　　关于算法,最令人沮丧的事情之一是,即便其应用规则刻意在群

体之间保持中立，它仍然可能导致不公平。为什么会这样？因为中立规则会重复和巩固世界上已经存在的不公正。

如果你在谷歌上搜索一个非洲裔美国人式的名字，你很可能会看到instantcheckmate.com的广告，这是一个提供犯罪背景调查的网站。如果你输入的名字不像非洲裔美国人的名字，该网站就不会弹出。[12]这是为什么呢？可能是因为谷歌或instantcheckmate.com应用了一项显性不公正的规定，即非洲裔美国人式的名字应该触发犯罪背景调查的广告。不出所料，谷歌和instantcheckmate.com都强烈否认这一点。那么究竟发生了什么呢？尽管我们不能确定，但也可以推测，谷歌是通过应用一个中性规则来决定应该显示哪个广告的：如果输入搜索词X的人倾向于点击广告Y，那么广告Y就应该更加突出地显示给那些输入搜索词X的人。这种操作带来的不公正，并非由显性不公正的规则或低质量数据引起：我们得到种族主义的结果，是因为人们之前的搜索和点击就显示了种族主义的模式。

如果你使用谷歌的自动完成系统，也会出现类似情况，该系统会根据输入的前几个单词提供完整的问题。如果你输入"为什么同性恋……"，谷歌就会提供若干完整的问题，如"为什么同性恋有奇怪的声音"。一项研究表明，在自动完成的有关黑人、同性恋和男性的问题中，本质上是"负面的"问题"占比相对较高"：

> 对黑人来说，这些问题包含了将他们塑造为懒惰、犯罪、欺诈、成绩不佳以及患有各种疾病（如皮肤干燥或肌瘤）形象的描述。同性恋者则被冠以感染艾滋病、下地狱、不配享有平等权利、声音高或说话像女孩等消极的描述。[13]

这些都是算法不公正的典型例子。宣扬对某些群体的负面刻板印象的系统谈不上平等地对待和尊重他们。它带来的后果也必然体现在分配上。例如，男性看到的高收入职位广告比女性看到的要多。这无疑意味着男性经济机会的增加，而女性的经济机会在减少。[14]

在这些案例中出现的情况是，应用在统计学上具有代表性的数据的"中性"算法，似乎已经重现了世界上已经存在的不公正现象。谷歌算法将"为什么女人……"的问题自动补充为"为什么女人说话那么多"，因为有很多用户曾问过这个问题。它为我们的偏见提供了一面镜子。

再举一组不同的例子，随着时间的推移，这些例子的重要性可能会越来越显著："声誉系统"（reputation system）根据他人的评价来帮助确定人们获得社会物品(如住房或工作)的机会。Airbnb 和 Uber 是"共享经济"的领头羊，它们依赖的就是这种声誉系统。当然，也有对教授、酒店、租户、餐馆、书籍、电视节目和歌曲以及其他任何能够量化的东西进行评级的方法。声誉系统的意义在于，它允许我们根据其他人对同一陌生事物的评价来做出判断。正如汤姆·斯利（Tom Slee）所说："声誉是对他人评价的社会升华。"[15] 相比于一个二星级的 Airbnb 房东，你当然更倾向于相信一个五星级的房东。

声誉系统相对较为年轻，也可能会在数字生活世界中变得更加普遍。reputation.com 已经开始提供能帮助你获得更好分数的服务。[16] 我认为，在数字生活世界中，我们获得商品和服务的机会可能最终取决于他人对我们的看法。回顾一下发生在中国的例子：30 多个地方政府正在编制公民的社会和金融行为的数字记录，以便对他们进行评分，这样一来，"值得信赖的人"就可以"走遍天下"，而"信誉不好的人"就会"寸步难行"。[17]

一般来说，汇总和总结人们评分的算法是中立的。对人们进行评级时，该算法只是将评分汇总成一个综合分数。问题是，即使算法是中立的，也有充分证据显示，真正打分的人不是中立的。[18] 一项研究表明，在 Airbnb 上，有着明显非裔美国人名字的房客的申请接受概率比明显是白人名字的房客低 16%。无论是大业主还是小业主，从个人业主到拥有房地产投资组合的大企业，情况都是如此。[19] 正如汤姆·斯利所言：[20]

> 声誉……无论约翰是多么值得信赖，如果他是一个想在种族主义历史渊源已久的白人社区找工作的黑人，他都很难获得良好的声誉；同样，如果一个社区依然秉持着传统观念去看待女性，那么简在管道修理方面的技能也很难得到认真对待。

因此，中立算法可能会重现世界上已经存在的不公正，并将其加以制度化。

随着时间的推移，一直在学习人类的数字系统将会学到人类身上哪怕上最不显眼的不公正。最近，一个神经网络算法在一个存储着 300 万个英语单词的数据库上学会了回答简单的类比问题。"巴黎之于法国，正如东京之于？"该系统给出了正确回答（日本）。但当被问"男人之于计算机程序员，正如女人之于什么"时，系统的答复竟是家庭主妇。问"父亲之于医生，正如母亲之于什么"，系统的回答为护士。"他"之于建筑师正如"她"之于室内设计师。这项研究揭示的东西令人震惊，但转念一想，其实又没什么可惊讶的，人类使用语言的方式反映了不公正的性别刻板印象。只要数字系统学习的对象是有缺陷的、乱作一团的和不完美的人类，我们就可以预期：中立算法将导致更多的不公正。[21]

这些例子令人不安，因为它们挑战了一种许多人（我注意到在科技圈尤其多）都有的本能：如果它对待每个人都一样，那么它就是公正的。我称这种看法为"中立谬误"。公允地说,它的历史已经很悠久了。这种理念源于普适性的启蒙理想,即在政治的公共领域中,人与人之间的差异应被视为无关紧要的。[22] 这一理想逐渐演变成一种当代信念,即人与人之间、群体与群体之间的规则应该是公正的。艾利斯·玛丽昂·扬在 20 世纪末把"公正"描述为当时"道德理性的标志"。[23] 那些不假思索地接受中立谬误的人倾向于认为,代码为正义提供了一个激动人心的前景,因为代码可以施行不具人格的、客观的和不带感情色彩的规则。他们认为,代码没有激情、偏见和意识形态承诺,这些东西潜伏于每个不完美的人类心中。数字系统可能最终会提供哲学家们寻求已久的"本然的观点"(view from nowhere)。[24]

然而,荒谬之处在于,中立并不总是等同于正义。诚然,在某些情况下,在群体间保持中立是很重要的,譬如法官在针对同一事件的两个相互冲突的叙述中做出决定时。但上述例子表明,像对待所有人一样对待弱势群体,实际上会复制、巩固甚至产生新的不公正。诺贝尔和平奖得主德斯蒙德·图图(Desmond Tutu)曾说:"如果大象把脚踩在老鼠的尾巴上,你说你是中立的,那么老鼠不会欣赏你的中立。"他的意思是,一个中立的规则很容易就会成为一个不公正的规则。然而,中立谬误给这些不公正的事例披上客观的外衣,会使情况变得更糟(它们看起来是如此自然且不可避免),但实际上并非如此。

技术专家的教训是,正义时常要求区别对待不同的群体。这个想法是平权行动和资助少数民族艺术的基础,它也应该成为我们避免算法不公的所有努力的基础。对代码应用的评判,应该看其所产生的结果是否符合相关的正义原则,而不是看所应用的算法在人与人之间是否保持了中立。诺贝尔奖得主埃利·威塞尔(Elie Wiesel)认为:"中立帮助的是压迫者,而不是受害者。"

编码良好的社会

想想数字生活世界中海量的代码及其将被赋予的巨大责任，还有它在社会和经济生活中发挥的广泛作用吧！算法的不公正似乎已经弥漫到了社会的各个角落，我们已经习惯了在线申请表的填写、超市自助结账系统、机场的生物识别护照门、智能手机指纹扫描仪和 Siri、Alexa 等早期的人工智能小助理。但未来会出现更加先进的数字系统，我们与它们的日常互动会变得无穷无尽。许多数字系统将拥有物理的、虚拟或全息的实体存在。有些数字系统也会具备人类或动物的特质，旨在建立与人的同理心和融洽关系。[25] 因此，当此类系统对我们缺乏尊重、忽视甚至侮辱我们时，我们受到的伤害就会更大。

随着代码范围和职权的扩大，算法不公正的风险也在增加。

如果我们要赋予算法在分配和承认方面更多的控制权，那么就需要保持警惕。然而，要了解某个特定的代码应用为何会导致不公正往往并不容易。过去，歧视的意图隐藏在人们的心中；未来，它也可能会隐藏在规模和复杂性惊人的机器学习算法中；它还可能被锁在一个代码"黑箱"中，受到保密法的保护。[26]

另一个困难是，潜在的不公似乎无处不在，它们潜藏在糟糕的数据中，埋伏于不公正的规则中，甚至中立的规则中也有它们的魅影，等待着向我们张开魔爪的机会。这种情况令人遗憾。然而，创造新世界的责任也落到了人类肩上，在这个新世界里，代码是机会的引擎，而非不公正的引擎。我们能很容易将算法，尤其是机器学习算法，当作能够通过其自身道德行为能力挣脱实体的力量。事实并非如此。机器能够不断"学习"的事实并不能免除我们"教导"它们区分正义与非正义的责任。除非人工智能系统独立于人类控制而存在，即便到那时，监控和防止算法不公正的也许还是人类自己。这项工作不能留给律师和政治理论家去做，担子将逐渐落在收集数据、构建系统和应用规则的人的肩头。不管你喜欢与否，软件工程师将越来越多地成为数字生活世界的社会工程师。这是一个巨大的责任。代码的不公正应用时常会潜入数字系统，因为工程师们没有意识到自己的个人偏见（这并不一定是他们的错。计算机科学学位的弧线很长，但它不一定会向正义倾斜）。有时，这可能是企业文化和价值观中更广泛问题的结果。至少，当学习后的机器提出规则和模型时，它们的输出就必须接受仔细检查，以确定它们在这种情况下是否存在显性或隐性的不公正。如果不这样做，就会导致算法的不公正。在第十九章中，我们将探讨一些可能避免这种不公正的其他措施，包括对科技公司的监管和对算法的审计。但是，为什么不能有意识地在设计系统时把正义放在心上呢？无论是平等的待遇、机会平等，还是其他适用于这个特定应用的原则。代码可以为正义提供令人兴奋的新前景，而不仅仅是另一个令人担忧的威胁。

我们需要蒂姆·伯纳斯-李所设想的一代"哲学工程师"，这一群体必须比现在更加多样化。把事关正义的算法托付给一个绝大多数由男性组成的工程师团体是不正确的。[27] 非洲裔美国人拥有约10%的计算机科学学位，约占劳动力总数的14%，但在硅谷计算机行业中，非洲裔美国人所占比例才不到3%。[28] 至少，劳动力群体若更具公众代表性，可能意味着人们对任何特定代码应用程序的社会影响会有更加深刻的认识。

现在，是时候放下算法的不公正，转向数字生活世界社会正义的另一个潜在挑战了：技术导致的失业。

第十七章
技术导致失业

> 拥有技术和力量的机器代替了工人，它们本身就是
> 有灵魂的技艺大师，按照机械法则运作。
>
> ——卡尔·马克思，《机器论片段》（1861）

你是为了生活而工作，还是为了工作而生活？将来，可能两者都不是。

人工智能系统已经可以在一系列能力上与人类匹敌甚至超越人类，如语言翻译、面部识别、语音模仿、车辆驾驶、文章撰写、金融产品交易和癌症诊断。即使被认为是冷漠、毫无生气的人，人工智能系统也能通过人眼根本无法察觉的信号来分辨其情绪是高兴、困惑、惊讶，还是厌恶。这一点在经济上的影响是深远的。十多年前，在智能手机问世之前的 1990 年至 2007 年之间，仅工业机器人的运用就导致美国削减了 67 万个工作岗位。[1] 从 2000 年到 2010 年，美国共失去了约 560 万个制造业岗位，其中有 85% 可归因于技术变革。[2] 麦肯锡的分析师在 2016 年估计，"目前现有的技术"可使 45% 的工作靠自动化就能完成，而现在这些工作是我们花钱雇人完成的。[3] 这还仅仅是使用现有的技术。在数字生活世界中，我们完全有理由期待系统的能力和复杂性得到根本提高。

　　数字系统能代替人类完成的任务越来越多了，其中有不少是我们以为只有人类才能完成的。用不了多久，它们也许就能完成所有的任务了，最后甚至做得比我们还好。当然，它们还能做很多人类做不到的事情。

　　我在导论中说过，预测技术的变化是存在内在风险和争议的。试图预测技术变革的经济后果就更加困难了。然而，出于个人原因，我将在接下来的两章尝试去预测一下。2015 年，理查德·萨斯坎德（Richard Susskind，我父亲，全球法律技术领域的权威）和丹尼尔·萨斯坎德（Daniel Susskind，我哥哥，全球最受赞誉的年轻经济学家之一）共同出版了《职业的未来》（*The Future of the Profession*）一书，他们预言，人类的专业人士将逐渐被数字系统所取代。[4] 2018 年，丹尼尔·萨斯坎德会出版一本关于这个主题的新书。怀着对自家兄弟的自豪感，我衷心希望这本书能成为该领域的权威著作。因此，我在本书若不涉及技术导致失业的话题，这将是对家庭的背叛。

　　（我知道，我知道，我们家是有点奇怪。）

　　撇开对家族的忠诚不谈，如今，任何有责任心的公民都不能忽视被越来越多经济学家接受的前景：未来可能没有足够的工作供应给人类。我称之为"技术导致失业论"（technological unemployment thesis）。我并不寻求详细评估支持和反对它的经济论据。我也承认一些令人尊敬的思想家认为它是有缺陷的。然而，我认为，即使它只是部分正确，其结果也会极其深远，我们肯定不能坐视不管。因此，既然我们还有时间，做点智力上的锻炼也未尝不可。

　　本章的分析分为四个阶段。我们先从技术导致失业论本身开始。然后，考察"工作范式"（work paradigm），即需要通过工作来获得收入、地位和幸福的理念。接下来，我们会在工作范式的范围内考虑应对技术导致失业的三种方式：将工作视为稀缺资源，给予人们工作的权利，尝试完全抵制自动化。最后，我们将大胆地对工作范式本身提出挑战，看看能否建立一个在缺乏普遍就业的情况下也能享有收入、地位和幸福的世界。或许，经济上的剧变同样需要智力上的剧变。

技术导致失业

论 点

技术导致失业论预测，技术的发展最终将导致大规模的人类失业。它基本按照如下方式运行。

我们眼中的"工作"实际上只是一系列经济上有用的任务。随着时间的推移，机器完成这些任务的能力将逐渐与人类持平并最终超过人类。对公司来说，使用机器会比雇用人力更划算。现在受人雇用做工的人们最终会发现，他们提供的服务已经不再被需要了。[5]

在技术导致失业的第一阶段，需要做的工作在总体上会减少，但还是足够分配的。下岗工人可以接受再培训，然后上岗。职业生涯中期的教育和培训对他们找工作的前景至关重要。但随着时间的流逝，失业者会发现剩余工作的数量在不断缩水，他们也很难再获得上岗所需的培训和资源。如果你是英格兰北部的一名被机器人抢了饭碗的钢铁工人，那么得知谷歌正在帕洛阿尔托招聘软件工程师的消息并没有多大帮助。[6]

随着失业人数的增加，就业竞争也会变得异常激烈。除了一些需求量很大的超级人才，大多数仍在工作的人会面临降薪，因为总有一群绝望的人聚集在工厂门口，称自己愿意拿更低的工资。

到时候，当机器的工作能力和可靠性达到一定水平后，雇用人力来完成经济任务在经济上就毫无意义了。因此，需要人类来完成的工作机会就不够供应了。最终，只有一小部分人能够找到有报酬的工作。

到了这个阶段,借用年轻的马克思在 1844 年说过的一句话:"工人已经变成了一种商品,能找到买主对他来说就已经很幸运了。"[7]

大范围的失业不会导致经济停滞。相反,自动化将使公司节省大量资金并提高效率。它们的利润将作为资本再投资,或以较低的价格造福消费者。[8]经济将会增长。过去,我们可能会期待这样的增长能为人类创造更多的就业机会,因为对商品和服务的需求的增长通常意味着需要更多的提供这些商品和服务的劳动力。但这种情况在未来将不复存在,因为机器最终会比人类更有效地完成任何额外的任务。

总的来说,经济的蛋糕会变大(没错,伙计们,甜点的比喻又回来了),但人类工人分得的蛋糕会越来越小。最极端的结果是,绝大多数适龄工人可能会失业。但是,即使有一半或三分之一的适龄工作人口找不到工作,其影响也将是难以承受的。

谁会是最先失业的人?

人们凭直觉认为,受教育程度较低的工人会在技术导致失业的大潮中首当其冲。目前,雇用焊工的费用约为 25 美元 / 小时,使用机器人则只需 8 美元 / 小时。[9]超市收银员也面临智能商店的挑战,这些"智能"商店将不再需要人工收银员和货架摆放员。[10]美国一国的卡车司机就有 350 万人,他们的饭碗可能都会被无人驾驶汽车抢走,因为它们可以不眠不休地干上好几周。在餐饮行业,能完成从制作到装盘全流程的工作系统将取代数以百万计的低收入工人:

> 当快餐店工人把冷冻肉饼扔到烤架上时,动力机器设备会把新鲜肉末做成夹心肉饼后按需烤制,甚至还能做到锁住汁水、外焦里嫩呢!这台机器每小时可生产约 360 个汉堡。顾客下单后,它能依次烤好面包、切片并在其中夹入番茄、洋葱和泡菜等新鲜

配料。制作好的汉堡在传送带上等待供应顾客。[11]

然而，有证据表明，20 世纪的技术进步在增加高学历工作数量的同时，实际上也增加了低学历工作的数量。然而，中等学历的工作却减少了。[12] 这一现象应如何解读呢？答案就在丹尼尔·萨斯坎德的一项最重要的发现中：人类执行一项任务所需的教育水平，并不能成为判断这项任务对机器来说容易还是困难的可靠指南。机器之所以能超越人类，不是通过像人类一样"思考"或工作，而是在于它们使用的是与人类完全不同的计算机和机器人的方法。这就解释了为什么律师的工作可以被自动化，化妆师的工作却很难自动化。

因为我们不了解机器是如何执行某些任务的，因此，现在还很难确切地讲谁会是最先失业的人。根据麦肯锡的研究，"物理上可预测的活动"比物理上不可预测的活动更容易实现自动化。最难自动化的是那些涉及管理和开发的工作，以及将专业知识应用于决策、规划和创造性工作的任务。[13] 但是，正如萨斯坎德在《职业的未来》一书中所言，从长远来看，即使是最复杂的职业工种也可以被分解并自动化，包括那些据说需要"人情味"的工作的许多方面。[14]

然而，随着时间的推移，问题就不只是某个当前由人类完成的任务的自动化那么简单了。我们所期望的结果可能是以完全不同的方式实现的。例如，由于汽车取代了马和马车，我们不再需要马蹄铁制造工，机器能否更好地完成马蹄铁工匠的工作就变得完全无所谓了。人们不需要外科医生，或者即使是能比人类更好地完成外科医生工作的机器，人们也不需要。他们想要的是健康。如果另一个医学领域（比如纳米技术）的发展使得某些外科医生的工作变得多余，那么机器能否更好地完成人类外科医生的工作也就无关紧要了。[15] 人类的冗余将以各种形式出现，把我们目前所做的工作自动化只是其中的一部分。

那么，面对一个普遍失业的世界，政治理论可以发表什么高见呢？

工作范式

古人不喜欢"为了生计而工作"的想法。在《旧约》中，工作以一种神的报应的形式出现，"你必汗流满面才得糊口，直到你归了土"（《创世纪》3:19），这是上帝对有罪的亚当和夏娃发出的斥责。科里·沙夫（Kory Schaff）发现，古希腊人明白工作的实际好处，但他们认为保持人类繁荣的关键是避免工作。亚里士多德写道："机械或商业的生活并不高尚，它不利于美德。"正如沙夫所说，更好的做法是把自己的时间用于沉思、治国和作战。[16]

基督教传统中的哲学家们开始将努力工作视为救赎之路，鼓励节俭、诚实和自律。在约翰·洛克和亚当·斯密倡导的自由主义中，工作也发挥了重要作用。他们相信，只有通过劳动，人类才能把自然世界锻造成实现价值和进步的工具。相比之下，马克思则认为资本家从他们的工人那里攫取了价值，却没有给他们合理的报酬。[17]

那么，我们今天为什么要工作呢？原因主要有三个：收入、地位和幸福。

收　入

谋生是人们工作的首要目的。对大多数人来说，出卖生产力是让自己吃饱穿暖的唯一赚钱方式。我们很少自己动手种食物或建造住所，事实上，我们工作就是为了支付这些东西（它们本身就是别人劳动的产物）。我们大多数人还希望努力工作能多少有点结余，可用来享受一些令人愉悦的场合、奢侈品或体验。

地 位

我们工作也是为了满足自己对地位和他人尊重的需求，人类的这种需求是根深蒂固的。报酬丰厚的工作带来承认和威望，当我们收到老板、顾客和委托方对自己工作的积极反馈时，我们会感到自豪。相反，失业则会让你感到耻辱和羞愧。

幸 福

终于，总有些幸运儿的工作帮助他们提升了幸福感。这种幸福感可能来源于业绩出色使他们获得了内在满足，也可能来源于他们给其他人带来了价值。这让我想到了我的母亲，她最开始是一名护士，现在转做心理治疗师，她愿意做任何事情来照顾她的病人（不是每个萨斯坎德家的人都在写关于科技的东西）。对另一些人来说，工作提供了自我完善的机会以及培养技术和能力的平台。人们失业时经常感觉自己"一无是处"，或者觉得自己"被扔进了垃圾堆"。[18]

工作也能帮助我们处理与时间之间脆弱的关系。从幼时起，我们在就以一种结构化的方式来体验时间的流逝：上午、下午、傍晚、深夜，每个时段都有例行的活动。成年后，我们的时间体验就与工作流程密切相关了，失业后无序的慵懒会让我们的生活无聊乏味、进退失据，长此以往，失业可能会成为"心理上的巨大负担"。[19]

还有心理健康的问题，工作可以让我们有针对性地处理直系亲属以外的人际关系，并给予我们空间来缓解自己的竞争欲望。即使是在办公室饮水机旁的寒暄，也让我们能观察他人，分享故事、经验和对世界的认知。这是我们把握现实的一部分。[20] 西格蒙德·弗洛伊德（Sigmund Freud）在《文明及其不满》（Civilization and its Discontent，1930）一书中说道，没有其他处理生活的技巧能将个人与"现实更紧密地联系在一起"：

> 在他的工作中，他至少安全地依附于现实的一部分，即人类
> 社会。工作的价值在于它本身和由它关联的人际关系，为性冲动、
> 自恋、攻击性，甚至是色情的释放提供了机会，在一个社会中，
> 它是生存所必需的，也是人类存在的理由。[21]

工作范式

我认为现代社会存在一种假设：工作是获得收入、地位和幸福的必要条件。我称之为工作范式。在一个大多数成年人从事着某种工作的世界里，工作的性质与社会正义密切相关。它与分配（收入和福利）以及承认（地位和尊重）有关。因此，在工作范式之下，没有工作的世界的前景自然令人不安。我们该如何应对呢？

工作模式下的三个应对方式

让我们暂且接受这个观点，即有偿工作是我们所需要的，那么对于技术导致失业的问题，就有三种可能的应对方法：将工作视为稀缺资源，给予人们工作的权利，或者完全抵制自动化。

稀缺资源

第一种可能的应对就是一切照常，将工作视为一种资源（尽管越来越稀缺），根据我们选择的机制在相应人口中进行分配。很明显，我们现在的劳动力市场就是这样。市场、政府和算法之间相互配合，把任务分配给最能胜任或最优秀的候选人。分配稀缺工作的另一种机制或为轮班制，即让工作在公民之间轮换，每个人都能得到工作机会。

这种方法存在明显的问题。在任何时候，仍会有大多数人没有工作，而那些有幸拥有工作的人，也很可能面临工资大幅缩水的窘境。这种应对措施无法有效应对技术导致失业的挑战。

劳动权

第二种方法是引入一种"劳动权"（right to work），与"仅为解决就业而制造工作"的人为计划相配合，该计划旨在为每个人提供工作，让他们忙碌起来。过去，许多失业工人都曾要求过这种权利。正如乔恩·埃尔斯特（Jon Elster）所指出的，争取"劳动权"（droit au travail）是 1848 年法国大革命的"战斗口号"。[22] 任何劳动权利的最终责任都必须由国家承担，如果工作不足，公民或有权得到赔偿。政府公共部门可以直接提供工作岗位，也可以为达到该目标而发行可与企业兑换的凭证。

劳动权的概念在经济上通常被认为是荒谬的，因为它会消耗巨大的资源。然而，在数字生活世界里，向公司企业索取一些利润，花在给人们提供工作的规划上却是可行的。除了对企业的利润征税（或者不这么做），国家还可以给企业设置法律义务，按其经济产出的比例提供相应数量的工作岗位。

然而，综合起来看，这种劳动权在各个方面都存在很大问题。创造足够多的非必要工作岗位并为此支付报酬，不仅极其低效，甚至根本就是不可能的，尤其是如果该计划试图迎合每个人对有价值工作的看法的话。此外，如果人们得知自己的工作是作为一项权利受到保障，且本身基本无用时，由于赢得和保住工作而得到的地位和尊严就变得毫无意义。[23]

反　抗

第三种可能的应对是试图通过某种全球技术暂停来抵制自动化进程。我不认为这种方法具有可行性。

后工作范式

上述三种应对有一个共同特点：它们接受现有的工作范式，并试图找到维持它的方法。这三种方式从思想上和实践上都可能是错误的。事实上，技术导致失业可能提供了一个机会，可以废除原有的工作模式，代之以一套不同的理念。简言之，这种理念意味着削弱甚至切断工作与收入、地位和幸福之间的联系。

1. 削弱工作与收入之间的关系

首先要认识到，工作和收入之间没有必然联系。即使在现行制度下，工作也不能保证你有一份生计。在美国，每四个就业的成年人中就有一人的工资低于官方贫困线，几乎一半的人有资格领取食品救济券。[24] 反之亦然，失业和贫困之间也不一定直接相关。过去，失去工作也许就意味着无家可归和食不果腹。如今，大多数先进的政治体制都有相应的集体安全网。

数字生活世界为我们提供了迈进下一阶段的机会，那就是削弱甚至打破工作和收入之间的联系。简言之，这可能意味着对公司的部分利润征税，并将其重新分配给普通民众。因此，比尔·盖茨提议对使用机器人的公司征收"机器人税"，所得收益将用于资助其他地方的就业。[25]

另一个逐渐流行起来的概念是全民基本收入（UBI），给每个公民支付现金，且"不附加任何条件"。[26] 按照菲利普·范·帕里斯（Philippe van Parijs）所倡导的这种激进模式，不需要接受经济状况调查，每个公民每月获得大约 1000 美元的全民基本收入，也无须履行资格义务。[27] 这样的系统将不同于之前提及的"仅为解决就业而制造工作"的模式，因为它不需要人们工作。相反，人们选择如何满足他们的需求就成了个人的事情。

全民基本收入的概念并不新鲜。长期以来，人们一直在当下运行的劳动力市场背景下讨论它。全民基本收入是否会鼓励人们不工作，人们是否会寻求通过额外收入来"充实"全民基本收入，或者全民基本收入是否会让人们为重新进入就业市场做好准备，理论家们在这些问题上始终争论不休。这些问题（就像人类劳动者本身）在一个技术导致失业的世界里是多余的。全民基本收入在数字生活世界的作用将是取代劳动力市场，而不是增强劳动力市场。如果全民基本收入成为人们收入的主要来源，那么发达经济体的公民每人每月领取的钱则需超过 1000 美元。

关于全民基本收入可能是什么样的，仍有讨论的空间。例如，如果工作本身供给不足，那么合理的情况就是，支付给人们的钱不应该取决于他们是否找工作。然而，若不管每个公民的其他收入来源如何，都应向其支付全民基本收入的做法可能就不太合理了。那些通过土地或资本赚取巨额财富的人，就不应像其他人一样在道德上有权要求分配公共资金。而且，他们不太需要这些钱，可能也不会花掉它，把钱分给他们在经济上的效率很低。当然，也有通过经济上高效的工作（如果有适合人类的工作的话）来补充全民基本收入的办法。若有人患有一种罕见疾病，需要额外的治疗资金，也许此人就可以享受更高的基本收入。或者，如果你做了照料老人等好事，你也许就应该得到奖金（即使机器能把老人照顾得更好）。[28] 奖励可以激励人们自我完善，为学习新技能的人带来额外收入（这些技能的价值不能从经济角度来衡量）。

切断工作和收入之间联系的做法未免过于激进。但运气平等主义者会将其视为向社会正义迈进的一步。他们会说，长期以来，人们的财富是由他们的才能和工作能力决定的，这两者都是"不劳而获的"。马克思本人将劳动权描述为"不平等劳动的不平等权利"，因为在劳动力市场的竞争中，有些人在体力或智力上都比其他人更有优势。[29]迫不得已地在劳动力市场上把自己当作商品出卖，难道不是有辱人格的事吗？几个世纪以来，资本所有者一直在不劳而获。如果我们其他人也能这样做，这难道不是一种进步吗？

2. 切断工作与地位之间的关系

第二步就是要挑战一种在工作范式中或许是最根深蒂固的观念，即只有从事有报酬的工作才配享有地位和尊重，而失业则是耻辱和羞愧的来源。政治理论家理查德·阿尼森（Richard Arneson）表示："在现代竞争性市场社会中，大多数人认为，一个身体健全的人不能挣钱养活自己是一种耻辱。"[30]我们被教导要相信工作的尊严，无论那工作是多么令人厌恶或危险。长期失业通常被认为是个人无能或道德沦丧的表现。懒惰被认为是可耻的。哈姆雷特问道："一个人要是把生活的幸福和目的，只看作吃吃睡睡，他还算个什么东西？简直不过是一头畜生！"[*31]

听听公众关于失业的辩论，有时会让我们感到人类仍未能摆脱赫伯特·斯宾塞（Herbert Spencer）的维多利亚时代的道德观，酒吧里

---

* 此处译文参考了《莎士比亚悲剧集》（朱生豪译，万卷出版公司，2014 年）中译。——译注

脾气暴躁的老男人将其奉为守护神：

> 　　与其说他们没有工作，不如说，他们要么拒绝工作，要么很
> 快就放弃工作。他们就是那种一无是处，以这样或那样的方式依
> 靠着他人生存的人，他们是流浪汉、酒鬼、罪犯和即将走上犯罪
> 道路的人，是需要啃老的年轻人，是靠老婆工资养活的男人，是
> 与妓女分钱的皮条客；相应地，女性中也有这样的人，她们不太
> 引人注意，数量也不太多。[32]

　　工作的义务，以及努力工作的义务通常被称为职业道德，这个名
字本身巧妙地暗示了工作和道德行为是交织在一起的。职业道德是我
们这个时代最普遍接受的信条之一，以至它通常不需要解释或证明。
现在就是再次审视这个问题的绝佳时机，人们的地位是否应该像现在
这样依赖于他们的经济贡献，而不是（比如说）他们的善良、仁慈或
者公益精神。

　　职业道德很难与因技术导致失业的世界和解。坚持认为人们有义
务工作，即使这份工作令人讨厌，这是可以理解的；但是，在没有足
够工作可做的情况下，还在鼓吹这种陈词滥调，简直就是彻头彻尾的
虐待狂。我们甚至还要质疑，在一个大多数人都不工作的世界里，职
业道德是否还能存在。如果其他人都失业了，失去工作还会是一种耻
辱吗？[33]"失业"这个词将失去其意义，也不会再有羞耻的问题了。

　　技术导致失业促使我们思考如何建立一种经济模式，使得地位和
尊严与经济生产率以外的其他指标关联起来。这也许并不是一件坏事。

3. 切断工作与幸福之间的关系

　　第三步也是最后一个有智力含量的步骤，是挑战工作与幸福之间

的联系。当然，的确有工作是有趣、安全、富有创造性和教育意义的，也是令人振奋又意义非凡的，但还是有许多工作是单调繁重、危险、重复、乏味、令人沮丧和毫无意义的。一份工作能在多大程度上有效地满足一个人的需要，部分取决于他们的主观偏好。一个老师可能热爱教师这一职业，当然也有人会厌弃这份工作——但总有些工作明显比其他工作更差。

并不是所有的工作都能改善人类的境况。相反，工作经常对做这份工的人造成伤害。考虑一下这个情况：

> 做工的步伐永不停歇。工人们完成一项特别困难的工作，刚停下来喘口气时，就会被说成偷懒而受到训斥。他们还要承受着不断增加的工作量，每天都面临着被解雇的威胁，若无法跟上工作的增速就会被解雇，这就是绝大多数人的命运……除非他们在工作中受伤：工人们每天必须手脚并用数百次，几乎没有人能在这种工作中毫发无损。（雇主）强迫他们签署文件，确认他们受伤与工作无关，否则就会被记过，然后被解雇。有一个例子，雇主要求室内温度可以上升到 102 华氏度，而当员工要求打开装货门让空气流通时……（雇主）却拒绝了，声称这会导致员工盗窃。相反，他让救护车停在外面，等着员工中暑晕倒。如果员工受不了打开装货门，就会按照旷工而被记过，累计多次就会被解雇。（雇主）并不在乎，因为该地区的失业率很高，如有工人被解雇，门外还有数百名求职者在等待……

这些工人从工作中获得了身体上或心理上的好处吗？这段摘录读起来像是出自恩格斯（Friedrich Engels）的《英格兰工人阶级状况》（1845），该书揭露了维多利亚时代资本主义制度下工人悲惨恐怖的生活状态。[34] 但以上状况实际发生于 2017 年，由美国学者伊丽莎白·安德森撰写，它所描述的雇主就是亚马逊。[35]

全民基本收入，或者类似的东西，可以把人类从繁重的工作中解放出来。它可以实现奥斯卡·王尔德（Oscar Wilde）在 1891 年描绘的梦想，"所有的非智力劳动，所有单调乏味的劳动，所有涉及可怕的事情和令人不快状况的劳动"都可以"由机器完成"：

> 机器必须在煤矿里为我们挖煤，必须承担所有的卫生服务工作，必须给蒸汽船加煤，必须清洁街道，必须在雨天收发信件，必须做一切乏味而痛苦的事情。[36]

那么，我们每天都干什么呢？也许什么都不干。正如迈克尔·沃尔泽所观察到的，对许多人来说，工作的反义词是无所事事的休闲。scholé 是希腊语中"休闲"的意思，与希伯来语 Shabbat（安息日）有着相同的词源，意思是"停止"或"停下"。[37] 但是，懒惰的生活是否有利于人类，现在还难下定论，即使这种生活方式摆脱了目前失业带来的耻辱。莎士比亚笔下的哈尔王子喊道："如果全年都是玩乐的假日，那么玩乐就会像工作一样乏味。"[38]

我们通常认为工作可以满足人们的心理需求，比如成就感、安排好一天的生活和与他人有意义的互动，这种心理需求可能不会消失。按照自由论者的方法，我们可能要自己决定如何排遣时光。而按照专制家长式的做法，国家可以决定并规定强制性的非经济活动，将其作为获得国家资金的先决条件或惩罚手段。

结果可能是，我们中的一些人实际上需要的是工作或类似的东西！但是，当我们做如此推测的时候，并不是在讨论可怕的矿井工作，而是有趣、安全、富有创造性和教育意义、令人振奋又意义非凡的好工作。在工作范式下，好工作的愉悦体验是有些幸运儿会得到某些东西作为报酬。在数字生活世界里，这种愉悦体验可能体现为人们用自己分得的社会资源去买来的东西。至于那些挑剩下的，但还需要人类去做的坏工作，公民可能就有义务在受到征召时去完成，就像征兵一样。更有甚者，可以基于道德应得来决定谁去做坏工作，以此作为惩罚罪犯或品行不端分子的手段。

工作是满足我们日常生活需求的唯一途径吗？是与家庭成员以外的人有效沟通的唯一途径吗？在简单社会中，自然条件意味着没什么人必须为了谋生而工作，人们的需求可以通过"仪式、宗教和社区实践"来满足。[39] 而如今，我们不工作时也会有业余爱好、休闲追求、公共和志愿服务，会参与俱乐部和协会，会与亲朋欢聚。许多人因此欣然放弃有报酬的工作。我在第三部分中曾解释过，在数字生活世界中，我们可以在虚拟现实和其他领域更自由地接触到新鲜的、令人兴奋的体验。政治理论家、经济学家、社会心理学家要做的是精准地识别我们的需求，并提出什么样的活动（除了工作）可以满足我们的需求。与其试图挽救工作范式，还不如更有效地利用他们的智力来做这件事。[40]

下一章

工作范式坚信，工作是收入、地位和幸福的必要条件。然而在我们之中，又有谁不曾在黎明即起、辛劳一天的生活面前默默地渴望着不用工作的生活呢？也许是时候挑战"我们需要工作"这一想法了。然而，分析不能就此结束。目前，流向劳动者的财富将越来越多地涌向那些拥有能替代劳动者的技术的人手中，如果这种现象是正确的，那么我们就需要检查这种激进的财富再分配，并考量其合理性。这就是第十八章的内容。

第十八章
财富的旋风

沉疴遍地，病魔肆虐，财富聚集，众生危亡。

——奥利弗·戈德史密斯，《荒芜的村庄》(1770)

平心而论，与自由、平等和博爱这些听上去很酷的政治概念比起来，财产并没有那么魅力四射。毕竟，财产是租客从房东那里租来的东西，革命者跳过路障时大声疾呼的不会是它。然而，财产一直是政治史上争议最激烈的概念之一。20 世纪，左翼分子要求将大量的私营部门转为公有。在自由论者的右翼，罗伯特·诺齐克等理论家认为税收"与强迫劳动是一样的"，因为它迫使个人为他人的利益而工作。[1] 左右之间的鸿沟掩盖了关于财产本质更深层次的分歧：拥有某种东西的真正含义是什么，对已经拥有的东西该如何正当处置。本章描述了一种可能的未来，即大量财富集中在少数经济精英手中，并提出了一些我们可以防止这种情况发生的方法。

从数字革命的早期开始，人们就明显感觉到计算能力的分配将对社会正义产生重大影响，只不过这种感觉还很模糊。吴修铭解释说，个人电脑的发明是一个"不可思议"的时刻：通过一台设备的算力，普通人能够做到按个人需求驾驭信息。[2] 在那之前，算力只存在于大

型企业、政府和大学实验室。[3]史蒂夫·沃兹尼亚克（Steve Wozniak）
与史蒂夫·乔布斯（Steve Jobs）共同创立了苹果公司，他认为计算机
是"一种能够带来社会正义的工具"。[4]

　　财产的概念将在数字生活世界中占据极其重要的地位，主要是因
为（从经济角度而言）拥有什么比做什么更有价值。那些在所有权和
劳动的分野中站错队的人可能会面临真正的困境。财产和社会正义将
紧密地交织在一起。

　　本章的分析基于一些相当主流的经济理论。我并不想发展或背离
这些理论。相反，我只会从中撷取一些重要的东西来解释我们试图解
决的问题。让我们开始吧。

数字生活世界中的资本

　　在数字生活的世界里，拥有东西的人将比做事情的人更快致富。

　　谋生的方法有两种。第一种是通过劳动，即通过生产性劳动获得
报酬、薪金和奖金。第二种是通过资本，即能够产生财富的资产。资
本包括土地（能产生租金）、股票（能产生股息）、工业机械（能产生
利润）和知识产权（能产生使用费）。[5]20 世纪 80 年代初以来，相比
劳动所得份额，资本在总收入中所占的份额稳步增长。托马斯·皮凯
蒂（Thomas Piketty）在《21 世纪资本论》（*Capital in the Twenty-first
Century*，2013）中预测，资本回报率将继续跑赢整体经济增长。[6]也
就是说，如果他预测正确的话，平均来说，拥有资本的人将比那些为
生计而劳动的人享有更高的回报。劳动者和资本所有者之间的不平等
将随着时间的推移而加剧。[7]

　　展望数字生活世界，区分几种类型的资本是很有用的：优质传统
资本、生产技术和数据。这些资本都将以不同的方式创造财富。

优质传统资本

优质传统资本——土地、股票、工业机械等——将成为数字生活世界的重要收入来源。某一特定资本的价值总是取决于它的生产能力和稀缺程度。一种资本的生产能力和稀缺程度越高，它可能创造出的财富就越多。[8]

在《第二次机器革命》（*The Second Machine Age*，2014）一书中，安德鲁·麦卡菲（Andrew McAfee）和埃里克·布莱恩约弗森（Erik Brynjolfsson）认为，在未来，生产将减少对实物资产的依赖，更多地依赖知识产权、组织资本（业务流程、生产工艺等）和"用户生成的内容"（YouTube 视频、Facebook 照片、在线评分）这类无形资产。他们还强调了所谓的"人力资本"的重要性。[9]另外，他们认为"创意"将在经济发展中扮演越来越重要的角色，"创造者、创新者和企业家"这些能够产生"新想法和发明"的人将获得"巨大回报"。[10]我同意麦卡菲和布莱恩约弗森谈到的知识产权的重要性：为某样东西申请专利会人为地造成其稀缺，如果运气好的话，它的价值就会飙升。这就是为什么微软在 2010 年取得了超过 2500 项专利，而在 2002 年，它们只有几百项专利。[11]我们也应该审慎地期望，组织资本和聪明的想法能够在竞争的资本所有者中发挥作用。至于"用户生成的内容"，我倾向于将其归于更广泛的数据类别，我将在后文进行讨论。

然而，你可能会对麦卡菲和布莱恩约弗森关于人力资本（人的技能、知识和经验）重要性的观点持怀疑态度，当然，这取决于你对第十七章讨论的技术导致失业问题的看法。自然，在技术导致失业的初始阶段，当被解雇的工人争先恐后地寻找新工作时，受过良好教育且能随机应变的劳动者将会表现得更好。但是，如果人类没有足够的工作可做，无论他们多么技艺超群或训练有素，那么，即使一些超级创新者仍然可以赚得盆满钵满，人力资本在经济上的整体重要性也将下降。

生产技术

如果技术导致失业的说法正确，就算只是部分正确，那么，目前流向劳动者的财富也将改变流向，不断涌入节省劳动力技术的所有者，这些技术本身就是劳动者的代替者。出于同样的原因，拥有能使优质传统资本自身更具生产力的资本扩张技术也会获得回报。这些节省劳动力且能增加资本的生产技术，既包括如机器学习算法和软件平台这类无形的东西，也包括机器人、无人机、传感器、"智能"设备、工业机器、纳米机器人、3D打印机和服务器等硬件设备。当然，任何生产技术都不能确保所有者具有永久经济优势。通过自动化获得优势的工厂，其优势会在其他工厂同样实现自动化后消失。[12]专利可以在一段时间内保护发明，但技术发展的快速迭代意味着即使是最强大的系统也可能很快被取代，特别是那些需要很多年才能获得专利的技术。为了开发和购买最有利可图的生产技术，资本所有者之间将展开一场激烈竞争。

数　据

数据可能成为数字生活世界中最重要的资本形式之一。[13]正如我们所知，它被称为"商业原料"、"生产要素"和"新的煤炭"。[14]它缘何如此珍贵？部分原因在于，它可以用于广告的定向投放。从农业科技到管理咨询，数据对各行各业的工作都颇具价值。然而，数据在数字生活世界中最大的经济重要性，将来自它在构建人工智能系统中的作用。没有大量数据，机器学习算法无法学习。没有成千上万的黑素瘤图像，你就无法训练人工智能系统识别黑素瘤。不提供成千上万的案例（我在担任初级律师时也经历过这个学习过程），你不可能训练一个人工智能系统来预测法律案件的结果。数据将成为数字生活世界的经济命脉。谁控制了它，谁就拥有了巨大的经济影响力。

关键的区别

退一步看，数字生活世界的关键经济区别将是那些拥有资本的人和没有资本的人之间的区别。资本所有者将有机会积累越来越多的财富，而那些只有劳动力可以出卖的人会发现，维持收支变得越来越难。《马太福音》（13:12）说："凡有的，还要加给他，叫他有余。凡没有的，连他所有的，也要夺去。"

集中将会导致什么

不仅仅是财富将越来越多地流向拥有资本的人，远离劳动者，资本所有者阶层本身也可能会萎缩成一个小小的精英阶层。即使在我们这个时代，财富已经聚集在少数公司的手中，而这些公司雇用的员工也越来越少。

在美国，经济生活趋向于被集中控制在少数大玩家的手中。在过去二十年，近四分之三的行业集中度上升。[15] 在行业占主导地位的航空公司有四家，有线电视和互联网提供商有四家，主要的商业银行也有四家。也许最令人不安的是，连全体美国人使用的牙膏，都基本上来自两家制造商。[16]

科技行业的集中度尤其引人注目。[17] 近80%的手机社交媒体流量都是在Facebook旗下的平台运行（包括Instagram、WhatsApp和Facebook Messenger）。[18] 近80%的搜索广告收入流向了谷歌的母公司alphabet。[19] 谷歌的移动软件Android占据了智能手机逾四分之三的市场份额。[20] 亚马逊占据了近一半的在线零售市场。[21]Alphabet、亚马逊和 Facebook 三家公司的总价值竟与加拿大的国内生产总值（GDP）大体相当。[22]

这些公司的共同战略是获取巨额现金储备，以便通过收购和吸收竞争对手的初创企业来扩大自己的商业优势。截至 2017 年 7 月，Alphabet、亚马逊、苹果、Facebook 和微软在十年间共进行了 436 笔收购，总价值高达 1310 亿美元。[23] 乔纳森·塔普林（Jonathan Taplin）写道："自 20 世纪初西奥多·罗斯福（Theodore Roosevelt）挑战约翰·D. 洛克菲勒（John D. Rockefeller）和 J.P. 摩根（J. P. Morgan）的垄断地位以来，美国从未面临过如此集中的财富和权力。"[24]

随着财富的增长，大型科技公司越来越多地抢占全新的市场。遥想当年，亚马逊还只是一家网上书店，2017 年，它收购了有机食品零售商 Wholefoods 及其 400 家实体零售店。曾几何时，谷歌也只是一个搜索引擎，而截至 2017 年年中，它的母公司 Alphabet 收购了多家公司，包括 Owlchemy Labs（一家虚拟现实工作室）、Eyefluence（眼球追踪和虚拟现实技术公司）、Cronologics（一家智能手表初创公司）和 Urban engine（基于位置的数据分析公司）。

总的趋势是，数字服务正在尽可能地满足我们的需求。在中国，微信已经演变成一种文艺复兴式的应用平台，它能让其 8.89 亿用户在这个平台上完成"打车、订餐、买电影票、玩休闲游戏、值机、给朋友汇款、追踪身体健康数据、就医预约、获取银行信息、支付水费、根据位置获得优惠券、识别音乐、查找当地图书馆的书籍、认识陌生人……关注名人八卦、阅读杂志文章，甚至还能为慈善机构捐款"，所有这些活动都在一个平台上进行。[25]

我们看到，即便是现在，财富也正前所未有地集中于少数科技公司。而且，这些公司雇用的员工少得惊人。克劳斯·施瓦布（Klaus

Schwab）指出，1990 年，底特律最大的三家公司的总市值为 360 亿美元，雇员人数超过 100 万。2014 年，硅谷最大的三家公司的市值约为 1.09 万亿美元，比前者的 30 倍还高，但雇员只有 13.7 万人，差不多只有前者的十分之一。[26] 2005 年，当谷歌收购 YouTube 时，其估值意味着每个员工的平均身价超过 2500 万美元。这在当时已经被认为是不可思议的。2012 年，Facebook 以 10 亿美元的价格收购了 Instagram，当时 Instagram 只有 13 名员工，Facebook 对 Instagram 的估值让这 13 名员工的平均身价约高达 7700 万美元。2014 年，Facebook 以 190 亿美元的天价收购了 WhatsApp，后者当时只有 55 名员工，这意味着 Facebook 要为其每名员工付出 3.45 亿美元。[27]

我写这部书的目的不是介绍亚马逊、Alphabet、Facebook、微软或苹果。我也不知道未来这些公司是否会像今天一样主宰数字生活世界的经济，但数字技术可能会促使越来越多的财富集中到越来越少的人和公司手中，这其中存在着结构性的原因。除了自动化之外，也许最重要的就是网络效应（network effect）。经济在一个相互重叠的网络世界中联系得越来越紧密，这些网络具有许多重要的特征。首先，他们通常是通过标准结合起来的：共同的规则或惯例，为会员之间的合作制定了标准。其次，采用某一标准（通过加入这个网络并遵守它的规则）的人越多，这个标准就变得越有价值。[28] 梅特卡夫定律（Metcalfe's Law）认为，网络的价值随其附着节点数量的增长而呈几何级数增长：节点数量翻倍意味着其价值翻四倍，依此类推。这就意味着非会员加入的压力越来越大。无法成为流行的社交网络的一部分会被视作诡异又古怪的存在。在商业上，无法在亚马逊上获得一个销售平台对零售商来说也许就意味着毁灭性打击。最后，网络经济奖励先行者。如果你能在竞争中脱颖而出，每增加一个用户 / 会员，都会让你加速增长，不久之后其他人就难以赶超了。Facebook 的某个新锐竞争对手可能会提供某种优越的功能，但作为一个社交网络，如果它没有达到临界数量的会员，那么它也是毫无价值的。

上述大型科技公司都受益于网络效应。一旦微软的 Windows 成为个人电脑的标准操作系统，其他公司总是要花上几十年时间才能建立起一个与之竞争的标准。Facebook 身处它所提供的社交网络（通常被称为"平台"）的顶端，设定搭建平台的代码标准。它可以在限定、协调、干预网络成员活动的同时，吸收越来越多的珍贵数据，这些数据收集得越多，其价值就越高。这些因素综合起来会带来什么结果呢？就是想要挑战这些庞然大物几乎是不可能的。竞争也许并不像人们时常宣称的那样，只需你我的一次点击。即使真是如此，可能的结果也不过是一个占主导地位的平台取代另一个罢了。

尽管网络使平台所有者和网络标准制定者受益，但他们并不是唯一受益的群体。在功能强大的数字技术的帮助下，他们也使其他公司有了统治网络的可能，至少是暂时的。如果人们和技术在一个无缝的网络中被连接起来，那么那些拥有最好技术的人将永远拥有优势。以目前主要在网上进行的金融交易为例。自动化和高频交易的兴起导致金融活动激增，这在很大程度上不利于人类交易员。[29] 杰伦·拉尼尔解释说："如果你有一台在开放网络中比任何人都有效的计算机，[那么]你出众的计算能力能让你为自己选择风险最小的选项，把风险更大的选项留给其他人。"[30] 拉尼尔的观点可能会让你想起第十三章中关于机器人和民主的讨论。如果协商在一个开放网络上进行，并且有某个组织率领一票强大的人工智能机器人来为自己辩护，那么它们最终将主导讨论。这就像一场热兵器与冷兵器的交锋。

网络效应以及利用强大的数字技术主导网络的能力，在一定程度上解释了为什么自 20 世纪 80 年代以来，科技和金融行业占全部行业总市值的比例从约 10% 升至 40%，其增长速度超过任何其他行业。[31]

无论你是拥有平台还是主宰网络，其实质都是一样的：在日益网络化的经济中，那些拥有最高效数字技术的公司将会做得越来越好，可能获得的收益将是天文数字。与此同时，那些没有资本的人将看到他们的经济地位江河日下。

财富的旋风

日益重要的资本与集中化的结构性趋势的结合，对数字生活世界的财富分配意味着什么呢？最糟糕的情况是，一小撮富有的精英和贫穷的大多数之间的不平等日益加剧，那真是雪上加霜了：

> 随着时间的推移，流向资本所有者的财富日益增加，流向工人的财富日益减少。资本所有者利用高效的技术，控制着越来越多的经济活动，雇用的工人数量却在锐减。资本集中在少数公司手中，而公司本身又由少数人控制。依靠网络效应，这些公司积累了大量现金储备，使它们能够获得更多资本，并向新的市场扩张。它们利用收集到的数据开发出能力和覆盖范围惊人的人工智能系统。大量的人口——曾经的工人、失败的资本家——发现他们没有资本，也没有办法谋生。那些在成功企业中拥有股份的人，在不断扩大的经济蛋糕中分得的份额也越来越大。少数精英所有者和其他人之间的财富差距急剧扩大。

这就是一种财富旋风：其中心逐渐集中于一个越来越窄的点上，久而久之，它会吸收周围的一切，变得越来越强大，并摧毁同赛道上的落后者。无论你在乎的是结果平等，或者仅仅是机会平等，这种经济体系中的不公正都是显而易见的。从历史上看，资本收益超过劳动力收益的情况并不罕见，但数字生活世界的不同之处在于，劳动者从无所有权到拥有所有权的这条传统路径可能会随着时间推移而消失。亚伯拉罕·林肯在 1859 年描述了他所设想的资本主义制度："谨慎、身无分文的年轻人为了工资先劳动一段时间，节省下剩余的钱，用以购买工具或为自己购置土地……最后雇用了另一个年轻人来帮助他。"[32]对那些连自己劳动力都卖不出去的数字生活世界的"谨慎、身无分文的年轻人"来说，哪里有什么希望呢？

私有财产范式

要想知道如何规避这场财富旋风，我们首先需要更深入地研究支撑我们财产体系的逻辑。

想象一下，在之前的某个时代，每个人都可以把世界的一部分握在手中，然后说："这是我的。"古希腊的斯多葛学派认为，世界最初是属于每个人的。[33]在讨论财产的哲学家中，约翰·洛克是最重要的一位，他相信，是上帝给了"人类共同的"世界，但是"每个人都拥有一份属于自己的财产"。[34]

在某个遥远的过去，人类开始在彼此间分配地球及地球上的事物。对洛克来说，所有权的概念诞生于人类第一次将他们的"劳动"作用于世界上的事物，"让它们脱离共有状态的时候"。[35]一旦财产的概念占据人类的想象力，它就注定无法被遗忘。人类占有的世界越来越多，却并不总是以令人愉快的方式占有。对年轻的卢梭来说，这标志着人类的衰落：

> 第一个围起一块土地的人，突然意识自己拥有这块土地，并宣称"这是我的"，他发现自己轻而易举就取得了人们的信任，他

就是公民社会的真正创始人。如果有人拔起木桩或填平沟渠，向他的同胞们大声呼喊："不要听这个骗子的话，如果你忘记了大地的果实属于所有人，而大地不属于任何人这个道理，那你就完了！"若如此，人类将会免于多少罪恶、战争、谋杀、痛苦和恐怖啊。[36]

有人说，今天大多数私有财产都可以追溯到过去恶魔般的掠夺行为。马克思在《资本论》（1867）第一卷中写道："征服、奴役、劫掠、谋杀……扮演着重要的角色。"[37]

我们今天的财产制度有四个基本特征。首先，显而易见的是，财产所指的往往是东西。不动产指的是土地和房产。个人财产则是指汽车、书籍和珠宝等可移动的东西。无形财产指的是可以被拥有，但不具物理形态的股份、利息和债务等。知识产权也是一种无形财产，主要指受专利、版权和商标保护的人类创作。私有财产的第二个特点是它的可转让性：它可以根据公认的规则通过出售或赠予的方式转让。第三，对于你拥有的东西，有明确的规则来规定你能做什么、不能做什么（总的来说，完全拥有个人财产意味着你可以随心所欲地使用它）。最后，人们的财产权不能轻易被侵犯。古罗马政治家西塞罗写道，"坐在官署里"的人"最关心"的是确保"每个人都拥有属于他自己的东西，公民的私有财产权不受国家的侵害"。[38]这四个特点共同构成了我所说的私有财产范式（Private Property Paradigm）。

私有财产范式只是构建所有权制度的一种方式。我在第四章中曾提到，古巴比伦的财产除了物品，还有人。在早期的希腊和罗马法中，财产实际上是不可转让的，因为它不"属于"个人，而是属于家庭，包括死去的祖先和未出生的子孙。[39]J.K. 罗琳（J. K. Rowling）的《哈利·波特》系列小说中包含了妖精财产（goblin property）的奇思妙想。按照亚伦·帕扎诺夫斯基（Aaron Perzanowski）和杰森·舒尔茨（Jason

Schultz）的解释，"妖精是技艺高超的铁匠，它们对自己制作的物品有着深深的依恋，即使这些物品已经被出售，仍认为自己是这些物品的真正拥有者"。他们引用罗琳的话：

> 妖精对所有权、支付和偿还的概念与人类的不同……对一个妖精来说，任何物品的真正主人都是其创造者，而不是购买者。在妖精眼中，所有妖精制造的物品，都理所当然地属于妖精……它们认为，我们保存妖精制作物品的习惯——把它们从一个巫师传给另一个巫师，而不用再付钱——这种行为无异于偷窃。[40]

那么，为什么我们采用私有财产范式而不是其他体系呢？我想，有几个原因可以支撑这种想法。首先，据说它能鼓励和促进繁荣。如果知道自己的收入随时可能被抢走，没有人会愿意努力工作或冒险。亚当·斯密在《国富论》中说："得不到财产的人，除了尽可能多吃，尽可能少劳动之外，就没有什么值得他关注的了。"[41]另外，私有财产权是防止国家干涉私人事务所必需的。哈耶克在《自由宪章》（*The Constitution of Liberty*，1960）中写道："除非我们确信自己能完全控制某些物质客体，否则我们基本无法执行一个连贯的行动计划……承认财产显然是界定私人领域，防止高压政治迫害的第一步。"[42]从更积极的方面说，私有财产是人类繁荣所必需的。拥有财产可以让我们在现实世界中行使自己的意志。这个论点通常被认为源于黑格尔，在德国传统中，他认为应该尽可能地对这个概念给予解释："人为了作为理念而存在，必须给它的自由以外部的领域。因为人在这种最初还是完全抽象的规定中是绝对无限的意志，所以这个有别于意志的东西，即可以构成它的自由的领域的那个东西，也同样被规定为与意志直接不同而可以与它分离的东西。"*43（不，我也不是。）

人们对于私有财产范式的价值达成了高度共识，而且随着时间的推移，这种共识似乎越来越强烈：20 世纪 80 年代一些发达国家令人瞠目结舌的最高收入税率，放在今天可能具有政治辐射效应。这在整个发达国家的法律上也有所反映。例如，《欧洲人权公约》的第一项就规定，任何人，"除了为公共利益、受法律和国际法一般原则所规定的条件限制外，其财产不应被剥夺"。

大多数人接受了国家以税收的形式拿走我们部分财产的想法，我们当然希望这些钱能得到有效的使用。在战时或紧急情况下，我们可以接受国家有权征用私人土地或车辆。但除此之外，我们都知道自己的东西就是自己的。

然而，我们对私有财产范式的承诺给分配正义带来了某些影响。虽然它促进经济增长和繁荣，但也使财富的再分配更加困难。这是因为它缩小了国家干预市场的可接受范围和程度。亚当·斯密写道："哪里有巨大的财富，哪里就有巨大的不平等。每个巨富之人的存在，就至少对应存在着 500 个穷人。"44 马克思和恩格斯对废除私有财产持欢迎态度，他们在《共产党宣言》（1848）中写道：

> 你们对我们打算消灭私人财产感到震惊。但是在你们现在的社会里，十分之九的人口已经没有私有财产了；它之所以存在于少数人之中，完全是由于它不存在于其余十分之九的人手中。45

马克思和恩格斯会怎样看待这场财富旋风呢？

---

* 本段译文摘自《法哲学原理》（范扬、张企泰译，商务印书馆，1961 年）第一章"所有权"第 41 节。——译注

未来的财产

托马斯·杰斐逊（Thomas Jefferson）曾指出，"稳定的所有权是社会法律的礼物，是在社会进步的后期才得到的"。[46] 他认为，在一个自治的社会里，人民必须决定哪种产权制度最有利于他们的目的。这也许就是他没有把财产列在包括生命、自由和追求幸福在内的不可剥夺的固有权利清单上的原因。[47]

我认为，产生大规模、系统性不平等的财富旋风不符合社会正义的要求。我们可能需要设计一种新的财产权组织方式。其挑战在于，要找到一种制度，既能保留科技释放出来的经济奇迹，又能让更多人分享这些奇迹。在下一节中，我罗列了私有财产范式可能发生的六种变化。它们并不是唯一的选择，但它们或能提供有用的起点。

新财产范式

资产税

对抗财富旋风的一种方法是对资本或资本获利征税。在《21世纪资本论》一书中，皮凯蒂主张对全球资本征收累进税，认为这是避免"无休止的不平等螺旋"并重新控制"动态积累"的理想方式。[48] 比尔·盖茨提出的机器人税可以针对生产性技术。[49] 甚至还会出现针对数据的使用或流转征税的方法。无论选择哪一种模式，其原则均为：由资本所有权产生的部分财富应服务于名下无资本的人的利益。这种公共支出可以采取第十七章所述的那种全民基本收入的形式。

从概念上讲，对资本征税的想法并没有彻底背离私有财产的范式。税收拿走的是一部分由资本产生的财富，而不是资本本身。许多形式的资本已经在以这种方式征税了。然而，在数字生活世界里，其规模必然会有所不同，主要是因为既得利益者必须比现在支付更多的税款。如今，繁荣的科技公司缴纳的税款往往少于其他种类的公司。[50] 例如，2016 年，欧盟估计，苹果爱尔兰公司的利润超过 1000 亿美元，其实际税率不到 0.01%。[51] 这种做法将越来越难以为继。

然而，我们必须认识到，即使通过对资本征税来支付全民基本收入，拥有资本的人和没有资本的人之间不平等的鸿沟仍然不可避免。那些只关心每个人能否养活自己的充足主义者也许会对此感到满意，但对于那些旨在减少不平等的人来说，这项税款必须是一个高额的数字。有人认为，应该取消"全民基本收入"（UBI）中的"基本"（B），资本和生产性数字技术的税收应该用来支付每个人高质量的生活，这就是"完全自动化的豪华共产主义"的概念。[52] 介于这些观点之间，考虑到对资本所有者的财政激励的重要性，应该说对资本征收的任何税率，都应该确保能够为最不富裕的人带来最大的收益。一项抑制生产的 95% 的资本税率自然不符合该要求。

资本国有

第二种方法是通过某种形式的强制购买，将某些资本资产直接收归国有，这当然与私有财产范式大相径庭。能用什么理由来支持这一极端做法呢？首先，国有制无须像真正的"计划经济"那样包含所有形式的资本，它只需要掌握最重要的资本。想象一下，一个通过自动无人机网络投递货物的邮政系统，或者将一支陆基、水基和空基自动交通工具团队作为公共交通系统，你不一定希望这些"公用事业"是私有或是私人运营的。如果它们拒绝为农村地区服务怎么办？如果它们把价格定得太高，把穷人排除在外，我们又怎么办？像这类形式的资本，对于数字生活世界的共同财富来说是必不可少的。富人和穷人都将依赖它们来维持经济运转。这使得它们成了国有化的合适选择，这样一来，它们的运作就可以为所有人的利益服务。大家也可以想象一下将生产数字技术的独立项目收归国家所有，如工业规模的 3D 打印机等。

然而，国有制也有着潜在的重重问题。我们知道，公共行政很可能是无能、低效、腐败和不负责任（尽管私有制也可能如此）的。如果企业家们认为他们辛勤工作的成果会被国家没收，他们可能就不会在企业的创新发展上花太多心思。20 世纪的经验告诉我们，彻底的国家所有制很可能会变成独裁专政。财富和权力过多地集中在私人或公共机构手中都是危险的。这就是为什么有些人转而主张采取一种合作模式，即让消费者或工人集体拥有或管理产生财富的数字系统。[53]

使用权和收益权

比起完全国有化，还有一种方法听起来不那么具有侵略性，那就是通过用益权（usufructurary）的权利体系，给予个人使用权和收益权。用益权（usufruct），听起来像是祖父给你的糖果，是一种与完全所有权比起来不那么充分的产权。它并不授予你一件东西的全部所有权（使你能够出售它或不让其他人使用它），而是授予你与享有同样权利的其他人一起使用它并从中获利的权利。早期的财产权通常采用这种形式。它们给予人们使用土地的合法权利，而不是自己独占土地。[54] 用益权之所以强大，是因为它附属于资本本身。即使资本转手，权利仍然存在。

想象一个拥有功能强大的设备的公司，它能通过云来提供诸如处理能力、数据存储和人工智能软件等重要计算资源。因其拥有强大的生产技术资源，这个公司很可能会在数字生活世界里取得相当的成功。采用用益权体系，就能允许小型企业和社群这些非所有者在某些时候出于自己的创业目的去使用这家大公司拥有的技术；技术拥有者将保留合法所有权和大部分利润，而创业团队也将获得宝贵的使用权。

当然，可以对第三方使用的范围和目的做出规定，也许只准在正常工作时间之外使用，而且不允许与资本所有者竞争。这些规则可以通过使用区块链技术来强制执行。

用益权体系能很好地与创办于 2012 年的 Improbable 这类创富平台合作，Improbable 公司允许用户在巨大的虚拟世界中模拟复杂的场景。Improbable 已经被用来模拟传染病的爆发、飓风对有人居住的海岸线的影响，以及其中最为不稳定的——英国房地产市场的波动。[55]它所提供的是无价的经济资产，难道只有大公司和国家政府才有权使用这些资产吗？与完全国有化相比，用益权体系对资本所有者的负担要小得多，还保留了与私有制相关的许多优势。与此同时，它将有助于抵消财富旋风，使资产贫乏的人能够享受到拥有财产的一些最重要的好处，而不需要实际购买任何东西（也许实际上还需要"清洗、修理、存储、分类、保险、升级和维护"）。[56]

公　有

持有资本的另一种方式是将其置于公有状态——一个不属于任何人的共享资源池，不受任何产权（或非常有限的产权）的限制。正如詹姆斯·博伊尔（James Boyle）在他的杰作《公共领域》（*The Public Domain*, 2008）中解释的那样，一些资产已经公有了，因为它们无法被拥有，比如英语。像莎士比亚的作品等其他资产，也属于公有物，因为附属于它们的产权已经过期。[57]在数字生活的世界里，我们可能会创造一个更大、更丰富的共享资产。

最明显的基于共有所有权的资产是无形资产（信息产品），如想法、发明、设计、蓝图、书籍、文章、音乐、设计、电影、图像和软件。这些无形资产非常适合被使用，因为它们不会像其他类型资本那样被用完：一个人使用信息产品并不会阻止另一个人再次使用（甚至同时使用）。正如萨斯坎德主张的那样，医生和律师等专业人员的工作最终有可能数字化和自动化，这意味着连"实用的专业知识"也可以为公众所有。[58] 在人工智能和机器学习领域，谷歌的 TensorFlow 已经提供了一个计算资源的开源库。IBM、微软和亚马逊也通过云提供了若干机器学习系统。这些都是积极的发展。

然而，以公有为基础的资本所有权并不是一个全新的想法，它本身也存在争议。对立双方在知识产权（主要是专利和版权）所发挥的作用上存在分歧，这些权利旨在对复制或使用人类作品进行人为的法律限制。对立中的一方被称为"产权主义者"（propertarians），他们支持实行强有力的财产权，认为如果允许人们以低成本复制昂贵的产品，那么一开始就不会有人有动力去创造它们。他们会问，如果每个人都能免费下载这些产品，而作者在这个过程中一无所获，那么他们为什么还要花时间去撰写一本优质的教科书呢？资本如此宝贵，如果无利可图，为何还要浪费资本呢？他们认为，互联网摧毁了那些可以廉价复制的商品的市场。产权主义者鄙视那种可以把资源留给公众的观点。他们满面愁容地讲述着"公地悲剧"：当土地归集体所有，就没有人愿意去建造防洪措施、排水系统，或为了维持地力而推行谷物轮作制。三个和尚没水喝的局面就出现了。[59] 他们认为唯一的解决办法就是政府介入，运用知识产权法的"做市"（market-making）手段，即有权禁止他人使用产品，除非他们付费。[60] 知识产权法将信息产品包含在独立的财产名录中，这样每个独立的专利或版权所有者就会受到激励，利用他们所拥有的东西来做到最好。

辩论的另一方是一群我称之为"公共事务主义者"（commonsists）的人，他们是学者-活动家先锋，手持磨破了皮的美国宪法，说点不太过分的脏话。他们强烈反对加强知识产权和博伊尔所说的"第二次圈地运动"：

如果我们封锁了 20 世纪的大部分文化，没有得到任何回报，情况会是如何？如果新科学领域的基本构造模块早在具体可用之前就已经获得了专利，那会怎么样？如果我们的电子通信空间里到处拉着数字铁丝网，把最不起眼的音乐片段也当成股票来管理，又会怎么样？[61]

事实上，正如博伊尔所言，以上事情我们都在做。数字版权管理技术在如今得到了普遍应用，试图绕过它的做法就是在犯罪。[62]尽管早期互联网对我们许下了承诺，但是能完全免费访问的书籍、音乐和电影实属凤毛麟角。

公共事务主义者的观点是：知识产权也许是必要的，但"这个制度的目标"应该是"只有在有必要提供某种激励时才需要被垄断"。[63]他们问道，版权真的有必要在作者死后保留七十年吗？博伊尔说："我非常欣赏罗琳的作品，但据我猜测，罗琳的版权将在她死后保留七十年而不是仅仅五十年的想法，并不会带来多少激励效果。"[64]公共事务主义者坚持认为，除了金钱，创作者和生产者还受到各种激励因素的驱动：名誉、利他主义、创造性和公共本能。[65]因此，像维基百科和Linux 这样的开源项目才会成功。

公共事务主义者论证的核心是这样一种信念：过多的产权非但没有促进创新和进步，反而会钝化和扼杀我们的创造力。用专利和版权锁定发明和创造，意味着下一代生产者必须为在其基础上进行的生产支付费用，而在实践中这可能会完全阻止下一代生产者从事新的生产。[66]相比之下，共享文化资源将允许具有创造性的改编、编辑、混合、仿效、征用、修正、批评、评论和定制。[67]

只要思想、发明、设计和软件等无形资产在经济上的重要性不断增长，关于公有优点的激烈争论就会持续下去。回想一下麦卡菲和布莱恩约弗森的预测，那些有能力生产新想法和创新的人将获得"巨大回报"。[68] 但是正义让我们不得不发问：那些不怎么有能力的人怎么办？那些从来没有机会使其想法为人所知的人怎么办？知识产权跟其他类型的财产一样，主要有利于那些已经拥有信息、知识和想法的人。一个基于公有的系统甚至可能释放出巨大的学习渴望：仅一年内，注册哈佛免费在线课程的人数就超过了这所大学成立近四百年来就读的学生人数。[69]

有人可能会反对：创造者因其天才获得巨额财富是应该的，即便这导致了不平等。为什么我的发明应该属于别人而不是我？这种质疑并非不合理，但在数字生活世界中，它将变得更难站得住脚。在这个世界里，是否拥有创意、知识和信息可能意味着最高层次的富有和贫困的差别。当然，我们至少应该确保产权除了发挥促进创新的作用之外，不要在别的方面走得太远。

萨斯坎德坚信："总的来说，生活在一个大多数医疗援助、精神指导、法律建议、最新消息、商业援助、会计洞察和建筑专业知识都能普遍以低成本或免费获得的社会自然更好。"[70]这样的社会也更容易孕育出伟大的思想和发明。问题是应如何平衡私有财产和公有财产之间的关系，它事关经济，更事关正义。这个问题当然不能只扔给科技公司及其律师去解决。

共享

"共享经济"为数字生活世界提供了另一种可能的所有权模式。现在，这个词被宽泛地用于描述在网上进行的大多数形式的"点对点"在线交易。Airbnb 就是共享经济的绝佳范例，它允许人们把自己的空置住宅出租给陌生人。分享，不管有没有附加条件，都不是什么新鲜事，新鲜的是数字技术为其带来的规模和程度。[71]乍一看，共享经济的精神与公有的精神类似。但它们之间仍有几个关键的区别。首先，公有状态下，没有人严格拥有任何公共物品，而在共享经济中，个人保留自己的产权，只是让其他人使用。其次，在共享经济中，人们通常需要为商品和服务付钱，而这也与公有的精神背道而驰。

共享模式的有趣之处在于，它鼓励卖家将那些没有什么经济价值的资产货币化。它为购买者提供了拥有的好处，却没有相关的所有权负担。想想数字生活世界里可能会有这样一个系统，能让人们通过空中无人机群来分享日常物品，这些无人机将货物从一个地方运送到另一个地方：

> ［让我们畅想］只要你打一个响指，你想要的东西，就会在瞬间奇迹般地出现在你手上，不用花一分钱。你家里有把锤子，可能还有一把电钻。你使用它的概率是万分之一，甚至是十万分之一……你可以把它分享给成千上万的人，非常安全，让每个人瞬间变成能工巧匠。因为他们可以在需要锤子的时候得到它而无须另买一把，也不必消耗世界的资源来制作成千上万把平时几乎完全用不上的东西。[72]

共享经济是如何符合我们的社会正义理念的呢？因为它本质上只是另一种类型的市场，它总是青睐那些有东西可"分享"、有钱可花的人。从理论上讲，如果整个经济都是共享经济，那么穷人会过得很糟糕。他们得不断地"拆卖"自己的房子，才能找到可以出租的东西。[73]在数字生活世界里，这个问题将尤其突出，我们已经预料到有产者和无产者之间的不平衡。此外，从共享经济中获益最多的似乎不是参与者，而是平台的所有者，如 Uber、Airbnb 等。乔纳森·艾伦（Jonathan Allen）解释说，很难计算共享经济的早期财富效应，但任何创造出来的财富"都将高度集中于科技创始人和早期投资者手中"。[74]

从本质上讲,共享经济并没有真正打破私有财产范式。我认为,从长远来看,关键问题是共享什么。分享舒适、便利和娱乐的物品可能有助于资产贫乏的人最大限度地利用他们仅有的一点东西,但随着时间的推移,这并不会让他们变得更富有。相比之下,如果共享的东西本身就是资本或生产性技术,那么共享经济可能有助于抵消财富旋风的影响。

数据交易

我们可以利用数据做很多事情。可以对数据的使用征税;它可以公有,供一般使用或受到一定限制;国家可以购买并持有它;它可以被出租、"共享",或借出用于慈善。叶夫根尼·莫罗佐夫建议,可以建立一个"国家数据基金,由全体公民共同拥有",将其商业用途置于激烈竞争与严格管制之下。[75]

个人数据,即关于人的数据,它似乎具有独特的积累逻辑,并因此呈现出了一种特殊情况。我将其称为"数据交易"。公司主要靠提供免费或大幅折扣服务来收集个人数据,通常根据每个消费者的需求进行个性化匹配,提供如网络搜索、访问平台和网络、通信和电子邮件、地图和导航、视频和图片、软件和人工智能工具以及云存储等服务。为了交换这些服务,个人将他们的数据提交给了科技公司(无论他们是否知情)。

从经济角度来看,数据交易具有高效的优点。单独来看,我们的个人数据几乎一文不值,但科技公司通过收集数以百万计的数据,就可以创造出有价值的产品、服务和平台。然而,从政治角度来看,这笔交易有点可疑。我们知道,高度量化的社会带来的后果之一就是可解读性的增加。拥有数据的人权力很大(见第七章)。这对个人隐私和尊严也存在显著影响。现在,让我们从分配正义的角度来审视数据交易。

乍一看,公司把对我们来说几乎没有经济用途的东西(我们产生的数据)转化为(对我们)有价值的社会物品,自己则坐收渔利,这似乎并不存在什么明显的不公平。我们都从免费的东西中受益,穷人可以说比富人受益更多。另外,大多数人都不认为因数据而获得回报是一种牺牲,反正这些数据闲着也是闲着。

不过,数据交易很容易招致批评。首先是来自不平等的反对。不管这种交易还有其他什么优点,也总是会导致贫富悬殊。它为科技公司提供了巨额财富,而普通人却得不到任何经济补偿。即使对凭借个人数据所获得的利润征税,并以此来支付全民基本收入,对解决这种不平等也是隔靴搔痒。简而言之,数据交易促成了这场财富旋风。

其次是反对剥削的观点。根据这种观点,数据交易就等同于剥削,因为它涉嫌从"无报酬的或低工资的劳动者"处不公正地提取经济价值。[76]正如资本主义制度时常被指责支付给工人的工资远低于其劳动的全部价值一样,数据交易也被认为对人们的补偿达不到其提供数据的全部价值。照此看来,Facebook 的用户"已然成为历史上最大的无薪劳动者群体"。[77]技术专家杰伦·拉尼尔认为,人们应该因他们所提供的数据获得金钱补偿。[78]他设计了一个"微支付"系统,允许人们从自己一生的数据做出的"成千上万个小贡献"中赚取"版税":"如果通过观察你而产生的数据使机器人看起来更像一个天生的健谈者,或者让一场政治竞选向目标选民传递信息的过程变得更容易,那么你就有理由因为别人使用了你提供的这些有价值的数据而收钱。"[79]

反对剥削自然是一个诱人的理由,但它也存在问题。这种观点的假设是:就算是公司必须为从人们身上得到的数据付费,它们也仍然会有动力提供免费服务。同时,它还掩盖了我们确实获得的社会物品的价值。如果我们用自己产生的数据来交换我们所看重的东西,这就很难说是剥削了；同样，认为现金是人们的唯一关切也是错误的。社交网络平台、全球地图、搜索引擎，这些都不是可有可无的小事，它们改善了我们的生活。据安德雷斯·韦恩岸（Andreas Weigend）计算，如果 Facebook 不给股东分红，而是让所有用户分享该公司在 2015 年获得的利润，那么每位用户约能分到 3.5 英镑。他说："你觉得在一年中无限制地使用一个交流平台更有价值，还是一杯卡布奇诺更有价值？"[80] 随着时间的推移，从人们身上获得的数据越多，人们期望得到的回报也就越多。此外，有些人的数据总是会比其他人的数据更有价值，这也许是因为他们是广告商特别感兴趣的群体。在拉尼尔的支付系统中，这些幸运儿将比其他人从数据上获取更多的意外之财。这样公平吗？同样是因为数据，为什么有些人的收获要比其他人多？尽管有这样那样的问题，反对剥削仍然很重要，尤其是针对那些对被提取数据的人没有直接价值的系统，因为在这里根本没有交易可言。

第三个反对数据交易的理由是，其他人在未经我们知情同意的情况下利用我们的数据牟利的行为是不公正的。我们称之为知情 / 同意异议。窃贼偷了你家电视，即使他留下一沓等值的现金，也不能说他的做法是正确的。按照同样的逻辑，数字平台在没有恰当告知当事人的情况下获取其数据自然也是错误的。律师可能会辩解道："啊哈！你在注册这项服务时已经点击'接受'这些条款和条件了，不是吗？"我们将在第十九章中读到，十年前签署的一份冗长的法律文件是否足以确保普通民众持续知情和同意，这是令人怀疑的。科技公司应该更清楚、更准确地定期告知人们：你的哪些数据正在被提取，以及这些数据将被用于什么目的。在某种程度上，这是一个道德问题：如果你知道你的数据将被用于不良目的，那么你可能会自觉地避免这种交易。这也是一个经济问题：我们越了解数据的真正价值，就越容易评估有争议的交易是否公平。

最后，针对数据交易，还有一种更加深刻的结构性反对。随着时间的推移，社会似乎会逐渐分成两个阶级：一类人能够有效地处理数据并因此积累财富，另一类人则只能出售自己的数据用作交换。这不仅会导致不平等，还会导致经济力量的严重失衡。决定经济生活的方向的权力将逐渐收拢到一小撮企业家和实业家手中，由他们来决定需要什么数据，应该提供什么服务作为回报。难道大多数人必须出售自己的个人数据，并毫无怨言地接受别人提供的东西吗？根据佩德罗·多明戈斯的观点，"数据工会"是应对这种结构性失衡的一种可能方式：

> 20世纪需要工会来达成工人和老板之间的权力平衡。由此及彼，21世纪也需要数据工会的存在。公司在收集和使用数据方面的能力远大于个人。这就导致了权力的不对称……数据工会允许其成员就数据的使用和公司进行平等的谈判。[81]

另一种应对方法可能是确保用于处理数据（包括硬件和软件）的技术不会为少数所有者独享。

未来的正义

我们已经看到，在未来，分配和承认的问题将越来越多地由代码决定。那些编写算法的人将拥有惊人的经济权力。软件工程师和社会工程师之间的界限将日益变得模糊。与此同时，财富将越来越多地流向拥有资本的人，尤其是拥有生产性技术和数据的人。在向数字生活世界过渡的过程中，那些拥有生产性数字技术的人将是主要经济受益者。政治理论家不能忽视这些变化。旧的思维方式将不再适用。

数字生活世界的经济结构之所以如此重要，并不是因为社会正义。

武力、审查和感知的手段给拥有它们的科技公司赋予了一定程度的权力；但对于那些成为某一特定数字系统的唯一或主要供应商的公司来说，这种权力会被放大许多倍。回想一下第十一章中有关数字联邦主义的理念：保护自由的最佳方式是确保人们可以根据自己对代码的喜好在不同系统之间进行选择。数字联邦主义要求任何重要的自由，如通信、新闻收集、搜索和交通必须由不同的数字系统来践行，且必须能在不产生不利后果的前提下在这些系统之间自由选择。我们将在第十九章看到，一个科技巨头垄断的世界也许会让这一切变成不可能。

第六部分

未来的政治

来吧，我的朋友，现在去寻找一个全新的世界吧！
还不算太晚。

——阿尔弗雷德·丁尼生，《尤利西斯》（1842）

第十九章
透明度和新的权力分割

思维也有一段用来耕耘的时间和一段用来收获的时间。

——路德维希·维特根斯坦,《文化与价值》(1970)

通过一段新的,有时也是奇特的概念域,往往是一段漫长的旅程。让我们花点时间来回顾一下我们已经知悉的内容。如果你是从本书开头直接跳到这一章来的,那你就要注意了:本章借鉴的概念和论点来自整本书。

我们站在数字生活世界的边缘,这是一个将在广泛的功能上与人类对垒并最终超越人类的数字系统所占据的世界。假以时日,它们就会变得更具综合性,并逐渐渗透到我们周围世界的结构与物体中,此前,我们从未把这些结构和物体看作技术的一部分。人类生活的量化程度将大大提升:我们今后的行为、话语、动作、关系和情感都会被捕捉并作为数据记录下来,然后被数字系统分类、存储和处理。

尽管我们将很享受数字生活世界中这些令人炫目的新机会,但某些技术将会成为可怕的权力工具。一些技术能够迫使我们去做某些事情,剩下的也会通过审查我们来达到同样的效果。而且,有一些技术会通过控制我们对世界的感知来行使权力。激活技术的代码将具有高度的适应性和精密度，且能以一种动态的、颗粒化的方式来形塑我们的生活。从广义上来说，那些掌握这些技术的人将会是强大的；这意味着他们将拥有一种稳定且广泛的能力去让其他人去做那些他们从前不愿意或做不了的事情，或者是不去做他们原本会做的事情。任何渴望权力的实体（公共的或是私人的）都将试图控制这些技术。

最直接的政治受惠者将是国家和科技公司，它们将会去争夺对这些新型技术力量的控制权。国家会获得一种超强的执法能力，而某些强大的科技公司将获得定义我们自由之边界的能力，并能决定民主的运转情况和关于社会正义的重要问题。如果放任数字生活世界的经济结构自行发展，很有可能导致财富积聚在少量大型实体手中。

大约一个世纪以前，马克斯·韦伯在《政治作为一种志业》（1919）中写道，政治的任务是："以训练有素的冷静头脑来观察生活的现实，具备面对这些现实并从内心处理它们的能力。"[1]在本章（倒数第二章），我将把我的想法和盘托出。

个体责任

实际上，这本书的核心问题并不是关于技术的，甚至也不是关于政治理论的。这是一本关于人的书。

书中提到的许多关于过去和将来的问题，其实都可以归于个人的选择。拒绝给黑人房客提供住宿的 Airbnb 房东，在社交媒体上发布诽谤言论的键盘侠，通过"操纵"谷歌搜索来增加否认二战时期犹太人大屠杀文章曝光量的反犹分子[2]，教微软开发的聊天机器人 Tay 说"去你的机器人老爹"的玩笑者，用手上掌握的医疗信息来勒索的网络黑客，想要训练系统识别女性身份却失败了的工程师，这些都不是技术的问题，而是我们自己的问题。

数字生活世界会对我们所有人提出更多的要求。从最闪亮的首席执行官到最普通的初级程序员，那些在科技公司中工作的人将扮演一种具有特别影响的角色。1961 年，约翰·E.肯尼迪说："在漫长的世界历史中，只有几代人被赋予了在最危险的时刻保卫自由的任务。"未来的政治将在很大程度上取决于当代技术人员如何对待和处理他们的工作。无论他们喜欢与否，这都是他们要承担的责任。事实上，不管他们是否认识到这一点，他们都得承担。柏拉图在《理想国》中写道："国家的麻烦事无穷无尽……直到哲人成为这个世界的王，或者是那些我们现在称作王的统治者成为哲人。"[3] 如今，如果我们打算保住自由，加强民主，让历史发展的弧线弯向正义的话，必须要成为哲人的是技术人员。我们需要真正的"哲人工程师"。

我们中那些不在技术领域工作的人，也许可以被数字共和主义的原则所指引，这个原则认为，那种依赖于对权力的限制的自由已经不再是自由了。我们不仅必须理解这种统治着我们生活的力量，还要去塑造它。设计、理论化并评价这个变化中的世界的重任落在了我们肩上。如果没有警觉、审慎、好奇、坚持、自信和公益精神，这个数字生活世界将会滑向黑暗的深渊。

增压国家的权力

我们必须发展出一些制度和框架，以此鼓励善的本能并限制恶的本能，在这个过程中，我们将面对许多系统性挑战。第一个挑战就是如何处理增压国家的权力。我在第十章中曾反问：我们是否正在设计一种权力体系，对于受其支配的不完美、被损害的人们来说，这个体系太完整、太高效了？事实上，我相信我们确实正在这样做。悬在自由头上的威胁将是史无前例的。我们必须采取"明智的限制"措施，以减轻这个沉重的后果。在第十一章中,我简要勾勒了针对该问题的一些替代性视角,这里不再赘述,但这显然是一个急需理论创新的领域,它不仅仅是政治理论家的事,律师、社会学家、心理学家、犯罪学家和技术人员等也应包括在内。

考虑到历史的发展,我还认为民主在未来会比它在过去的地位更加重要。国家权力的增长需要相应地提升人们问责政府的能力。幸运的是,正如我们所见,新鲜的、有趣的民主形式在最需要它的时间出现了。罗莎·卢森堡(Rosa Luxemburg)写道:"历史有种好习惯,它总是能随着任何真正的社会需要产生满足其需要的手段,在提出任务的同时也指出解决的方法。"[4]社会的需求很明确,就是保护人民免受奴役之苦。任务也很明确,即确保增压国家的权力得到监管。至于解决办法,我希望它会是一种新型且更加强有力的民主形式,而不是令人厌烦的竞争性精英主义模式,它应是协商民主、直接民主、维基民主、数据民主和人工智能民主中最有希望的要素的集合。

科技公司的力量

第二个系统性挑战在于科技公司。正如我们所见,问题不仅限于少数几个巨头正在变得越来越富有,而其他人变得越来越穷。问题在于它们拥有的权力,这一权力是通过其掌控的技术获得的。

通常,如果没有足够理由或者至少没有我们的允许,我们是不会让他人来控制我们的。如果科技公司想获得这个权力,那么这个权力就应该要是正当的。对一些人来说,这个观点听起来很奇怪。如果一个经济实体创造了一种被消费者接受的产品,那么它为什么不应该享受成功为其带来的权力呢?这种想法在一定程度上是理智的,但它却从根本上混淆了经济学与政治学的逻辑。在市场上,投资、承担风险和努力工作通常会让我们合法地获取财富。但是，要说科技公司政治权力的合法性应由市场标准来决定，因为它起源于市场，就像说军政府的合法性应该由军队标准来决定，因为它起源于政变一样。多少带点自由或民主的观点认为，就合法性的目的而言，重要的是受制于当前所讨论之权力的人们的看法。政治领域不同于市场，衡量政治权力合法性的原则与衡量商业成功的原则也不同。财富、名气甚至地位都可以在市场上合法挣得，但不包括权力。权力的获得必须参考政治原则，而不是经济原则。

话虽如此，但历史上一些被强者用来证明自己权力合法性的原则已经逐渐失去说服力。神圣原则（Divine Rule）：所谓君权神授，人们必须服从于他；原罪原则（Original Sin）：我们必须克制卑鄙的冲动；存在之链原则（The Great Chain of Being）：我们必须完全顺服于我们在自然等级中的地位；传统原则（Tradition）：自古以来就是这样；父权制原则（Patriachy）：像父亲公正地统治家庭一样，君主也须如此统治其臣民；强权即公理原则（Might is right）：政治上没有对错，只有强弱；实用主义原则（Pragmatism）：最好别把事情搞砸了；个人魅力原则（克里斯玛，Charisma）：他是非凡的，让我们追随他！漠不关心原则（Apathy）：反正也没人真正在乎这些。

这些都是以权力的名义提出的理由或借口。你可能会质疑它们的好坏。

现代民主国家的公民对国家权力合法化的依据有一致看法。那就是在得到被统治者的同意后，国家保证一定程度的自由，制定与被统治者的信仰和利益尽可能一致的法律。我们称其为"自由民主的合法性原则"。由于科技公司的权力和国家权力在范围和程度上存在差别，以自由民主原则作为判断科技公司权力合法性的标准可能要求过高了。没有必要为使权力合法而在 Facebook 搞董事会选举。

　　有人会说，应该对这些新科技巨兽一刀切地搞国有化，这样就万事大吉了。这肯定是错误的，并不仅仅因为市场是创新的重要引擎。自由主义的教训就是必须对权力高度集中的国家本身加以制约。我们知道，即使是民主国家也可能滥用其权力，损害它的公民。如今，政府依靠科技公司提供的帮助，依靠立法使科技公司处于国家的控制之下，并在其他方法失效时使用黑客入侵其系统等手段，已经逐步控制了科技权力，还避免了拥有它们所带来的麻烦。国家权力的每一次增长必须是有正当理由的，如果认为将权力技术交给国家就不会对自由、民主和社会正义产生威胁，未免太天真了。

　　一种更加明智地规范私营科技公司的方法是：赋予它们真正的权力合法性。[5]我们已经通过各种方式规范私营公司，如消费者保护规定、员工权利、食品标准等。国家积极监管公共事业，以确保其权力被负责地执行。科技公司也要受到监管，但是越来越多的学者和评论家认为我们需要做得更多。想想谷歌，如本书之前所述，它的搜索结果可能是不公正的。如果你搜索一个非裔美国人式的名字，比你键入一个其他类型的名字，看到有关提供犯罪背景调查的网站广告的可能性更大。如果输入"为什么同性恋……"，谷歌提示的完整问题竟是"为什么同性恋的声音如此怪异"。（请参阅第十六章）法律学者弗兰克·帕斯奎尔提出，谷歌应该接受监管以制衡这种不公正现象。他还提出了其他措施，如迫使谷歌"标记、监控和解释由仇恨驱使的搜索结果"，允许针对诽谤性帖子进行"有限的外部注释"，"雇用更多的人来处理投诉"，甚至可能"禁止某些特定内容"。[6]在其他方面，帕斯奎尔和丹妮尔·基茨·西特伦（Danielle Keats Citron）提出了一套由监管机构监督的程序保障措施系统，使人们可以挑战在其生活中由算法做出的重要决策（例如他们的信用评分）。[7]以上措施明智合理，但是想到监管总会使某些人感到不安，因为这意味着将更多的权力让渡给国家。

然而，在一定程度上必须抑制这种科技权力。科技公司逐渐攫取了一些权力，例如，控制我们对世界的感知。这种非凡的权力超过了过去任何公司实体曾拥有的权力。

这是一本有关原则和理念的书，它无意提供具体的监管建议。但是政治理论家们应该从广义上说明，应采取何种措施，才能使科技公司合法地行使其权力。我在此提出三个建议。

同意原则

合法性最明显的来源就是同意：当人们同意科技公司的所作所为时，它们的权力即被合理化了。同意理念在小规模和特定情形的权力使用上是有效的。[8]例如，如果你在谷歌键入一个单一的搜索查询内容，你就默认接受谷歌的权利，让它为你过滤在它看来适合你的世界。推断同意（inferred consent）也是同样的道理，由系统来确定某人在特定的情形下"会"同意某事。[9]我们撷取杰拉尔德·德沃金提出的例子，如果机器人外科医生在治疗骨折时发现了癌性肿瘤，可以合法地推断出患者会同意立即清除肿瘤。[10]

然而，使用同意原则来管理与科技公司的长期权力关系会产生更多问题。大型科技公司（通常由其律师）有时会辩护说，当人们明确表示同意一系列条款，技术公司就获得了这些条款所列内容的许可。[11]但任何一个头脑正常的人，谁会在使用应用程序或设备之前，真去阅读那些条款和条件呢？学者们估算，人们需要花费 76 个工作日，才能读完我们在一年中遇到的所有隐私政策。[12]将一厚沓法律文件伸到某人鼻子底下并说"在这里签名"，早已是陈年旧事。即使我们能够并且确实阅读了这些条款和条件，十年才按一次同意键也不是让渡重要权利和自由的令人满意的方式。

同意原则另一个行不通的地方在于，我们通常无权选择是否卷入某种特定的技术中。这可能是因为科技无处不在（例如公共场所监控系统）或其必要性（在无现金经济中，除了使用标准的付款技术外别无选择）。在赋予合法性时，同意原则必须以自由且知情为前提。非自愿的同意根本不是真正的同意。最后，回到谷歌的例子，同意原则并不能在系统层面上保护我们，防止我们的数据被滥用，即使它可以证明自己在某次搜索中对权力的临时行使是正当的。仅仅是同意，至少是这种在市场经济中给予的同意，应该还不够。

公平原则

合法性的另一种来源是公平原则：如果你享受了数字平台提供的好处，出于公平，你也需要承担合理的责任。[13] 这类似于同意原则，但与之又有一个重要的区别。同意原则来源于自由的观念（如果你在自由的前提下同意权力的行使，那么你承受失去自由的损失就是合法的），而公平原则源自正义观念（如果你得到了 X，那么作为回报，你放弃 Y 也是公正的）。

直观上看，公平原则是明智的，但与同意原则类似，如果一家技术公司提取我们的数据而不明确告知，那么我们绝不会认为公平原则会要求我们允许它们为所欲为。只有在我们知情时，以上行为才是合法的。同样地，如果人们别无选择地卷入了数字平台的服务，这就不太公平了。当我走在"智慧"城市的街道上时，监控摄像头监视着我。但我并没有选择成为监视的对象，这是强加于我的。首先，我别无选择，只能参与到这项技术中；然后我被告知，因为我参与其中，为了公平起见，我有责任接受其规则，并允许其控制者将收集到的关于我的数据用于其他商业目的。这看上去可是一点都不公平。

共同价值观原则

最后，我们也可以说，如果科技公司行使的权力反映或体现其用户共同的价值观，那么可以认为它是合法的。[14] 根据这种观点，例如，新闻平台以某种方式过滤新闻的合法性，依赖于其所采用的算法反映或体现了其用户在新闻应该如何进行过滤问题上形成的共同价值观。然而，这意味着有关权力必须始终保持足够的透明度，以便于用户查看它是否确实反映或体现了这些价值观。如果新闻的收集、编辑和排名算法被隐藏起来，那么它的用户就无法辨别平台是否按照反映其共同理念的方式设计。它们看起来可能没什么问题，但真想要搞清楚是很难的，除非出了大问题。譬如在 2016 年，俄罗斯特工在 Facebook 平台上购买了 3000 多个目标信息来干预美国总统大选。[15] 没有透明度，共同价值观原则就是信仰而非合法性原则。

监 管

根据以上这些原则，至少有两类监管在数字生活世界中可能是必不可少的。第一类是确保透明度；第二类就是打破权力的大规模集中。

透明度监管

对人们来说，受制于强大且完全不透明的权力是不可接受的。因此，透明度是必不可少的，这不仅与算法有关，还与数据使用和有意识地编码到技术中的价值观（如果有的话）有关。简明性也是一个必备的要求，令人信服的科技公司会使用基本的术语来解释其系统，以便于其他人理解。（欧盟当局已经规划了合法的解释权，尽管这仅与完全自动化的决策有关。）[16]

对透明度的要求具有牢固的哲学基础,首先就是刚才讨论的合法性概念。要是我们认为人们实际上已经同意接受科技公司的权力支配(同意原则),或者在接受它带来的利益的同时背负一些责任(公平原则),或者其行使的权力反映或体现了用户的共同价值观(共同价值观原则),那么科技公司的权力就可以说是合法的。不过,只要科技公司将其算法隐藏锁定,其数据策略晦涩难懂,而且其所秉持的价值观亦不明朗,那么它们就不能声称自己拥有以上合法性形式的任何一种。如果我们连我们同意的是什么都不知道,我们怎么能"自由地同意"呢?如果我们连这些科技公司要我们背负的责任是什么都不知道,怎么能说是"欣然接受"呢?如果我们连科技公司的算法如何工作、来自我们的数据被如何使用都不知道,如何能保证它们与我们拥有共同的价值观?对透明度的要求通过自由原则得到加强。如果我们受制于看不见的规则,且这些规则是由其他人的异想天开决定的,那么我们就并不真正自由。

制定算法审核原则方面正在取得进展。[17]一位学者建议,应该成立一个"算法的食品和药物管理局",并"给予其广泛授权,以确保危险算法无法发布到市场"。[18]这是一个有趣的想法。但是科技公司会反对透露其商业敏感算法,这会对其业务造成无法弥补的损害,或给恶意团体玩弄和滥用系统提供机会(谷歌赞成该观点)。解决以上问题的一种方法是将算法审核的工作委托给独立的第三方专业人士,他们"将宣誓公正和保密,跟会计师和其他专业人员现在正在从事的工作差不多。这些第三方人士将评估科技公司数据源的选择、分析和预测工具的选择,以及它们对结果的解释",通过后再给它们颁发"健康证明"。[19]依据这种模式,我们并不需要全民来监管科技公司,而是将其交给有关监管部门和独立审核员,因为从财务和技术上来说,他们的位置可以更好地发挥制衡作用。这个想法很吸引人,但也有些退步,因为它给我们留下了另一类统治者，即编写代码的人和审核代码的人，他们了解权力的运作。除了这些人，人们仍将处于黑暗中，完全仰赖这些统治者的仁慈和称职。算法审核系统将把权力从科技公司转移出来，这点毋庸置疑，但不过是转移到另一家科技公司的审核精英们那里去了，尽管这些人发誓要服务于公共利益。

结构性监管

我认为，将来我们也需要结构性监管，即通过政治干预确保技术权力不要过于集中在少数公司和个人的手中。在蓬勃的市场经济中，也许这样做是不必要的，但如果我在本书第五部分的分析正确，那么权力机会更趋于集中。大型科技公司的统治可能需要打破。

同样，结构性干预也有合理的哲学解释。最简单的一种解释就是，它将防止权力累积到危险程度。想象一下，如果全部或绝大部分政治言论只通过某一个数字平台传播，那么用户就别无选择，只能接受这个平台的规则：因为他们不能去别的地方。而且，该平台将会为总体上压制言论提供单一的控制阀。对于一个实体来说，这种权力太大了。同样，如果某一平台（例如第八章虚构的德尔斐）控制了某领域所有的感知控制设备，那么其塑造人类行为的能力也将是人类无法承受之重。

基于合法性角度，结构性监管也被认为是合理的。当某种科技服务只有一个提供者（或少数几个提供者）时，你没有其他选择，那么就不能说你对科技公司负有公平的义务，或同意其权力。一家科技公司透明运作的系统也许能够满足共同价值观原则，但即使如此，我们还是只能依靠它的仁慈来保持这种状态。在数字共和主义者看来，这是不可接受的。数字联邦主义者走得更远，他们认为，在任何时候都需要有多个可用的数字系统，我们可以在它们之间进行选择且不会产生不良后果。

我们已经拥有某些法律机制来应对经济集权。在美国，它被称为反托拉斯法，在欧洲，它被称为竞争法。两者均旨在促进经济竞争，即限制垄断，防止串通，监督并购，以及防止大型经济实体滥用其市场支配地位。最近有一些针对大型科技公司的反垄断胜利，例如2017年欧盟对谷歌公司处以24亿欧元的罚款，以惩罚其操纵搜索结果用于推广自己而非他人的购物比较服务（美国的此类系统则不够健全，谷歌并没有因为相同的问题被罚款）。

尽管这很重要，但反托拉斯法意欲解决的一系列问题，与我们将在数字化生活世界中面临的问题是不同的。例如，在数字生活世界中将会有很多科技公司，它们拥有强大权力，但并不属于反托拉斯法定义的非法垄断。此外，科技公司可能通常会固执、愚蠢或无原则地行使权力，却不能被正确地归于"滥用"范畴。至少就目前而言，反托拉斯法的核心目标是防止价格歧视、掠夺性定价等经济滥用形式，而不是塑造和限制政治权力。但是正如我们在第十八章中看到的，数据交易意味着许多服务是免费的，不大会出现经济滥用的问题。因此，真正的风险在于科技公司的权力将完全落在反托拉斯法监管框架之外。即使反托拉斯监管机构能够打破技术垄断，它仍不能确保真正的数字联邦主义所需要的选择多样性。

从结构性监管中，我们想要为公民提供凌驾于支配他们的权力之上的一些选择，而不（仅仅）是对消费者公平的价格。哲学家孟德斯鸠（Baron de Montesquien）因为三权分立理论而被广为称颂，他主张将国家的政治权力分为三部分：立法权、行政权和司法权。[20]孟德斯鸠认为，为防止任何一个人或实体的权力过大，最佳方法就是使这三部分权力彼此独立（形成一个"制衡"系统，也是他发明的另一个术语）。我们可以向孟德斯鸠学习。可以说，用反托拉斯法进行监管的最大困难是其监管的领域是围绕市场来建构的，而并非基于权力形式。我的意思是，反托拉斯监管机构的工作始于识别一个或多个特定市场，如电信和公路运输等，在这个前提下，才可以说一家公司滥用其支配地位。但若就政治目的而言，市场的支配地位则无关紧要。最重要的还是权力本身的形式——武力、审查和感知控制——而不是它们起源的经济竞技场。

　　该问题的真正解决之道应是建立一个政治体制，它需要满足以下两个条件：首先，不允许任何公司垄断武力、审查和感知控制手段中的任何一个；第二，不允许任何公司对一个以上的控制手段（包括武力、审查和感知控制）拥有显著控制权。从结构上讲，这是保障自由和合法性最好的（或许是唯一的）方法。不应该试图扭曲反托拉斯法来迎合政治功能，即将法律的钉子钉到政治的洞里，我们需要思考一种新的三权分立。

技术与民主

　　让公民继续掌握控制权的最后一个办法，是让他们对管理他们的规则有直接发言权。让权力负责，而不仅仅是透明。把民主的价值观带到私营部门，也许意味着出现更多的"免费软件"。正如莱斯格解释的那样，免费软件的"免费"指的并不是"编写代码的人不拿报酬"，而是指任何人都有权"按照他或她认为合适的方式"修改代码。[21] 这还可能意味着更灵活的操作系统，也就是说，像苹果系统这种很少或根本不允许个性化定制的系统会越来越少，更容易进行个性化定制的安卓类系统会越来越多。比较一下（两种情况），一辆是被编好程序，会撞死孩子而非卡车司机的自动驾驶汽车，另一辆是让你根据在此类情况下应当的做法，预先做出选择的汽车（参见第五章）。它可能意味着对数字系统的特定决定、预测或行动提出质疑或上诉的权利。[22] 从事重要新技术开发的工程师在释放其发明造成的结果之前，可能要接受公众的审查。[23] 科技公司应该对他们的用户更加负责。根据这种观点，未经受其影响的人们允许，Facebook 不应该改变会对自由、民主和正义产生影响的功能。

这些都是激进的观点，但从哲学角度来说，它们并不新鲜。许多杰出的思想家都不认同民主始于投票箱并终于投票箱的观念。他们认为，民主原则应该尽可能多地出现在日常生活中，而且，最起码也应告知所有"事涉（属于自我发展条件的）共同活动"的决定。[24]

生命世界的限制

回忆一下你听过的最好的政治演讲。它可能在某种程度上激励过你，或者说服过你。它也许还使你激动地流下热泪。对很多人来说，马丁·路德·金在 1963 年 8 月的演讲《我有一个梦想》代表了语言力量的巅峰：

> 我梦想有一天，这个国家将站起来，实现其立国信条的真谛："我们认为这些真理是不言而喻的，即人人生而平等。"
>
> 我梦想有一天，在佐治亚州的红色山岗上，昔日奴隶的儿子能够同昔日奴隶主的儿子同席而坐，亲如手足。
>
> 我梦想有一天，甚至连密西西比州——一个非正义和压迫的热浪逼人的荒漠之州，也将改造成自由和正义的绿洲。
>
> 我梦想有一天，我的四个孩子将生活在一个不是以他们的肤色，而是以他们的品格优劣来评价他们的国家里。
>
> 今天，我有一个梦想！

　　我曾在本书第一章提到，工程师们已经创建了一个能写政治演讲稿的人工智能系统。如果你发现你推崇备至的演讲是这个系统写的，算法通过分析成千上万篇演讲，也"学会"创作伟大的演讲，你对此会作何感想？你了解的这个事实，是否会消解你心目中演讲的价值呢？

　　对我来说，演讲的意义真的会因此消解。

　　当我们聆听一场伟大的政治演讲时，我们听到的不仅是演讲内容，还有演讲者真实的声音。我们见证了他们的道德勇气，瞥见了他们的灵魂。这就是我们为何想知道政客们的演讲稿是自己的真情流露，还是别人的捉刀代笔。一旦你知道某篇演讲是机器写的，每个词听上去就都会是那么空洞和公式化。

　　书读至此（顺便说一句，读到现在的你真的很棒），你可能已经了解了足够多的原则，但你一定要再消化一个原则，即有些事情是数字系统不应该做的，即使它们（在技术上）比人类做得更好。这一原则可能适用于具有价值的事物，恰恰是因为它们是人类思想、双手或心灵的产物。用迈克尔·桑德尔（Michael Sandel）的话来说，某种东西可能因其是机器的产物，所以它在本质上就是"腐败的或低下的"，或者至少是被削弱了的。[25] 甚至可以说，我们在某种程度上低人一等，正是因为我们拥有了为老板设计的算法，为爱人设计的虚拟现实系统，为看护者设计的机器人，或为政府设计的人工智能系统。

　　正如我在导言中提到的，20世纪的重大辩论是关于我们的集体生活在哪些方面应由国家决定，什么应该留给市场力量和公民社会来决定。在未来，问题将变成我们的集体生活中有多少、在何种条件下应该由强大的数字系统指导和控制。我们不能不作为，让自己成为"外在力量的玩物"，总是服从于我们无法控制和理解的实体和系统替我们做出的决定。[26] 这就是未来政治的挑战。

第二十章
后政治学

未来正一天一天向我们逼近。令人震惊的科学技术新成就正在改变我们共同生活的方式。

我们还没有准备好。

大多数的政治思想都是凭空设想出来的，用来描述一个不复存在的世界。我们需要新的政治思想，我也尝试着在本书中提供了一些。然而，可能有一天，当科技彻底改变世界，我们的所有想法几乎就失去了意义，即使是像本书提到过的那些新奇想法。在本书的最后几页，我们有必要谨慎地思考一下数字生活世界之后政治的命运。

基因工程、医学、机器人技术、纳米技术和人工智能的进步，将以过去的理论家几乎无法想象的方式改变生物学。[1]编辑我们 DNA 的能力[2]；人机结合（使用植入、修复和对接等手段），吸收其非人类的力量为我所用；为自己的制造新的器官和组织；针对病患基因组成的

---

[*] 译文参考了《马克思恩格斯选集》第一卷中译。——译注

不同，为其定制个性化疗法，这些能力可能永远改变作为人类的意义。增强版人类不再是镜花水月。[3] 可预见的是，我们的后代将能够通过仿生四肢、器官和外骨骼增强力量和弹性。他们的思想、情绪和记忆将从根本上得到改善。[4] 他们能做到减少疼痛的影响，降低睡眠的需要。[5] 他们的感官能力也会提高，拥有超凡的视力和听力。他们将进入一个全新的情绪、感觉和欲望的世界[6]，也有能力决定他们未出生的孩子的性格特征。[7] 人类衰老的过程将被减缓，甚至是逆转，死亡本身也会延缓。[8]

许多因人类功能增强而产生的伦理问题都得到了很好的研究。人类的增强应该被允许吗？可以在哪些方面增强？增强应是一种权利吗？[9] 自我增强是否像有人认为的甚至该被视为对未出生后代和基因库本身的义务？[10] 或许如一些作者指出的，人类增强带来的最直接的政治风险，就是如何获得它（就像如今如何获得世界级的医疗一样），它可能还只是提供给富人。[11] 杰伦·拉尼尔做了一番畅想：某天早晨，我们发现自己富有的邻居接受了"能让他们多活好几十年的手术"。拉尼尔说："任何人经过这样的早晨，都可能变成马克思主义者。"[12]

在这样一个世界里，我们是否觉得自己更自由了，部分取决于我们认为什么是对自由的约束。霍布斯认为，对自由唯一重要的约束就是"行动的外部障碍"。[13] 但若稍微延伸一下自由的语意，人类自身的生理限制也可以说是对其自由的限制。我不能畅跑马拉松，是骨瘦如柴的腿在束缚着我；我不能尽情地创作伟大的诗歌，是我愚笨的头脑在束缚着我。如果基因编辑、人类增强和身体强化是正确的，这意味着一些人将比其他人享有更强大的身体能力和认知能力，那么这些人就会认为自己比那些仍受人体限制的人更加"自由"。

如果政治是关于人类集体生活的，如我们为什么共同生活，如何安排和约束我们的集体生活，以及我们可以或应该以何种方式来有区别地安排和约束这种集体生活，那么生而为人之意义一丝一毫的变化就可能产生深远的政治后果。在这样一个世界里，一群"新神"[14]出现，与古老的智人生活在一起，政治这个词本身就不再有明确或固定的意义。正如大卫·休谟在约三个世纪前所推测的，一个由一种以上不平等物种组成的社会几乎是不可能维持的：

> 如果有这样一种与人类杂然相处的被造物，它们……却在身体和心灵两个方面具有如此低微的力量，以至于没有能力做任何抵抗……我认为，其必然的后果就是，我们应当受人道的法则的约束而礼待这些被造物，但确切地说不应当受关于它们的正义的任何限制，它们除了拥有如此专擅的君主，也不能拥有任何权利或所有权。我们与它们的交往不能称为社会，社会假定了一定程度的平等，而这里却是一方绝对命令，另一方奴隶般地服从。[*15]

当我们想到今天的政治时，我们所设想的集体生活的形式，其参与者明显都是人类。在未来的世界，这种假设可能不再安全。阶级之间的差异看起来更像是物种之间的差异。

这指向了一个更深层次的问题，我们对政治的概念是建立在一系列隐含的假设之上的：人终有一死，人很容易受到疼痛和疾病的伤害，他们在生理上至少有两种性别，等等。[16] 在《法律的概念》（*Concept of Law*, 1961）一书中，H.L.A. 哈特认为，有关人性的某些"基本真理"意味着"某些行为规则"须永远载入人类法律或道德之中。哈特的第一个"自明之理"是"人类脆弱性"，人人都容易受到伤害。第二个"自

---

* 此处译文摘引自《道德原则研究》（曾晓平译，商务印书馆，2001 年）相关段落中译。——译注

明之理"是"近似平等性",虽然我们在身材、力量或智力上有所不同,但没有一个人天生强大到可以单独支配其他人。第三个是"有限的利他主义",即"如果人不是魔鬼,他们也不是天使"的理念。第四个是"资源有限论",没有足够的资源分配给每个人。最后一个是"理解力和意志力有限论"。[17]虽然哈特谈论的是法律和道德,但其论点同样适用于政治。当我们谈论和思考政治时,我们认为这些自明之理是理所当然的。

然而,如果技术最终允许人类器官再生,或者长生不老,人类脆弱性显然将失去一些效力。同样,认知能力的增强会提升我们原本有限的理解力和意志力,同时加强利他主义的限度。如果只有富人能够享用增强技术,近似平等性就不能被视为理所当然。正如我们在第十八章中看到的,未来的几代人可以享受非凡的经济富足。[18]这也使得资源有限论不够准确了。

在这样一个世界里,政治的意义会是什么呢?我们还会寻求以同样的方式生活在一起吗?

现在想象一个人工智能系统获得超级智能(superintelligence)的世界,也就是说,这种智能"在几乎所有它们感兴趣的领域都远远超过了人类的认知能力"。[19]人工智能最虔诚的跟随者会认为这当然是可以实现的,牛津大学学者尼克·波斯特洛姆(Nick Bostrom)给出了一个"弱结论":

> 我们有理由相信,与人类水平比肩的机器智能将有相当大的机会在21世纪中叶获得发展,它的发展很可能会相当迅速,即便不及预期,此后,超级智能也可能很快就会诞生。[20]

我们很难设想这样的超级智能。波斯特洛姆兴奋地表示,"超级智能"的聪明不是"科学天才与普通人相比的那种聪明",而是"普通人与一只甲虫或蠕虫相比的那种聪明"。[21] 他并不是很有把握地补充道,超级智能的人工智能系统的出现可能会导致"广泛的结果",包括"非常好的",但也包括"像人类灭绝一样糟糕的"。[22] 在这样一个世界里,政治将回到它最初的目的:确保在严酷的世界中存活下来。

像雷·库兹韦尔这样的未来学家认为,从长远来看,我们正走向一个技术奇点,届时,机器智能将充斥整个宇宙,吸收其周围所有的物质和生命。[23] 在这样的世界里,人类都将失去立足之地,更不用说政治了。

在本书中,我有意避免使用过多的篇幅来描述全能的人工智能系统毁灭世界是如何可能的。这并不是因为这种情况不可能发生,而是因为它已经是一个广受欢迎的写作主题,若过多涉足这部分内容,可能会掩盖我们在数字生活世界中不得不面对的更加直接的问题。我在第十九章中强调,在数字生活世界里,等待我们的诸多政治问题将源于平凡如你我的人们的想法和选择。在政治消失或面目全非之前,自由、民主和社会正义的命运仍掌握在我们手中。

我写这本书,是因为我不相信人类注定会遭遇马克思所描述的"巫师"那样的命运:他"不再能控制"他"用咒语召唤出来的地狱的力量"。[24] 未来正向我们逼近,掌控它的办法其实比我们意识到的要多得多。从本书伊始,我就呼吁从根本上改变我们对政治的看法。这是属于一代人的使命,它必须从现在做起,甚至要在我们死后继续。托马斯·杰斐逊在 1823 年写道:"掀起革命的一代人很少能够亲自完成它。"[25]

致　谢

如果没有我的朋友、同事和家人的帮助，我不可能完成这本书。

《算法的力量》这本书的绝大部分是我在哈佛大学伯克曼·克莱因网络与社会中心访学期间完成的。伯克曼中心是个很特别的地方，它的员工和伙伴之于我，似乎是持续不断的灵感源泉般的存在。同时，我还要感谢利特尔顿·钱伯斯（Littleton Chambers）的成员，他们容忍了我的缺席，并以极大的耐心和忠诚支持着我的工作。

我有幸遇到了这本书的理想编者：多米尼克·拜厄特（Dominic Byatt），他总是富有洞见，虽然经常批评我的小缺点，总体上却是在骄纵我。感谢我的经纪人卡罗琳·米歇尔（Caroline Michel）的陪伴，她从一开始就在照顾我。我很荣幸能与牛津大学出版社、彼得斯·弗雷泽和邓禄普（Peters Fraser+Dunlop）的朋友们合作：蒂姆·宾丁（Tim Binding）、亚历山德拉·克利夫（Alexandra Cliff）、特莎·戴维（Tessa David）、凯特·法夸尔-汤姆森（Kate Farquhar-Thomson）、菲尔·亨德森（Phil Henderson）、丹·赫伦（Dan Herron）、埃琳·米汗

（Erin Meehan）、劳里·罗伯逊（Laurie Robertson）、萨拉·拉索（Sarah Russo）和奥利维娅·韦尔斯（Olivia Wells）。克里斯·萨默维尔（Chris Summerville）专业地完成了书稿的最终编辑。

我向卢西亚诺·弗洛里迪（Luciano Floridi）、薇姬·纳什（Vicki Nash）和苏珊娜·奥特（Susannah Otter）致以深深的谢意，他们对我的早期指导帮助我开启了这个项目。弗雷德·波普尔韦尔（Fred Popplewell）的研究对我来说帮助极大。与以下诸位的深度对谈也让我受益匪浅：尤查·本科勒、亚历克斯·坎弗·杜马（Alex Canfor-Dumas）、安柏·凯斯（Amber Case）、马特·克利福德（Matt Clifford）、戴维·考克斯（David Cox）、普里马韦拉·德·菲利皮、加里布埃拉·费（Gabriella Fee）、霍华德·加德纳（Howard Gardner）、乔西·格兰西（Josh Glancy）、菲利普·霍华德（Philip Howard）、劳伦斯·莱辛（Laurence Lessig）、安德鲁·珀尔曼（Andrew Perlman）、迈克尔·桑德尔、布鲁斯·施奈尔（Bruce Schneier）、卡丽娜·纳明（Carina Namih）、贝丝·西蒙内·诺韦克、戴维·温伯格（David Weinberger）、欧文·威廉姆斯（Owain Williams）、埃伦·温纳（Ellen Winner）、汤姆·伍德沃德（Tom Woodward）和乔纳森·齐特林。对我来说，戴维·威尔金斯（David Wilkins）一直都是一座有着无尽的智慧与谋略的无价府库。

苏珊娜·阿什曼（Suzanne Ashman）、詹姆斯·博伊尔、莉齐·盖斯曼（Lizzie Gaisman）、尼古拉斯·盖斯曼（Nicholas Gaisman）、多丽塔·吉林斯基（Dorita Gilinski）、菲利普·霍华德和玛莎·米诺（Martha Minow）对本书的几份草稿提供了宝贵的评论；来自伊菲奥马·阿尤瓦（Ifeoma Ajunwa）和玛克辛·麦金托什（Maxine Mackintosh）的反馈大大改善了本书第五部分的写作。我将永远感激奥利维娅·沃伦伯格（Olivia Wollenberg），她在我开启写作的过程中给了我莫大的鼓励与建议。

还有几位热心读者通读了我的全文手稿，他们是：托尼·布莱尔（Tony Blair）、戈登·布朗、马特·克利福德、亚历克斯·坎弗·杜马、金·菲茨杰拉德（Kim FitzGerald）、马修·弗林德斯（Matthew Flinders）、霍华德·加德纳、比班·基德隆（Beeban Kidron）、劳伦斯·米尔斯（Laurence Mills）、马里厄斯·奥斯特洛夫斯基（Marius Ostrowski）、弗雷德·波普尔韦尔、苏珊娜·普里查德（Susannah Prichard）、多夫·塞德曼（Dov Seidman）、丹尼尔·斯利特（Daniel Sleat）、欧文·威廉姆斯和汤姆·伍德沃德——他们的批评让这本书变得更好。在整个过程中，帕维沙·马赫什（Pavithra Mahesh）都鼓励我，无论是好是坏，都要说自己的心里话。菲利帕·格里尔（Philippa Greer）则在很短的时间内就做出了巨大的贡献。

伟大的马特·奥顿（Matt Orton）一直是我写作的智慧、反馈和动力的无尽源泉。克里斯（Chris Orton）和戴安娜（Diana Orton）友善地容忍我霸占着他们的爱丁堡小屋，在那里，我完成了本书的写作。

如果在我的写作中出现过任何优秀的政治理论，都应该归功于西蒙·卡内（Simon Caney），他让我在本科阶段就燃起了对该学科的热情；十年后，他又用自己惯有的严谨态度审阅了本书原稿。

最后，我要感谢我的家人。自始至终，我的母亲米歇尔（Michelle）都让我感到惊叹不已，她永远热切地坚信我的努力。没有她的爱与支持，我将一事无成。对我来说，她是我最可靠的力量和信心之源。我的姐姐阿莉（Ali）总是稳如磐石：我完全相信她的判断，并无数次地依靠这些判断。她在成书最后阶段的艰辛工作帮助我在收稿日期将近时完成了书稿。

对萨斯坎德家族来说，进行关于未来的写作已经成为一种不寻常的"家族事业"，可能有读者会对我的父亲——理查德·萨斯坎德有所耳闻，他从 20 世纪 80 年代以来，就在写作关于科技之影响的文章；他还跟我的兄弟——经济学家丹尼尔·萨斯坎德在 2015 年合著了《职业的未来》一书。如果您读过这本书，就会了解我对他们在智识上的借鉴程度有多大。丹尼尔一直是我最有深度也最无私的读者，他也是我最坚定的支持者。

　　我无法用言语形容自己从父亲那里获得了多少，也无法完全表达我对他的谢意。有他当我最好的朋友、导师和指路人，是我这辈子最快乐、最幸运的事情。我们持续对话接近三十年了，在最近几年中，我们主要谈论的都是这本书。他的影响和灵感呈现于本书的每一页上。

杰米·萨斯坎德

2018 年 5 月，于伦敦

注 释

导论

1. John Stuart Mill, *The Autobiography of John Stuart Mill* (US: Seven Treasures Publications, 2009), 93.

2. David Remnick, 'Obama Reckons With a Trump Presidency', *New Yorker*, 28 November 2016 <http://www.newyorker.com/magazine/2016/11/28/obama-reckons-with-a-trump-presidency> (accessed 30 November 2017).

3. Ronald Wright, *A Short History of Progress* (London: Canongate Books, 2006), 14, 55.

4. Wright, *Progress*, 14.

5. Jaron Lanier, *Who Owns the Future?* (London: Allen Lane, 2014), 17.

6. Karl Marx, *Theses on Feuerbach*, in *Karl Marx and Frederick Engels: Collected Works Vol. 5* (London: Lawrence & Wishart, 1976), 5.

7. Tim Berners-Lee, cited in H. Halpin, 'Philosophical Engineering. Towards a Philosophy of the Web', APA Newsletters, Newsletter on Philosophy and Computers 7, no. 2 (2008): 5–11, quoted in Mireille Hildebrandt, 'The Public(s) Onlife: A Call for Legal Protection by Design', in *The Onlife Manifesto: Being Human in a Hyperconnected Era*, ed. Luciano Floridi (Cham: Springer, 2015), 188.

8. Ibid.

9. Sheelah Kolhatkar, 'The Tech Industry's Gender-Discrimination Problem', *New Yorker*, 20 November 2017 <https://www.newyorker.com/magazine/2017/11/20/the-tech-industrys-gender-discrimination-problem> (accessed 12 December 2017).

10. Julia Wong, 'Segregated Valley: The Ugly Truth about Google and Diversity in Tech', *The*

Guardian, 7 August 2017 <https://www.theguardian.com/technology/2017/aug/07/silicon-valley-google-diversity-black-women-workers> (accessed 28 November 2017).

11. Don Tapscott and Alex Tapscott, *Blockchain Revolution: How the Technology behind Bitcoin is Changing Money, Business, and the World* (London: Portfolio Penguin, 2016), 199.

12. Isaiah Berlin, 'The Purpose of Philosophy', in Isaiah Berlin, *The Power of Ideas*, ed. Henry Hardy (London: Pimlico, 2001), 35.

13. John S. Dryzek, Bonnie Honig, and Anne Phillips, 'Introduction', in *The Oxford Handbook of Political Theory*, eds. John S. Dryzek, Bonnie Honig, and Anne Phillips (New York: Oxford University Press, 2008), 4.

14. Onlife Initiative, 'Background Document: Rethinking Public Spaces in the Digital Transition', in *Onlife Manifesto*, 41.

15. 'Editors' Introduction', in *Political Innovation and Conceptual Change*, eds. Terence Ball, James Farr, and Russell L. Hanson (New York: Cambridge University Press, 1995), 1.

16. Ludwig Wittgenstein, *Tractatus Logico-Philosophicus* (Abingdon: Routledge, 2001), 68 (5.6).

17. C.f. Yochai Benkler, *The Wealth of Networks: How Social Production Transforms Markets and Freedom* (New Haven and London: Yale University Press, 2006), 17: 'Different technologies make different kinds of human action and interaction easier or harder to perform.'

18. Emmanuel G. Mesthene, 'The Social Impact of Technological Change', in *Philosophy of Technology: The Technological Condition: An Anthology* (Second Edition), eds. Robert C. Scharff and Val Dusek (Oxford: Wiley-Blackwell, 2014), 689.

19. Langdon Winner, 'Do Artifacts Have Politics?' in *Philosophy of Technology*, 669.

20. Langdon Winner, 'Do Artifacts Have Politics?'

21. Otto Mayr, *Authority, Liberty and Automatic Machinery in Early Modern Europe* (Baltimore: Johns Hopkins University Press, 1989), 102; Aristotle, *The Politics*, translated by T. A. Sinclair (London: Penguin, 1992), 1253a18, 60.

22. Mayr, *Authority*, 102.

23. Mayr, *Authority*, 27.

24. Mayr, *Authority*, 112.

25. Mayr, *Authority*, 119.

26. Mayr, *Authority*, 121.

27. E. M. Forster, *The Machine Stops* (London: Penguin, 2011).

28. Evgeny Morozov, *The Net Delusion: How Not to Liberate the World* (London: Penguin, 2011), xiii.

29. Ibid.

30. Evgeny Morozov, *To Save Everything, Click Here: Technology, Solutionism, and the Urge to Fix Problems That Don't Exist* (London: Penguin, 2014), 5.

31. See generally Andrew J. Beniger, *Control Revolution: Technological and Economic Origins of the Information Society* (Cambridge, Mass: Harvard University Press, 1986).

32. James Farr, 'Understanding Conceptual Change Politically', in *Political Innovation*, 25.

33. Yuval Noah Harari, *Sapiens: A Brief History of Humankind* (London: Vintage Books, 2011), 24–27.

34. Yuval Noah Harari, *Homo Deus: A Brief History of Tomorrow* (London: Harvill Secker, 2015), 167.

35. 'Domesday Book', *Wikipedia*, last modified 26 November 2017 <https://en.wikipedia.org/wiki/Domesday_Book> (accessed 28 November 2017).

36. Harari, *Homo Deus*, 167.

37. Paraphrasing Alain Desrosières, *The Politics of Large Numbers: A History of Statistical Reasoning*, translated by Camille Naish (Cambridge, Mass: Harvard University Press, 1998), 16.

38. Desrosières, *Politics of Large Numbers*, 9.

39. Alexander Hamilton, 'The Federalist No. 23', 18 December 1787, in Alexander Hamilton, James Madison, and John Jay, *The Federalist Papers* (New York: Penguin, 2012), 45; see Bruce Bimber, *Information and American Democracy: Technology in the Evolution of Political Power* (New York: Cambridge University Press, 2011), 45.

40. Desrosières, *Politics of Large Numbers, 236.*

41. Ibid.

42. Thomas Richards, *The Imperial Archive: Knowledge and the Fantasy of Empire* (London: Verso, 1993), 6.

43. Beniger, *Control Revolution*, 8.

44. Max Weber, *Economy and Society: An Outline of Interpretive Sociology* (Vol. 2), eds. Guenther Roth and Claus Wittich (Berkley: University of California Press, 2013), 990.

45. Weber, *Economy and Society* (Vol. 2), 973.

46. Desrosières, *Politics of Large Numbers*, 330.

47. James Gleick, *The Information: A History, A Theory, A Flood* (London: Fourth Estate, 2012), 42.

48. Harold Innis, *Empire and Communications* (Lanham: Rowman & Littlefield, 2007), 30.

49. Anthony M. Townsend, *Smart Cities: Big Data, Civic Hackers, and the Quest for a New Utopia* (New York: W. W. Norton & Company, 2014), 59–60.

50. Benkler, *Wealth of Networks*, 30.

51. Kevin Kelly, *What Technology Wants* (New York: Penguin, 2010), 191–192.

52. Vladimir Ilyich Lenin, 'Notes on Electrification', February 1921, reprinted (1977) in *Collected Works*, Vol. 42 (Moscow: Progress Publishers): 280–281, cited in Sally Wyatt, 'Technological Determinism is Dead; Long Live Technological Determinism', in *Philosophy of Technology*, 458.

53. Leon Trotsky, 'What is National Socialism?' *Marxists*, last modified 25 April 2007 <https://www.marxists.org/archive/trotsky/germany/1933/330610.htm> (accessed 28 November 2017).

54. Nadia Judith Enchassi and CNN Wire, 'New Zealand Passport Robot Thinks This Asian Man's Eyes Are Closed', *KFOR*, 11 December 2016 <http://kfor.com/2016/12/11/new-zealand-

passport-robot-thinks-this-asian-mans-eyes-are-closed/> (accessed 2 December 2017).

55. Selena Larson, 'Research Shows Gender Bias in Google's Voice Recognition', *Daily Dot*, 15 July 2016 <https://www.dailydot.com/debug/google-voice-recognition-gender-bias/> (accessed 2 December 2017).

56. Alex Hern, 'Flickr Faces Complaints Over "Offensive" Auto-tagging for Photos', *The Guardian*, 20 May 2015 <https://www.theguardian.com/technology/2015/may/20/flickr-complaints-offensive-auto-tagging-photos> (accessed 2 December 2017).

57. Wittgenstein, *Tractatus*, Preface.

58. G. K. Chesterton, *Orthodoxy* (Cavalier Classics, 2015), 2.

第一章　日益强大的系统

1. 这个词来自 Richard Susskind and Daniel Susskind, *The Future of the Professions: How Technology Will Transform the Work of Human Experts* (Oxford: Oxford University Press, 2015).

2. 感谢理查德·萨斯坎德在形成这个定义时提供的帮助，尽管他倾向的定义较我的更宽泛（包括体力任务和情感任务）。

3. Yonghui Wu et al. 'Google's Neural Machine Translation System: Bridging the Gap between Human and Machine Translation', *arXiv*, 8 October 2016 <https://arxiv.org/abs/1609.08144> (accessed 6 December 2017); Yaniv Taigman et al., 'DeepFace: Closing the Gap to Human-Level Performance in Face Verification', 2014 IEEE Conference on Computer Vision and Pattern Recognition (CVPR) 2014 <https://www.cs.toronto.edu/~ranzato/publications/taigman_cvpr14.pdf> (accessed 11 December 2017); Aäron van den Oord et al., 'WaveNet: A Generative Model for Raw Audio', *arXiv*, 19 September 2016 <https://arxiv.org/abs/1609.03499> (accessed 6 December 2017).

4. Peter Campbell, 'Ford Plans Mass-market Self-driving Car by 2021', *Financial Times*, 16 August 2016 <https://www.ft.com/content/d2cfc64e-63c0-11e6-a08a-c7ac04ef00aa#axzz4HOGiWvHT> (accessed 28 November 2017); David Millward, 'How Ford Will Create a New Generation of Driverless Cars', *Telegraph*, 27 February 2017 <http://www.telegraph.co.uk/business/2017/02/27/ford-seeks-pioneer-new-generation-driverless-cars/> (accessed 28 November 2017).

5. Wei Xiong et al., 'Achieving Human Parity in Conversational Speech Recognition', *arXiv*, 17 February 2017 <https://arxiv.org/abs/1610.05256> (accessed 28 November 2017).

6. Yannis M. Assael et al., 'LipNet: End-to-End Sentence-level Lipreading', *arXiv*, 16 December 2016 <https://arxiv.org/abs/1611.01599> (accessed 6 December 2017).

7. Laura Hudson, 'Some Like it Bot', *FiveThirtyEight*, 29 September 2016 <http://fivethirtyeight.com/features/some-like-it-bot/> (accessed 28 November 2017).

8. Susskind and Susskind, *Future of the Professions*, 77.

9. Rory Cellan-Jones, ' "Cut!" —the AI Director', *BBC News*, 23 June 2016, <http://www.bbc.co.uk/news/technology-36608933> (accessed 28 November 2017).

10. Cory Edwards, 'Why and How Chatbots Will Dominate Social Media', *TechCrunch*, 20 July 2016 <https://techcrunch.com/2016/07/20/why-and-how-chatbots-will-dominate-social-

media/?ncid=rss&utm_source=feedburner&utm_medium=feed&utm_campaign=Feed%3A+Te chcrunch+%28TechCrunch%29&sr_share=twitter> (accessed 28 November 2017).

11. Valentin Kassarnig, 'Political Speech Generation', *arXiv,* 20 January 2016 <https://arxiv.org/ abs/1601.03313> (accessed 28 November 2017).

12. Rob Wile, 'A Venture Capital Firm Just Named an Algorithm to its Board of Directors—Here's What it Actually Does', *Business Insider,* 13 May 2014 <http://www.businessinsider.com/vital-named-to-board-2014-5> (accessed 28 November 2017).

13. Krista Conger, 'Computers Trounce Pathologists in Predicting Lung Cancer Type, Severity', *Stanford Medicine News Center,* 16 August 2016 <http://med.stanford.edu/news/all-news/2016/08/computers-trounce-pathologists-in-predicting-lung-cancer-severity.html> (accessed 28 November 2017). See also Andre Esteva et al., 'Dermatologist-level Classification of Skin Cancer with Deep Neural Networks', *Nature* 542 (2 February 2017): 115–118.

14. Nikolaos Aletras, Dimitrios Tsarapatsanis, Daniel Preotiuc, and Vasileios Lampos, 'Predicting Judicial Decisions of the European Court of Human Rights: A Natural Language Processing Perspective', *Peer J Computer Science* 2, e93 (24 October 2016).

15. Sarah A. Topol, 'Attack of the Killer Robots', *BuzzFeed News,* 26 August 2016 <https://www. buzzfeed.com/sarahatopol/how-to-save-mankind-from-the-new-breed-of-killer-robots?utm_ term=.nm1GdWDBZ#.vaJzgW6va>) (accessed 28 November 2017).

16. Cade Metz, 'Google's AI Wins Fifth and Final Game Against Go', *Wired,* 15 March 2016 <https://www.wired.com/2016/03/googles-ai-wins-fifth-final-game-go-genius-lee-sedol/> (accessed 28 November 2017); Nick Bostrom, *Superintelligence: Paths, Dangers, Strategies* (Oxford: Oxford University Press, 2014), 12–13.

17. Sam Byford, 'AlphaGo beats Ke Jie Again to Wrap Up Three-part March', *The Verge,* 25 May 2017 <https://www.theverge.com/2017/5/25/15689462/alphago-ke-jie-game-2-result-google-deepmind-china> (accessed 28 November 2017).

18. David Silver et al., 'Mastering the Game of Go Without Human Knowledge', *Nature* 550 (19 October 2017): 354–359.

19. Susskind and Susskind, *Future of the Professions,* 165.

20. Ibid.

21. Ibid.

22. Kevin Kelly, *The Inevitable: Understanding the 12 Technological Forces that Will Shape Our Future* (New York: Viking, 2016), 31.

23. Emma Hinchliffe, 'IBM's Watson Supercomputer Discovers 5 New Genes Linked to ALS', *Mashable UK,* 14 December 2016 <http://mashable.com/2016/12/14/ibm-watson-als-research/?utm_cid=mash-com-Tw-tech-link%23sd613jsnjlqd#HJziN5r0aGq5> (accessed 28 November 2017).

24. Murray Shanahan, *The Technological Singularity* (Cambridge, Mass: MIT Press, 2015), 12.

25. BBC, 'Google Working on "Common-Sense" AI Engine at New Zurich Base', *BBC News,* 17 June 2016 <http://www.bbc.co.uk/news/technology-36558829> (accessed 30 November 2017); Blue Brain Project <https://bluebrain.epfl.ch/page-56882-en.html> (accessed 6 December 2017).

26. Bostrom, *Superintelligence*, 30.

27. Shanahan, *Technological Singularity*, 47.

28. Garry Kasparov, 'The Chess Master and the Computer', *New York Review of Books*, 11 February 2010, cited in Susskind and Susskind, *Future of the Professions*, 276.

29. Pedro Domingos, *The Master Algorithm: How The Quest for the Ultimate Learning Machine Will Remake Our World* (London: Allen Lane, 2015), xi.

30. Domingos, *Master Algorithm*, 8.

31. Domingos, *Master Algorithm*, xi.

32. Domingos, *Master Algorithm*, xvi.

33. Domingos, *Master Algorithm*, xiv.

34. Domingos, *Master Algorithm*, 8–9.

35. Cade Metz, 'Building AI is Hard—So Facebook is Building AI that Builds AI', *Wired*, 6 May 2016 <https://www.wired.com/2016/05/facebook-trying-create-ai-can-create-ai/> (accessed 28 November 2017).

36. Margaret A. Boden, *AI: Its Nature and Future* (Oxford: Oxford University Press, 2016), 47 (original emphasis).

37. Boden, *AI*, 40.

38. Cade Metz, 'Google's Dueling Neural Networks Spar to Get Smarter, No Humans Required', *Wired*, 11 April 2017 <https://www.wired.com/2017/04/googles-dueling-neural-networks-spar-get-smarter-no-humans-required/> (accessed 28 November 2017).

39. Silver et al., 'Mastering'.

40. Domingos, *Master Algorithm*, 7.

41. Neil Lawrence, quoted in Alex Hern, 'Why Data is the New Coal', *The Guardian*, 27 September 2016 <https://www.theguardian.com/technology/2016/sep/27/data-efficiency-deep-learning> (accessed 28 November 2017).

42. Ray Kurzweil, *The Singularity is Near* (New York: Viking, 2005), 127, cited in Susskind and Susskind, *Future of the Professions*, 157; Peter H. Diamandis and Steven Kotler, *Abundance: The Future is Better Than You Think* (New York: Free Press, 2014), 55.

43. Paul Mason, *Postcapitalism: A Guide to Our Future* (London: Allen Lane, 2015), 121.

44. Luciano Floridi, *The 4th Revolution: How the Infosphere is Reshaping Human Reality* (Oxford: Oxford University Press, 2015), 7.

45. Samuel Greengard, *The Internet of Things* (Cambridge, Mass: MIT Press, 2015), 28.

46. Domingos, *Master Algorithm*, 73.

47. Jaron Lanier, *Who Owns the Future?* (London: Allen Lane, 2014), 6.

48. Gordon Moore, 'Cramming More Components onto Integrated Circuits', *Proceedings of the IEEE* 86, no. 1 (January 1998), 83.

49. Walter Isaacson, *The Innovators: How a Group of Hackers, Geniuses and Geeks Created the Digital Revolution* (London: Simon & Schuster, 2014), 184.

50. Susskind and Susskind, *Future of the Professions*, 157; Kevin Kelly, *What Technology Wants* (New York: Penguin, 2010), 166–167; Eric Schmidt and Jared Cohen, *The New Digital Age: Reshaping the Future of People, Nations and Business* (London: John Murray, 2014), 5; Shanahan, *Technological Singularity*, xviii; Erik Brynjolfsson and Andrew McAfee, *The Second Machine Age: Work, Progress, and Prosperity in a Time of Brilliant Technologies* (New York: W. W. Norton & Company, 2014), 49; Wendell Wallach, *A Dangerous Master: How to Keep Technology from Slipping Beyond Our Control* (New York: Basic Books, 2015), 67.

51. Jamie Condliffe, 'Chip Makers Admit Transistors Are About to Stop Shrinking', *MIT Technology Review*, 25 July 2016 <https://www.technologyreview.com/s/601962/chip-makers-admit-transistors-are-about-to-stop-shrinking/?> (accessed 28 November 2017); Tom Simonite, 'Moore's Law is Dead. Now What?' *MIT Technology Review*, 13 May 2016 <https://www.technologyreview.com/s/601441/moores-law-is-dead-now-what/> (accessed 28 November 2017); Thomas L. Friedman, *Thank You for Being Late: An Optimist's Guide to Thriving in the Age of Accelerations* (New York: Farrar, Straus, and Giroux, 2016), 43; Tim Cross, 'Beyond Moore's Law', in *Megatech: Technology in 2050*, ed. Daniel Franklin (New York: Profile Books, 2017), 56–57.

52. Shanahan, *Technological Singularity*, 160; Kelly, *What Technology Wants*, 166.

53. Friedman, *Thank You for Being Late*, 21.

54. Kristian Vättö, 'Samsung SSD 850 Pro (128GB, 256GB & 1TB) Review: Enter the 3D Era', *AnandTech*, 1 July 2014 <http://www.anandtech.com/show/8216/samsung-ssd-850-pro-128gb-256gb-1tb-review-enter-the-3d-era> (accessed 28 November 2017); Intel, 'New Technology Delivers an Unprecedented Combination of Performance and Power Efficiency', *Intel 22 NM Technology* <http://www.intel.com/content/www/us/en/silicon-innovations/intel-22nm-technology.html> (accessed 28 November 2017).

55. Shanahan, *Technological Singularity*, 35.

56. Norm Jouppi, 'Google Supercharges Machine Learning Tasks with TPU Custom Chip', *Google Cloud Platform Blog*, 18 May 2016 <https://cloudplatform.googleblog.com/2016/05/Google-supercharges-machine-learning-tasks-with-custom-chip.html> (accessed 28 November 2017).

57. Cade Metz, 'Microsoft Bets its Future on a Reprogrammable Computer Chip', *Wired*, 25 August 2016 <https://www.wired.com/2016/09/microsoft-bets-future-chip-reprogram-fly/?mbid=social_twitter> (accessed 28 November 2017).

58. Jamie Condliffe, 'Google's Quantum Dream May Be Just Around the Corner', *MIT Technology Review*, 1 September 2016 <https://www.technologyreview.com/s/602283/googles-quantum-dream-may-be-just-around-the-corner/> (accessed 28 November 2017); Sergio Boixo, 'Characterizing Quantum Supremacy in Near-Term Devices', *arXiv*, 5 April 2017 <https://arxiv.org/abs/1608.00263> (accessed 28 November 2017); Jacob Aron, 'Revealed: Google's Plan for Quantum Computer Supremacy', *New Scientist*, 31 August 2016 <https://www.newscientist.com/article/mg23130894-000-revealed-googles-plan-for-quantum-computer-supremacy/> (accessed 28 November 2017); Karla Lant, 'Google is Closer than Ever to a Quantum Computing Breakthrough', *Business Insider*, 24 July 2017 <http://uk.businessinsider.com/google-quantum-computing-chip-ibm-2017-6?r=US&IR=T> (accessed 28 November 2017); Mark Kim, 'Google Quantum Computer Test Shows Breakthrough is Within Reach',

New Scientist, 28 September 2017 <https://www.newscientist.com/article/2148989-google-quantum-computer-test-shows-breakthrough-is-within-reach/> (accessed 6 December 2017).

59. M. Mitchell Waldrop, 'The Chips are Down for Moore's Law', *Nature* 530, no. 7589 (9 February 2016): 144–147.

60. M. Mitchell Waldrop, 'Neuroelectronics: Smart Connections', *Nature* 503, no. 7474 (6 November 2013): 22–44.

61. Shanahan, *Technological Singularity*, 34.

第二章　日益集成的技术

1. Cited in William J. Mitchell, *Me ++: The Cyborg Self and the Networked City* (Cambridge, Mass: MIT Press, 2003), 3.

2. Eric Schmidt and Jared Cohen, *The New Digital Age: Reshaping the Future of People, Nations and Business* (London: John Murray, 2014), 172.

3. Marc Goodman, *Future Crimes: A Journey to the Dark Side of Technology—and How to Survive it* (London: Bantam Press, 2015), 59.

4. *See* Rob Kitchin, *The Data Revolution: Big Data, Open Data, Data Infrastructures and their Consequences* (London: Sage Publications Ltd, 2014), 83.

5. David Rose, *Enchanted Objects: Design, Human Desire, and the Internet of Things* (New York: Scribner, 2014), 7.

6. Adam Greenfield, *Everyware: The Dawning Age of Ubiquitous Computing* (Berkley: New Riders, 2006).

7. Andrew Keen, *The Internet is Not the Answer* (London: Atlantic Books, 2015), 13; Richard Susskind and Daniel Susskind, *The Future of the Professions: How Technology Will Transform the Work of Human Experts* (Oxford: Oxford University Press, 2015), 175; Gartner Newsroom, 'Gartner Says By 2020, a Quarter Billion Connected Vehicles Will Enable New In-vehicle Services and Automated Driving Capabilities', *Gartner*, 26 January 2015 <http://www.gartner.com/newsroom/id/2970017> (accessed 30 November 2017).

8. Samuel Greengard, *The Internet of Things* (Cambridge, Mass: MIT Press, 2015), 13.

9. Greenfield, *Everyware*, 1.

10. Greengard, *Internet of Things*; Greenfield, *Everyware*; Kitchin, *Data Revolution*.

11. NYC Mayor's Office of Technology and Innovation, 'Preparing for the Internet of Everything' (undated) <https://www1.nyc.gov/site/forward/innovations/iot.page> (accessed 6 December 2017).

12. Mat Smith, 'Ralph Lauren Made a Great Fitness Shirt that Also Happens to Be "Smart"', *Engadget*, 18 March 2016 <https://www.engadget.com/2016/03/18/ralph-lauren-polotech-review/> (accessed 6 December 2017).

13. Casey Newton, 'Here's How Snapchat's New Spectacles Will Work', *The Verge*, 24 September 2016 <http://www.theverge.com/2016/9/24/13042640/snapchat-spectacles-how-to-use> (accessed 28 November 2017).

14. Katherine Bourzac, 'A Health-Monitoring Sticker Powered by Your Cell Phone', *MIT Technology Review*, 3 August 2016 <https://www.technologyreview.com/s/602067/a-health-monitoring-sticker-powered-by-your-cell-phone/?utm_campaign=socialflow&utm_source=twitter&utm_medium=post> (accessed 29 November 2017).

15. Brian Heater, 'Wilson's Connected Football is a $200 Piece of Smart Pigskin', *TechCrunch*, 8 August 2016 <https://techcrunch.com/2016/08/08/wilson-x-football/?ncid=rss> (accessed 29 November 2017).

16. See Greengard, *Internet of Things*; Greenfield, *Everyware*; Kitchin, *Data Revolution*.

17. Tanvi Misra, '3 Cities Using Open Data in Creative Ways to Solve Problems', *CityLab*, 22 April 2015 <http://www.citylab.com/cityfixer/2015/04/3-cities-using-open-data-in-creative-ways-to-solve-problems/391035/> (accessed 29 November 2017).

18. Internet Live Stats, 'Internet Users' <http://www.internetlivestats.com/internet-users/> (accessed 30 November 2017).

19. Cisco, 'VNI Global Fixed and Mobile Internet Traffic Forecasts, Complete Visual Networking Index (VNI) Forecast', 2016 <https://www.cisco.com/c/en/us/solutions/service-provider/visual-networking-index-vni/index.html#~mobile-forecast> (accessed 30 November 2017).

20. Statista, 'Number of Monthly Active Facebook Users Worldwide as of 3rd Quarter 2017 (in Millions)' <https://www.statista.com/statistics/264810/number-of-monthly-active-facebook-users-worldwide/> (accessed 11 December 2017).

21. Twitter.com <https://about.twitter.com/company> (accessed 30 November 2017).

22. YouTube for Press <https://www.youtube.com/intl/en-GB/yt/about/press/> (accessed 30 November 2017).

23. See Yochai Benkler, *The Wealth of Networks: How Social Production Transforms Markets and Freedom* (New Haven and London: Yale University Press, 2006) and *The Penguin and the Leviathan: How Cooperation Triumphs over Self-Interest* (New York: Crown Publishing, 2011).

24. Don Tapscott and Alex Tapscott, *Blockchain Revolution: How the Technology Behind Bitcoin is Changing Money, Business and the World* (London: Portfolio Penguin, 2016), 7.

25. Tapscott and Tapscott, *Blockchain Revolution*, 16.

26. Tapscott and Tapscott, *Blockchain Revolution*, 153–154; Stan Higgins, 'IBM Invests $200 Million in Blockchain-Powered IoT', *CoinDesk*, 4 October 2016 <https://www.coindesk.com/ibm-blockchain-iot-office/> (accessed 30 November 2017).

27. Melanie Swan, *Blockchain: Blueprint for a New Economy* (Sebastopol, CA: O'Reilly, 2015), 14.

28. *Economist*, 'Not-so-clever Contracts', 28 July 2016 <http://www.economist.com/news/business/21702758-time-being-least-human-judgment-still-better-bet-cold-hearted?frsc=dg%7Cd> (accessed 30 November 2017).

29. Tapscott and Tapscott, *Blockchain Revolution*, 18.

30. Tapscott and Tapscott, *Blockchain Revolution*, 253–259; Benjamin Loveluck and Primavera De Filippi, 'The Invisible Politics of Bitcoin: Governance Crisis of a Decentralized Infrastructure', *Internet Policy Review* 5, no. 3 (30 September 2016) <http://policyreview.

info/articles/analysis/invisible-politics-bitcoin-governance-crisis-decentralised-infrastructure>
(accessed 30 November 2017); Erik Brynjolfsson and Andrew McAfee, *Machine Platform
Crowd: Harnessing Our Digital Future* (New York: W. W. Norton & Company, 2017), 306–307.
Economist, 'Not-so-clever Contracts'; BBC, 'Hack Attack Drains Start-up Investment
Fund', *BBC News*, 21 June 2016 <http://www.bbc.co.uk/news/technology-36585930>
(accessed 30 November 2017).

31. Klaus Schwab, *The Fourth Industrial Revolution* (Geneva: World Economic Forum,
2016), 19; Laura Shin, 'The First Government to Secure Land Titles on the Bitcoin
Blockchain Expands Project', *Forbes*, 7 February 2017 <https://www.forbes.com/sites/
laurashin/2017/02/07/the-first-government-to-secure-land-titles-on-the-bitcoin-blockchain-
expands-project/#432b8b494dcd> (accessed 30 November 2017); Joon Ian Wong, 'Sweden's
Blockchain-powered Land Registry is Inching Towards Reality', *Quartz Media*, 3 April 2017
<https://qz.com/947064/sweden-is-turning-a-blockchain-powered-land-registry-into-a-reality/>
(accessed 30 November 2017).

32. Daniel Palmer, 'Blockchain Startup to Secure 1 Million e-Health Records in Estonia',
CoinDesk, 3 March 2016 <http://www.coindesk.com/blockchain-startup-aims-to-secure-1-
million-estonian-health-records/> (accessed 30 November 2017).

33. Harriet Green, 'Govcoin's Co-founder Robert Kay Explains Why His Firm is Using Blockchain
to Change the Lives of Benefits Claimants', *City AM,* 10 October 2016 <http://www.cityam.
com/250993/govcoins-co-founder-robert-kay-explains-why-his-firm-using> (accessed 30
November 2017).

34. Kyle Mizokami, 'The Pentagon Wants to Use Bitcoin Technology to Protect Nuclear Weapons',
Popular Mechanics, 11 October 2016 <http://www.popularmechanics.com/military/research/
a23336/the-pentagon-wants-to-use-bitcoin-technology-to-guard-nuclearweapons/?utm_
content=buffer98698&utm_medium=social&utm_source=twitter.com&utm_campaign=buffer>
(accessed 30 November 2017).

35. Nick Bostrom, *Superintelligence: Paths, Dangers, Strategies* (Oxford: Oxford University Press,
2014), ch. 10.

36. Murray Shanahan, *The Technological Singularity* (Cambridge, Mass: MIT Press, 2015), 153.

37. Matt Burgess, 'Samsung is Working on Putting AI Voice Assistant Bixby in Your TV and
Fridge', *Wired*, 27 June 2017 <https://www.wired.co.uk/article/samsung-bixby-television-
refrigerator> (accessed 30 November 2017).

38. James O'Malley, 'Bluetooth Mesh Is Going to Be a Big Deal: Here Are 6 Reasons Why You
Should Care', *Gizmodo*, 18 July 2017 <http://www.gizmodo.co.uk/2017/07/bluetooth-mesh-
is-going-to-be-a-big-deal-here-are-6-reasons-why-you-should-care/> (accessed 30 November
2017).

39. John Palfrey and Urs Gasser, *Interop: The Promise and Perils of Highly Interconnected Systems*
(New York: Basic Books, 2012), 249–250.

40. *Telegraph*, 'Brain-to-brain "Telepathic" Communication Achieved for First Time', 5 September
2014 <http://www.telegraph.co.uk/news/worldnews/northamerica/usa/11077094/Brain-to-
brain-telepathic-communication-achieved-for-first-time.html> (accessed 30 November 2017).

41. Muse.com <http://www.choosemuse.com/> (accessed 30 November 2017).

42. Zoltan Istvan, 'Will Brain Wave Technology Eliminate the Need for a Second Language?' in *Visions of the Future*, ed. J. Daniel Batt (Reno: Lifeboat Foundation, 2015), 641.

43. Cade Metz, 'Elon Musk isn't the Only One Trying to Computerize Your Brain', *Wired*, 31 March 2017 <https://www.wired.com/2017/03/elon-musks-neural-lace-really-look-like/?mbid=social_twitter> (accessed 30 November 17).

44. Tim Berners-Lee with Mark Fischetti, *Weaving the Web: The Original Design and Ultimate Destiny of the World Wide Web* (New York: HarperCollins, 2000), 1.

45. Daniel Kellmereit and Daniel Obodovski, *The Silent Intelligence: The Internet of Things* (DND Ventures LLC, 2013), 3.

46. Kitchin, *Data Revolution*, 91.

47. Kitchin, *Data Revolution*, 89.

48. Kitchin, *Data Revolution*, 91.

49. Kitchin, *Data Revolution*, 89.

50. Kitchin, *Data Revolution*, 91.

51. Patrick Tucker, *The Naked Future: What Happens in a World that Anticipates Your Every Move?* (London: Current, 2015), 8.

52. *Economist*, 'How Cities Score', 23 May 2016 <https://www.economist.com/news/special-report/21695194-better-use-data-could-make-cities-more-efficientand-more-democratic-how-cities-score> (accessed 30 November 2017).

53. Kitchin, *Data Revolution*, 92; Margarita Angelidou, 'Smart City Strategy: PlanIT Valley (Portugal)', *Urenio*, 26 January 2015 <http://www.urenio.org/2015/01/26/smart-city-strategy-planlt-valley-portugal/> (accessed 30 November 2017).

54. *Economist*, 'How Cities Score'.

55. Greengard, *Internet of Things*, 48.

56. Jane Wakefield, 'Google, Facebook, Amazon Join Forces on Future of AI', *BBC News*, 28 September 2016 <http://www.bbc.com/news/technology-37494863> (accessed 30 November 2017).

57. Margaret A. Boden, *AI: Its Nature and Future* (Oxford: Oxford University Press, 2016), 41.

58. Bostrom, *Superintelligence*, 15.

59. BBC, 'Beijing Park Dispenses Loo Roll Using Facial Recognition', *BBC News*, 20 March 2017 <http://www.bbc.com/news/world-asia-china-39324431> (accessed 30 November 2017).

60. Rose, *Enchanted Objects*, 17.

61. Robert Scoble and Israel Shel, *The Fourth Transformation: How Augmented Reality and Artificial Intelligence Change Everything* (CreateSpace Independent Publishing Platform, 2017), 61.

62. Lisa Fischer, 'Control Your Phone with these Temporary Tattoos', *CNN Tech* (undated) <http://money.cnn.com/video/technology/2016/08/15/phone-control-tattoos.cnnmoney/index.html?sr=twCNN091216phone-control-tattoos.cnnmoney1112PMVideoVideo&linkId=28654785> (accessed 30 November 2017).

63. Ben Popper, 'Electrick Lets You Spray Touch Controls Onto Any Object or Surface', *The Verge*, 8 May 2017 <https://www.theverge.com/2017/5/8/15577390/electrick-spray-on-touch-controls-future-interfaces-group> (accessed 30 November 2017).

64. Yuval Noah Harari. *Homo Deus: A Brief History of Tomorrow* (London: Harvill Secker, 2015), 45.

65. Schwab, *Fourth Industrial Revolution,* 122.

66. Wendell Wallach, *A Dangerous Master: How to Keep Technology from Slipping Beyond Our Control* (New York: Basic Books, 2015), 181–182.

67. Schwab, *Fourth Industrial Revolution,* 120.

68. *Riley v. California* 134 S. Ct. 2473 Supreme Court 2014, *per* Chief Justice Roberts at III.

69. Affectiva.com <http://www.affectiva.com/> (accessed 30 November 2017).

70. Raffi Khatchadourian, 'We Know How You Feel', *New Yorker*, 19 January 2015 <http://www.newyorker.com/magazine/2015/01/19/know-feel> (accessed 30 November 2017).

71. Ludwig Wittgenstein, *Culture and Value*, translated by Peter Winch (Chicago: University of Chicago Press, 1980), 23e.

72. Susskind and Susskind, *Future of the Professions*, 171.

73. Khatchadourian, 'We Know How You Feel'.

74. Robby Berman, 'New Tech Uses WiFi to Read Your Inner Emotions—Accurately, and From Afar', *Big Think*, 2016 <http://bigthink.com/robby-berman/new-tech-can-accurately-read-the-emotions-you-may-be-hiding> (accessed 30 November 2017).

75. L. R. Sudha and R. Bhavani, 'Biometric Authorization System Using Gait Biometry', *arXiv*, 2011 <https://arxiv.org/pdf/1108.6294.pdf%3b%20Boden/39-40.pdf> (accessed 30 November 2017).

76. Khatchadourian, 'We Know How You Feel'.

77. Boden, *AI*, 74.

78. Boden, *AI*, 162.

79. Alan Winfield, *Robotics: A Very Short Introduction* (Oxford: Oxford University Press, 2012), 16.

80. 'Moravec's Paradox', *Wikipedia*, last modified 9 May 2017. <https://en.wikipedia.org/wiki/Moravec%27s_paradox> (accessed 6 December 2017).

81. Bostrom, *Superintelligence*, 15.

82. *Schwab, Fourth Industrial Revolution, 153.*

83. Susskind and Susskind, *Future of the Professions*, 168; *Time*, 'Meet the Robots Shipping Your Amazon Orders', *Time Robotics*, 1 December 2014 <http://time.com/3605924/amazon-robots/> (accessed 30 November 2017).

84. Brynjolfsson and McAfee, *Machine Platform Crowd*, 101.

85. IFR, 'World Robotics Report 2016', *IFR Press Release* <https://ifr.org/ifr-press-releases/news/world-robotics-report-2016> (accessed 30 November 2017).

86. Alison Sander and Meldon Wolfgang, 'The Rise of Robotics', *BCG Perspectives*, 27 August

2014 <https://www.bcgperspectives.com/content/articles/business_unit_strategy_innovation_rise_of_robotics/> (accessed 30 November 2017).

87. Winfield, *Robotics*, vii.

88. Susskind and Susskind, *Future of the Professions*, 50.

89. Waymo, *Google* <https://www.google.com/selfdrivingcar/> (accessed 30 November 2017).

90. Danielle Muoio, 'Here's Everything We Know About Google's Driverless Cars', *Business Insider*, 25 July 2016 <http://uk.businessinsider.com/google-driverless-car-facts-2016-7?r=US&IR=T/#the-cars-have-been-in-a-few-minor-accidents-only-one-of-which-could-be-argued-to-have-been-the-google-cars-fault-11> (accessed 30 November 2017).

91. Wallach, *Dangerous Master*, 220; Bryant Walker Smith, 'Human Error as a Cause of Vehicle Crashes', *Stanford Center for Internet and Society*, 18 December 2013 <http://cyberlaw.stanford.edu/blog/2013/12/human-error-cause-vehicle-crashes> (accessed 30 November 2017).

92. Greengard, *Internet of Things*, 161.

93. Boden, *AI*, 102.

94. Wyss Institute <http://wyss.harvard.edu/viewpage/457> (accessed 30 November 2017).

95. CBC, 'Cockroach-inspired Robots Designed for Disaster Search and Rescue', *CBC The Associated Press*, 8 February 2016 <http://www.cbc.ca/beta/news/technology/robot-roach-1.3439138> (accessed 30 November 2017).

96. Greengard, *Internet of Things*, 162.

97. Paul Ratner, 'Harvard Scientists Create a Revolutionary Robot Octopus', *Big Think*, 2016 <http://bigthink.com/paul-ratner/harvard-team-creates-octobot-the-worlds-first-autonomous-soft-robot> (accessed 30 November 2017).

98. Zoe Kleinman, 'Toyota Launches "Baby" Robot for Companionship', *BBC News*, 3 October 2016 <http://www.bbc.co.uk/news/technology-37541035> (accessed 30 November 2017).

99. Boden, *AI*, 74.

100. Jack Lynch, 'For the Price of a Smartphone You Could Bring a Robot Home', *World Economic Forum*, 7 June 2016 <https://www.weforum.org/agenda/2016/06/for-the-price-of-a-smartphone-you-could-bring-a-robot-home?utm_content=bufferafeb1&utm_medium=social&utm_source=twitter.com&utm_campaign=buffer> (accessed 30 November 2017).

101. Robby Berman, 'So the Russians Just Arrested a Robot at a Rally', *Big Think*, 2016 <http://bigthink.com/robby-berman/so-the-russians-just-arrested-a-robot-at-a-rally> (accessed 30 November 2017).

102. Wallach, *Dangerous Master*, 82.

103. Susskind and Susskind, *Future of the Professions*, 54.

104. Tom Whipple, 'Nanorobots Could Deliver Drugs by Power of Thought', *Times*, 27 August 2016 <http://www.thetimes.co.uk/article/226da2de-6baf-11e6-998d-9617c077f056> (accessed 30 November 2017).

105. George Dvorsky, 'Record-Setting Hard Drive Writes Information One Atom at a Time', *Gizmodo*, 18 July 2016 <http://gizmodo.com/record-setting-hard-drive-writes-information-

one-atom-a-1783740015 > (accessed 30 November 2017).

106. Wallach, *Dangerous Master*, 59; Rick Kelly, 'The Next Battle for Internet Freedom Could Be Over 3D Printing', *TechCrunch*, 26 August 2012 <https://techcrunch.com/2012/08/26/the-next-battle-for-internet-freedom-could-be-over-3d-printing/> (accessed 30 November 2017).

107. Jaron Lanier, *Who Owns the Future?* (London: Allen Lane, 2014), 79.

108. Wallach, *Dangerous Master*, 59.

109. Stuart Dredge, '30 Things Being 3D Printed Right Now (and None of them are Guns)', *The Guardian*, 29 January 2014 <https://www.theguardian.com/technology/2014/jan/29/3d-printing-limbs-cars-selfies> (accessed 30 November 2017).

110. Jerome Groopman, 'Print Thyself', *New Yorker*, 24 November 2014 <https://www.newyorker.com/magazine/2014/11/24/print-thyself> (accessed 30 November 2017).

111. Greengard, *Internet of Things*, 100.

112. Ibid.

113. Groopman, 'Print Thyself'.

114. Schmidt and Cohen, *New Digital Age*, 16.

115. Dredge, '30 things being 3D printed right now'.

116. BBC, 'Flipped 3D Printer Makes Giant Objects', *BBC News*, 24 August 2016 <http://www.bbc.co.uk/news/technology-37176662?ocid=socialflow_twitter> (accessed 30 November 2017).

117. Clare Scott, 'Chinese Construction Company 3D Prints an Entire Two-Story House On-Site in 45 Days', 16 June 2016 <https://3dprint.com/138664/huashang-tengda-3d-print-house/> (accessed 30 November 2017).

118. Kelly, 'Next Battle for Internet Freedom'.

119. Ariel Bogle, 'Good News: Replicas of 16th Century Sculptures Are Not Off-Limits for 3-D Printers', *Slate*, 26 January 2015 <http://www.slate.com/blogs/future_tense/2015/01/26/_3_d_printing_and_copyright_replicas_of_16th_century_sculptures_are_not.html?wpisrc=obnetwork> (accessed 30 November 2017).

120. Dredge, '30 Things Being 3D Printed Right Now'.

121. Schwab and Cohen, *New Digital Age*, 161.

122. Skylar Tibbits, *TED*, 2013 <https://www.ted.com/talks/skylar_tibbits_the_emergence_of_4d_printing?language=en> (accessed 30 November 2017).

123. Luciano Floridi, *The 4th Revolution: How the Infosphere is Reshaping Human Reality* (Oxford: Oxford University Press, 2015), 145.

124. Tim Wu, *The Master Switch: The Rise and Fall of Information Empires* (London: Atlantic, 2010), 171.

125. Rose, *Enchanted Objects*, 17.

126. Dave Gershgorn, 'Google Has Built Earbuds that Translate 40 Languages in Real Time', *Quartz*, 4 October 2017 <https://qz.com/1094638/google-goog-built-earbuds-that-translate-40-languages-in-real-time-like-the-hitchhikers-guides-babel-fish/> (accessed 7 December 2017).

127. Andrea Peterson, 'Holocaust Museum to Visitors: Please Stop Catching Pokémon Here', *Washington Post*, 12 July 2016 <https://www.washingtonpost.com/news/the-switch/wp/2016/07/12/holocaust-museum-to-visitors-please-stop-catching-pokemon-here/> (accessed 30 November 2017).

128. BBC, 'Pokemon Go: Is the Hugely Popular Game a Global Safety Risk?' *BBC News*, 21 July 2016 <http://www.bbc.co.uk/news/world-36854074> (accessed 30 November 2017).

129. Jamie Fullerton, 'Democracy Hunters Use Pokémon to Conceal Rallies', *The Times*, 3 August 2016 <http://www.thetimes.co.uk/article/democracy-hunters-use-pokemon-to-conceal-rallies-j6xrv59jl> (accessed 30 November 2017).

130. Aaron Frank, 'You Can Ban a Person, But What About Their Hologram?' *Singularity Hub*, 17 March 2017 <https://singularityhub.com/2017/03/17/you-can-ban-a-person-but-what-about-their-hologram/> (accessed 30 November 2017).

131. Dean Takahashi, 'Magic Leap Sheds Light on its Retina-based Augmented Reality 3D Displays', *VentureBeat*, 20 February 2015 <http://venturebeat.com/2015/02/20/magic-leap-sheds-light-on-its-retina-based-augmented-reality-3d-displays/> (accessed 30 November 2017).

132. Tom Simonite, 'Oculus Finally Delivers the Missing Piece for VR', *MIT Technology Review*, 6 October 2016 <https://www.technologyreview.com/s/602570/oculus-finally-delivers-the-missing-piece-for-vr/?utm_campaign=socialflow&utm_medium=post&utm_source=twitter&set=602564> (accessed 30 November 2017).

133. Richard Lai, 'bHaptics' TactSuit is VR Haptic Feedback Done Right', *Engadget*, 7 February 2017 <https://www.engadget.com/2017/07/02/bhaptics-tactsuit-vr-haptic-feedback-htc-vive-x-demo-day/?sr_source=Twitter> (accessed 30 November 2017).

134. Jordan Belamaire, 'My First Virtual Reality Groping', *Medium*, 20 October 2016 <https://medium.com/athena-talks/my-first-virtual-reality-sexual-assault-2330410b62ee#.i1o6j1vjy> (accessed 30 November 2017).

第三章　日益量化的社会

1. Lucas Mearian, 'By 2020, There Will Be 5,200 GB of Data for Every Person on Earth', *Computer World*, 11 December 2012 <http://www.computerworld.com/article/2493701/data-center/by-2020-there-will-be-5-200-gb-of-data-for-every-person-on-earth.html> (accessed 30 November 2017); John E. Kelly III and Steve Hamm, *Smart Machines: IBM's Watson and the Era of Cognitive Computing* (New York: Columbia Business School Publishing, 2014), 44; EMC, 'The Digital Universe of Opportunities: Rich Data and the Increasing Value of the Internet of Things', April 2014 <https://www.emc.com/leadership/digital-universe/2014iview/executive-summary.htm> (accessed 30 November 2017).

2. Richard Susskind and Daniel Susskind, *The Future of the Professions: How Technology Will Transform the Work of Human Experts* (Oxford: Oxford University Press, 2015), 161.

3. Marc Goodman, *Future Crimes: A Journey to the Dark Side of Technology—and How to Survive It* (London: Bantam Press, 2015), 85.

4. Rob Kitchin, *The Data Revolution: Big Data, Open Data, Data Infrastructures and their Consequences* (London: Sage Publications Ltd, 2014), 69.

5. Viktor Mayer-Schönberger and Kenneth Cukier, *Big Data: A Revolution That Will Transform How We Live, Work and Think* (London: John Murray, 2013), 78.

6. Kenneth Cukier and Viktor Mayer-Schönberger, 'The Rise of Big Data', *Foreign Affairs*, May/June 2013 <https://www.foreignaffairs.com/articles/2013-04-03/rise-big-data> (accessed 30 November 2017).

7. Mayer-Schönberger and Cukier, *Big Data*, 101.

8. Elizabeth Eisenstein, *The Printing Press as an Agent of Change: Communications and Cultural Transformations in Early-modern Europe, Volumes I and II* (Cambridge: Cambridge University Press, 2009), 45. *See* Mayer-Schönberger and Cukier, *Big Data*, 10.

9. EMC, 'The Digital Universe of Opportunities'.

10. Radicati Group Inc, 'Email Statistics Report, 2015-2019' <http://www.radicati.com/wp/wp-content/uploads/2015/02/Email-Statistics-Report-2015-2019-Executive-Summary.pdf> (accessed 30 November 2017).

11. Cooper Smith, 'Facebook Users Are Uploading 350 Million New Photos Each Day', *Business Insider*, 18 September 2013 <http://www.businessinsider.com/facebook-350-million-photos-each-day-2013-9?IR=T> (accessed 30 November 2017); Internet Live Stats, 'Twitter Users.' <http://www.internetlivestats.com/twitter-statistics/> (accessed 30 November 2017).

12. Mayer-Schönberger and Cukier, *Big Data*, 93.

13. Kitchin, *Big Data*, 96.

14. Mayer-Schönberger and Cukier, *Big Data*, 7.

15. Mayer-Schönberger and Cukier, *Big Data*, 113.

16. Goodman, *Future Crimes*, 62.

17. Bruce Schneier, *Data and Goliath: The Hidden Battles to Collect Your Data and Control Your World* (New York: W. W. Norton & Company, 2016), 2.

18. Goodman, *Future Crimes*, 62.

19. Danny Sullivan, 'Google Now Handles at Least 2 trillion Searches Per Year', *Search Engine Land*, 24 May 2016 <http://searchengineland.com/google-now-handles-2-999-trillion-searches-per-year-250247> (accessed 30 November 2017).

20. Goodman, *Future Crimes*, 50.

21. Rob Crossley, 'Where in the World is My Data and How Secure is it?' *BBC News*, 9 August 2016 <http://www.bbc.com/news/business-36854292> (accessed 30 November 2017).

22. Kitchin, *Big Data*, 72.

23. Mayer-Schönberger and Cukier, *Big Data*, 7.

24. Mayer-Schönberger and Cukier, *Big Data*, 133.

25. Kelly and Hamm, *Smart Machines*, 69.

26. Kitchin, *Big Data*, 10.

27. Mayer-Schönberger and Cukier, *Big Data*, 19.

28．Mayer-Schönberger and Cukier, *Big Data*, 38–39.

29．Goodman, *Future Crimes*, 55; Mayer-Schönberger and Cukier, *Big Data*, 119.

30．Mayer-Schönberger and Cukier, *Big Data*, 5; Steve Jones, 'Why "Big Data" is the Fourth Factor of Production', *Financial Times*, 27 December 2012 <https://www.ft.com/content/5086d700-504a-11e2-9b66-00144feab49a> (accessed 9 December 2017); Neil Lawrence, quoted in Alex Hern, 'Why Data is the New Coal', *The Guardian*, 27 September 2016 <https://www.theguardian.com/technology/2016/sep/27/data-efficiency-deep-learning> (accessed 9 December 2017).

31．Jamie Bartlett, *The Dark Net: Inside the Digital Underworld* (London: William Heinemann, 2014), 169.

32．Susskind and Susskind, *Future of the Professions*, 1.

33．Schneier, *Data and Goliath*, 4.

第四章　像理论家一样思考

1．Arthur C. Clarke, *Profiles of the Future: An Inquiry into the Limits of the Possible* (London: Victor Gollancz, 1999), 2.

2．See J. G. A. Pocock, *Politics, Language, and Time: Essays on Political Thought and History* (Chicago: University of Chicago Press, 1989).

3．Peter P. Nicholson, 'Politics and the Exercise of Force', in *What is Politics?* ed. Adrian Leftwich (Cambridge: Polity Press, 2015), 42.

4．See, e.g. Judith Squires, 'Politics Beyond Boundaries: A Feminist Perspective', in *What is Politics?*

5．See Bernard Crick, 'Politics as Form of Rule: Politics, Citizenship, and Democracy', in *What is Politics?*

6．Crick, 'Politics as Form of Rule', esp. 67–70.

7．Squires, 'Politics Beyond Boundaries'.

8．See Peter Bachrach and Morton S. Baratz, 'Two Faces of Power', *American Political Science Review* 56, no. 4 (December 1962): 947–952.

9．Adrian Leftwich, 'Thinking Politically: On the Politics of Politics', in *What is Politics?*

10．See, e.g. Nicholson, 'Politics and the Exercise of Force'.

11．See generally, *Political Innovation and Conceptual Change*, eds. Terence Ball, James Farr, and Russell L. Hanson (New York: Cambridge University Press, 1995); Michael Freeden, *Ideologies and Political Theory: A Conceptual Approach* (Oxford: Oxford University Press, 1996).

12．关于概念和概念解释的区别, see John Rawls, *A Theory of Justice* (Cambridge, Mass: Harvard University Press, 2003), 5.

13．See Freeden, *Ideologies*.

14．Freeden, *Ideologies*, 53.

15. Yuval Noah Harari, *Sapiens: A Brief History of Humankind* (London: Vintage Books, 2011), 121.

16. Larry Siedentop, *Inventing the Individual: The Origins of Western Liberalism* (London: Allen Lane, 2014), 16–17.

17. Plato, *The Laws*, translated by Tom Griffith (Cambridge: Cambridge University Press, 2016), XI 414–415; see Siedentop, *Inventing the Individual*, 16–17.

18. Andrew J. Beniger, *Control Revolution: Technological and Economic Origins of the Information Society* (Cambridge, Mass: Harvard University Press, 1990), 7.

19. Sandra Braman, *Change of State: Information, Policy, and Power* (Cambridge, Mass: MIT Press, 2009), 2.

20. James Gleick, *The Information: A History, A Theory, A Flood* (London: Fourth Estate, 2012), 7–8.

21. Erik Brynjolfsson and Andrew McAfee, *The Second Machine Age: Work, Progress, and Prosperity in a Time of Brilliant Technologies* (New York: W. W. Norton & Company, 2014), 16.

22. Karl Marx, *The German Ideology*, in *Karl Marx and Frederick Engels: Collected Works Vol. 5* (London: Lawrence & Wishart, 1976), 36.

23. Karl Mannheim, *Ideology and Utopia: An Introduction to the Sociology of Knowledge*, translated by Louis Wirth and Edward Shils (Connecticut: Martino Publishing, 2015), 3.

24. Marx, *German Ideology*, 59.

25. Cited in Gleick, *Information*, 51.

26. Eric Hobsbawm, *The Age of Revolution: 1789–1848* (New York: Vintage Books, 1996), 1.

27. William Blake, *London*, Poetry Foundation <https://www.poetryfoundation.org/poems/43673/london-56d222777e969> (accessed 7 December 2017).

28. Adam Swift, 'Political Philosophy and Politics', in *What is Politics?* 141.

29. Swift, 'Political Philosophy and Politics', 140.

30. George Orwell, 'Politics and the English Language', in *Essays* (London: Penguin, 2000), 359.

31. Winston Churchill, *My Early Life: A Roving Commission* (London: Reprint Society, 1944), 66.

32. Ludwig Wittgenstein, *Tractatus Logico-Philosophicus* (Abingdon: Routledge, 2001), 3.

33. See William E. Connolly, *The Terms of Political Discourse* (Third Edition) (Oxford: Basil Blackwell, 1994).

34. Daniel McDermott, 'Analytical Political Philosophy', in *Political Theory: Methods and Approaches*, eds. David Leopold and Marc Stears (Oxford: Oxford University Press, 2010), 11.

35. Adam Swift and Stuart White, 'Political Theory, Social Science, and Real Politics', in *Political Theory*, 52.

36. Marx, *German Ideology*, 36.

第五章　代码就是力量

1. Steven Lukes, *Power: A Radical View* (Second Edition) (Basingstoke: Palgrave Macmillan, 2005), 34.

2. Robert Dahl, 'The Concept of Power', *Behavioral Science* 2, 201–215, cited in Lukes, *PRV*, 16.

3. Lukes, *PRV*, 5.

4. See Robert Dahl, 'Power as the Control of Behaviour', in *Power*, ed. Steven Lukes (New York: New York University Press, 1986), 41; Lukes, *PRV*, 74–75.

5. Lukes, *PRV*, 21–22; Peter Bachrach and Morton S. Baratz, *Power and Poverty: Theory and Practice* (New York: Oxford University Press, 1970).

6. Rob Kitchin and Martin Dodge, *Code/Space: Software and Everyday Life* (Cambridge, Mass: MIT Press, 2014), 3–5.

7. James Grimmelmann, 'Regulation by Software', *Yale Law Journal* 114, no. 7 (May 2005), 1729.

8. *Steiner, Christopher, Automate This: How Algorithms Came to Rule Our World* (London: Portfolio, 2012), 55; Ed Finn, *What Algorithms Want: Imagination in the Age of Computing* (Cambridge, Mass: MIT Press, 2017), 17.

9. See generally Lawrence Lessig, *Code Version 2.0* (New York: Basic Books, 2006).

10. Grimmelmann, 'Regulation by Software', 1729.

11. Gordon Brown, My Life, Our Times (London: Bodley Head, 2017), 326.

12. Julie E. Cohen, *Configuring the Networked Self: Law, Code, and the Play of Everyday Practice* (New Haven and London: Yale University Press, 2012), 155.

13. Lessig, *Code 2.0*, 298.

14. Finn, *What Algorithms Want*, 6.

第六章　武力

1. Michel Foucault, *Discipline and Punish: The Birth of the Prison*, translated by Alan Sheridan (New York: Vintage Books, 1995), 74.

2. Christopher Dandeker, *Surveillance, Power and Modernity* (Cambridge: Polity, 1990), 119.

3. Foucault, *Discipline and Punish*.

4. See Tim O'Reilly, 'Open Data and Algorithmic Regulation', in *Beyond Transparency: Open Data and the Future of Civic Innovation*, eds. Brett Goldstein and Lauren Dyson (San Francisco: Code for America Press, 2013), 195.

5. Richard Susskind and Daniel Susskind, *The Future of the Professions: How Technology Will Transform the Work of Human Experts* (Oxford: Oxford University Press, 2015), 70.

6. Nanette Byrnes, 'As Goldman Embraces Automation, Even the Masters of the Universe Are Threatened', *MIT Technology Review*, 7 February 2017 <https://www.technologyreview.

com/s/603431/as-goldman-embraces-automation-even-the-masters-of-the-universe-are-threatened/?set=603585&utm_content=bufferd5a8f&utm_medium=social&utm_source=twitter.com&utm_campaign=buffer> (accessed 1 December 2017).

7. O'Reilly, 'Open Data and Algorithmic Regulation', 291.

8. Steve Rosenbush, 'The Morning Download: China's Facial Recognition ID's Citizens and Soon May Score Their Behaviour', *Wall Street Journal*, 27 July 2017 <https://blogs.wsj.com/cio/2017/06/27/the-morning-download-chinas-facial-recognition-ids-citizens-and-soon-may-score-their-behavior/> (accessed 1 December 2017).

9. Hans Kelsen, *Pure Theory of Law*, translated from the Second (Revised and Enlarged) German Edition by Max Knight (New Jersey: Law Book Exchange, 2009).

10. H. L. A. Hart, *The Concept of Law* (Second Edition) (Oxford: Oxford University Press, 1997), 35–36.

11. Foucault, *Discipline and Punish*, 82.

12. Foucault, *Discipline and Punish*, ch.1.

13. Foucault, *Discipline and Punish*, 9.

14. Lessig, *Code 2.0*, 82.

15. *New York Times*, 'Why Not Smart Guns in This High-Tech Era?' Editorial, 26 November 2016 <http://mobile.nytimes.com/2016/11/26/opinion/sunday/why-not-smart-guns-in-this-high-tech-era.html?smid=tw-nytopinion&smtyp=cur&referer=> (accessed 1 December 2017).

16. Hart, *Concept of Law*, 27–28, 48.

17. Melanie Swan, *Blockchain: Blueprint for a New Economy* (Sebastopol, CA: O'Reilly, 2015), 14.

18. See Primavera De Filippi and Aaron Wright, *Blockchain and the Law: The Rule of Code* (Cambridge, Mass: Harvard University Press, forthcoming, 2018), ch. 12; on computable contracts see also Harry Surden, 'Computable Contracts', *UC Davis Law Review* 46, (2012): 629–700.

19. See De Filippi and Wright, *Blockchain and the Law*, ch. 12.

20. O'Reilly, 'Open Data and Algorithmic Regulation', 295.

21. Grimmelmann, 'Regulation by Software', 1732.

22. Mark Bridge, 'AI Can Identify Alzheimer's Disease a Decade before Symptoms Appear', *The Times*, 20 September 2017 <https://www.thetimes.co.uk/article/ai-can-identify-alzheimer-s-a-decade-before-symptoms-appear-9b3qdrrf7> (accessed 1 December 2017).

23. Wendell Wallach and Colin Allen, *Moral Machines: Teaching Robots Right from Wrong* (Oxford: Oxford University Press, 2009), 27.

24. Nikolaos Aletras, Dimitrios Tsarapatsanis, Daniel Preotiuc, and Vasileios Lampos. 'Predicting Judicial Decisions of the European Court of Human Rights: A Natural Language Processing Perspective'. *Peer J Computer Science* 2, e93 (24 October 2016). See further Harry Surden, 'Machine Learning and Law', *Washington Law Review* 89, no. 1 (2014): 87–115.

25. Erik Brynjolfsson and Andrew McAfee *Machine Platform Crowd: Harnessing Our Digital Future* (New York: W. W. Norton & Company, 2017), 41.

26. See Anthony J. Casey and Anthony Niblett, 'The Death of Rules and Standards', *Indiana Law Journal* 92, no. 4 (2017); Anthony J. Casey and Anthony Niblett, 'Self-Driving Laws' *University of Toronto Law Journal* 429 (Fall 2016) 66: 428–442.

27. Casey and Niblett, 'Death of Rules and Standards'; 'Self-Driving Laws'.

28. Oliver Wendell Holmes, 'The Path of the Law', *Harvard Law Review* 10, no. 457 (1897); Casey and Niblett, 'Death of Rules and Standards', 1422.

29. Primavera De Filippi and Samer Hassan, 'Blockchain Technology as a Regulatory Technology: From Code is Law to Law is Code', *First Monday* 21, no. 12, 5 December 2016.

30. Walter Ong, *Orality and Literacy* (Abingdon: Routledge, 2012), 31.

31. Richard Susskind, *The Future of Law: Facing the Challenges of Information Technology* (Oxford: Oxford University Press, 1998), 92–94.

32. Eric A. Havelock, *The Greek Concept of Justice: From its Shadow in Homer to its Substance in Plato.* (Cambridge, Mass: Harvard University Press, 1978), 135, 14.

33. Havelock, *Greek Concept of Justice,* 23–36; Eric A. Havelock, *The Muse Learns to Write: Reflections on Orality and Literacy from Antiquity to the Present* (New Haven and London: Yale University Press, 1986), 4.

34. Susskind, *Future of Law*, 92–94.

35. Alexis de Tocqueville, *Democracy in America*, translated by George Lawrence (New York: HarperCollins, 2006), 49.

36. Casey and Niblett, 'Death of Rules and Standards'; 'Self-Driving Laws'.

37. Ibid.

38. Ibid.

39. Max Weber, 'The Profession and Vocation of Politics', in *Political Writings*, eds. Peter Lassman and Ronald Speirs (Cambridge: Cambridge University Press, 2010), 310–311.

40. Thomas Hobbes, *Leviathan* (Cambridge: Cambridge University Press, 2007), [62], 88.

41. Jean-Jacques Rousseau, *The Social Contract*, translated by Maurice Cranston (London: Penguin, 1968), 371.

42. David Hume, 'Of the Original Contract', in *Selected Essays* (Oxford: Oxford University Press, 2008), 283.

43. See Manuel Castells, *Communication Power* (Oxford: Oxford University Press, 2013), 43–45.

44. Aaron Perzanowksi and Jason Schultz, *The End of Ownership: Personal Property in the Digital Economy* (Cambridge, Mass: MIT Press, 2016), 4.

45. See Philippa Foot, 'The Problem of Abortion and the Doctrine of the Double Effect', in *Virtues and Vices and Other Essays in Moral Philosophy* (Oxford: Oxford University Press, 2009).

46. Lessig, *Code 2.0*, 78.

47. Elizabeth Anderson, *Private Government: How Employers Rule Our Lives (and Why We Don't Talk About It)* (Princeton and Oxford: Princeton University Press, 2017), 55.

48. Wallach and Allen, *Moral Machines*, 26–27.

49. De Filippi and Wright, *Blockchain and the Law*, ch. 10.

50．De Filippi and Wright, *Blockchain and the Law*, ch. 1.

51．De Filippi and Wright, *Blockchain and the Law*, ch. 10.

52．机场保安系统的例子来自 Wallach and Allen, *Moral Machines*, 15.

第七章　审查

1．Michel Foucault, *Power/Knowledge: Selected Interviews and Other Writings, 1972–1977* (New York: Vintage Books, 1980), 152.

2．John Milton, *Paradise Lost* (London: Penguin, 2003) Book IX, 203–204.

3．关于寒蝉效应 , see Jon Penney, 'Internet Surveillance, Regulation, and Chilling Effects Online: A Comparative Case Study', *Internet Policy Review* 6, no. 2 (2017): 1–38.

4．Sandra Bartky, 'Foucault, Femininity, and the Modernization of Patriarchal Power', cited in Steven Lukes, *Power: A Radical View* (Second Edition) (Basingstoke: Palgrave Macmillan, 2005), 99.

5．Foucault, *Power/Knowledge*, 39.

6．Foucault, *Power/Knowledge*, 158.

7．Foucault, *Power/Knowledge*, 155.

8．Michel Foucault, *Discipline and Punish: The Birth of the Prison*, translated by Alan Sheridan (New York: Vintage Books, 1995), 173.

9．James C. Scott, *Seeing Like a State* (New Haven and London: Yale University Press, 1998).

10．Scott, *Seeing Like a State*, 77.

11．Benjamin Constant, *De l'esprite de conquête*, cited in Scott, *Seeing Like a State*, 30 (original emphasis).

12．Scott, *Seeing Like a State*, 54–57.

13．Scott, *Seeing Like a State*, 66.

14．Scott, *Seeing Like a State*, 67.

15．Scott, *Seeing Like a State*, 65.

16．Scott, *Seeing Like a State*, 71.

17．Viktor Mayer-Schönberger and Kenneth Cukier, *Big Data: A Revolution That Will Transform How We Live, Work and Think* (London: John Murray, 2013), 152.

18．Zeynep Tufekci, *Twitter and Tear Gas: The Power and Fragility of Networked Protest* (New Haven: Yale University Press, 2017), 6.

19．John Cheney-Lippold, *We Are Data: Algorithms and the Making of Our Digital Selves* (New York: New York University Press, 2017); see also Gilles Deleuze, 'Postscript on the Societies of Control', *October* 59 (Winter, 1992): 3–7.

20．See generally Cheney-Lippold, *We Are Data*.

21．Cheney-Lippold, *We Are Data*, 6.

22．Cheney-Lippold, *We Are Data*, 10.

23. Friedrich Hayek, 'The Use of Knowledge in Society', *The American Economic Review* 35, no. 4 (September 1945), 521–524.

24. *Scott, Seeing Like a State, 87.*

25. Jake Swearingen, 'Can an Amazon Echo Testify Against You?' *NY Mag*, 27 December 2016 <http://nymag.com/selectall/2016/12/can-an-amazon-echo-testify-against-you.html> (accessed 1 December 2017); Billy Steele, 'Police Seek Amazon Echo Data in Murder Case', *Engadget*, 27 December 2016 <https://www.engadget.com/2016/12/27/amazon-echo-audio-data-murder-case/> (accessed 1 December 2017).

26. Christine Hauser, 'In Connecticut Murder Case, a Fitbit Is a Silent Witness', *New York Times*, 27 April 2017 <https://www.nytimes.com/2017/04/27/nyregion/in-connecticut-murder-case-a-fitbit-is-a-silent-witness.html?smid=tw-nytimes&smtyp=cur> (accessed 1 December 2017).

27. Sam Machkovech, 'Marathon Runner's Tracked Data Exposes Phony Time, Cover-up Attempt', *Ars Technica UK*, 22 February 2017 <https://arstechnica.com/gadgets/2017/02/suspicious-fitness-tracker-data-busted-a-phony-marathon-run/> (accessed 1 December 2017).

28. Cleve R. Wootson Jr, 'A Man Detailed His Escape from a Burning House. His Pacemaker Told Police a Different Story', *Washington Post*, 8 February 2017 <https://www.washingtonpost.com/news/to-your-health/wp/2017/02/08/a-man-detailed-his-escape-from-a-burning-house-his-pacemaker-told-police-a-different-story/?tid=sm_tw&utm_term=.531d8fabc6d2> (accessed 1 December 2017).

29. *Semayne's Case* (1604) 5 Coke Reports 91a 77 E.R. 194.

30. David Rose, *Enchanted Objects: Design, Human Desire, and the Internet of Things* (New York: Scribner, 2014), 7.

31. Leo Mirani, 'Personal Technology Gets Truly Personal', in *Megatech: Technology in 2050*, ed. Daniel Franklin (New York: Profile Books, 2017), 150.

32. Alex Hern, 'Vibrator Maker Ordered to Pay Out C$4m for Tracking Users' Sexual Activity', *The Guardian*, 14 March 2017 <https://www.theguardian.com/technology/2017/mar/14/we-vibe-vibrator-tracking-users-sexual-habits?CMP=Share_iOSApp_Other> (accessed 1 December 2017).

33. Spencer Ackerman and Sam Thielman, 'US Intelligence Chief: We Might Use the Internet of Things to Spy on You', *The Guardian*, 9 February 2016 <https://www.theguardian.com/technology/2016/feb/09/internet-of-things-smart-home-devices-government-surveillance-james-clapper> (accessed 1 December 2017).

34. Plato, *Phaedrus*, translated by Christopher Rowe (London: Penguin, 2005), 62.

35. See David Rieff, *In Praise of Forgetting: Historical Memory and its Ironies* (New Haven and London: Yale University Press, 2017).

36. Viktor Mayer-Schönberger and Kenneth Cukier, *Delete: The Virtue of Forgetting in the Digital Age* (Princeton: Princeton University Press, 2009), 2.

37. Mayer-Schönberger and Cukier, *Delete*, 6.

38. Mayer-Schönberger and Cukier, *Delete*, 104.

39. Nadia Khomami, 'Ministers Back Campaign to Give Under-18s Right to Delete Social Media

Posts', *The Guardian*, 28 July 2015 <https://www.theguardian.com/media/2015/jul/28/ministers-back-campaign-under-18s-right-delete-social-media-posts> (accessed 1 December 2017).

40. Meg Leta Jones, *Ctrl + Z: The Right to Be Forgotten* (New York: New York University Press, 2016), 1.

41. Leta Jones, *Ctrl + Z*, 9–11.

42. Eric Siegel, *Predictive Analytics: The Power to Predict Who Will Click, Buy, Lie, or Die* (New Jersey: John Wiley & Sons, Inc., 2016), 11.

43. Walter Perry et al., *Predictive Policing: The Role of Crime Forecasting in Law Enforcement Operations* (Santa Monica: RAND Corporation, 2013).

44. Siegel, *Predictive Analytics*, centrefold (table 5).

45. Frank Pasquale, *The Black Box Society: The Secret Algorithms that Control Money and Information* (Cambridge, Mass: Harvard University Press, 2015), 23–26.

46. Josh Chin and Gillian Wong, 'China's New Tool for Social Control: A Credit Rating for Everything', *Wall Street Journal*, 28 November 2016 <http://www.wsj.com/articles/chinas-new-tool-for-social-control-a-credit-rating-for-everything-1480351590> (accessed 1 December 2017); *Economist*, 'China Invents the Digital Totalitarian State', 17 December 2016 <http://www.economist.com/news/briefing/21711902-worrying-implications-its-social-credit-project-china-invents-digital-totalitarian> (accessed 1 December 2017).

47. See Mara Hvistendahl, 'Inside China's Vast New Experiment in Social Ranking', *Wired*, 14 December 2017 <https://www.wired.com/story/age-of-social-credit/> (accessed 21 January 2018).

第八章　感知控制

1. See Steven Lukes, *Power: A Radical View* (Second Edition) (Basingstoke: Palgrave Macmillan, 2005).

2. See Peter Bachrach and Morton S. Baratz, *Power and Poverty: Theory and Practice* (New York: Oxford University Press, 1970).

3. See E. E. Schattschneider, *The Semisovereign People: A Realist's View of Democracy in America* (South Melbourne, Victoria: Wadsworth Thomson Learning, 1975).

4. Lukes, *PRV*, 20–25.

5. See Lukes, *PRV*, 27–28.

6. Manuel Castells, *Communication Power* (Oxford: Oxford University Press, 2013), 3.

7. Karl Marx, *The German Ideology*, in *Karl Marx and Frederick Engels: Collected Works Vol. 5* (London: Lawrence & Wishart, 1976), 41.

8. See Antonio Gramsci, *Selections from the Prison Notebooks* (London: Lawrence & Wishart, 2007).

9. Karl Marx, *Contribution to Critique of Hegel's Philosophy of Law. Introduction*, in *Karl Marx*

and Frederick Engels: Collected Works Vol. 3. (London: Lawrence & Wishart, 1975), 187.

10. Yochai Benkler, *The Wealth of Networks: How Social Production Transforms Markets and Freedom* (New Haven & London: Yale University Press, 2006), 130.

11. Benkler, *Wealth of Networks,* 168.

12. Yochai Benkler, 'Degrees of Freedom, Dimensions of Power', *Daedalus* 145, no. 1 (Winter 2016), 21.

13. Eric Schmidt and Jared Cohen, *The New Digital Age: Reshaping the Future of People, Nations and Business.* (London: John Murray, 2014), 82.

14. Benkler, 'Degrees of Freedom', 21.

15. Eric Siegel, *Predictive Analytics: The Power to Predict Who Will Click, Buy, Lie, or Die* (New Jersey: John Wiley & Sons, Inc, 2016), centrefold (table 1).

16. Robert Epstein, 'The New Censorship', *US News*, 22 July 2016 <http://www.usnews.com/opinion/articles/2016-06-22/google-is-the-worlds-biggest-censor-and-its-power-must-be-regulated> (accessed 1 December 2017).

17. See e.g. Allison Linn, 'Microsoft Creates AI that Can Read a Document and Answer Questions About it As Well As a Person', *The AI Blog*, 15 January 2018 <https://blogs.microsoft.com/ai/microsoft-creates-ai-can-read-document-answer-questions-well-person/> (accessed 21 January 2018).

18. See Jonathan Zittrain, 'Apple's Emoji Gun Control', *New York Times*, 16 August 2016 <https://mobile.nytimes.com/2016/08/16/opinion/get-out-of-gun-control-apple.html?_r=0&referer=https://www.google.com/> (accessed 1 December 2017).

19. Lotus Ruan, Jeffrey Knockel, Jason Q. Ng, and Masashi Crete-Nishihata, 'One App, Two Systems', *The Citizen Lab*, 30 November 2016 <https://citizenlab.ca/2016/11/wechat-china-censorship-one-app-two-systems/> (accessed 1 December 2017).

20. Zittrain, 'Apple's Emoji Gun Control'.

21. Robert Booth, 'Facebook Reveals News Feed Experiment to Control Emotions', *The Guardian*, 30 June 2004 <https://www.theguardian.com/technology/2014/jun/29/facebook-users-emotions-news-feeds> (accessed 11 December 2017).

22. Halting Problem, 'Tech Bro Creates Augmented Reality App to Filter Out Homeless People', *Medium*, 23 February 2016 <https://medium.com/halting-problem/tech-bro-creates-augmented-reality-app-to-filter-out-homeless-people-3bf8d827b0df> (accessed 7 December 2017).

23. Frank Pasquale, *The Black Box Society: The Secret Algorithms that Control Money and Information* (Cambridge, Mass: Harvard University Press, 2015), 63; Benkler, 'Degrees of Freedom', 18.

24. Pasquale, *Black Box Society*, 60.

25. Bobby Johnson, 'Amazon Kindle Users Surprised by "Big Brother" Move', *The Guardian*, 17 July 2009 <https://www.theguardian.com/technology/2009/jul/17/amazon-kindle-1984> (accessed 8 December 2017).

26. Jonathan Zittrain, 'Engineering an Election', *Harvard Law Review Forum*, 20 June 2014 <https://harvardlawreview.org/2014/06/engineering-an-election/> (accessed 1 December 2017).

第九章 公私权力

1. 'Who? Whom?' *Wikipedia*, last modified 3 June 2017 <https://en.wikipedia.org/wiki/Who,_whom%3F> (accessed 7 December 2017).

2. Michael Walzer, *Spheres of Justice: A Defense of Pluralism and Equality* (New York: Basic Books, 1983), xiii.

3. Walzer, *Spheres*, 11.

4. Carol Gould, *Rethinking Democracy: Freedom and Social Cooperation in Politics, Economy, and Society* (Cambridge: Cambridge University Press, 1990), 271.

5. Gould, *Rethinking Democracy*, 272.

6. See Joshua A. T. Fairfield, *Owned: Property, Privacy, and the New Digital Serfdom* (Cambridge: Cambridge University Press, 2017).

7. Sheila Jasanoff, *The Ethics of Invention: Technology and the Human Future* (New York: W. W. Norton & Company, 2016), 169.

8. Frank Pasquale, *The Black Box Society: The Secret Algorithms That Control Money and Information* (Cambridge, Mass: Harvard University Press, 2015), 21.

9. John Markoff, *Machines of Loving Grace: the Quest for Common Ground Between Humans and Robots* (New York: HarperCollins, 2015), xvi.

10. *Robert W. McChesney, Digital Disconnect: How Capitalism is Turning The Internet Against Democracy (New York: The New Press, 2014), 166.*

11. McChesney, *Digital Disconnect*, 162.

12. Philip N. Howard, *Pax Technica: How the Internet of Things May Set Us Free or Lock Us Up* (New Haven and London: Yale University Press, 2015), xix–xx.

13. Lodewijk F. Asscher, ' "Code" as Law: Using Fuller to Assess Code Rules', in *Coding Regulation: Essays on the Normative Role of Information Technology*, eds. E. J. Dommering and Lodewijk F. Asscher (The Hague: TMC Asser, 2006), 69.

14. Jasanoff, *Ethics of Invention*, 171.

15. Yochai Benkler, 'Degrees of Freedom, Dimensions of Power', *Daedalus* 145, no. 1 (Winter 2016), 23.

16. Pasquale, *Black Box Society*, 94.

17. See Jaron Lanier, *Who Owns the Future?* (London: Allen Lane, 2014), 240.

18. John Nichols, 'If Trump's FCC Repeals Net Neutrality, Elites Will Rule the Internet—and the Future', *Nation*, 24 November 2017 <https://www.thenation.com/article/if-trumps-fcc-repeals-net-neutrality-elites-will-rule-the-internet-and-the-future/> (accessed 1 December 2017).

19. Walzer, *Spheres*, 294.

20. Elizabeth Anderson, *Private Government: How Employers Rule Our Lives (and Why We Don't Talk About It)* (Princeton and Oxford: Princeton University Press, 2017), 9.

21. Ibid.

22. Alexis de Tocqueville, *Democracy in America*, translated by George Lawrence (New York:

HarperCollins, 2006), 692.

第十章　自由和增压的国家

1. Friedrich Hayek, *The Constitution of Liberty* (Abingdon: Routledge, 2009), 17.

2. Erich Fromm, *The Fear of Freedom* (Abingdon: Routledge, 2009), 3.

3. Inaugural Address, 20 January 1961.

4. Gerald Dworkin, *The Theory and Practice of Autonomy* (Cambridge: Cambridge University Press, 1989) 15–20.

5. Jean-Jacques Rousseau, *The Social Contract*, translated by Maurice Cranston (London: Penguin, 1968), 65.

6. Thomas Scanlon, 'A Theory of Freedom of Expression', *Philosophy and Public Affairs* 1, no. 2 (1972), 215.

7. Isaiah Berlin, 'Two Concepts of Liberty', in *Four Essays on Liberty* (Oxford: Oxford University Press, 1969), 134.

8. Freedom.to <https://freedom.to/> (accessed 7 December 2017).

9. Fromm, *Fear of Freedom*, 208 (emphasis removed).

10. See, e.g., Quentin Skinner, *Liberty Before Liberalism* (Cambridge: Cambridge University Press, 2012) and Philip Pettit, 'The Republican Ideal of Freedom', in *The Liberty Reader*, ed. David Miller (Edinburgh: Edinburgh University Press, 2006).

11. Skinner, *Liberty Before Liberalism,* 23.

12. Dworkin, *Autonomy*, 13.

13. Quentin Skinner, 'The Republican Ideal of Political Liberty', in *Machiavelli and Republicanism*, eds. Gisela Bock, Quentin Skinner, and Maurizio Viroli (Cambridge: Cambridge University Press, 1993), 303.

14. Pettit, 'The Republican Ideal of Freedom', 226; Skinner, 'A Third Concept of Liberty', in *Liberty Reader*, 250.

15. Skinner, 'A Third Concept of Liberty', 250.

16. Skinner, 'A Third Concept of Liberty', 254.

17. Donald A. Norman, *The Design of Future Things* (New York: Basic Books, 2007), 68.

18. Daniel Cooper, 'These Subtle Smart Gloves Turn Sign Language into Text', *Engadget*, 31 May 2017 <https://www.engadget.com/2017/05/31/these-subtle-smart-gloves-turn-sign-language-into-words/?sr_source=Twitter> (accessed 1 December 2017).

19. Brian D. Wassom, *Augmented Reality Law, Privacy, and Ethics: Law, Society, and Emerging AR Technologies.* (Rockland: Syngress, 2015), 250.

20. Bruce Goldman, 'Typing With Your Mind: How Technology is Helping the Paralyzed Communicate', *World Economic Forum*, 1 March 2017 <https://www.weforum.org/agenda/2017/03/this-technology-allows-paralysed-people-to-type-using-their-mind?utm_content=buffer8a986&utm_medium=social&utm_source=twitter.com&utm_

campaign=buffer)%20%20(Ref)%20ch.21%20of%20leviathan?> (accessed 1 December 2017).

21. See, e.g., Francis Fukuyama, *Our Posthuman Future: Consequences of the Biotechnology Revolution* (London: Profile Books, 2002); Max More and Natasha Vita-More, eds., *The Transhumanist Reader: Classical and Contemporary Essays on the Science, Technology, and Philosophy of the Human Future* (Chichester: John Wiley & Sons, Inc, 2013); Julian Savulescu, Ruud ter Meulen, and Guy Kahane, eds., *Enhancing Human Capacities* (Chichester: Wiley-Blackwell, 2011); Justin Nelson et al., 'The Effects of Transcranial Direct Current Stimulation (tDCS) on Multitasking Throughput Capacity', *Frontiers in Human Neuroscience*, 29 November 2016 <https://www.frontiersin.org/articles/10.3389/fnhum.2016.00589/full> (accessed 8 December 2017); Michael Bess, 'Why Humankind Isn't Ready for the Bionic Revolution', *Ozy*, 24 October 2016. <http://www.ozy.com/opinion/why-humankind-isnt-ready-for-the-bionic-revolution/72555?utm_source=dd&utm_medium=email&utm_campaign=10242016&variable=af3d1702308a23693509dd3317fe68e7> (accessed 8 December 2017).

22. *The Correspondence of John Stuart Mill and Auguste Comte*, ed. Oscar A. Haac (London: Transaction, 1995), Foreword and Introduction.

23. Helen Nissenbaum, *Privacy in Context: Technology, Policy, and the Integrity of Social Life* (Stanford: Stanford University Press, 2010), 83.

24. Cass R. Sunstein, *The Ethics of Influence: Government in the Age of Behavioral Science* (New York: Cambridge University Press, 2016), 82.

25. Dworkin, *Autonomy*, 18.

26. Sarah Dean, 'A Nation of "Micro-Criminals": The 11 Sneaky Crimes We Are Commonly Committing', *iNews*, 22 October 2016 <https://inews.co.uk/essentials/news/uk/nation-micro-criminals-11-sneaky-crimes-commonly-committing/> (accessed 1 December 2017).

27. Blaise Agüera y Arcas, Margaret Mitchell, and Alexander Todorov, 'Physiognomy's New Clothes', *Medium*, 6 May 2017 <https://medium.com/@blaisea/physiognomys-new-clothes-f2d4b59fdd6a> (accessed 1 December 2017).

28. Bernard E. Harcourt, *Against Prediction: Profiling, Policing, and Punishing in an Actuarial Age* (Chicago: University of Chicago Press, 2007), 179.

29. Harcourt, *Against Prediction*, 174.

30. Agüera y Arcas et al., 'Physiognomy's New Clothes'.

31. Ibid.

32. John Stuart Mill, *On Liberty and Other Writings* (Cambridge: Cambridge University Press, 2008), 15.

33. Kenneth Cukier, 'The Data-driven World', in *Megatech: Technology in 2050*, ed. Daniel Franklin (New York: Profile Books, 2017), 171.

34. Jason Tashea, 'Courts are Using AI to Sentence Criminals: That Must Stop Now', *Wired*, 17 April 2017 <https://www.wired.com/2017/04/courts-using-ai-sentence-criminals-must-stop-now/> (accessed 1 December 2017).

35. Julia Anwin, Jeff Larson, Surya Mattu, and Lauren Kirchner, 'Machine Bias', *ProPublica*, 23 May 2016 <https://www.propublica.org/article/machine-bias-risk-assessments-in-criminal-sentencing> (accessed 1 December 2017).

36. Isaiah Berlin, 'Historical Inevitability', in *Four Essays on Liberty*, 63.

37. Berlin, 'Historical Inevitability', 57.

38. Auguste Comte, 'Plan of the Scientific Work Necessary for the Reorganization of Society', in *Early Political Writings* (Cambridge: Cambridge University Press, 1998), 100.

39. Comte, 'Plan', 81–121.

40. Aristotle, *The Politics*, translated by T. A. Sinclair (London: Penguin, 1992), 1281a2, 198.

41. Aristotle, *Nichomachean Ethics*, translated by Terence Irwin (Second Edition) (Indianapolis: Hackett Publishing Company, 1999), II, i, 18–9.

42. Roger Brownsword and Morag Goodwin, *Law and the Technologies of the Twenty-First Century: Texts and Materials* (Cambridge: Cambridge University Press, 2012), 447.

43. Alfred North Whitehead, *An Introduction to Mathematics* (Milton Keynes: Watchmaker, 2011), 61.

44. Jathan Sadowski and Frank Pasquale, 'The Spectrum of Control: A Social Theory of the Smart City', *First Monday* 20, no. 7, 6 July 2015 <http://digitalcommons.law.umaryland.edu/cgi/viewcontent.cgi?article=2545&context=fac_pubs> (accessed 1 December 2017).

45. Rob Kitchin, *The Data Revolution: Big Data, Open Data, Data Infrastructures and their Consequences.* (London: Sage Publications Ltd, 2014), 71.

46. See Sadowski and Pasquale, 'Spectrum of Control' ; Cory Doctorow, 'Riot Control Drone that Fires Paintballs, Pepper-spray and Rubber Bullets at Protesters', *Boing Boing*, 17 June 2014 <https://boingboing.net/2014/06/17/riot-control-drone-that-paintb.html> (accessed 7 December 2017); Desert Wolf, 'Skunk Riot Control Copter', <http://www.desert-wolf.com/dw/products/unmanned-aerial-systems/skunk-riot-control-copter.html> (accessed 1 December 2017).

47. See Richard Yonck, *Heart of the Machine: Our Future in a World of Artificial Intelligence* (New York: Arcade Publishing, 2017), 137.

48. Henry David Thoreau, *On the Duty of Civil Disobedience* (1854) in *Political Thought*, eds. Michael Rosen and Jonathan Wolff (Oxford: Oxford University Press, 1999), 81.

49. John Rawls, *A Theory of Justice* (Cambridge, Mass: Harvard University Press, 2003), 319–323.

50. Martin Luther King, *Letter from Birmingham City Jail (1963)* in *Political Thought*, 85.

51. E. Gabriella Coleman, *Coding Freedom: The Ethics and Aesthetics of Hacking* (Princeton: Princeton University Press, 2013), 19.

52. Ibid.

53. Tom Simonite, 'Pentagon Bot Battle Shows How Computers Can Fix Their Own Flaws', *MIT Technology Review*, 4 August 2016 <https://www.technologyreview.com/s/602071/pentagon-bot-battle-shows-how-computers-can-fix-their-own-flaws/?utm_campaign=socialflow&utm_source=twitter&utm_medium=post> (accessed 1 December 2017).

54. Rawls, *Theory of Justice*, 326–331.

55. Steven Levy, *Crypto: How the Code Rebels Beat the Government—Saving Privacy in the Digital Age* (New York: Penguin, 2002), 1.

56. Robert Scoble and Israel Shel, *The Fourth Transformation: How Augmented Reality and*

Artificial Intelligence Change Everything (CreateSpace Independent Publishing Platform, 2017), 124.

57. BBC, 'German Parents Told to Destroy Cayla Dolls Over Hacking Fears', *BBC News*, 17 February 2017 <http://www.bbc.co.uk/news/world-europe-39002142> (accessed 1 December 2017).

58. Scoble and Shel, *Fourth Transformation*, 124.

59. Marc Goodman, *Future Crimes: A Journey to the Dark Side of Technology—and How to Survive It* (London: Bantam Press, 2015), 22–23.

60. Goodman, *Future Crimes*, 249.

61. William J. Mitchell, *Me ++: The Cyborg Self and the Networked City* (Cambridge, Mass: MIT Press, 2003), 5.

62. Justin Clark et al., 'The Shifting Landscape of Global Internet Censorship', *Internet Monitor*, 29 June 2017 <https://thenetmonitor.org/research/2017-global-internet-censorship> (accessed 1 December 2017).

63. Reuters, 'Turkey Blocks Wikipedia Under Law Designed to Protect National Security', *The Guardian*, 30 April 2017 <https://www.theguardian.com/world/2017/apr/29/turkey-blocks-wikipedia-under-law-designed-to-protect-national-security> (accessed 8 December 2017); Dahir, Abdi Latif. 'Egypt Has Blocked Over 100 Local and International Websites Including HuffPost and Medium' . *Quartz*, 29 June 2017 <https://qz.com/1017939/egypt-has-blocked-huffington-post-al-jazeera-medium-in-growing-censorship-crackdown/> (accessed 8 December 2017).

64. Clark et al., 'Shifting Landscape'.

65. Berkman Center for Internet and Society, 'DON'T PANIC', 1 February 2016 <https://cyber.harvard.edu/pubrelease/dont-panic/Dont_Panic_Making_Progress_on_Going_Dark_Debate.pdf> (accessed 1 December 2017).

66. BBC, 'WhatsApp Must Not Be "Place For Terrorists to Hide" ', *BBC News*, 26 March 2017 <http://www.bbc.co.uk/news/uk-39396578> (accessed 1 December 2017); Tom Pritchard, 'The EU Wants to Enforce Encryption, and Ban Backdoor Access', *Gizmodo*, 19 June 2017 <http://www.gizmodo.co.uk/2017/06/the-eu-wants-to-enforce-encryption-and-ban-backdoor-access/> (accessed 1 December 2017).

67. Thomas Hobbes, *Leviathan* (Cambridge: Cambridge University Press, 2007), [62], 88.

68. Immanuel Kant, 'Idea for a Universal History from a Cosmopolitan Point of View', in *Philosophy of Technology: The Technological Condition: An Anthology* (Second Edition), eds. Robert C. Scharff and Val Dusek (Oxford: Wiley-Blackwell, 2014), 49–50.

第十一章　科技公司与自由

1. Niccolò Machiavelli, *Discourses on Livy*, translated by Julia Conaway Bondanella and Peter Bondanella (Oxford: Oxford University Press, 2008), 158.

2. Tim Wu, *The Master Switch: The Rise and Fall of Information Empires* (London: Atlantic,

2010), 292. See also Jonathan Zittrain, *The Future of the Internet (and How to Stop It)* (London: Allen Lane, 2008).

3. John Stuart Mill, *On Liberty and other writings* (Cambridge: Cambridge University Press, 2008), 54.

4. Nick Hopkins, 'Revealed: Facebook's Internal Rulebook on Sex, Terrorism and Violence', *The Guardian*, 21 May 2017 <https://amp.theguardian.com/news/2017/may/21/revealed-facebook-internal-rulebook-sex-terrorism-violence> (accessed 1 December 2017).

5. Electronic Frontier Foundation, 'Free Speech', <https://www.eff.org/free-speech-weak-link/> (accessed 1 December 2017).

6. Facebook Newsroom, 'Facebook, Microsoft, Twitter and YouTube Announce Formation of the Global Internet Forum to Counter Terrorism', 26 June 2017 <https://newsroom.fb.com/news/2017/06/global-internet-forum-to-counter-terrorism/> (accessed 1 December 2017).

7. Samuel Arbesman, *Overcomplicated: Technology at the Limits of Comprehension* (New York: Current, 2016), 34.

8. Arbesman, *Overcomplicated*, 4.

9. Arbesman, *Overcomplicated*, 21–22.

10. Frank Pasquale, *The Black Box Society: The Secret Algorithms that Control Money and Information* (Cambridge, Mass: Harvard University Press, 2015), 4–6.

11. Daniel J. Solove, *The Digital Person: Technology and Privacy in the Information Age* (New York: New York University Press, 2004), 38.

12. John Stuart Mill, *The Autobiography of John Stuart Mill* (US: Seven Treasures Publications, 2009), 6.

13. Mill, *Autobiography*, 6.

14. Mill, *Autobiography*, 16.

15. Isaiah Berlin, 'John Stuart Mill and the Ends of Life', in *Four Essays on Liberty* (Oxford: Oxford University Press, 1969), 177.

16. Stefan Collini, 'Introduction', *On Liberty*, xi.

17. Stefan Collini, 'Introduction', *On Liberty*, xiii.

18. Mill, *On Liberty*, 67.

19. Mill, *On Liberty*, 13 (emphasis added).

20. Joel Feinberg, *Harm to Others: The Moral Limits of the Criminal Law* (Oxford: Oxford University Press, 1984), 12.

21. See, e.g., Moley <http://www.moley.com/> (accessed 1 December 2017).

22. Sensifall <http://www.sensifall.com/> (accessed 12 December 2017).

23. Mill, *On Liberty*, 13.

24. Patrick Devlin, 'Morals and the Criminal Law', in *The Enforcement of Morals* (London: Oxford University Press, 1965), 6.

25. Devlin, 'Morals', 7.

26. 'Teledildonics', *Wikipedia*, last modified 29 November 2017 <https://en.wikipedia.org/wiki/Teledildonics> (accessed 8 December 2017).

27. Rachel Metz, 'Controlling VR With Your Mind', *MIT Technology Review*, 22 March 2017 <https://www.technologyreview.com/s/603896/controlling-vr-with-your-mind/> (accessed 1 December 2017).

28. James Fitzjames Stephen, *Liberty, Equality, Fraternity and Three Brief Essays* (Chicago: University of Chicago Press, 1991), 139.

29. Cited in J. W. Harris, *Legal Philosophies* (Second Edition) (New York: Oxford University Press, 2004), 133.

30. Devlin, 'Morality', 9.

31. Devlin, 'Morality', 10.

32. Cited in Tim Gray, *Freedom* (Basingstoke: Macmillan Education, 1991), 114.

33. H. L. A. Hart, *Law, Liberty, and Morality* (Oxford: Oxford University Press, 1991), 50.

34. Robin Rosenberg, Shawnee Baughman, and Jeremy Bailenson, 'Virtual Superheroes: Using Superpowers in Virtual Reality to Encourage Prosocial Behaviour', *PLoS ONE,* (8)1, 30 January 2013 <https://www.ncbi.nlm.nih.gov/pubmed?Db=pubmed&Cmd=ShowDetailView&TermToSearch=23383029> (accessed 1 December 2017).

35. Joel Feinberg, *Harmless Wrongdoing: The Moral Limits of the Criminal Law* (Oxford: Oxford University, 1990), 4.

36. Feinberg, *Harmless Wrongdoing,* 3.

37. Rosenberg et al., 'Virtual Superheroes'; Feinberg, *Harmless Wrongdoing,* 3.

38. Devlin, 'Morals', 10.

39. Lodewijk F. Asscher, '"Code" as Law: Using Fuller to Assess Code Rules', in *Coding Regulation: Essays on the Normative Role of Information Technology*, eds. E. J. Dommering, and Lodewijk F. Asscher (The Hague: TMC Asser, 2006), 80.

40. Douglas Rushkoff, *Program or Be Programmed: Ten Commands for a Digital Age* (New York: Soft Skull Press, 2011), 140.

41. Rushkoff, *Program*, 13.

42. Jean-Jacques Rousseau, *The Social Contract*, translated by Maurice Cranston (London: Penguin, 1968), 65.

第十二章　民主的梦想

1. Bernard Crick, 'Politics as Form of Rule: Politics, Citizenship, and Democracy', in *What is Politics?* ed. Adrain Leftwich (Cambridge: Polity Press, 2015), 75.

2. Adam Swift, *Political Philosophy: A Beginners' Guide for Students and Politicians* (Second Edition) (Cambridge: Polity Press, 2007), 179.

3. Amartya Sen, 'Democracy as a Universal Value' *Journal of Democracy* 10, no. 3 (1999): 3–17.

4. Hélène Landemore, *Democratic Reason: Politics, Collective Intelligence, and the Rule of the*

Many (Princeton: Princeton University Press, 2017), 1.

5. John Dunn, *Setting the People Free: The Story of Democracy* (London: Atlantic, 2005), 23.

6. David Held, *Models of Democracy* (Third Edition) (Cambridge: Polity, 2006), x.

7. David Van Reybrouck, *Against Elections: The Case for Democracy* (London: Bodley Head, 2016), 1.

8. Francis Fukuyama, *The Origins of Political Order: From Prehuman Times to the French Revolution* (London: Profile Books, 2012), 3.

9. Brian Klaas, *The Despot's Accomplice: How the West is Aiding and Abetting the Decline of Democracy* (Oxford: Oxford University Press, 2016), 1.

10. Reybrouck, *Against Elections*, 16.

11. Douglas Haven, 'The uncertain future of democracy', *BBC futurenow*, 30 March 2017 <http://www.bbc.com/future/story/20170330-the-uncertain-future-of-democracy?ocid=ww.social.link.twitter> (accessed 1 December 2017).

12. Plato, *The Republic*, translated by Desmond Lee (London: Penguin, 2003), [557a], 292.

13. See J. Lively, *Democracy* (1975), 30, cited in Held, *Models*, 2.

14. Alan Ryan, *On Politics: A History of Political thought from Herodotus to the Present* (London: Penguin, 2013), 11–13; Held, *Models,* 16–19; Dunn, *Setting the People Free*, 35.

15. Thucydides, *The Peloponnesian War*, translated by Martin Hammond (New York: Oxford University Press, 2009), Book II, §§ 37, 91.

16. Dunn, *Setting the People Free*, 35.

17. Dunn, *Setting the People Free*, 34.

18. Held, *Models*, 27–29.

19. Held, *Models*, 27–33.

20. Dunn, *Setting the People Free*, 55, 58.

21. Thomas Aquinas, *Political Writings*, translated by R. W. Dyson (Cambridge: Cambridge University Press, 2002), 9.

22. Held, *Models*, 1.

23. Dunn, *Setting the People Free*; Russell L. Hanson, 'Democracy', in *Political Innovation and Conceptual Change*, eds. Terence Ball, James Farr, and Russell L. Hanson (New York: Cambridge University Press, 1995), 75.

24. Dunn, *Setting the People Free*, 16; Hanson, 'Democracy', 72.

25. Hanson, 'Democracy', 76.

26. Giacomo Casanova, *The Story of My Life*, translated by Sophie Hawkes (London: Penguin, 2000), 373.

27. Cited in Niccolò Machiavelli, *Discourses on Livy*, translated by Julia Conaway Bondanella and Peter Bondanella (Oxford: Oxford University Press, 2008), 141.

28. Held, *Models*, 59–62.

29. Niccolò Machiavelli, *Discourses on Livy*, translated by Julia Conaway Bondanella and Peter

Bondanella (Oxford: Oxford University Press, 2008), 142.

30. Joseph Schumpeter, *Capitalism, Socialism and Democracy* (Abingdon: Routledge, 2010), 220.

31. Cited in Carol Pateman, *Participation and Democratic Theory* (Cambridge: Cambridge University Press, 1999), 5.

32. Ryan, *On Politics*, 961.

33. 'Joseph Schumpeter', Wikipedia, last edited 23 December 2017 <https://en.wikipedia.org/wiki/Joseph_Schumpeter> (accessed 21 January 2018).

34. See Sasha Issenberg, 'How Obama's Team Used Big Data to Rally Voters', *MIT Techology Review*, 19 December 2012 <https://www.technologyreview.com/s/509026/how-obamas-team-used-big-data-to-rally-voters/> (accessed 1 December 2017).

35. Pedro Domingos, *The Master Algorithm: How the Quest for the Ultimate Learning Machine Will Remake Our World* (London: Allen Lane, 2015), 17.

36. Carole Cadwalladr, 'Robert Mercer: The Big Data Billionaire Waging War on Mainstream Media', *The Guardian*, 26 February 2017 <https://www.theguardian.com/politics/2017/feb/26/robert-mercer-breitbart-war-on-media-steve-bannon-donald-trump-nigel-farage> (accessed 1 December 2017).

37. Edward L. Bernays, 'The Engineering of Consent', *ANNALS of the American Academy of Political and Social Science* 250, no. 1 (1947), 113–120, cited in Zeynep Tufekci, 'Engineering the Public: Big Data, Surveillance and Computational Politics', *First Monday* 19, no. 7 (7 July 2014).

38. Berit Anderson and Brett Horvath, 'The Rise of the Weaponized AI Propaganda Machine', *Medium*, 12 February 2017 <https://medium.com/join-scout/the-rise-of-the-weaponized-ai-propaganda-machine-86dac61668b> (accessed 1 December 2017).

39. See Lauren Moxley, 'E-Rulemaking and Democracy', *Administrative Law Review* 68, no. 4 (2016): 661–699.

40. Julie Simon et al., 'Digital Democracy: The Tools Transforming Political Engagement', *Nesta*, February 2017 <http://www.nesta.org.uk/sites/default/files/digital_democracy.pdf> (accessed 1 December 2017).

41. Simon et al., 'Digital Democracy'.

42. Beth Simone Noveck, *Smart Citizens, Smarter State: The Technologies of Expertise and the Future of Governing* (Cambridge, Mass: Harvard University Press, 2015), 1–16; Simon et al., 'Digital Democracy'.

43. Noveck, *Smart Citizens*, 110.

44. Helen Margretts et al., *Political Turbulence: How Social Media Shape Collective Action* (Princeton: Princeton University Press, 2016), 211.

45. See e.g. Robert A. Dahl, *Who Governs? Democracy and Power in an American City* (New Haven and London: Yale University Press, 1961).

46. Alexis de Tocqueville, *Democracy in America*, translated by George Lawrence (New York: HarperCollins, 2006), 192.

47. Jean-Jacques Rousseau, *The Social Contract*, translated by Maurice Cranston (London:

Penguin, 1968), 61.

48. Aristotle, *The Politics*, translated by T. A. Sinclair (London: Penguin, 1992), 1253a1, 59.

49. Aristotle, *Politics*, 1281a2, 198.

50. Thucydides, *Peloponnesian War*, Book II, § 40, 92.

51. John Stuart Mill, 'Considerations on Representative Government', *Project Gutenberg* <https://www.gutenberg.org/files/5669/5669-h/5669-h.htm> (accessed 1 December 2017).

52. See Landemore, *Democratic Reason*.

53. Aristotle, *Politics*, 1281a39, 202.

54. Josiah Ober, *Democracy and Knowledge: Innovation and Learning in Classical Athens* (Princeton: Princeton University Press, 2008).

55. See Landemore, *Democratic Reason*; Philip E. Tetlock, *Expert Political Judgment: How Good Is It? How Can We Know?* (Princeton: Princeton University Press, 2006).

56. Baruch Spinoza, *Tractatus Theologico-Politicus* (1670), cited in Landemore, *Democratic Reason*, 67.

57. James Surowiecki, *The Wisdom of Crowds: Why the Many are Smarter than the Few* (London: Abacus, 2005).

58. Landemore, *Democratic Reason*, 157.

59. Jürgen Habermas, cited in Landemore, *Democratic Reason*, xvii; see also Landemore, *Democratic Reason*, 97.

60. Tocqueville, *Democracy in America*, 70.

61. Rousseau, *Social Contract*, 64.

62. Landemore, *Democratic Reason*, xv–xvii.

第十三章　未来的民主

1. See generally Jürgen Habermas, *Between Facts and Norms* (Cambridge: Polity Press in association with Oxford: Basil Blackwell, 2010).

2. David Held, *Models of Democracy* (Third Edition) (Cambridge: Polity, 2006), 237–242; Amy Gutmann and Dennis Thompson, *Why Deliberative Democracy?* (Princeton: Princeton University Press, 2004), 10–14.

3. See Yochai Benkler, *The Wealth of Networks: How Social Production Transforms Markets and Freedom* (New Haven and London: Yale University Press, 2006).

4. See e.g. Robert Faris et al., 'Partisanship, Propaganda, and Disinformation: Online Media and the 2016 U.S. Presidential Election', *Berkman Klein Center Research Paper* <https://papers.ssrn.com/sol3/papers.cfm?abstract_id=3019414> (accessed 8 December 2017).

5. See Cass R. Sunstein, *Republic.com 2.0* (Princeton: Princeton University Press, 2007); Cass R. Sunstein, *#Republic: Divided Democracy in the age of Social Media* (Princeton: Princeton University Press, 2017); Alex Krasodomski-Jones, 'Talking To Ourselves?' *Demos*, September 2016 <https://www.demos.co.uk/wp-content/uploads/2017/02/Echo-Chambers-final-version.pdf>

(accessed 1 December 2017).

6. Bruce Bimber, *Information and American Democracy: Technology in the Evolution of Political Power* (New York: Cambridge University Press, 2011), 206–209.

7. Sunstein, *#Republic*, 121.

8. Timothy J. Penny, 'Facts Are Facts', *National Review*, 4 September 2003 <http://www.nationalreview.com/article/207925/facts-are-facts-timothy-j-penny> (accessed 9 December 2017).

9. David Remnick, 'Obama Reckons With a Trump Presidency', *New Yorker*, 28 November 2016 <http://www.newyorker.com/magazine/2016/11/28/obama-reckons-with-a-trump-presidency> (accessed 30 November 2017).

10. Craig Silverman, 'This Analysis Shows How Viral Fake Election News Stories Outperformed Real News on Facebook', *BuzzFeed News*, 16 November 2017 <https://www.buzzfeed.com/craigsilverman/viral-fake-election-news-outperformed-real-news-on-facebook?utm_term=.ufqYm8llgv#.sf9JbwppAm> (accessed 1 December 2017).

11. Matthew D'Ancona, *Post Truth: The New War on Truth and How to Fight Back* (London: Ebury Press, 2017), 54.

12. See discussion in Zeynep Tufekci, 'Engineering the Public: Big Data, Surveillance and Computational Politics', *First Monday* 19, no. 7 (7 July 2014).

13. Sunstein, *#Republic*, 71.

14. See Jamie Bartlett, *The Dark Net: Inside the Digital Underworld* (London: William Heinemann, 2014), 41.

15. Plato, *The Republic*, translated by Desmond Lee (London: Penguin, 2003).

16. 据我所知，@imposterbusters 这个账号已经被 Twitter 暂停使用了。

17. Peter Martinez, 'Study Reveals Whopping 48M Twitter Accounts Are Actually Bots', *CBS News*, 10 March 2017 <http://www.cbsnews.com/news/48-million-twitter-accounts-bots-university-of-southern-california-study/?ftag=CNM-00-10aab7e&linkId=35386687> (accessed 1 December 2017).

18. Carole Cadwalladr, 'Robert Mercer: The Big Data Billionaire Waging War on Mainstream Media', *The Guardian*, 26 February 2017 <https://www.theguardian.com/politics/2017/feb/26/robert-mercer-breitbart-war-on-media-steve-bannon-donald-trump-nigel-farage> (accessed 1 December 2017).

19. See Leo Kelion and Shiroma Silva, 'Pro-Clinton Bots "Fought Back but Outnumbered in Second Debate"', *BBC News*, 19 October 2016<http://www.bbc.com/news/technology-37703565> (accessed 1 December 2017); Amanda Hess, 'On Twitter, a Battle Among Political Bots', *New York Times*, 14 December 2016 <https://mobile.nytimes.com/2016/12/14/arts/on-twitter-a-battle-among-political-bots.html?contentCollection=weekend reads&referer=> (accessed 1 December 2017); Bence Kollanyi, Philip N. Howard, and Samuel C. Woolley, 'Bots and Automation over Twitter during the U.S. Election', *Computational Propaganda Project*, 2016 <http://comprop.oii.ox.ac.uk/2016/11/17/bots-and-automation-over-twitter-during-the-u-s-election/> (accessed 1 December 2017); John Markoff, 'Automated Pro-Trump Bots Overwhelmed Pro-Clinton Messages, Researchers Say', *New York Times*, 17

November 2016 http://www.nytimes.com/2016/11/18/technology/automated-pro-trump-bots-overwhelmed-pro-clinton-messages-researchers-say.html)> (accessed 1 December 2017).

20. Ian Sample, 'Study Reveals Bot-on-Bot Editing Wars Raging on Wikipedia's Pages', *The Guardian*, 23 February 2017 <https://www.theguardian.com/technology/2017/feb/23/wikipedia-bot-editing-war-study> (accessed 1 December 2017).

21. Julie Simon et al., 'Digital Democracy: The Tools Transforming Political Engagement', *Nesta*, February 2017 <http://www.nesta.org.uk/sites/default/files/digital_democracy.pdf> (accessed 1 December 2017).

22. Full Fact <https://fullfact.org/> (accessed 1 December 2017).

23. Evgeny Morozov, *To Save Everything Click Here: Technology, Solutionism, and the Urge to Fix Problems that Don't Exist* (London: Penguin, 2014), 119; Andy Greenberg, 'Now Anyone Can Deploy Google's Troll-Fighting AI', *Wired*, 23 February 2017 <https://www.wired.com/2017/02/googles-troll-fighting-ai-now-belongs-world/?mbid=social_twitter> (accessed 1 December 2017).

24. James Weinstein, 'An Overview of American Free Speech Doctrine and its Application to Extreme Speech', in *Extreme Speech and Democracy*, eds. Ivan Hare and James Weinstein (Oxford: Oxford University Press, 2010), 81–89.

25. Rebecca MacKinnon, *Consent of the Networked: The Worldwide Struggle for Internet Freedom* (New York: Basic Books, 2013), 127.

26. Matthew Prince, 'Why We Terminated Daily Stormer', *Cloudfare*, 16 August 2017 <https://blog.cloudflare.com/why-we-terminated-daily-stormer/> (accessed 1 December 2017).

27. Lizzie Plaugic, 'Spotify Pulls Several "Hate Bands" from its Service', *The Verge*, 16 August 2017 <https://www.theverge.com/2017/8/16/16158502/spotify-racist-bands-streaming-service-southern-poverty-law-center> (accessed 1 December 2017).

28. Rishabh Jain, 'Charlottesville Attack: Facebook, Reddit, Google and GoDaddy Shut DownHate Groups', *IBT*, 16 August 2017 <http://www.ibtimes.com/charlottesville-attack-facebook-reddit-google-godaddy-shut-down-hate-groups-2579027> (accessed 1 December 2017).

29. Zeynep Tufekci, *Twitter and Tear Gas: The Power and Fragility of Networked Protest* (New Haven: Yale University Press, 2017), 149–150.

30. Tufekci, *Twitter*, 150.

31. John Stuart Mill, *On Liberty* in *On Liberty and other writings* (Cambridge: Cambridge University Press, 2008), 56.

32. See Martin Jay, *The Virtues of Mendacity: On Lying in Politics* (Charlottesville: University of Virginia Press, 2010).

33. Richard Hofstadter, *The Paranoid Style in American Politics* (New York: Vintage Books, 2008), 3.

34. Hannah Arendt, 'Truth and Politics', in *Between Past and Future* (London: Penguin, 2006), 223.

35. George Orwell, *Diaries* (London: Penguin, 2009), 24 April 1942, 335.

36. Alvin I. Goldman, *Knowledge in a Social World* (Oxford: Oxford University Press, 2003),

7–10.

37. Michel Foucault, *Power/Knowledge: Selected Interviews and other writings, 1972–1977* (New York: Vintage Books, 1980), 93.

38. Don Tapscott and Alex Tapscott, *Blockchain Revolution: How the Technology Behind Bitcoin is Changing Money, Business and the World* (London: Portfolio Penguin, 2016), 131.

39. D'Ancona, *Post-Truth*, 100–101.

40. Jean-Jacques Rousseau, *The Social Contract*, translated by Maurice Cranston (London: Penguin, 1968), 112.

41. Agoravoting.com <https://agoravoting.com/> (accessed 1 December 2017).

42. Danny Bradbury, 'How Block Chain Technology Could Usher in Digital Democracy', *CoinDesk*, 16 June 2014 <http://www.coindesk.com/block-chain-technology-digital-democracy/> (accessed 1 December 2017).

43. Karl Marx, *The Civil War in France*, in *Karl Marx and Frederick Engels: Collected Works Vol. 22.* (London: Lawrence & Wishart, 1986), 333.

44. Thomas Christiano, *The Rule of the Many: Fundamental Issues in Democratic Theory* (Westview Press: Colorado & London, 1996), 109.

45. Sunstein, *#Republic*, 48.

46. James Madison, 'Federalist No. 63', in *The Federalist Papers* (New York: Penguin, 2012), 114 (original emphasis). See Sunstein, *#Republic*.

47. DemocracyOS <http://democracyos.org/> (accessed 1 December 2017).

48. Tapscott and Tapscott, *Blockchain Revolution*, 218; Micah L. Sifry, *The Big Disconnect: Why the Internet Hasn't Transformed Politics (Yet)* (New York and London: OR Books, 2014), 212; Steven Johnson, *Future Perfect: The Case for Progress in a Networked Age* (London: Penguin, 2013), 152–176.

49. John Stuart Mill, 'Thoughts on Parliamentary Reform', *Collected Works of John Stuart Mill, Volume XIX—Essays on Politics and Society Part 2*, eds. John M. Robson (Toronto: University of Toronto Press, London: Routledge and Kegan Paul, 1977) <http://oll.libertyfund.org/titles/mill-the-collected-works-of-john-stuart-mill-volume-xix-essays-on-politics-and-society-part-2#lf0223-19_head_002> (accessed 8 December 2017).

50. See generally Yochai Benkler, *The Wealth of Networks: How Social Production Transforms Markets and Freedom* (New Haven and London: Yale University Press, 2006).

51. See Beth Simone Noveck, *Wiki Government: How Technology Can Make Government Better, Democracy Stronger, and Citizens More Powerful* (Washington, DC: Brookings Institution Press), 2009; Alan Watkins and Iman Straitens, *Crowdocracy: The End of Politics* (Rochester: Urbane Publications, 2016).

52. Daren C. Brabham, *Crowdsourcing* (Cambridge, Mass: MIT Press, 2013), 34.

53. Julie Simon et al., 'Digital Democracy'.

54. Noveck, *Wiki Government*, 39.

55. Jürgen Habermas, 'Further Reflections on the Public Sphere', cited in Douglas Torgerson, 'Democracy Through Policy Discourse', in *Deliberative Policy Analysis: Understanding*

Governance in the Network Society, eds. Maarten A. Hajer and Hendrik Wagenaar (New York: Cambridge University Press, 2003), 115.

56. Jaron Lanier, *Who Owns the Future?* (London: Allen Lane, 2014), 57.

57. Richard Susskind and Daniel Susskind, *The Future of the Professions: How Technology Will Transform the Work of Human Experts* (Oxford: Oxford University Press, 2015), 161.

58. Hiroki Azuma, *General Will 2.0: Rousseau, Freud, Google* (New York: Vertical, Inc, 2014); Yuval Noah Harari, *Homo Deus: A Brief History of Tomorrow* (London: Harvill Secker, 2015), 329–40.

59. John O. McGinnis, *Accelerating Democracy: Transforming Governance through Technology* (Princeton: Princeton University Press, 2013), 123–125; Hélène Landemore, *Democratic Reason: Politics, Collective Intelligence, and the Rule of the Many* (Princeton: Princeton University Press, 2017), 125; Watkins and Straitens, *Crowdocracy,* 116.

60. See, e.g., Johan Bollen, Huina Mao, and Xiao-Jun Zeng, 'Twitter Mood Predicts the Stock Market', *arXiv,* 14 October 2010 <https://arxiv.org/pdf/1010.3003.pdf> (accessed 1 December 2017).

61. Harari, *Homo Deus,* 340.

62. Jamie Bartlett and Nathaniel Tkacz, 'Governance by Dashboard', *Demos,* March 2017 <https://www.demos.co.uk/wp-content/uploads/2017/04/Demos-Governance-by-Dashboard.pdf> (accessed 1 December 2017).

63. Auguste Comte, 'Plan of the Scientific Work Necessary for the Reorganization of Society', in *Early Political Writings,* translated by H. S. Jones (Cambridge: Cambridge University Press, 1998), 100.

64. See e.g. voteforpolicies.org.uk <https://voteforpolicies.org.uk/> (accessed 1 December 2017) and Crowdpac <https://www.crowdpac.co.uk/> (accessed 1 December 2017).

65. Voter.xyz <http://www.voter.xyz/> (accessed 1 December 2017).

66. See Pedro Domingos, *The Master Algorithm: How The Quest for the Ultimate Learning Machine Will Remake Our World* (London: Allen Lane, 2015), 19.

67. Alan Ryan, *On Politics: A History of Political thought from Herodotus to the Present* (London: Penguin, 2013), 8.

第十四章　分配的算法

1. John Rawls, *A Theory of Justice* (Cambridge, Mass: Harvard University Press, 2003), 3.

2. Jonathan P. Allen, *Technology and Inequality: Concentrated Wealth in a Digital World* (Kindle Edition: Palgrave Macmillan, 2017), Kindle Locations 245–247.

3. Klaus Schwab, *The Fourth Industrial Revolution* (Geneva: World Economic Forum, 2016), 92–93.

4. Karl Marx, *Contribution to Critique of Hegel's Philosophy of Law. Introduction,* in *Karl Marx and Frederick Engels: Collected Works Vol. 3.* (London: Lawrence & Wishart, 1975), 185 (original emphasis). See Jamie Susskind, *Karl Marx and British Intellectuals in the 1930s*

(Burford: Davenant Press, 2011), 1.

5. John Rawls, 'Reply to Alexander and Musgrave', in *The Ideal of Equality*, eds. Matthew Clayton and Andrew Williams (New York: Palgrave Macmillan, 2002), 22.

6. Iris Marion Young, *Justice and the Politics of Difference* (Princeton: Princeton University Press, 2011), 33.

7. Aristotle, *The Politics*, translated by T. A. Sinclair (London: Penguin, 1992), 1280a7, 195; Larry Siedentop, *Inventing the Individual: The Origins of Western Liberalism* (London: Allen Lane, 2014), 51.

8. Will Kymlicka, *Contemporary Political Philosophy: An Introduction* (Second Edition) (Oxford: Oxford University Press, 2002), 3–4; Adam Swift, *Political Philosophy: A Beginners' Guide for Students and Politicians* (Second Edition) (Cambridge: Polity Press, 2007), 93.

9. Swift, *Political Philosophy*, 121.

10. Harry Frankfurt, 'Equality as a Moral Ideal', *Ethics* 98, no. 1 (October 1987): 21–43.

11. Derek Parfit, 'Equality or Priority?' in *The Ideal of Equality*.

12. Swift, *Political Philosophy*, 99–100.

13. See Larry Temkin, 'Equality, Priority, and the Levelling Down Objection', in *The Ideal of Equality*.

14. Thomas Scanlon, 'The Diversity of Objections to Equality', in *The Ideal of Equality*.

15. Swift, *Political Philosophy*, 104.

16. Swift, *Political Philosophy*, 19.

17. David Hume, *An Enquiry Concerning the Principles of Morals* (Indianapolis: Hackett Publishing Company, 1983), 28.

18. Robert Nozick, *Anarchy, State, and Utopia* (Oxford: Blackwell Publishing, 2008), 149.

19. Elizabeth Anderson, *Private Government: How Employers Rule Our Lives (and Why We Don't Talk About It)* (Princeton and Oxford: Princeton University Press, 2017), 2.

20. Cathy O'Neil, *Weapons of Math Destruction: How Big Data Increases Inequality and Threatens Democracy* (New York: Crown, 2016), 114.

21. O'Neil, *Weapons*, 120.

22. Laurence Mills, 'Numbers, Data and Algorithms: Why HR Professionals and Employment Lawyers Should Take Data Science and Analytics Seriously', *Future of Work Hub*, 4 April 2017 <http://www.futureofworkhub.info/comment/2017/4/4/numbers-data-and-algorithms-why-hr-professionals-and-employment-lawyers-should-take-data-science-seriously> (accessed 1 December 2017); Ifeoma Ajunwa, Kate Crawford, and Jason Schultz, 'Limitless Worker Surveillance', *California Law Review* 105, no. 3, 13 March 2016 <https://papers.ssrn.com/sol3/papers.cfm?abstract_id=2746211> (accessed 1 December 2017).

23. Olivia Solon, 'World's Largest Hedge Fund to Replace Managers with Artificial Intelligence', *The Guardian*, 22 December 2016 <https://www.theguardian.com/technology/2016/dec/22/bridgewater-associates-ai-artificial-intelligence-management> (accessed 1 December 2017).

24. Danielle Keats Citron and Frank Pasquale, 'The Scored Society: Due Process for Automated

Predictions', *Washington Law Review* 89, no. 1 (26 March 2014) <https://digital.law. washington.edu/dspace-law/bitstream/handle/1773.1/1318/89WLR0001.pdf?sequence=1> (accessed 1 December 2017).

25. Eric Siegel, *Predictive Analytics: The Power to Predict Who Will Click, Buy, Lie, or Die* (New Jersey: John Wiley & Sons, Inc, 2016), 10.

26. Siegel, *Predictive Analytics*, 292–293; Citron and Pasquale, 'Scored Society'.

27. See Rawls, *Theory of Justice*, 79: 'primary social goods . . . are things which it is supposed a rational man wants whatever else he wants'.

28. Jaron Lanier, *Who Owns the Future?* (London: Allen Lane, 2014), xvi.

29. Allen, *Technology and Inequality*, Kindle Locations 968–970.

30. O'Neil, *Weapons*, 144.

31. Jennifer Valentino-DeVries, Jeremy Singer-Vine, and Ashkan Soltani, 'Websites Vary Prices, Deals Based on Users' Information', *Wall Street Journal*, 24 December 2012 <https://www. wsj.com/articles/SB10001424127887323777204578189391813881534> (accessed 1 December 2017).

32. Sam Schechner, 'Why Do Gas Station Prices Constantly Change? Blame the Algorithm', *Wall Street Journal*, 8 May 2017 <https://www.wsj.com/articles/why-do-gas-station-prices-constantly-change-blame-the-algorithm-1494262674?mod=e2tw> (accessed 1 December 2017).

33. Jeremy Useem, 'How Online Shopping Makes Suckers of Us All', *Atlantic*, May 2017 Issue <https://www.theatlantic.com/magazine/archive/2017/05/how-online-shopping-makes-suckers-of-us-all/521448/?utm_source=nextdraft&utm_medium=email> (accessed 1 December 2017).

34. Benjamin Reed Shiller, 'First-Degree Price Discrimination Using Big Data', *Brandeis University*, 19 January 2014 <http://benjaminshiller.com/images/First_Degree_PD_Using_Big_Data_Jan_18,_2014.pdf> (accessed 1 December 2017).

35. Shiller, 'First-Degree Price Discrimination'.

36. See Lawrence Lessig, *Code Version 2.0* (New York: Basic Books, 2006).

第十五章 承认的算法

1. See Axel Honneth, *The Struggle for Recognition: The Moral Grammar of Social Conflicts*, translated by Joel Anderson (Cambridge: Polity Press, 2005).

2. Robert H. Frank, *Choosing the Right Pond: Human Behavior and the Quest for Status* (New York: Oxford University Press, 1985), 9.

3. Honneth, *Struggle*.

4. 译者说明, Honneth, *Struggle*.

5. Elizabeth Anderson, 'Against Luck Egalitarianism: What is the Point of Equality?' in *Social Justice*, eds. Matthew Clayton, and Andrew Williams (Oxford: Blackwell Publishing, 2005), 155.

6. Anderson, 'What is the Point of Equality?'

7. Iris Marion Young, *Justice and the Politics of Difference* (Princeton: Princeton University Press, 2011), 53–61.

8. Erika Harrell, 'Crime Against Persons with Disabilities, 2009-2015: Statistical Tables', *Bureau of Justice Statistics*, July 2017 <https://www.bjs.gov/content/pub/pdf/capd0915st.pdf> (accessed 2 December 2017).

9. Judith Squires, 'Equality and Difference', in *The Oxford Handbook of Political Theory*, eds. John S. Dryzek, Bonnie Honig, and Anne Phillips (New York: Oxford University Press, 2008), 479.

10. Michael Walzer, *Spheres of Justice: A Defense of Pluralism and Equality* (New York: Basic Books, 1983), 249; Elizabeth Anderson, *Private Government: How Employers Rule Our Lives (and Why We Don't Talk About It)* (Princeton and Oxford: Princeton University Press, 2017), 3–4.

11. Nadia Judith Enchassi and CNN Wire, 'New Zealand Passport Robot Thinks This Asian Man's Eyes Are Closed', *KFOR*, 11 December 2016 <http://kfor.com/2016/12/11/new-zealand-passport-robot-thinks-this-asian-mans-eyes-are-closed/> (accessed 2 December 2017).

12. Richard Yonck, *Heart of the Machine: Our Future in a World of Artificial Intelligence* (New York: Arcade Publishing, 2017), 50.

13. Douglas Rushkoff, *Throwing Rocks at the Google Bus: How Growth Became the Enemy of Prosperity* (New York: Portfolio/Penguin, 2016), 31.

14. Nick Couldry, *Media, Society, World: Social Theory and Digital Media Practice* (Cambridge: Polity, 2012), 25.

15. Frank, *Choosing*, 7, 26.

16. Christopher Steiner, *Automate This: How Algorithms Came to Rule Our World* (London: Portfolio, 2012), 55.

第十六章　算法不公正

1. 这个例子来自美国总统行政办公室，'Big Data: A Report on Algorithmic Systems, Opportunity, and Civil Rights', *Obama White House Archives*, May 2016 <https://obamawhitehouse.archives.gov/sites/default/files/microsites/ostp/2016_0504_data_discrimination.pdf> (accessed 2 December 2017).

2. Ian Tucker, '"A White Mask Worked Better": Why Algorithms Are Not Colour Blind', *The Guardian*, 28 May 2017 <https://www.theguardian.com/technology/2017/may/28/joy-buolamwini-when-algorithms-are-racist-facial-recognition-bias> (accessed 2 December 2017).

3. Selena Larson, 'Research Shows Gender Bias in Google's Voice Recognition', *Daily Dot*, 15 July 2016 <https://www.dailydot.com/debug/google-voice-recognition-gender-bias/> (accessed 2 December 2017).

4. Jordan Pearson, 'Why an AI-Judged Beauty Contest Picked Nearly All White Winners', *Motherboard*, 5 September 2016 <https://motherboard.vice.com/en_us/article/78k7de/why-an-ai-judged-beauty-contest-picked-nearly-all-white-winners> (accessed 2 December 2017).

5. Alex Hern, 'Flickr Faces Complaints Over "Offensive" Auto-tagging for Photos', *The Guardian*, 20 May 2015 <https://www.theguardian.com/technology/2015/may/20/flickr-complaints-offensive-auto-tagging-photos> (accessed 2 December 2017).

6. Alistair Barr, 'Google Mistakenly Tags Black People as "Gorillas", Showing Limits of Algorithms', *Wall Street Journal*, 1 July 2015 <https://blogs.wsj.com/digits/2015/07/01/google-mistakenly-tags-black-people-as-gorillas-showing-limits-of-algorithms/> (accessed 2 December 2017).

7. Executive Office of the President, 'Big Data'; Cathy O' Neil, *Weapons of Math Destruction: How Big Data Increases Inequality and Threatens Democracy* (New York: Crown, 2016), 7, 156.

8. Executive Office of the President, 'Big Data', 18.

9. Executive Office of the President, 'Big Data', 15.

10. Christian Sandvig et al., 'When the Algorithm Itself is a Racist: Diagnosing Ethical Harm in the Basic Components of Software', *International Journal of Communications* 10 (2016): 4972–4990.

11. Julia Angwin and Jeff Larson, 'The Tiger Mom Tax: Asians Are Nearly Twice as Likely to Get a Higher Price from Princeton Review', *ProPublica*, 1 September 2015 <https://www.propublica.org/article/asians-nearly-twice-as-likely-to-get-higher-price-from-princeton-review> (accessed 3 December 2017).

12. Frank Pasquale, *The Black Box Society: The Secret Algorithms that Control Money and Information* (Cambridge, Mass: Harvard University Press, 2015), 39; Emerging Technology from the arXiv, 'Racism is Poisoning Online Ad Delivery, Says Harvard Professor', *MIT Technology Review*, 4 February 2013 <https://www.technologyreview.com/s/510646/racism-is-poisoning-online-ad-delivery-says-harvard-professor/> (accessed 3 December 2017).

13. Paul Baker and Amanda Potts, '"Why Do White People Have Thin Lips?" Google and the Perpetuation of Stereotypes via Auto-complete Search Forms', *Critical Discourse Studies* 10, no. 2 (2013) <http://www.tandfonline.com/doi/full/10.1080/17405904.2012.744320?scroll=top&needAccess=true> (accessed 3 December 2017).

14. Francesco Bonchi, Carlos Castillo, and Sara Hajian, 'Algorithmic Bias: From Discrimination Discovery to Fairness-aware Data Mining', *KDD 2016 Tutorial* <http://francescobonchi.com/tutorial-algorithmic-bias.pdf> (accessed 3 December 2017).

15. Tom Slee, *What's Yours is Mine: Against the Sharing Economy* (New York and London: OR Books, 2015), 94.

16. Slee, *What's Yours is Mine*, 95.

17. Josh Chin and Gillian Wong, 'China's New Tool for Social Control: A Credit Rating for Everything', *Wall Street Journal*, 28 November 2016 <http://www.wsj.com/articles/chinas-new-tool-for-social-control-a-credit-rating-for-everything-1480351590> (accessed 1 December 2017); *Economist*, 'China Invents the Digital Totalitarian State', 17 December 2016 <http://www.economist.com/news/briefing/21711902-worrying-implications-its-social-credit-project-china-invents-digital-totalitarian> (accessed 1 December 2017).

18. Andrew Whitby, Audun Jøsang, and Jadwiga Indulska, 'Filtering Out Unfair Ratings in Bayesian Reputation Systems', *Proceedings of the Workshop on Trust in Agent Societies, at*

the *Autonomous Agents and Multi Agent Systems Conference*, July 2004 <https://www.csee.umbc.edu/~msmith27/readings/public/whitby-2004a.pdf> (accessed 3 December 2017).

19. Benjamin Edelman, Michael Luca, and Dan Svirsky, 'Racial Discrimination in the Sharing Economy: Evidence from a Field Experiment', *American Economic Journal: Applied Economics* 9, no. 2 (April 2017): 1–22.

20. Slee, *What's Yours is Mine*, 95.

21. Tolga Bolukbasi et al., 'Man is to Computer Programmer as Woman is to Homemaker? Debiasing Word Embeddings', *arXiv*, 21 July 2016 <https://arxiv.org/pdf/1607.06520.pdf> (accessed 3 December 2017).

22. Iris Marion Young, *Justice and the Politics of Difference* (Princeton: Princeton University Press, 2011), 97.

23. Young, *Justice*, 98.

24. See Thomas Nagel, *The View from Nowhere* (New York: Oxford University Press, 1986).

25. Richard Yonck, *Heart of the Machine: Our Future in a World of Artificial Intelligence* (New York: Arcade Publishing, 2017), 90.

26. Pasquale, *Black Box Society*.

27. Computerscience.org. 'Women in Computer Science: Getting Involved in STEM' <http://www.computerscience.org/resources/women-in-computer-science/> (accessed 3 December 2017); Sheelah Kolhatkar, 'The Tech Industry's Gender-Discrimination Problem', *New Yorker*, 20 November 2017 <https://www.newyorker.com/magazine/2017/11/20/the-tech-industrys-gender-discrimination-problem> (accessed 12 December 2017).

28. Julia Wong, 'Segregated Valley: The Ugly Truth About Google and Diversity in Tech', *The Guardian*, 7 August 2017 <https://www.theguardian.com/technology/2017/aug/07/silicon-valley-google-diversity-black-women-workers> (accessed 3 December 2017).

第十七章　技术导致失业

1. Jeff Guo, 'We're So Unprepared for the Robot Apocalypse', *Washington Post*, 30 March 2017 <https://www.washingtonpost.com/news/wonk/wp/2017/03/30/were-so-unprepared-for-the-robot-apocalypse/?utm_term=.caeece2d19b4> (accessed 8 December 2017).

2. Federica Cocco, 'Most US Manufacturing Jobs Lost to Technology, Not Trade', *Financial Times*, 2 December 2016 <https://www.ft.com/content/dec677c0-b7e6-11e6-ba85-95d1533d9a62> (accessed 8 December 2017).

3. Michael Chui, James Manyika, and Mehdi Miremadi, 'Where Machines Could Replace Humans—and Where They Can't (Yet)', *McKinsey Quarterly*, July 2016 <https://www.mckinsey.com/business-functions/digital-mckinsey/our-insights/where-machines-could-replace-humans-and-where-they-cant-yet> (accessed 8 December 2017).

4. Richard Susskind and Daniel Susskind, *The Future of the Professions: How Technology Will Transform the Work of Human Experts* (Oxford: Oxford University Press, 2015).

5. Susskind and Susskind, *Future of the Professions*.

6. See Daniel Susskind, 'Re-thinking the Capabilities of Machines in Economics', Oxford University Discussion Paper no. 825, version 1 May 2017 (May 2017); 'A Model of Technological Unemployment', Oxford University Discussion Paper no. 819, version 6 July 2017 (July 2017), both at <https://www.danielsusskind.com/research> (accessed 5 December 2017).

7. Karl Marx, *Economic and Philosophical Manuscripts of 1844*, in *Karl Marx and Frederick Engels: Collected Works Vol. 3.* (London: Lawrence & Wishart, 1975), 235.

8. Ryan Avent, *The Wealth of Humans: Work, Power, and Status in the Twenty-First Century* (New York: St. Martin's Press, 2016), 6.

9. Cocco, 'Most US Manufacturing Jobs Lost to Technology, Not Trade'.

10. Sam Shead, 'Amazon's Supermarket of the Future Could Operate With Just 3 Staff—and Lots of Robots', *Business Insider*, 6 February 2017 <http://www.businessinsider.com/amazons-go-supermarket-of-the-future-3-human-staff-2017-2?r=UK&IR=T> (accessed 8 December 2017); Yiting Sun, 'In China, a Store of the Future—No Checkout, No Staff', *MIT Technology Review*, 16 June 2017 <https://www.technologyreview.com/s/608104/in-china-a-store-of-the-future-no-checkout-no-staff/> (accessed 8 December 2017).

11. Martin Ford, *Rise of the Robots: Technology and the Threat of a Jobless Future* (New York: Basic Books, 2015), 12.

12. Laura Tyson and Michael Spence, 'Exploring the Effects of Technology on Income and Wealth Inequality', in *After Piketty: The Agenda for Economics and Inequality*, eds. Heather J. Boushey, Bradford DeLong, and Marshall Steinbaum (Cambridge, Mass: Harvard University Press, 2017), 177.

13. Chui et al., 'Where Machines Could Replace Humans'.

14. See Susskind and Susskind, *Future of the Professions*.

15. 感谢理查德·萨斯坎德的观点和例子。

16. Kory Schaff, 'Introduction', in *Philosophy and the Problems of Work: A Reader*, ed. Kory Schaff (Lanham, Maryland: Rowman & Littlefield Publishers, 2001), 6.

17. Schaff, 'Introduction', 9.

18. Marie Jahoda, *Employment and Unemployment: A Social-psychological Analysis* (Cambridge: Cambridge University Press, 1982), 24.

19. Jahoda, *Employment and Unemployment*, 22.

20. Jahoda, *Employment and Unemployment*, 60–61.

21. Sigmund Freud, *Civilization and its Discontents* (Oregon: Rough Draft Printing, 2013), 19 fn. 11; Jahoda, *Employment and Unemployment*, 60.

22. Jon Elster, 'Is There (or Should There Be) a Right to Work?' in *Philosophy and the Problems of Work*, 283.

23. Elster, 'Right to Work'.

24. James Livingston, 'Fuck Work', *Aeon*, 25 November 2016 <https://aeon.co/essays/what-if-jobs-are-not-the-solution-but-the-problem> (accessed 8 December 2017).

25. Kevin J. Delaney, 'The Robot that Takes Your Job Should Pay Taxes, Says Bill Gates', *Quartz*,

17 February 2017 <https://qz.com/911968/bill-gates-the-robot-that-takes-your-job-should-pay-taxes/> (accessed 8 December 2017).

26. Philippe van Parijs and Yannick Vanderborght, *Basic Income: A Radical Proposal for a Free Society and a Sane Economy* (Cambridge, Mass: Harvard, 2017), 4.

27. Van Parijs and Vanderborght, *Basic Income*, 8.

28. Avent, *Wealth of Humans*, 201.

29. Karl Marx, *Critique of the Gotha Programme*, in *Karl Marx and Frederick Engels: Collected Works Vol. 24* (London: Lawrence & Wishart, 1989), 87.

30. Richard Arneson, 'Is Work Special? Justice and the Distribution of Employment', in *Philosophy and the Problems of Work*, 208.

31. William Shakespeare, *Hamlet* (Oxford: Oxford University Press, 2008), 363.

32. Herbert Spencer, *The Man Versus the State* (London: Watts & Co, 1909) cited in Arneson, 'Is Work Special?', 201.

33. Van Parijs and Vanderborght, *Basic Income*, 101.

34. Friedrich Engels, *The Condition of the Working-Class in England* in *Karl Marx and Frederick Engels: Collected Works Vol. 4* (London: Lawrence & Wishart, 1975), 187.

35. Elizabeth Anderson, *Private Government: How Employers Rule Our Lives (and Why We Don't Talk About It)* (Princeton and Oxford: Princeton University Press, 2017), 129.

36. Oscar Wilde, 'The Soul of Man Under Socialism', cited in Michael Walzer, *Spheres of Justice: A Defense of Pluralism and Equality* (New York: Basic Books, 1983), 167.

37. Walzer, *Spheres*, 185.

38. William Shakespeare, *Henry IV, Part I*, cited in Walzer, *Spheres*, 195.

39. Jahoda, *Employment and Unemployment*, 59.

40. 进一步的阅读，see Nick Srnicek and Alex Williams, *Inventing the Future: Postcapitalism and a World Without Work* (London: Verso, 2015); David Frayne, *The Refusal of Work: The Theory and Practice of Resistance to Work* (London: Zed Books, 2015); André Gorz, *Reclaiming Work: Beyond the Wage-Based Society*, translated by Chris Turner (Cambridge: Polity Press, 2005); André Gorz, *Capitalism, Socialism, Ecology*, translated by Martin Chalmers (London and New York: Verso, 2012); and Bertrand Russell, *In Praise of Idleness* (Abingdon: Routledge, 2004).

第十八章　财富的旋风

1. Robert Nozick, *Anarchy, State, and Utopia* (Oxford: Blackwell Publishing, 2008), 169.

2. Tim Wu, *The Master Switch: The Rise and Fall of Information Empires* (London: Atlantic, 2010), 276.

3. Ibid.

4. Cited in Wu, *Master Switch*, 276–277.

5. Thomas Piketty, *Capital in the Twenty-First Century* (Cambridge, Mass: The Belknapp Press of Harvard University Press, 2014), 18.

6. Piketty, *Capital*, 26.

7. Piketty, *Capital*, 22; Ryan Avent, *The Wealth of Humans: Work, Power, and Status in the Twenty-First Century* (New York: St. Martin's Press, 2016), 119–120.

8. Avent, *Wealth of Humans*, 119–120.

9. Erik Brynjolfsson and Andrew McAfee, *The Second Machine Age: Work, Progress, and Prosperity in a Time of Brilliant Technologies* (New York: W. W. Norton & Company, 2014), 118.

10. Erik Brynjolfsson, Andrew McAfee, and Michael Spence. 'New World Order: Labor, Capital, and Ideas in the Power Law Economy', *Foreign Affairs*, July/August 2014 <https://www.foreignaffairs.com/articles/united-states/2014-06-04/new-world-order> (accessed 8 December 2017).

11. Robert W. McChesney, *Digital Disconnect: How Capitalism is Turning The Internet Against Democracy* (New York: The New Press, 2014), 134.

12. Brynjolfsson et al., 'New World Order'.

13. MIT Technology Review Custom, in partnership with Oracle, 'The Rise of Data Capital', *MIT Technology Review*, 21 March 2016 <https://www.technologyreview.com/s/601081/the-rise-of-data-capital/> (accessed 8 December 2017).

14. Viktor Mayer-Schönberger and Kenneth Cukier, *Big Data: A Revolution That Will Transform How We Live, Work and Think* (London: John Murray, 2013), 5; Steve Jones, 'Why "Big Data" is the Fourth Factor of Production', *Financial Times*, 27 December 2012 <https://www.ft.com/content/5086d700-504a-11e2-9b66-00144feab49a> (accessed 9 December 2017); Neil Lawrence, quoted in Alex Hern, 'Why Data is the New Coal', *The Guardian*, 27 September 2016 <https://www.theguardian.com/technology/2016/sep/27/data-efficiency-deep-learning> (accessed 9 December 2017).

15. Gustavo Grullon, Yelena Larkin, and Roni Michaely, 'Are U.S. Industries Becoming More Concentrated?' *SSRN*, 2017 <https://papers.ssrn.com/sol3/papers.cfm?abstract_id=2612047> (accessed 8 December 2017).

16. David Dayen, 'This Budding Movement Wants to Smash Monopolies', *Nation*, 4 April 2017 https://www.thenation.com/article/this-budding-movement-wants-to-smash-monopolies/ (accessed 8 December 2017).

17. David Autor et al., 'The Fall of the Labor Share and the Rise of Superstar Firms', 1 May 2017 <https://economics.mit.edu/files/12979> (accessed 8 December 2017).

18. Angelo Young, 'How to Break Up Alphabet, Amazon and Facebook', *Salon*, 31 May 2017 <https://www.salon.com/2017/05/31/how-to-break-up-alphabet-amazon-and-facebook/> (accessed 8 December 2017).

19. Paula Dwyer, 'Should America's Tech Giants Be Broken Up?' *Bloomberg Businessweek*, 20 July 2017 <https://www.bloomberg.com/news/articles/2017-07-20/should-america-s-tech-giants-be-broken-up> (accessed 8 December 2017).

20. James Ball, 'Let's Challenge Google While We Still Can', *The Guardian*, 16 April 2015 <https://www.theguardian.com/commentisfree/2015/apr/16/challenge-google-while-we-can-eu-anti-trust> (accessed 8 December 2017).

21. BI Intelligence, 'Amazon Accounts for 43% of US Online Retail Sales', *Business Insider E-Commerce Briefing*, 3 February 2017 <http://uk.businessinsider.com/amazon-accounts-for-43-of-us-online-retail-sales-2017-2?r=US&IR=T> (accessed 9 December 2017).

22. Young, 'How to Break Up Alphabet, Amazon and Facebook'.

23. Dwyer, 'Should America's Tech Giants be Broken Up?'

24. Jonathan Taplin, *Move Fast and Break Things: How Facebook, Google, and Amazon Cornered Culture and Undermined Democracy* (New York: Little, Brown and Company, 2017), 8.

25. Connie Chan, cited in Frank Pasquale, 'Will Amazon Take Over the World?' *Boston Review*, 20 July 2017 <https://bostonreview.net/class-inequality/frank-pasquale-will-amazon-take-over-world> (accessed 8 December 2017).

26. Klaus Schwab, *The Fourth Industrial Revolution* (Geneva: World Economic Forum, 2016), 10.

27. Martin Ford, *Rise of the Robots: Technology and the Threat of a Jobless Future* (New York: Basic Books, 2015), 175.

28. See David Singh Grewal, *Network Power: The Social Dynamics of Globalization* (New Haven & London: Yale University Press, 2008).

29. See Michael Lewis, *Flash Boys: Cracking the Money Code*. London: Allen Lane, 2014.

30. Jaron Lanier, *Who Owns the Future?* (London: Allen Lane, 2014), xvi.

31. Jonathan P. Allen, *Technology and Inequality: Concentrated Wealth in a Digital World* (Kindle Edition: Palgrave Macmillan, 2017), Kindle Locations 596–601.

32. Cited in Elizabeth Anderson, *Private Government: How Employers Rule Our Lives (and Why We Don't Talk About It)* (Princeton and Oxford: Princeton University Press, 2017), 30.

33. Alan Ryan, *On Politics: A History of Political Thought from Herodotus to the Present* (London: Penguin, 2013), 212.

34. John Locke, *Second Treatise of Government*, in *Two Treatises of Government and A Letter Concerning Toleration*, eds. Ian Shapiro (New Haven and London: Yale University Press, 2003), 111.

35. Locke, *Second Treatise*, 112.

36. Jean-Jacques Rousseau, *Discourse on the Origins of Inequality*, translated by Donald A. Cress (Indianapolis: Hackett Publishing Company, 1992), 44.

37. Karl Marx, *Capital Vol. 1* in *Karl Marx and Frederick Engels: Collected Works Vol. 35* (London: Lawrence & Wishart, 1996), 705.

38. Cicero, *De Officiis*, translated by W. Miller (Cambridge, Mass: Harvard University Press, 1913), cited in Eric Nelson, 'Republican Visions', in *The Oxford Handbook of Political Theory*, eds. John S. Dryzek, Bonnie Honig, and Anne Phillips (New York: Oxford University Press, 2008), 197.

39. Larry Siedentop, *Inventing the Individual: The Origins of Western Liberalism* (London: Allen Lane, 2014), 16–17.

40. Aaron Perzanowski and Jason Schultz, *The End of Ownership: Personal Property in the Digital Economy* (Cambridge, Mass: MIT Press, 2016), 17.

41. Adam Smith, *Wealth of Nations* (Ware: Wordsworth, 2012), Book III, ch. ii, 382.

42. Friedrich Hayek, *The Constitution of Liberty* (Abingdon: Routledge, 2009), 123.

43. G. W. F. Hegel, *Elements of the Philosophy of Right*, translated by H. B. Nisbet (Cambridge: Cambridge University Press, 2008), § § 41, 73.

44. Smith, *Wealth of Nations*, Book V, ch. i, 709.

45. Karl Marx and Friedrich Engels, *Manifesto of the Communist Party*, in *Karl Marx and Frederick Engels: Collected Works Vol. 6* (London: Lawrence & Wishart, 1976), 500.

46. 托马斯·杰斐逊于 1813 年 8 月 13 日给艾萨克·麦克弗森（Isaac McPherson）的信，cited in James Boyle, *The Public Domain: Enclosing the Commons of the Mind* (New Haven and London: Yale University Press, 2008), 19.

47. See discussion in Robert A. Dahl, *A Preface to Economic Democracy* (Cambridge: Polity Press in association with Oxford: Basil Blackwell, 1985), 67.

48. Piketty, *Capital*, 471.

49. Kevin J. Delaney, 'The Robot that Takes Your Job Should Pay Taxes, Says Bill Gates', *Quartz*, 17 February 2017 <https://qz.com/911968/bill-gates-the-robot-that-takes-your-job-should-pay-taxes/> (accessed 8 December 2017).

50. Allen, *Technology and Inequality*, Kindle Locations 638–644.

51. Allen, *Technology and Inequality*, Kindle Locations 379–681.

52. Brian Merchant, 'Fully Automated Luxury Communism', *The Guardian*, 18 March 2015 <https://www.theguardian.com/sustainable-business/2015/mar/18/fully-automated-luxury-communism-robots-employment> (accessed 8 December 2017).

53. Trebor Scholz and Nathan Schneider, eds., *Ours to Hack and to Own: The Rise of Platform Cooperativism, a New Vision for the Future of Work and a Fairer Internet* (New York: OR Books/Counterpoint, 2017).

54. Francis Fukuyama, *The Origins of Political Order: From Prehuman Times to the French Revolution* (London: Profile Books, 2012), 66.

55. Parmy Olson, 'Meet Improbable, the Startup Building the World's Most Powerful Simulations', *Forbes*, 15 June 2015 <https://www.forbes.com/sites/parmyolson/2015/05/27/improbable-startup-simulations/#6ae2da044045> (accessed 8 December 2017).

56. Kevin Kelly, *The Inevitable: Understanding the 12 Technological Forces that Will Shape Our Future* (New York: Viking, 2016), 110.

57. Boyle, *Public Domain*, 38.

58. Richard Susskind and Daniel Susskind, *The Future of the Professions: How Technology Will Transform the Work of Human Experts* (Oxford: Oxford University Press, 2015), 307.

59. See generally Boyle, *Public Domain*.

60. Boyle, *Public Domain*, 5.

61. Boyle, *Public Domain*, 41.

62. Digital Millennium Copyright Act 1998.

63. Boyle, *Public Domain*, 11.

64. Ibid.

65. Yochai Benkler, *The Wealth of Networks: How Social Production Transforms Markets and Freedom* (New Haven and London: Yale University Press, 2006), 96.

66. Benkler, *Wealth of Networks*, 49.

67. Boyle, *Public Domain*, 50; Perzanowksi and Schultz, *End of Ownership*, 135; see also Peter Drahos with John Braithwaite, *Information Feudalism: Who Owns the Knowledge Economy?* (London: Earthscan, 2002).

68. Brynjolfsson, McAfee, and Spence, 'New World Order'.

69. Susskind and Susskind, *Future of the Professions*, 1.

70. Susskind and Susskind, *Future of the Professions*, 307.

71. *Arun Sundararajan, The Sharing Economy: The End of Employment and the Rise of Crowd-Based Capitalism (Cambridge, Mass: MIT Press, 2017), 3–5.*

72. Lauren Goode, 'Delivery Drones Will Mean the End of Ownership', *The Verge*, 8 November 2016 <https://www.theverge.com/a/verge-2021/google-x-astro-teller-interview-drones-innovation> (accessed 8 December 2017). 这篇文章想象锤子位于一个很可能是公有的"中央地带"。总体来说都是一样的。

73. Allen, *Technology and Inequality*, Kindle Locations 2600–2601.

74. Allen, *Technology and Inequality*, Kindle Locations 2592, 2645–2647.

75. Evgeny Morozov, 'To Tackle Google's Power, Regulators Have to Go After its Ownership of Data', *The Guardian*, 2 July 2017. <https://www.theguardian.com/technology/2017/jul/01/google-european-commission-fine-search-engines?CMP=share_btn_tw> (accessed 8 December 2017).

76. Hamid R. Ekbia and Bonnie A. Nardi, *Heteromation, and Other Stories of Computing and Capitalism* (Cambridge, Mass: MIT Press, 2017), 25.

77. Doug Laney, 'To Facebook, You're Worth $80.95', *CIO Journal: Wall Street Journal Blogs*, 3 May 2012, cited in Ekbia and Nardi, *Heteromation,* 94 (original emphasis).

78. Jaron Lanier, *Who Owns the Future?* (London: Allen Lane, 2014), 15.

79. Lanier, *Who Owns the Future?* 231, 5.

80. Andreas Weigend, *Data for the People: How to Make our Post-Privacy Economy Work for You (New York: Basic Books, 2017), 24.*

81. Pedro Domingos, *The Master Algorithm: How the Quest for the Ultimate Learning Machine Will Remake Our World* (London: Allen Lane, 2015), 275.

第十九章　透明度和新的权力分割

1. Max Weber, 'The Profession and Vocation of Politics' in *Political Writings*, eds. Peter Lassman and Ronald Speirs (Cambridge: Cambridge University Press, 2010), 356.

2. Chris Baraniuk, 'Google Responds on Skewed Holocaust Search Results', *BBC News*, 20 December 2016. <http://www.bbc.co.uk/news/technology-38379453> (accessed 8 December

2017).

3. Plato, *The Republic*, translated by Desmond Lee (London: Penguin, 2003), Book V, Part VII, 474d, 192.

4. Rosa Luxemburg, 'The Russian Revolution', (1918), ch. 6, translated by Bertram Wolfe (New York: Workers Age Publishers, 1940) *Marxists* <https://www.marxists.org/archive/luxemburg/1918/russian-revolution/ch06.htm> (accessed 9 December 2017).

5. See, e.g. Julie E. Cohen, 'The Regulatory State in the Information Age', *Theoretical Inquiries in Law* 17, no. 2 (2016): 369–414.

6. Frank Pasquale, 'From Holocaust Denial to Hitler Admiration, Google's Algorithm is Dangerous', *Huffington Post*, 2 June 2017 <https://www.huffingtonpost.com/entry/holocaust-google-algorithm_us_587e8628e4b0c147f0bb9893> (accessed 8 December 2017).

7. Danielle Keats Citron and Frank Pasquale, 'The Scored Society: Due Process For Automated Predictions', *Washington Law Review* 89, no. 1 (26 March 2014) <https://digital.law.washington.edu/dspace-law/bitstream/handle/1773.1/1318/89WLR0001.pdf?sequence=1> (accessed 1 December 2017).

8. Gerald Dworkin, *The Theory and Practice of Autonomy* (Cambridge: Cambridge University Press, 1989), 88.

9. Ibid.

10. Ibid.

11. Dworkin, *Autonomy*, 87.

12. Meg Leta Jones, *Ctrl + Z: The Right to Be Forgotten* (New York: New York University Press, 2016), 86.

13. See John Rawls, *A Theory of Justice* (Cambridge, Mass: Harvard University Press, 2003), ch. 18.

14. R. B. Friedman, 'On the Concept of Authority in Political Philosophy', in *Authority*, ed. Joseph Raz (Oxford: Basil Blackwell, 1990), 58.

15. Adam Entous, Craig Timberg, and Elizabeth Dwoskin, 'Russian Operatives Used Facebook Ads to Exploit America's Racial and Religious Divisions', *Washington Post*, 25 September 2017 <https://www.washingtonpost.com/business/technology/russian-operatives-used-facebook-ads-to-exploit-divisions-over-black-political-activism-and-muslims/2017/09/25/4a011242-a21b-11e7-ade1-76d061d56efa_story.html?utm_term=.8d517bd8e72e> (accessed 8 December 2017).

16. 见欧盟第 2016/679 号法规；欧洲议会和欧洲理事会在 2016 年 4 月 27 日就处理个人数据时对自然人的保护和此类数据自由流动通过该法规，并废除了第 95/46/EC 号指令（《一般数据保护条例》）。

17. Cathy O'Neil, *Weapons of Math Destruction: How Big Data Increases Inequality and Threatens Democracy* (New York: Crown, 2016), 211; Christian Sandvig, Kevin Hamilton, Karrie Karahalios, and Cedric Langbort, 'Auditing Algorithms: Research Methods for Detecting Discrimination on Internet Platforms', 提交给 'Data and Discrimination: Converting Critical Concerns into Productive Inquiry' 的论文，这是第 64 届国际传播学协会年会的会前会 (22 May 2014) Seattle, WA, USA <http://www-personal.umich.edu/~csandvig/research/Auditing%20Algorithms%20--%20Sandvig%20--%20ICA%202014%20Data%20and%20

Discrimination%20Preconference.pdf> (accessed 11 December 2017).

18. Andrew Tutt, 'An FDA for Algorithms', *Administrative Law Review* 69, no.1 (2017): 83–123.

19. Viktor Mayer-Schönberger and Kenneth Cukier, *Big Data: A Revolution that Will Transform How We Live, Work and Think* (London: John Murray, 2013), 180.

20. Charles de Secondat, baron de Montesquieu, *The Spirit of the Laws*, translated by Anne M. Cohler, Basia Carolyn Miller, and Harold Samuel Stone (Cambridge: Cambridge University Press, 1989) (Kindle Edition).

21. Lawrence Lessig, 'Introduction', in Richard Stallman, *Free Software, Free Society: Selected Essays of Richard M. Stallman* (Boston: GNU Press, 2002), 9.

22. 关于算法透明度，see Frank Pasquale, *The Black Box Society: The Secret Algorithms that Control Money and Information* (Cambridge, Mass: Harvard University Press, 2015).

23. See Mireille Hildebrandt, 'Legal and Technological Normativity: More (and Less) than Twin Sisters', *Techné: Research in Philosophy and Technology* 12, no. 3 (Fall, 2008): 169–183.

24. Carol Gould, *Rethinking Democracy: Freedom and Social Cooperation in Politics, Economy, and Society* (Cambridge: Cambridge University Press, 1990), 26.

25. Michael J. Sandel, *What Money Can't Buy: The Moral Limits of Markets* (London: Penguin, 2012), 10.

26. Karl Marx, *On the Jewish Question*, in *Karl Marx and Frederick Engels: Collected Works Vol. 3* (London: Lawrence & Wishart, 1975), 154.

第二十章　后政治学

1. Yuval Noah Harari, *Homo Deus: A Brief History of Tomorrow* (London: Harvill Secker, 2015), 25.

2. Elizabeth Lopatto, 'Gene Editing Will Transform Cancer Treatment', *The Verge*, 22 November 2016 <https://www.theverge.com/a/verge-2021/jennifer-doudna-crispr-gene-editing-healthcare> (accessed 8 December 2017).

3. See, e.g., Francis Fukuyama, *Our Posthuman Future: Consequences of the Biotechnology Revolution* (London: Profile Books, 2002); Max More and Natasha Vita-More, eds., *The Transhumanist Reader: Classical and Contemporary Essays on the Science, Technology, and Philosophy of the Human Future* (Chichester: John Wiley & Sons, Inc, 2013).

4. See, e.g. Julian Savulescu, Ruud ter Meulen, and Guy Kahane, eds., *Enhancing Human Capacities* (Chichester: Wiley-Blackwell, 2011); Justin Nelson et al., 'The Effects of Transcranial Direct Current Stimulation (tDCS) on Multitasking Throughput Capacity', *Frontiers in Human Neuroscience*, 29 November 2016 <https://www.frontiersin.org/articles/10.3389/fnhum.2016.00589/full> (accessed 8 December 2017); Michael Bess, 'Why Humankind Isn't Ready for the Bionic Revolution', *Ozy*, 24 October 2016 <http://www.ozy.com/opinion/why-humankind-isnt-ready-for-the-bionic-revolution/72555?utm_source=dd&utm_medium=email&utm_campaign=10242016&variable=af3d1702308a23693509dd3317fe68e7> (accessed 8 December 2017).

5. Joel Garreau, *Radical Evolution: The Promise and Peril of Enhancing Our Minds, Our Bodies—and What It Means to Be Human* (New York: Broadway Books, 2005), 7.

6. Yuval Noah Harari, *Sapiens: A Brief History of Humankind* (London: Vintage Books, 2011); Harari, *Homo Deus; Wendell Wallach, A Dangerous Master: How to Keep Technology from Slipping Beyond Our Control* (New York: Basic Books, 2015), 172.

7. See Michael J. Sandel, *The Case Against Perfection: Ethics in the Age of Genetic Engineering* (Cambridge, Mass: Harvard University Press, 2007), 5.

8. Eric Schmidt and Jared Cohen, *The New Digital Age: Reshaping the Future of People, Nations and Business* (London: John Murray, 2014), 26–27; Wallach, *Dangerous Master*, 141; Yiannis Laouris, 'Reengineering and Reinventing Both Democracy and the Concept of Life in the Digital Era', in *The Onlife Manifesto: Being Human in a Hyperconnected Era*, ed. Luciano Floridi (Cham: Springer, 2009), 136.

9. See Sandel, *Case Against Perfection*.

10. Steve Fuller and Veronika Lipińska, *The Proactionary Imperative: A Foundation for Transhumanism* (Basingstoke: Palgrave Macmillan, 2014), 122.

11. See e.g. Harari, *Sapiens*, 410; Sandel, *Case Against Perfection*, 15.

12. Jaron Lanier, *Who Owns the Future?* (London: Allen Lane, 2014), 78.

13. Thomas Hobbes, *Leviathan* (Cambridge: Cambridge University Press, 2007), [64], 91.

14. Harari, *Homo Deus*, 44.

15. David Hume, *An Enquiry Concerning the Principles of Morals* (Indianapolis: Hackett Publishing Company, 1983), 25.

16. David Miller, 'Political Philosophy for Earthlings', in *Political Theory: Methods and Approaches*, eds. David Leopold and Marc Stears (Oxford: Oxford University Press, 2010), 37.

17. H. L. A. Hart, *The Concept of Law* (Second Edition) (Oxford: Oxford University Press, 1997), ch. ix.

18. 这一主张亦可见 Peter H. Diamandis and Steven Kotler, *Abundance: The Future is Better than You Think* (New York: Free Press, 2014).

19. Nick Bostrom, *Superintelligence: Paths, Dangers, Strategies* (Oxford: Oxford University Press, 2014), 22.

20. Bostrom, *Superintelligence*, 21.

21. Bostrom, *Superintelligence*, 93.

22. Bostrom, *Superintelligence*, 21.

23. See Ray Kurzweil, *The Singularity is Near* (London: Duckworth, 2010); Murray Shanahan, *The Technological Singularity* (Cambridge, Mass: MIT Press, 2015).

24. Karl Marx and Friedrich Engels, *Manifesto of the Communist Party*, in *Karl Marx and Frederick Engels: Collected Works Vol. 6* (London: Lawrence & Wishart, 1976), 489.

25. Thomas Jefferson to John Adams, 4 September 1823, *Library of Congress* <https://www.loc.gov/exhibits/jefferson/202.html> (accessed 8 December 2017).

参考文献

Ackerman, Spencer and Sam Thielman. 'US Intelligence Chief: We Might Use the Internet of Things to Spy on You'. *The Guardian*, 9 Feb. 2016 <https://www.theguardian.com/technology/2016/feb/09/internet-of-things-smart-home-devices-government-surveillance-james-clapper> (accessed 1 Dec. 2017).

Affectiva.com. <http://www.affectiva.com/> (accessed 30 Nov. 2017).

Agoravoting.com. <https://agoravoting.com/> (accessed 1 Dec. 2017).

Agüera y Arcas, Blaise, Margaret Mitchell, and Alexander Todorov. 'Physiognomy's New Clothes'. *Medium*, 6 May 2017 <https://medium.com/@blaisea/physiognomys-new-clothes-f2d4b59fdd6a> (accessed 1 Dec. 2017).

Ajunwa, Ifeoma, Kate Crawford, and Jason Schultz. 'Limitless Worker Surveillance'. *California Law Review* 105, no. 3 (2017), 734–776.

Aletras, Nikolaos, Dimitrios Tsarapatsanis, Daniel Preotiuc, and Vasileios Lampos. 'Predicting Judicial Decisions of the European Court of Human Rights: A Natural Language Processing Perspective'. *Peer J Computer Science* 2, e93 (24 Oct. 2016).

Allen, Jonathan P. *Technology and Inequality: Concentrated Wealth in a Digital World*. Kindle Edition: Palgrave Macmillan, 2017.

Ananny, Mike. 'Toward an Ethics of Algorithms: Convening, Observation, Probability, and Timeliness'. *Science, Technology, & Human Values* 41, no. 1 (2016).

Anderson, Berit and Brett Horvath. 'The Rise of the Weaponized AI Propaganda Machine'. *Medium*, 12 Feb. 2017 <https://medium.com/join-scout/the-rise-of-the-weaponized-ai-propaganda-machine-86dac61668b> (accessed 1 Dec. 2017).

Anderson, Elizabeth. *Private Government: How Employers Rule Our Lives (and Why We*

Don't Talk About It). Princeton and Oxford: Princeton University Press, 2017.

Angelidou, Margarita. 'Smart City Strategy: PlanIT Valley (Portugal)'. *Urenio*, 26 Jan. 2015 <http://www.urenio.org/2015/01/26/smart-city-strategy-planlt-valley-portugal/> (accessed 30 Nov. 2017).

Angwin, Julia and Jeff Larson. 'The Tiger Mom Tax: Asians Are Nearly Twice as Likely to Get a Higher Price from Princeton Review'. *ProPublica*, 1 Sep. 2015 <https://www.propublica.org/article/asians-nearly-twice-as-likely-to-get-higher-price-from-princeton-review> (accessed 3 Dec. 2017).

Angwin, Julia, Jeff Larson, Surya Mattu, and Lauren Kirchner. 'Machine Bias'. *ProPublica*, 23 May 2016 <https://www.propublica.org/article/machine-bias-risk-assessments-in-criminal-sentencing> (accessed 1 Dec. 2017).

Aquinas, Thomas. *Political Writings.* Edited and translated by R. W. Dyson. Cambridge: Cambridge University Press, 2002.

Arbesman, Samuel. *Overcomplicated: Technology at the Limits of Comprehension.* New York: Current, 2016.

Arendt, Hannah. *Crises of the Republic.* San Diego and London: Harcourt Brace & Company, 1972.

Arendt, Hannah. *The Human Condition* (Second Edition). Chicago: University of Chicago Press, 1998.

Arendt, Hannah. *Between Past and Future.* London: Penguin, 2006.

Aristotle. *The Politics.* Translated by T. A. Sinclair. London: Penguin, 1992.

Aristotle, *Nichomachean Ethics.* Translated by Terence Irwin (Second Edition). Indianapolis: Hackett Publishing Company, 1999.

Aron, Jacob. 'Revealed: Google's Plan for Quantum Computer Supremacy'. *New Scientist*, 31 Aug. 2016 <https://www.newscientist.com/article/mg23130894-000-revealed-googles-plan-for-quantum-computer-supremacy/> (accessed 28 Nov. 2017).

Assael, Yannis M., Brendan Shillingford, Shimon Whiteson, and Nando De Freitas. 'LipNet: End-to-End Sentence-level Lipreading'. *arXiv*, 16 Dec. 2016 <https://arxiv.org/abs/1611.01599> (accessed 6 Dec. 2017).

Associated Foreign Press. 'Brain to Brain "Telepathic" Communication Achieved for First Time.' *The Telegraph*, 5 Sep. 2014 <http://www.telegraph.co.uk/news/worldnews/northamerica/usa/11077094/Brain-to-brain-telepathic-communication-achieved-for-first-time.html> (accessed 30 Nov. 2017).

Associated Press. 'Cockroach-inspired Robots Designed for Disaster Search and Rescue'. *CBC The Associated Press*, 8 Feb. 2016 <http://www.cbc.ca/beta/news/technology/robot-roach-1.3439138> (accessed 30 Nov. 2017).

Atzori, Marcella. 'Blockchain Technology and Decentralised Governance: Is the State Still Necessary?' 1 Dec. 2015 <https://papers.ssrn.com/sol3/papers.cfm?abstract_id=2709713> (accessed 6 Dec. 2017).

Autor, David, David Dorn, Lawrence F. Katz, Christina Patterson, and John van Reenen.

'The Fall of the Labor Share and the Rise of Superstar Firms'. 1 May 2017 <https://economics.mit.edu/files/12979> (accessed 8 Dec. 2017).

Avent, Ryan. *The Wealth of Humans: Work, Power, and Status in the Twenty-First Century*. New York: St. Martin's Press, 2016.

Axelrod, Robert. *The Evolution of Cooperation*. New York: Basic Books, 2006.

Azuma, Hiroki. *General Will 2.0: Rousseau, Freud, Google*. New York: Vertical, Inc, 2014.

Baack, Stefan. 'Datafication and Empowerment: How the Open Data Movement Re-articulates Notions of Democracy, Participation, and Journalism'. *Big Data & Society* 2, no. 2 (2015).

Bachrach, Peter and Morton S. Baratz. 'Two Faces of Power'. *American Political Science Review* 56, no. 4 (Dec. 1962): 947–952.

Bachrach, Peter and Morton S. Baratz. *Power and Poverty: Theory and Practice*. New York: Oxford University Press, 1970.

Baker, Paul and Amanda Potts. ' "Why Do White People Have Thin Lips?" Google and the Perpetuation of Stereotypes via Auto-complete Search Forms'. *Critical Discourse Studies* 10, no. 2 (2013).

Ball, James. 'Let's Challenge Google While We Still Can'. *The Guardian*, 16 Apr. 2015 <https://www.theguardian.com/commentisfree/2015/apr/16/challenge-google-while-we-can-eu-anti-trust> (accessed 8 Dec. 2017).

Ball, Terence, James Farr, and Russell L. Hanson, eds. *Political Innovation and Conceptual Change*. New York: Cambridge University Press, 1995.

Baraniuk, Chris. 'Google Responds on Skewed Holocaust Search Results'. *BBC News*, 20 Dec. 2016. <http://www.bbc.co.uk/news/technology-38379453> (accessed 8 Dec. 2017).

Barney, Darin. *Prometheus Wired: The Hope for Democracy in the Age of Network Technology*. Chicago: University of Chicago Press, 2000.

Barr, Alistair. 'Google Mistakenly Tags Black People as "Gorillas", Showing Limits of Algorithms'. *Wall Street Journal*, 1 Jul. 2015 <https://blogs.wsj.com/digits/2015/07/01/google-mistakenly-tags-black-people-as-gorillas-showing-limits-of-algorithms/> (accessed 2 Dec. 2017).

Bartlett, Jamie. *The Dark Net: Inside the Digital Underworld*. London: William Heinemann, 2014.

Bartlett, Jamie and Nathaniel Tkacz. 'Governance by Dashboard'. *Demos*, Mar. 2017 <https://www.demos.co.uk/wp-content/uploads/2017/04/Demos-Governance-by-Dashboard.pdf> (accessed 1 Dec. 2017).

Batt, J. Daniel, ed. *Visions of the Future*. Reno: Lifeboat Foundation, 2015.

BBC. 'Flipped 3D Printer Makes Giant Objects'. *BBC News*, 24 Aug. 2016 <http://www.bbc.co.uk/news/technology-37176662?ocid=socialflow_twitter> (accessed 30 Nov. 2017).

BBC. 'Google Working on "Common-sense" AI Engine at New Zurich Base'. *BBC News*, 17 Jun. 2016 <http://www.bbc.co.uk/news/technology-36558829> (accessed 30 Nov.

2017).

BBC. 'Hack Attack Drains Start-up Investment Fund'. *BBC News*, 21 Jun. 2016 <http://www.bbc.co.uk/news/technology-36585930> (accessed 30 Nov. 2017).

BBC. 'Pokemon Go: Is the Hugely Popular Game a Global Safety Risk?' *BBC News*, 21 Jul. 2016 <http://www.bbc.co.uk/news/world-36854074> (accessed 30 Nov. 2017).

BBC. 'Beijing Park Dispenses Loo Roll Using Facial Recognition'. *BBC News*, 20 Mar. 2017 <http://www.bbc.com/news/world-asia-china-39324431> (accessed 30 Nov. 2017).

BBC. 'German Parents Told to Destroy Cayla Dolls Over Hacking Fears'. *BBC News*, 17 Feb. 2017 <http://www.bbc.co.uk/news/world-europe-39002142> (accessed 1 Dec. 2017).

BBC. 'WhatsApp Must Not Be "Place for Terrorists to Hide" '. *BBC News*, 26 Mar. 2017 <http://www.bbc.co.uk/news/uk-39396578 (accessed 1 Dec. 2017).

Belamaire, Jordan. 'My First Virtual Reality Groping'. *Medium*, 20 Oct. 2016 <https://medium.com/athena-talks/my-first-virtual-reality-sexual-assault-2330410b62ee#.i1o6j1vjy> (accessed 30 Nov. 2017).

Beniger, Andrew J. *Control Revolution: Technological and Economic Origins of the Information Society.* Cambridge, Mass: Harvard University Press, 1986.

Benkler, Yochai. *The Wealth of Networks: How Social Production Transforms Markets and Freedom.* New Haven and London: Yale University Press, 2006.

Benkler, Yochai. 'Networks of Power, Degrees of Freedom'. *International Journal of Communication* 5 (2011): 721–755.

Benkler, Yochai. *The Penguin and the Leviathan: How Cooperation Triumphs over Self-Interest.* New York: Crown Publishing, 2011.

Benkler, Yochai. 'Degrees of Freedom, Dimensions of Power'. *Daedalus* 145, no. 1 (Winter 2016): 18–32.

Berkman Center for Internet and Society. ' "DON'T PANIC. Making Progress on the "Going Dark" Debate', 1 Feb. 2016 <https://cyber.harvard.edu/pubrelease/dont-panic/Dont_Panic_Making_Progress_on_Going_Dark_Debate.pdf> (accessed 1 Dec. 2017).

Berlin, Isaiah. *Four Essays on Liberty.* Oxford: Oxford University Press, 1969.

Berlin, Isaiah. *Concepts and Categories.* Ed. Henry Hardy. London: Pimlico, 1999.

Berlin, Isaiah. *The Power of Ideas.* Ed. Henry Hardy. London: Pimlico, 2001.

Berman, Robby. 'New Tech Uses WiFi to Read Your Inner Emotions— Accurately, and From Afar'. *Big Think*, 2016 <http://bigthink.com/robby-berman/new-tech-can-accurately-read-the-emotions-you-may-be-hiding> (accessed 30 Nov. 2017).

Berman, Robby. 'So the Russians Just Arrested a Robot at a Rally'. *Big Think*, 2016 <http://bigthink.com/robby-berman/so-the-russians-just-arrested-a-robot-at-a-rally> (accessed 30 Nov. 2017).

Berners-Lee, Tim with Mark Fischetti. *Weaving the Web: The Original Design and Ultimate Destiny of the World Wide Web.* New York: HarperCollins, 2000.

Bertrand, Romain, Jean-Louis Briquet, and Peter Pels, eds. *The Hidden History of the Secret*

Ballot. Bloomington: Indiana University Press, 2006.

Bess, Michael. 'Why Humankind Isn' t Ready for the Bionic Revolution'. *Ozy*, 24 Oct. 2016. <http://www.ozy.com/opinion/why-humankind-isnt-ready-for-the-bionic-revolution/72555?utm_source=dd&utm_medium=email&utm_campaign=10242016&var iable=af3d1702308a23693509dd3317fe68e7> (accessed 8 Dec. 2017).

BI Intelligence. 'Amazon Accounts for 43% of US Online Retail Sales'. *Business Insider E-Commerce Briefing*, 3 Feb. 2017. <http://uk.businessinsider.com/amazon-accounts-for-43-of-us-online-retail-sales-2017-2?r=US&IR=T> (accessed 9 Dec. 2017).

Bimber, Bruce. *Information and American Democracy: Technology in the Evolution of Political Power*. New York: Cambridge University Press, 2011.

Blake, William. *London*. Poetry Foundation <https://www.poetryfoundation.org/poems/43673/london-56d222777e969> (accessed 7 Dec. 2017).

Blue Brain Project. <https://bluebrain.epfl.ch/page-56882-en.html> (accessed 6 Dec. 2017).

Bock, Gisela, Quentin Skinner, and Maurizio Viroli, eds. *Machiavelli and Republicanism*. Cambridge: Cambridge University Press, 1993.

Boden, Margaret A. *AI: Its Nature and Future*. Oxford: Oxford University Press, 2016.

Bogle, Ariel. 'Good News: Replicas of 16th Century Sculptures Are Not Off-Limits for 3-D Printers'. *Slate*, 27 Jan. 2015 <http://www.slate.com/blogs/future_tense/2015/01/26/_3_d_printing_and_copyright_replicas_of_16th_century_sculptures_are_not.html?wpisrc=obnetwork> (accessed 30 Nov. 2017).

Bohman, James, and William Rehg, eds. *Deliberative Democracy: Essays on Reason and Politics*. Cambridge, Mass: MIT Press, 2002.

Boixo, Sergio, Sergi V. Isakov, Vadim N. Smelyanskiy, Ryan Babbush, Nan Ding, Zhang Jiang, Michael J. Bremner, John M. Martinis, and Hartmut Neven. 'Characterizing Quantum Supremacy in Near-Term Devices'. *sarXiv*, 5 Apr. 2017 <https://arxiv.org/abs/1608.00263> (accessed 28 Nov. 2017).

Bollen, Johan, Huina Mao, and Xiao-Jun Zeng. 'Twitter Mood Predicts the Stock Market'. *arXiv*, 14 Oct. 2010 <https://arxiv.org/pdf/1010.3003.pdf> (accessed 1 Dec. 2017).

Bolter, J. David, *Turing's Man: Western Culture in the Computer Age*. London: Duckworth, 1984.

Bolukbasi, Tolga, Kai-Wei Chang, James Zou, and Venkatesh Saligrama. 'Man is to Computer Programmer as Woman is to Homemaker? Debiasing Word Embeddings'. *arXiv*, 21 Jul. 2016 <https://arxiv.org/pdf/1607.06520.pdf> (accessed 3 Dec. 2017).

Bonchi, Francesco, Carlos Castillo, and Sara Hajian. 'Algorithmic Bias: From Discrimination Discovery to Fairness-aware Data Mining'. *KDD 2016 Tutorial*. <http://francescobonchi.com/tutorial-algorithmic-bias.pdf> (accessed 3 Dec. 2017).

Booth, Robert. 'Facebook Reveals News Feed Experiment to Control Emotions'. *The Guardian*, 30 Jun. 2004 <https://www.theguardian.com/technology/2014/jun/29/facebook-users-emotions-news-feeds> (accessed 11 Dec. 2017).

Bostrom, Nick. *Superintelligence: Paths, Dangers, Strategies*. Oxford: Oxford University

Press, 2014.

Bourzac, Katherine. 'A Health-Monitoring Sticker Powered by Your Cell Phone'. *MIT Technology Review*, 3 Aug. 2016 <https://www.technologyreview.com/s/602067/a-health-monitoring-sticker-powered-by-your-cell-phone/?utm_campaign=socialflow&utm_source=twitter&utm_medium=post> (accessed 29 Nov. 2017).

Boushey, Heather, J. Bradford DeLong, and Marshall Steinbaum, eds. *After Piketty: The Agenda for Economics and Inequality*. Cambridge, Mass: Harvard University Press, 2017.

Boyle, James. 'Foucault in Cyberspace: Surveillance, Sovereignty, and Hardwired Censors'. *University of Cincinnati Law Review* 66 (1997): 177–204.

Boyle, James. *The Public Domain: Enclosing the Commons of the Mind*. New Haven and London: Yale University Press, 2008.

Brabham, Daren C. *Crowdsourcing*. Cambridge, Mass: MIT Press, 2013.

Bradbury, Danny. 'How Block Chain Technology Could Usher in Digital Democracy'. *CoinDesk*, 16 Jun. 2014 <http://www.coindesk.com/block-chain-technology-digital-democracy/> (accessed 1 Dec. 2017).

Braman, Sandra. *Change of State: Information, Policy, and Power*. Cambridge, Mass: MIT Press, 2009.

Bratton, Benjamin H. *The Stack: On Sovereignty and Software*. Cambridge, Mass: MIT Press, 2015.

Bridge, Mark. 'AI Can Identify Alzheimer's Disease a Decade Before Symptoms Appear'. *The Times*, 20 Sep. 2017 <https://www.thetimes.co.uk/article/ai-can-identify-alzheimer-s-a-decade-before-symptoms-appear-9b3qdrrf7> (accessed 1 Dec. 2017).

Brown, Gordon. *My Life, Our Times*. London: Bodley Head, 2017.

Brown, Ian and Christopher T. Marsden. *Regulating Code: Good Governance and Better Regulation in the Information Age*. Cambridge, Mass: MIT Press, 2013.

Brownsword, Roger, and Morag Goodwin. *Law and the Technologies of the Twenty-First Century: Texts and Materials*. Cambridge: Cambridge University Press, 2012.

Brynjolfsson, Erik, Andrew McAfee, and Michael Spence. 'New World Order: Labor, Capital, and Ideas in the Power Law Economy'. *Foreign Affairs*, Jul./Aug. 2014 <https://www.foreignaffairs.com/articles/united-states/2014-06-04/new-world-order> (accessed 8 Dec. 2017).

Brynjolfsson, Erik and Andrew McAfee. *The Second Machine Age: Work, Progress, and Prosperity in a Time of Brilliant Technologies*. New York: W. W. Norton & Company, 2014.

Brynjolfsson, Erik and Andrew McAfee. *Machine Platform Crowd: Harnessing Our Digital Future*. New York: W. W. Norton & Company, 2017.

Burgess, Matt. 'Samsung is Working on Putting AI Voice Assistant Bixby in Your TV and Fridge'. *Wired*, 27 Jun. 2017<https://www.wired.co.uk/article/samsung-bixby-

television-refrigerator> (accessed 30 Nov. 2017).

Byford, Sam. 'AlphaGo Beats Ke Jie Again to Wrap Up Three-part Match'. *The Verge*, 25 May 2017 <https://www.theverge.com/2017/5/25/15689462/alphago-ke-jie-game-2-result-google-deepmind-china> (accessed 28 Nov. 2017).

Byrnes, Nanette. 'As Goldman Embraces Automation, Even the Masters of the Universe Are Threatened'. *MIT Technology Review*, 7 Feb. 2017 <https://www.technologyreview.com/s/603431/as-goldman-embraces-automation-even-the-masters-of-the-universe-are-threatened/?set=603585&utm_content=bufferd5a8f&utm_medium=social&utm_source=twitter.com&utm_campaign=buffer> (accessed 1 Dec. 2017).

Cadwalladr, Carole. 'Robert Mercer: The Big Data Billionaire Waging War on Mainstream Media'. *The Guardian*, 26 Feb. 2017 <https://www.theguardian.com/politics/2017/feb/26/robert-mercer-breitbart-war-on-media-steve-bannon-donald-trump-nigel-farage> (accessed 1 Dec. 2017).

Calabresi, Guido, and Philip Bobbit. *Tragic Choices: The Conflicts Society Confronts in the Allocation of Tragically Scarce Resources.* New York: W. W. Norton & Company, 1978.

Calvo, Rafael A., Sidney D'Mello, Jonathan Gratch, and Arvid Kappas, eds. *The Oxford Handbook of Affective Computing.* New York: Oxford University Press, 2015.

Canetti, Elias. *Crowds and Power.* Translated by Carol Stewart. New York: Farrar, Straus and Giroux, 1984.

Campbell, Peter. 'Ford Plans Mass-market Self-driving Car by 2021'. *Financial Times*, 16 Aug. 2016. <https://www.ft.com/content/d2cfc64e-63c0-11e6-a08a-c7ac04ef00aa#axzz4HOGiWvHT> (accessed 28 Nov. 2017).

Carr, Nicholas. *The Big Switch: Rewiring the World from Edison to Google.* New York: W. W. Norton & Company, 2009.

Casanova, Giacomo. *The Story of My Life.* Translated by Sophie Hawkes. London: Penguin, 2000.

Case, Amber. *Calm Technology: Principles and Patterns for Non-Intrusive Design.* Sebastopol, CA: O'Reilly, 2016.

Casey, Anthony J. and Anthony Niblett. 'Self-Driving Laws'. *University of Toronto Law Journal* 429 (Fall 2016) 66: 428–442.

Casey, Anthony J. and Anthony Niblett. 'The Death of Rules and Standards'. *Indiana Law Journal* 92, no. 4 (2017).

Castells, Manuel. *Communication Power.* Oxford: Oxford University Press, 2013.

Cellan-Jones, Rory. ' "Cut!" —the AI Director'. *BBC News*, 23 Jun. 2016. <http://www.bbc.co.uk/news/technology-36608933> (accessed 28 Nov. 2017).

Chadwick, Andrew. *Internet Politics: States, Citizens, and New Communication Technologies.* New York: Oxford University Press, 2006.

Chadwick, Andrew. *The Hybrid Media System: Politics and Power.* New York: Oxford University Press, 2013.

Cheney-Lippold, John, *We Are Data: Algorithms and the Making of Our Digital Selves.* New

York: New York University Press, 2017.

Chesterton, G. K. *Orthodoxy*. Cavalier Classics, 2015.

Chin, Josh and Gillian Wong. 'China's New Tool for Social Control: A Credit Rating for Everything'. *Wall Street Journal*, 28 Nov. 2016 <http://www.wsj.com/articles/chinas-new-tool-for-social-control-a-credit-rating-for-everything-1480351590> (accessed 1 Dec. 2017).

Christiano, Thomas. *The Rule of the Many: Fundamental Issues in Democratic Theory*. Colorado and London: Westview Press, 1996.

Chui, Michael, James Manyika, and Mehdi Miremadi. 'Where Machines Could Replace Humans—and Where They Can't (Yet)'. *McKinsey Quarterly*, Jul. 2016 <https://www.mckinsey.com/business-functions/digital-mckinsey/our-insights/where-machines-could-replace-humans-and-where-they-cant-yet> (accessed 8 Dec. 2017).

Churchill, Winston. *My Early Life: A Roving Commission*. London: Reprint Society, 1944.

Cisco. 'VNI Global Fixed and Mobile Internet Traffic Forecasts, Complete Visual Networking Index (VNI) Forecast', 2016 <https://www.cisco.com/c/en/us/solutions/service-provider/visual-networking-index-vni/index.html#~mobile-forecast> (accessed 30 Nov. 2017).

Citron, Danielle Keats. 'Open Code Government'. University of Maryland School of Law Legal Studies Research Paper No. 2008–1 <https://papers.ssrn.com/sol3/papers.cfm?abstract_id=1081689##> (accessed 3 Dec. 2017).

Citron, Danielle Keats and Frank Pasquale. 'The Scored Society: Due Process for Automated Predictions'. *Washington Law Review* 89, no. 1 (26 Mar. 2014) <https://digital.law.washington.edu/dspace-law/bitstream/handle/1773.1/1318/89WLR0001.pdf?sequence=1> (accessed 1 Dec. 2017).

Clark, Justin, Rob Faris, Ryan Morrison-Westphal, Helmi Noman, Casey Tilton, and Jonathan Zittrain, 'The Shifting Landscape of Global Internet Censorship'. *Internet Monitor*, 29 Jun. 2017 <https://thenetmonitor.org/research/2017-global-internet-censorship> (accessed 1 Dec. 2017).

Clarke, Arthur C. *Profiles of the Future: An Inquiry into the Limits of the Possible*. London: Victor Gollancz, 1999.

Clayton, Matthew, and Andrew Williams, eds. *The Ideal of Equality*. New York: Palgrave Macmillan, 2002.

Clayton, Matthew, and Andrew Williams, eds. *Social Justice*. Oxford: Blackwell Publishing, 2005.

Cocco, Federica. 'Most US Manufacturing Jobs Lost to Technology, Not Trade'. *Financial Times*, 2 Dec. 2016 <https://www.ft.com/content/dec677c0-b7e6-11e6-ba85-95d1533d9a62> (accessed 8 Dec. 2017).

Cohen, G. A. *History, Labour, and Freedom: Themes from Marx*. Oxford: Oxford University Press, 1988.

Cohen, G. A. *If You're an Egalitarian, How Come You're So Rich?* Cambridge, Mass: Harvard University Press, 2001.

Cohen, G. A. *Rescuing Justice and Equality*. Cambridge, Mass: Harvard University Press, 2008.

Cohen, Julie E. *Configuring the Networked Self: Law, Code, and the Play of Everyday Practice*. New Haven and London: Yale University Press, 2012.

Cohen, Julie E. 'The Regulatory State in the Information Age'. *Theoretical Inquiries in Law* 17, no. 2 (2016): 369–414.

Coleman, E. Gabriella. *Coding Freedom: The Ethics and Aesthetics of Hacking*. Princeton: Princeton University Press, 2013.

Colvile, Robert. *The Great Acceleration: How the World is Getting Faster, Faster*. London: Bloomsbury, 2016.

Computerscience.org. 'Women in Computer Science: Getting Involved in STEM'. <http://www.computerscience.org/resources/women-in-computer-science/> (accessed 3 Dec. 2017).

Comte, Auguste. *Early Political Writings*. Translated by A. S. Jones. Cambridge: Cambridge University Press, 1998.

Comte, Auguste. *Auguste Comte and Positivism: The Essential Writings*. Ed. Gertrud Lenzer. New York: Transaction, 2006.

Condliffe, Jamie. 'Chip Makers Admit Transistors Are About to Stop Shrinking'. *MIT Technology Review*, 25 Jul. 2016 <https://www.technologyreview.com/s/601962/chip-makers-admit-transistors-are-about-to-stop-shrinking/?> (accessed 28 Nov. 2017).

Condliffe, Jamie. 'Google's Quantum Dream May Be Just Around the Corner'. *MIT Technology Review*, 1 Sep. 2016 <https://www.technologyreview.com/s/602283/googles-quantum-dream-may-be-just-around-the-corner/> (accessed 28 Nov. 2017).

Conger, Krista. 'Computers Trounce Pathologists in Predicting Lung Cancer Type, Severity'. *Stanford Medicine News Center*, 16 Aug. 2016 <http://med.stanford.edu/news/all-news/2016/08/computers-trounce-pathologists-in-predicting-lung-cancer-severity.html> (accessed 28 Nov. 2017).

Connolly, William E., ed. *Legitimacy and the State*. New York: New York University Press, 1984.

Connolly, William E. *The Terms of Political Discourse* (Third Edition). Oxford: Basil Blackwell, 1994.

Cooper, Daniel. 'These Subtle Smart Gloves Turn Sign Language Into Text'. *Engadget*, 31 May 2017 <https://www.engadget.com/2017/05/31/these-subtle-smart-gloves-turn-sign-language-into-words/?sr_source=Twitter> (accessed 1 Dec. 2017).

Couldry, Nick. *Media, Society, World: Social Theory and Digital Media Practice*. Cambridge: Polity, 2012.

Crawford, Kate. 'Can an Algorithm be Agonistic? Ten Scenes from Life in Calculated Publics'. *Science, Technology & Human Values* 41, no. 1 (2016): 77–92.

Crosland, Anthony. *The Future of Socialism*. London: Constable & Robinson Ltd, 2006.

Crossley, Rob. 'Where in the World is My Data and How Secure is it?' *BBC News*, 9 Aug.

2016 <http://www.bbc.com/news/business-36854292> (accessed 30 Nov. 2017).

Crowdpac. <https://www.crowdpac.co.uk/> (accessed 1 Dec. 2017).

Cukier, Kenneth and Viktor Mayer-Schönberger. 'The Rise of Big Data'. *Foreign Affairs*, May/Jun. 2013 <https://www.foreignaffairs.com/articles/2013-04-03/rise-big-data> (accessed 30 Nov. 2017).

Dahir, Abdi Latif. 'Egypt Has Blocked Over 100 Local and International Websites Including HuffPost and Medium'. *Quartz*, 29 Jun. 2017 <https://qz.com/1017939/egypt-has-blocked-huffington-post-al-jazeera-medium-in-growing-censorship-crackdown/> (accessed 8 Dec. 2017).

Dahl, Robert A. *Who Governs? Democracy and Power in an American City*. New Haven and London: Yale University Press, 1961.

Dahl, Robert A. *A Preface to Economic Democracy*. Cambridge: Polity Press in association with Oxford: Basil Blackwell, 1985.

Dahlberg, Lincoln. 'Re-constructing Digital Democracy: An Outline of Four "Positions" '. *New Media & Society* 13, no. 6 (2011): 855–872.

D'Ancona, Matthew. *Post Truth: The New War on Truth and How to Fight Back*. London: Ebury Press, 2017.

Dandeker, Christopher. *Surveillance, Power and Modernity*. Cambridge: Polity, 1990.

Dayen, David. 'This Budding Movement Wants to Smash Monopolies'. *Nation*, 4 Apr. 2017 <https://www.thenation.com/article/this-budding-movement-wants-to-smash-monopolies/> (accessed 8 Dec. 2017).

De Filippi, Primavera, and Benjamin Loveluck. 'The Invisible Politics of Bitcoin: Governance Crisis of a Decentralized Infrastructure'. *Internet Policy Review* 5, no. 3 (30 Sep. 2016) <http://policyreview.info/articles/analysis/invisible-politics-bitcoin-governance-crisis-decentralised-infrastructure> (accessed 30 Nov. 2017).

De Filippi, Primavera, and Samer Hassan. 'Blockchain Technology as a Regulatory Technology: From Code is Law to Law is Code'. *First Monday* 21, no. 12, 5 Dec. 2016.

De Filippi, Primavera and Aaron Wright, *Blockchain and the Law: The Rule of Code* (Cambridge, Mass: Harvard University Press, forthcoming, 2018).

Dean Sarah. 'A Nation of "Micro-criminals" : The 11 Sneaky Crimes We Are Commonly Committing'. *iNews*, 22 Oct. 2016 <https://inews.co.uk/essentials/news/uk/nation-micro-criminals-11-sneaky-crimes-commonly-committing/> (accessed 1 Dec. 2017).

DeDeo, Simon. 'Wrong Side of the Tracks: Big Data and Protected Categories'. *arXiv*, 24 Jun. 2016 <https://arxiv.org/abs/1412.4643> (accessed 5 Dec. 2017).

Delaney, Kevin J. 'The Robot that Takes Your Job Should Pay Taxes, Says Bill Gates'. *Quartz*, 17 Feb. 2017 <https://qz.com/911968/bill-gates-the-robot-that-takes-your-job-should-pay-taxes/> (accessed 8 Dec. 2017).

Deleuze, Gilles. 'Postscript on the Societies of Control'. *October* 59 (Winter, 1992): 3–7.

DemocracyOS. <http://democracyos.org/> (accessed 1 Dec. 2017).

Desert Wolf. 'Skunk Riot Control Copter'. <http://www.desert-wolf.com/dw/products/

unmanned-aerial-systems/skunk-riot-control-copter.html> (accessed 1 Dec. 2017).

Desrosières, Alain. *The Politics of Large Numbers: A History of Statistical Reasoning.* Translated by Camille Naish. Cambridge, Mass: Harvard University Press, 1998.

Deuze, Mark, *Media Life.* Cambridge: Polity, 2012.

Devlin, Patrick. *The Enforcement of Morals.* London: Oxford University Press, 1965.

Diamandis, Peter H., and Steven Kotler. *Abundance: The Future is Better Than You Think.* New York: Free Press, 2014.

Doctorow, Cory. 'Riot Control Drone that Fires Paintballs, Pepper-spray and Rubber Bullets at Protesters'. *Boing Boing,* 17 Jun. 2014 <https://boingboing.net/2014/06/17/riot-control-drone-that-paintb.html> (accessed 7 Dec. 2017).

'Domesday Book'. *Wikipedia,* last modified 26 Nov. 2017 <https://en.wikipedia.org/wiki/Domesday_Book> (accessed 28 Nov. 2017).

Domingos, Pedro. *The Master Algorithm: How the Quest for the Ultimate Learning Machine Will Remake Our World.* London: Allen Lane, 2015.

Dommering, E. J. and Lodewijk F. Asscher, eds. *Coding Regulation: Essays on the Normative Role of Information Technology.* The Hague: TMC Asser, 2006.

Dourish, Paul, and Genevieve Bell. *Divining a Digital Future: Mess and Mythology in Ubiquitous Computing.* Cambridge, Mass: MIT Press, 2011.

Drahos, Peter with John Braithwaite. *Information Feudalism: Who Owns the Knowledge Economy?* London: Earthscan, 2002.

Dredge, Stuart. '30 Things Being 3D Printed Right Now (and None of them Are Guns)'. *The Guardian,* 29 Jan. 2014 <https://www.theguardian.com/technology/2014/jan/29/3d-printing-limbs-cars-selfies> (accessed 30 Nov. 2017).

Dryzek, John S., Bonnie Honig, and Anne Phillips, eds. *The Oxford Handbook of Political Theory.* New York: Oxford University Press, 2008.

Duff, Alistair S. *A Normative Theory of the Information Society.* New York: Routledge, 2013.

Dunn, John. *Setting the People Free: The Story of Democracy.* London: Atlantic, 2005.

Dunn, John. *Breaking Democracy's Spell.* New Haven and London: Yale University Press, 2014.

Durkheim, Émile. *The Rules of Sociological Method and Selected Texts on Sociology and its Method.* Translated by W. D. Halls. New York: Free Press, 1982.

Durkheim, Émile. *The Division of Labour in Society.* Translated by W. D. Halls. Basingstoke: Palgrave, 1984.

Dvorsky, George. 'Record-Setting Hard Drive Writes Information One Atom at a Time'. *Gizmodo,* 18 Jul. 2016 <http://gizmodo.com/record-setting-hard-drive-writes-information-one-atom-a-1783740015> (accessed 30 Nov. 2017).

Dworkin, Gerald. *The Theory and Practice of Autonomy.* Cambridge: Cambridge University Press, 1989.

Dwyer, Paula. 'Should America's Tech Giants Be Broken Up?' *Bloomberg Businessweek*, 20 Jul. 2017 <https://www.bloomberg.com/news/articles/2017-07-20/should-america-s-tech-giants-be-broken-up> (accessed 8 Dec. 2017).

Dyer-Witheford, Nick. *Cyber-Proletariat: Global Labour in the Digital Vortex*. London: Pluto Press, 2015.

Dyson, George. *Darwin Among the Machines: The Evolution of Global Intelligence. Reading,* Mass: Addison-Wesley Pub. Co., 1997.

Economist. 'China Invents the Digital Totalitarian State'. 17 Dec. 2016 <http://www. economist.com/news/briefing/21711902-worrying-implications-its-social-credit-project-china-invents-digital-totalitarian> (accessed 1 Dec. 2017).

Economist. 'How Cities Score'. 23 May 2016 <https://www.economist.com/news/special-report/21695194-better-use-data-could-make-cities-more-efficientand-more-democratic-how-cities-score> (accessed 30 Nov. 2017).

Economist. 'Not-so-clever Contracts'. 28 Jul. 2016 <http://www.economist.com/ news/business/21702758-time-being-least-human-judgment-still-better-bet-cold-hearted?frsc=dg%7Cd> (accessed 30 Nov. 2017).

Edelman, Benjamin, Michael Luca, and Dan Svirsky. 'Racial Discrimination in the Sharing Economy: Evidence from a Field Experiment'. *American Economic Journal: Applied Economics* 9, no. 2 (Apr. 2017): 1–22.

Edwards, Cory. 'Why and How Chatbots Will Dominate Social Media'. *TechCrunch*, 20 Jul. 2016 <https://techcrunch.com/2016/07/20/why-and-how-chatbots-will-dominate-social-media/?ncid=rss&utm_source=feedburner&utm_medium=feed&utm_campaign=Feed%3 A+Techcrunch+%28TechCrunch%29&sr_share=twitter> (accessed 28 Nov. 2017).

Eisenstein, Elizabeth. *The Printing Press as an Agent of Change: Communications and Cultural Transformations in Early-modern Europe, Volumes I and II*. Cambridge: Cambridge University Press, 2009.

Ekbia, Hamid R. and Bonnie A. Nardi. *Heteromation, and Other Stories of Computing and Capitalism*. Cambridge, Mass: MIT Press, 2017.

Electronic Frontier Foundation. 'Free Speech'. <https://www.eff.org/free-speech-weak-link/> (accessed 1 Dec. 2017).

Elster, Jon. *Reason and Rationality*. Princeton: Princeton University Press, 2009.

EMC. 'The Digital Universe of Opportunities: Rich Data and the Increasing Value of the Internet of Things'. Apr. 2014 <https://www.emc.com/leadership/digital-universe/2014iview/executive-summary.htm> (accessed 30 Nov. 2017).

Emerging Technology from the arXiv. 'Racism is Poisoning Online Ad Delivery, Says Harvard Professor'. *MIT Technology Review*, 4 Feb. 2013 <https://www. technologyreview.com/s/510646/racism-is-poisoning-online-ad-delivery-says-harvard-professor/> (accessed 3 Dec. 2017).

Enchassi, Nadia Judith and CNN Wire. 'New Zealand Passport Robot Thinks This Asian Man's Eyes Are Closed'. *KFOR*, 11 Dec. 2016 <http://kfor.com/2016/12/11/new-zealand-passport-robot-thinks-this-asian-mans-eyes-are-closed/> (accessed 2 Dec.

2017).

Engels, Friedrich. *Karl Marx and Frederick Engels: Collected Works Volumes 1–50.* London: Lawrence & Wishart, 1975–2004.

Entous, Adam, Craig Timberg, and Elizabeth Dwoskin. 'Russian Operatives Used Facebook Ads to Exploit America's Racial and Religious Divisions'. *Washington Post*, 25 Sep. 2017. <https://www.washingtonpost.com/business/technology/russian-operatives-used-facebook-ads-to-exploit-divisions-over-black-political-activism-and-muslims/2017/09/25/4a011242-a21b-11e7-ade1-76d061d56efa_story.html?utm_term=.8d517bd8e72e> (accessed 8 Dec. 2017).

Epstein, Robert. 'The New Censorship'. *US News*, 22 Jul. 2016 <http://www.usnews.com/opinion/articles/2016-06-22/google-is-the-worlds-biggest-censor-and-its-power-must-be-regulated> (accessed 1 Dec. 2017).

Esteva, Andre, Brett Kuprel, Roberto A. Novoa, Justin Ko, Susan M. Swetter, Helen M. Blau, and Sebastian Thrun. 'Dermatologist-level Classification of Skin Cancer with Deep Neural Networks'. *Nature* 542 (2 Feb. 2017): 115–118.

Executive Office of the President. 'Big Data: A Report on Algorithmic Systems, Opportunity, and Civil Rights'. *Obama White House Archives.* May 2016 <https://obamawhitehouse.archives.gov/sites/default/files/microsites/ostp/2016_0504_data_discrimination.pdf> (accessed 2 Dec. 2017).

Facebook Newsroom. 'Facebook, Microsoft, Twitter and YouTube Announce Formation of the Global Internet Forum to Counter Terrorism'. 26 Jun. 2017 <https://newsroom.fb.com/news/2017/06/global-internet-forum-to-counter-terrorism/> (accessed 1 Dec. 2017).

Fairfield, Joshua A. T. *Owned: Property, Privacy, and the New Digital Serfdom.* Cambridge: Cambridge University Press, 2017.

Faris, Robert, Hal Roberts, Bruce Etling, Nikki Bourassa, Ethan Zuckerman, and Yochai Benkler. 'Partisanship, Propaganda, and Disinformation: Online Media and the 2016 U.S. Presidential Election'. *Berkman Klein Center Research Paper* <https://papers.ssrn.com/sol3/papers.cfm?abstract_id=3019414> (accessed 8 Dec. 2017).

Farrand, Benjamin, and Helena Carrapico. 'Networked Governance and the Regulation of Expression on the Internet: The Blurring of the Role of Public and Private Actors as Content Regulators'. *Journal of Information Technology & Politics* 10, no. 4 (2013): 357–368.

Feinberg, Joel. *Harm to Others: The Moral Limits of the Criminal Law.* Oxford: Oxford University Press, 1984.

Feinberg, Joel. *Offense to Others: The Moral Limits of the Criminal Law.* Oxford: Oxford University Press, 1985.

Feinberg, Joel. *Harm to Self: The Moral Limits of the Criminal Law.* Oxford: Oxford University Press, 1986.

Feinberg, Joel. *Harmless Wrongdoing: The Moral Limits of the Criminal Law.* Oxford: Oxford University, 1990.

Finn, Ed. *What Algorithms Want: Imagination in the Age of Computing*. Cambridge, Mass: MIT Press, 2017.

Fischer, Lisa. 'Control Your Phone with These Temporary Tattoos'. *CNN Tech* (undated) <http://money.cnn.com/video/technology/2016/08/15/phone-control-tattoos.cnnmoney/index.html?sr=twCNN091216phone-control-tattoos.cnnmoney1112PMVideoVideo&linkId=28654785> (accessed 30 Nov. 2017).

Fiske, Alan Page. *Structures of Social Life: The Four Elementary Forms of Human Relations*. New York: Macmillan, 1991.

Flinders, Matthew. *Defending Politics: Why Democracy Matters in the Twenty-First Century*. Oxford: Oxford University Press, 2013.

Floridi, Luciano. *The 4th Revolution: How the Infosphere is Reshaping Human Reality*. Oxford: Oxford University Press, 2015.

Floridi, Luciano, ed. *The Onlife Manifesto: Being Human in a Hyperconnected Era*. Cham: Springer, 2015.

Foot, Philippa. *Virtues and Vices and Other Essays in Moral Philosophy*. Oxford: Oxford University Press, 2009.

Ford, Martin. *Rise of the Robots: Technology and the Threat of a Jobless Future*. New York: Basic Books, 2015.

Forster, E. M. *The Machine Stops*. London: Penguin, 2011.

Foucault, Michel. *Power/Knowledge: Selected Interviews and Other Writings, 1972–1977*. New York: Vintage Books, 1980.

Foucault, Michel. *Discipline and Punish: The Birth of the Prison*. Translated by Alan Sheridan. New York: Vintage Books, 1995.

Frank, Aaron. 'You Can Ban a Person, But What About Their Hologram?' *Singularity Hub*, 17 Mar. 2017 <https://singularityhub.com/2017/03/17/you-can-ban-a-person-but-what-about-their-hologram/> (accessed 30 Nov. 2017).

Frank, Robert H. *Choosing the Right Pond: Human Behavior and the Quest for Status*. New York: Oxford University Press, 1985.

Frankfurt, Harry. 'Equality as a Moral Ideal'. *Ethics* 98, no. 1 (Oct. 1987): 21–43.

Franklin, Daniel, ed. *Megatech: Technology in 2050*. New York: Profile Books, 2017.

Frayne, David. *The Refusal of Work: The Theory and Practice of Resistance to Work*. London: Zed Books, 2015.

Friedman, Thomas L. *Thank You for Being Late: An Optimist's Guide to Thriving in the Age of Accelerations*. New York: Farrar, Straus, and Giroux, 2016.

Freeden, Michael, *Ideologies and Political Theory: A Conceptual Approach*. Oxford: Oxford University Press, 1998.

Freedom.to. <https://freedom.to/> (accessed 7 Dec. 2017).

Freud, Sigmund. *Civilization and its Discontents*. Oregon: Rough Draft Printing, 2013.

Fromm, Erich. *The Fear of Freedom*. Abingdon: Routledge, 2009.

Fukuyama, Francis. *Our Posthuman Future: Consequences of the Biotechnology Revolution*. London: Profile Books, 2002.

Fukuyama, Francis. *The Origins of Political Order: From Prehuman Times to the French Revolution*. London: Profile Books, 2012.

Fukuyama, Francis. *Political Order and Political Decay: From the Industrial Revolution to the Globalisation of Democracy*. London: Profile Books, 2014.

Full Fact. <https://fullfact.org/> (accessed 1 Dec. 2017).

Fuller, Lon. *The Morality of Law*. New Haven and London: Yale University Press, 1969.

Fuller, Steve, and Veronika Lipińska. *The Proactionary Imperative: A Foundation for Transhumanism*. Basingstoke: Palgrave Macmillan, 2014.

Fullerton, Jamie. 'Democracy Hunters Use Pokémon to Conceal Rallies.' *The Times*, 3 Aug. 2016 <http://www.thetimes.co.uk/article/democracy-hunters-use-pokemon-to-conceal-rallies-j6xrv59jl> (accessed 30 Nov. 2017).

Garreau, Joel. *Radical Evolution: The Promise and Peril of Enhancing Our Minds, Our Bodies—and What it Means to Be Human*. New York: Broadway Books, 2005.

Gartner Newsroom. 'Gartner Says By 2020, a Quarter Billion Connected Vehicles Will Enable New In-Vehicle Services and Automated Driving Capabilities'. 26 Jan. 2015 <http://www.gartner.com/newsroom/id/2970017> (accessed 30 Nov. 2017).

Garton Ash, Timothy. *Free Speech: Ten Principles for a Connected World*. New Haven and London: Yale University Press, 2016.

Gee, Kelsey. 'In Unilever's Radical Hiring Experiment, Resumes Are Out, Algorithms Are In'. *Fox Business*, 26 Jun. 2017 <http://www.foxbusiness.com/features/2017/06/26/in-unilevers-radical-hiring-experiment-resumes-are-out-algorithms-are-in.html> (accessed 1 Dec. 2017).

General Data Protection Regulation. (Regulation (EU) 2016/679 of the European Parliament and of the Council of 27 April 2016 on the protection of natural persons with regard to the processing of personal data and on the free movement of such data, and repealing Directive 95/46/EC).

Gershgorn, Dave. 'Google Has Built Earbuds that Translate 40 Languages in Real Time'. *Quartz*, 4 Oct. 2017 <https://qz.com/1094638/google-goog-built-earbuds-that-translate-40-languages-in-real-time-like-the-hitchhikers-guides-babel-fish/> (accessed 7 Dec. 2017).

Geuss, Raymond. *Philosophy and Real Politics*. Princeton: Princeton University, 2008.

Gleick, James. *The Information: A History, A Theory, A Flood*. London: Fourth Estate, 2012.

Goldman, Alvin I. *Knowledge in a Social World*. Oxford: Oxford University Press, 2003.

Goldman, Bruce. 'Typing With Your Mind: How Technology is Helping the Paralyzed Communicate'. *World Economic Forum*, 1 Mar. 2017 <https://www.weforum.org/agenda/2017/03/this-technology-allows-paralysed-people-to-type-using-their-mind?utm_content=buffer8a986&utm_medium=social&utm_source=twitter.com&utm_

campaign=buffer)%20%20(Ref)%20ch.21%20of%20leviathan?> (accessed 1 Dec. 2017).

Goldsmith, Stephen and Susan Crawford. *The Responsive City: Engaging Communities Through Data-Smart Governance*. San Francisco: Jossey-Bass, 2014.

Goldstein, Brett and Lauren Dyson, eds. *Beyond Transparency: Open Data and the Future of Civic Innovation*. San Francisco: Code for America Press, 2013.

Goode, Lauren. 'Delivery Drones Will Mean the End of Ownership'. *The Verge*, 8 Nov. 2016 <https://www.theverge.com/a/verge-2021/google-x-astro-teller-interview-drones-innovation> (accessed 8 Dec. 2017).

Goodman, Marc. *Future Crimes: A Journey to the Dark Side of Technology—and How to Survive It*. London: Bantam Press, 2015.

Gorz, André. *Reclaiming Work: Beyond the Wage-Based Society*. Translated by Chris Turner. Cambridge: Polity Press, 2005.

Gorz, André. *Capitalism, Socialism, Ecology*. Translated by Martin Chalmers. London and New York: Verso, 2012.

Gould, Carol. *Rethinking Democracy: Freedom and Social Cooperation in Politics, Economy, and Society*. Cambridge: Cambridge University Press, 1990.

Graham, Mark and William H. Dutton, eds. *Society and the Internet: How Networks of Information and Communication are Changing Our Lives*. Oxford: Oxford University Press, 2014.

Gramsci, Antonio. *Selections from the Prison Notebooks*. London: Lawrence & Wishart, 2007.

Granka, Laura A. 'The Politics of Search: A Decade Retrospective'. *The Information Society* 26, no. 5 (2010): 364–374.

Gray, John. *The Soul of the Marionette: A Short Enquiry into Human Freedom*. London: Allen Lane, 2015.

Gray, Tim. *Freedom*. Basingstoke: Macmillan Education, 1991.

Green, Harriet. 'Govcoin's Co-founder Robert Kay Explains Why His Firm is Using Blockchain to Change the Lives of Benefits Claimants'. *City AM*, 10 Oct. 2016 <http://www.cityam.com/250993/govcoins-co-founder-robert-kay-explains-why-his-firm-using> (accessed 30 Nov. 2017).

Greenberg, Andy. 'Now Anyone Can Deploy Google's Troll-Fighting AI'. *Wired*, 23 Feb. 2017 <https://www.wired.com/2017/02/googles-troll-fighting-ai-now-belongs-world/?mbid=social_twitter> (accessed 1 Dec. 2017).

Greenfield, Adam, *Everyware: The Dawning Age of Ubiquitous Computing*. Berkley: New Riders, 2006.

Greengard, Samuel. *The Internet of Things*. Cambridge, Mass: MIT Press, 2015.

Grimmelmann, James. 'Regulation by Software', *Yale Law Journal* 114, no. 7 (May 2005): 1719–1758.

Groopman, Jerome. 'Print Thyself'. *New Yorker*, 24 Nov. 2014 <https://www.newyorker.

com/magazine/2014/11/24/print-thyself> (accessed 30 Nov. 2017).

Grullon, Gustavo, Yelena Larkin, and Roni Michaely. 'Are U.S. Industries Becoming More Concentrated?' *SSRN*, 2017 <https://papers.ssrn.com/sol3/papers.cfm?abstract_id=2612047> (accessed 8 Dec. 2017).

Guo, Jeff. 'We're So Unprepared for the Robot Apocalypse'. *Washington Post*, 30 Mar. 2017 <https://www.washingtonpost.com/news/wonk/wp/2017/03/30/were-so-unprepared-for-the-robot-apocalypse/?utm_term=.caeece2d19b4> (accessed 8 Dec. 2017).

Gutmann, Amy and Dennis Thompson. *Why Deliberative Democracy?* Princeton: Princeton University Press, 2004.

Haac, Oscar A., ed. *The Correspondence of John Stuart Mill and Auguste Comte*. London: Transaction, 1995.

Habermas, Jürgen. *The Future of Human Nature*. Cambridge: Polity Press, 2003.

Habermas, Jürgen. *The Theory of Communicative Action: Volume 1. Reason and the Rationalization of Society*. Translated by Thomas McCarthy. Cambridge: Polity Press, 2004.

Habermas, Jürgen. *The Structural Transformation of the Public Sphere: An Inquiry into a Category of Bourgeois Society*. Translated by Thomas Burger with the assistance of Frederick Lawrence. Cambridge: Polity Press, 2008.

Habermas, Jürgen. *Between Facts and Norms*. Translated by William Rehg. Cambridge: Polity Press in association with Oxford: Basil Blackwell, 2010.

Hajer, Maarten A. and Hendrik Wagenaar, eds. *Deliberative Policy Analysis: Understanding Governance in the Network Society*. New York: Cambridge University Press, 2003.

Halting Problem. 'Tech Bro Creates Augmented Reality App to Filter Out Homeless People'. *Medium*, 23 Feb. 2016 <https://medium.com/halting-problem/tech-bro-creates-augmented-reality-app-to-filter-out-homeless-people-3bf8d827b0df> (accessed 7 Dec. 2017).

Hamilton, Alexander, James Madison, and John Jay. *The Federalist Papers*. New York: Penguin, 2012.

Hanson, Robin, *The Age of EM: Work, Love, and Life When Robots Rule the Earth*. Oxford: Oxford University Press, 2016.

Harari, Yuval Noah. *Sapiens: A Brief History of Humankind*. London: Vintage Books, 2011.

Harari, Yuval Noah. *Homo Deus: A Brief History of Tomorrow*. London: Harvill Secker, 2015.

Harcourt, Bernard E. *Against Prediction: Profiling, Policing, and Punishing in an Actuarial Age*. Chicago: University of Chicago Press, 2007.

Hare, Ivan and James Weinstein, eds. *Extreme Speech and Democracy*. Oxford: Oxford University Press, 2010.

Harrell, Erika. 'Crime Against Persons with Disabilities, 2009–2015—Statistical Tables'. *Bureau of Justice Statistics*, Jul. 2017 <https://www.bjs.gov/content/pub/pdf/capd0915st.

pdf> (accessed 2 Dec. 2017).

Harris, J. W. *Legal Philosophies* (Second Edition). New York: Oxford University Press, 2004.

Hart, H. L. A. *Law, Liberty, and Morality*. Oxford: Oxford University Press, 1991.

Hart, H. L. A. *The Concept of Law* (Second Edition). Oxford: Oxford University Press, 1997.

Hauser, Christine. 'In Connecticut Murder Case, a Fitbit Is a Silent Witness'. *New York Times*, 27 Apr. 2017 <https://www.nytimes.com/2017/04/27/nyregion/in-connecticut-murder-case-a-fitbit-is-a-silent-witness.html?smid=tw-nytimes&smtyp=cur> (accessed 1 Dec. 2017).

Havelock, Eric A. *The Greek Concept of Justice: From its Shadow in Homer to its Substance in Plato*. Cambridge, Mass: Harvard University Press, 1978.

Havelock, Eric A. *The Muse Learns to Write: Reflections on Orality and Literacy from Antiquity to the Present*. New Haven and London: Yale University Press, 1986.

Haven, Douglas. 'The Uncertain Future of Democracy'. *BBC futurenow*, 30 Mar. 2017 <http://www.bbc.com/future/story/20170330-the-uncertain-future-of-democracy?ocid=ww.social.link.twitter> (accessed 1 Dec. 2017).

Hay, Colin, Michael Lister, and David Marsh, eds. *The State: Theories and Issues*. Basingstoke: Palgrave Macmillan, 2006.

Hayek, Friedrich. 'The Use of Knowledge in Society'. *The American Economic Review* 35, no. 4 (Sep. 1945): 519–530.

Hayek, Friedrich. *The Road to Serfdom*. Abingdon: Routledge, 2008.

Hayek, Friedrich. *The Constitution of Liberty*. Abingdon: Routledge, 2009.

Heater, Brian. 'Wilson's Connected Football is a $200 Piece of Smart Pigskin'. *TechCrunch*, 8 Aug. 2016 <https://techcrunch.com/2016/08/08/wilson-x-football/?ncid=rss> (accessed 29 Nov. 2017).

Hegel, G. W. F. *Elements of the Philosophy of Right*. Translated by H. B. Nisbet. Cambridge: Cambridge University Press, 2008.

Held, David, *Models of Democracy* (Third Edition). Cambridge: Polity, 2016.

Hern, Alex. 'Flickr Faces Complaints Over "Offensive" Auto-tagging for Photos'. *The Guardian*, 20 May 2015 <https://www.theguardian.com/technology/2015/may/20/flickr-complaints-offensive-auto-tagging-photos> (accessed 2 Dec. 2017).

Hern, Alex. 'Why Data Is the New Coal'. *The Guardian*, 27 Sep. 2016 <https://www.theguardian.com/technology/2016/sep/27/data-efficiency-deep-learning> (accessed 28 Nov. 2017).

Hern, Alex. 'Vibr ator Maker Ordered to Pay Out C$4m for Tracking Users' Sexual Activity'. *The Guardian*, 14 Mar. 2017 <https://www.theguardian.com/technology/2017/mar/14/we-vibe-vibrator-tracking-users-sexual-habits?CMP=Share_iOSApp_Other> (accessed 1 Dec. 2017).

Hess, Amanda. 'On Twitter, a Battle Among Political Bots'. *New York Times*, 14 Dec. 2016

<https://mobile.nytimes.com/2016/12/14/arts/on-twitter-a-battle-among-political-bots.ht ml?contentCollection=weekendreads&referer=> (accessed 1 Dec. 2017).

Hidalgo, César. *Why Information Grows: The Evolution of Order, from Atoms to Economies.* London: Allen Lane, 2015.

Higgins, Stan. 'IBM Invests $200 Million in Blockchain-Powered IoT'. *CoinDesk*, 4 Oct. 2016 <https://www.coindesk.com/ibm-blockchain-iot-office/> (accessed 30 Nov. 2017).

Higgs, Eric, Andrew Light, and David Strong. *Technology and the Good Life?* Chicago: University of Chicago Press, 2000.

Hildebrandt, Mireille. 'Legal and Technological Normativity: More (and Less) than Twin Sisters'. *Techné: Research in Philosophy and Technology* 12, no. 3 (Fall, 2008): 169– 83.

Hildebrandt, Mireille, and Antoinette Rouvroy, eds. *Law, Human Agency and Autonomic Computing: The Philosophy of Law Meets the Philosophy of Technology.* Abingdon: Routledge, 2013.

Hinchliffe, Emma. 'IBM's Watson Supercomputer Discovers 5 New Genes Linked to ALS'. *Mashable UK*, 14 Dec. 2016 <http://mashable.com/2016/12/14/ibm-watson-als-research/?utm_cid=mash-com-Tw-tech-link%23sd613jsnjlqd#HJziN5r0aGq5> (accessed 28 Nov. 2017).

Hindman, Matthew. *The Myth of Digital Democracy.* Princeton: Princeton University Press, 2009.

Hobbes, Thomas. *Leviathan.* Cambridge: Cambridge University Press, 2007.

Hobsbawm, Eric. *The Age of Revolution: 1789–1848.* New York: Vintage Books, 1996.

Hofstadter, Richard. *The Paranoid Style in American Politics.* New York: Vintage Books, 2008.

Holmes, Oliver Wendell. 'The Path of the Law'. *Harvard Law Review* 10, no. 457 (1897).

Honneth, Axel. *The Struggle for Recognition: The Moral Grammar of Social Conflicts.* Translated by Joel Anderson. Cambridge: Polity Press, 2005.

Hopkins, Nick. 'Revealed: Facebook's Internal Rulebook on Sex, Terrorism and Violence'. *The Guardian*, 21 May 2017 <https://amp.theguardian.com/news/2017/may/21/revealed-facebook-internal-rulebook-sex-terrorism-violence> (accessed 1 Dec. 2017).

Howard, Philip N. *Pax Technica: How the Internet of Things May Set Us Free or Lock Us Up.* New Haven and London: Yale University Press, 2015.

Hudson, Laura. 'Some Like it Bot'. *FiveThirtyEight*, 29 Sep. 2016 <http://fivethirtyeight.com/features/some-like-it-bot/> (accessed 28 Nov. 2017).

Hughes, Thomas P. *Human-Built World: How to Think about Technology and Culture.* Chicago: University of Chicago Press, 2004.

Hume, David. *A Treatise of Human Nature.* London: Penguin, 1969.

Hume, David. *An Enquiry Concerning the Principles of Morals.* Indianapolis: Hackett Publishing Company, 1983.

Hume, David. *Selected Essays.* Oxford: Oxford University Press, 2008.

Hvistendahl, Mara. 'Inside China's Vast New Experiment in Social Ranking'. *Wired*, 14 December 2017 <https://www.wired.com/story/age-of-social-credit/> (accessed 21 Jan. 2018).

IFR. 'World Robotics Report 2016'. *IFR Press Release* <https://ifr.org/ifr-press-releases/news/world-robotics-report-2016> (accessed 30 Nov. 2017).

Innis, Harold. *Empire and Communications*. Lanham: Rowman & Littlefield, 2007.

Intel. 'New Technology Delivers an Unprecedented Combination of Performance and Power Efficiency'. *Intel 22 NM Technology* <http://www.intel.com/content/www/us/en/silicon-innovations/intel-22nm-technology.html> (accessed 28 Nov. 2017).

Internet Live Stats. 'Internet Users'. <http://www.internetlivestats.com/internet-users/> (accessed 30 Nov. 2017).

Internet Live Stats. 'Twitter Users'. <http://www.internetlivestats.com/twitter-statistics/> (accessed 30 Nov. 2017).

Isaacson, Walter. *The Innovators: How a Group of Hackers, Geniuses and Geeks Created the Digital Revolution*. London: Simon & Schuster, 2014.

Issenberg, Sasha. 'How Obama's Team Used Big Data to Rally Voters'. *MIT Techology Review*, 19 Dec. 2012 <https://www.technologyreview.com/s/509026/how-obamas-team-used-big-data-to-rally-voters/> (accessed 1 Dec. 2017).

Jahoda, Marie. *Employment and Unemployment: A Social-psychological Analysis*. Cambridge: Cambridge University Press, 1982.

Jain, Rishabh. 'Charlottesville Attack: Facebook, Reddit, Google and GoDaddy Shut DownHate Groups'. *IBT*, 16 Aug. 2017 <http://www.ibtimes.com/charlottesville-attack-facebook-reddit-google-godaddy-shut-down-hate-groups-2579027> (accessed 1 Dec. 2017).

Jasanoff, Sheila, *The Ethics of Invention: Technology and the Human Future*. New York: W. W. Norton & Company, 2016.

Jay, Anthony, ed. *Lend Me Your Ears: Oxford Dictionary of Political Quotations* (Fourth Edition). Oxford: Oxford University Press, 2010.

Jay, Martin. *The Virtues of Mendacity: On Lying in Politics*. Charlottesville: University of Virginia Press, 2010.

Jefferson, Thomas. Letter to John Adams, 4 Sep. 1823. *Library of Congress*. <https://www.loc.gov/exhibits/jefferson/202.html> (accessed 8 Dec. 2017).

Johnson, Bobby. 'Amazon Kindle Users Surprised by "Big Brother" Move'. *The Guardian*, 17 Jul. 2009. https://www.theguardian.com/technology/2009/jul/17/amazon-kindle-1984 (accessed 8 Dec. 2017).

Johnson, Steven. *Future Perfect: The Case for Progress in a Networked Age*. London: Penguin, 2013.

Jones, Steve. 'Why "Big Data" is the Fourth Factor of Production'. *Financial Times*, 27 Dec. 2012. <https://www.ft.com/content/5086d700-504a-11e2-9b66-00144feab49a> (accessed 9 Dec. 2017).

'Joseph Schumpeter'. *Wikipedia*, last modified 23 Dec. 2017 <https://en.wikipedia.org/wiki/Joseph_Schumpeter> (accessed 21 Jan. 2018).

Jouppi, Norm. 'Google Supercharges Machine Learning Tasks With TPU Custom Chip'. *Google Cloud Platform Blog*, 18 May 2016 <https://cloudplatform.googleblog.com/2016/05/Google-supercharges-machine-learning-tasks-with-custom-chip.html> (accessed 28 Nov. 2017).

Juma, Calestous. *Innovation and its Enemies: Why People Resists New Technologies*. New York: Oxford University Press, 2016.

Kasparov, Garry. *Deep Thinking: Where Machine Intelligence Ends and Human Creativity Begins*. New York: PublicAffairs, 2017.

Kassarnig, Valentin. 'Political Speech Generation'. *arXiv*, 20 Jan. 2016 <https://arxiv.org/abs/1601.03313> (accessed 28 Nov. 2017).

Keen, Andrew. *The Internet is Not the Answer*. London: Atlantic Books, 2015.

Kelion, Leo and Shiroma Silva. 'Pro-Clinton Bots "Fought Back but Outnumbered in Second Debate'. *BBC News*, 19 Oct. 2016 <http://www.bbc.com/news/technology-37703565> (accessed 1 Dec. 2017).

Kellmereit, Daniel and Daniel Obodovski. *The Silent Intelligence: The Internet of Things*. DND Ventures LLC: 2013.

Kelly III, John E. and Steve Hamm. *Smart Machines: IBM's Watson and the Era of Cognitive Computing*. New York: Columbia Business School Publishing, 2014.

Kelly, Kevin. *What Technology Wants*. New York: Penguin, 2010.

Kelly, Kevin. *The Inevitable: Understanding the 12 Technological Forces that Will Shape Our Future*. New York: Viking, 2016.

Kelly, Rick. 'The Next Battle for Internet Freedom Could Be Over 3D Printing'. *TechCrunch*, 26 Aug. 2012 <https://techcrunch.com/2012/08/26/the-next-battle-for-internet-freedom-could-be-over-3d-printing/> (accessed 30 Nov. 2017).

Kelsen, Hans. *Pure Theory of Law*. Translated from the Second (Revised and Enlarged) German Edition by Max Knight. New Jersey: Law Book Exchange, 2009.

Kelty, Christopher M. *Two Bits: The Cultural Significance of Free Software*. Durham & London: Duke University Press, 2008.

Kennedy, John F. Inaugural Address, 20 Jan. 1961.

Khanna, Parag. *Technocracy in America: Rise of the Info-State*. Self-published, 2017.

Khatchadourian, Raffi. 'We Know How You Feel'. *New Yorker*, 19 Jan. 2015 <http://www.newyorker.com/magazine/2015/01/19/know-feel> (accessed 30 Nov. 2017).

Khomami, Nadia. 'Ministers Back Campaign to Give Under-18s Right to Delete Social Media Posts'. *The Guardian*, 28 Jul. 2015 <https://www.theguardian.com/media/2015/jul/28/ministers-back-campaign-under-18s-right-delete-social-media-posts> (accessed 1 Dec. 2017).

Kim, Mark. 'Google Quantum Computer Test Shows Breakthrough is Within Reach'. *New Scientist*, 28 Sep. 2017 <https://www.newscientist.com/article/2148989-google-

quantum-computer-test-shows-breakthrough-is-within-reach/> (accessed 6 Dec. 2017).

Kitchin, Rob. *The Data Revolution: Big Data, Open Data, Data Infrastructures and their Consequences.* London: Sage Publications Ltd, 2014.

Kitchin, Rob and Martin Dodge. ' "Outlines of a World Coming into Existence" : Pervasive Computing and the Ethics of Forgetting'. *Environment and Planning B: Urban Analytics and City Science* 34, no. 3 (2007): 431–445.

Kitchin, Rob and Martin Dodge. *Code/Space: Software and Everyday Life.* Cambridge, Mass: MIT Press, 2014.

Klaas, Brian. *The Despot's Accomplice: How the West is Aiding and Abetting the Decline of Democracy.* Oxford: Oxford University Press, 2016.

Kleinman, Zoe. 'Toyota Launches "Baby" Robot for Companionship.' *BBC News*, 3 Oct. 2016 <http://www.bbc.co.uk/news/technology-37541035> (accessed 30 Nov. 2017).

Kolhatkar, Sheelah. 'The Tech Industry's Gender-Discrimination Problem'. *New Yorker*, 20 Nov. 2017 <https://www.newyorker.com/magazine/2017/11/20/the-tech-industrys-gender-discrimination-problem> (accessed 12 Dec. 2017).

Kollanyi, Bence, Philip N. Howard, and Samuel C. Woolley. 'Bots and Automation over Twitter during the U.S. Election'. *Computational Propaganda Project*, 2016 <http://comprop.oii.ox.ac.uk/2016/11/17/bots-and-automation-over-twitter-during-the-u-s-election/> (accessed 1 Dec. 2017).

Krasodomski-Jones, Alex. 'Talking to Ourselves?' *Demos*, Sep. 2016 <https://www.demos.co.uk/wp-content/uploads/2017/02/Echo-Chambers-final-version.pdf> (accessed 1 Dec. 2017).

Kurzweil, Ray. *The Singularity is Near.* London: Duckworth, 2010.

Kurzweil, Ray. *How to Create a Mind.* London: Duckworth Overlook, 2012.

Kymlicka, Will. *Contemporary Political Philosophy: An Introduction* (Second Edition). Oxford: Oxford University Press, 2002.

Lai, Richard. 'bHaptics' TactSuit is VR Haptic Feedback Done Right'. *Engadget*, 7 Feb. 2017 <https://www.engadget.com/2017/07/02/bhaptics-tactsuit-vr-haptic-feedback-htc-vive-x-demo-day/?sr_source=Twitter> (accessed 30 Nov. 2017).

Landau, Susan. 'Choices: Privacy and Surveillance in a Once and Future Internet'. *Daedalus* 145, no. 1 (Winter 2016): 54–64.

Landemore, Hélène. *Democratic Reason: Politics, Collective Intelligence, and the Rule of the Many.* Princeton: Princeton University Press, 2017.

Lanier, Jaron. *You Are Not a Gadget.* London: Allen Lane, 2010.

Lanier, Jaron. *Who Owns the Future?* London: Allen Lane, 2014.

Lant, Karla. 'Google is Closer than Ever to a Quantum Computing Breakthrough'. *Business Insider*, 24 Jul. 2017 <http://uk.businessinsider.com/google-quantum-computing-chip-ibm-2017-6?r=US&IR=T> (accessed 28 Nov. 2017).

Larson, Selena. 'Research Shows Gender Bias in Google's Voice Recognition'. *Daily Dot*, 15 Jul. 2016 <https://www.dailydot.com/debug/google-voice-recognition-gender-bias/>

(accessed 2 Dec. 2017).

Leftwich, Adrian, ed. *What is Politics?* Cambridge: Polity Press, 2015.

Leopold, David and Marc Stears, eds. *Political Theory: Methods and Approaches*. Oxford: Oxford University Press, 2010.

Lessig, Lawrence. *Code Version 2.0*. New York: Basic Books, 2006.

Leta Jones, Meg. *Ctrl + Z: The Right to Be Forgotten*. New York: New York University Press, 2016.

Levy, Steven. *Crypto: How the Code Rebels Beat the Government—Saving Privacy in the Digital Age*. New York: Penguin, 2002.

Lewis, Michael. *Flash Boys: Cracking the Money Code*. London: Allen Lane, 2014.

Linn, Allison. 'Microsoft Creates AI that Can Read a Document and Answer Questions About it As Well as a Person'. *The AI Blog*, 15 Jan. 2018 <https://blogs.microsoft.com/ai/microsoft-creates-ai-can-read-document-answer-questions-well-person/> (accessed 21 January 2018).

Livingston, James. 'Fuck Work'. *Aeon*, 25 Nov. 2016 <https://aeon.co/essays/what-if-jobs-are-not-the-solution-but-the-problem> (accessed 8 Dec. 2017).

Locke, John. *Two Treatises of Government and A Letter Concerning Toleration*. Ed. Ian Shapiro. New Haven and London: Yale University Press, 2003.

Lopatto, Elizabeth. 'Gene Editing Will Transform Cancer Treatment'. *The Verge*, 22 Nov. 2016. <https://www.theverge.com/a/verge-2021/jennifer-doudna-crispr-gene-editing-healthcare> (accessed 8 Dec. 2017).

LSST. <https://www.lsst.org/about> (accessed 30 Nov. 2017).

Lukes, Steven, ed. *Power*. New York: New York University Press, 1986.

Lukes, Steven. *Power: A Radical View* (Second Edition). Basingstoke: Palgrave Macmillan, 2005.

Luxemburg, Rosa. 'The Russian Revolution' (1918). Translated by Bertram Wolfe. New York: Workers Age Publishers, 1940. *Marxists* <https://www.marxists.org/archive/luxemburg/1918/russian-revolution/ch06.htm> (accessed 9 Dec. 2017).

Lynch, Jack. 'For the Price of a Smartphone You Could Bring a Robot Home'. *World Economic Forum*, 7 Jun. 2016 <https://www.weforum.org/agenda/2016/06/for-the-price-of-a-smartphone-you-could-bring-a-robot-home?utm_content=bufferafeb1&utm_medium=social&utm_source=twitter.com&utm_campaign=buffer> (accessed 30 Nov. 2017).

Lyon, David, ed. *Surveillance as Social Sorting: Privacy, Risk and Digital Discrimination*. Abingdon: Routledge, 2003.

Machiavelli, Niccolò, *Discourses on Livy*. Translated by Julia Conaway Bondanella and Peter Bondanella. Oxford: Oxford University Press, 2008.

Machkovech, Sam. 'Marathon Runner's Tracked Data Exposes Phony Time, Cover-up Attempt'. *Ars Technica UK*, 22 Feb. 2017 <https://arstechnica.com/gadgets/2017/02/suspicious-fitness-tracker-data-busted-a-phony-marathon-run/> (accessed 1 Dec. 2017).

MacKinnon, Rebecca. *Consent of the Networked: The Worldwide Struggle for Internet Freedom.* New York: Basic Books, 2013.

Mannheim, Karl. *Ideology and Utopia: An Introduction to the Sociology of Knowledge.* Translated by Louis Wirth and Edward Shils. Connecticut: Martino Publishing, 2015.

Margretts, Helen, Peter John, Scott Hale, and Taha Yasseri. *Political Turbulence: How Social Media Shape Collective Action.* Princeton: Princeton University Press, 2016.

Markoff, John. *Machines of Loving Grace: The Quest for Common Ground Between Humans and Robots.* New York: HarperCollins, 2015.

Markoff, John. 'Automated Pro-Trump Bots Overwhelmed Pro-Clinton Messages, Researchers Say'. *New York Times*, 17 Nov. 2016 <http://www.nytimes.com/2016/11/18/technology/automated-pro-trump-bots-overwhelmed-pro-clinton-messages-researchers-say.html)> (accessed 1 Dec. 2017).

Martinez, Peter. 'Study Reveals Whopping 48M Twitter Accounts Are Actually Bots'. *CBS News*, 10 Mar. 2017 <http://www.cbsnews.com/news/48-million-twitter-accounts-bots-university-of-southern-california-study/?ftag=CNM-00-10aab7e&linkId=35386687> (accessed 1 Dec. 2017).

Marx, Karl. *Karl Marx and Frederick Engels: Collected Works Volumes 1–50.* London: Lawrence & Wishart, 1975–2004.

Mason, Paul. *Postcapitalism: A Guide to Our Future.* London: Allen Lane, 2015.

Mayer-Schönberger, Viktor, and Kenneth Cukier. *Delete: The Virtue of Forgetting in the Digital Age.* Princeton: Princeton University Press, 2009.

Mayer-Schönberger, Viktor, and Kenneth Cukier. *Big Data: A Revolution that Will Transform How We Live, Work and Think.* London: John Murray, 2013.

Mayr, Otto. *Authority, Liberty and Automatic Machinery in Early Modern Europe.* Baltimore: Johns Hopkins University Press, 1989.

McChesney, Robert W. *Digital Disconnect: How Capitalism is Turning the Internet Against Democracy.* New York: The New Press, 2014.

McChesney, Robert W. and John Nichols. *People Get Ready: The Fight Against a Jobless Economy and a Citizenless Democracy.* New York: Nation Books, 2016.

McGinnis, John O. *Accelerating Democracy: Transforming Governance through Technology.* Princeton: Princeton University Press, 2013.

McLuhan, Marshall. *Understanding Media: The Extensions of Man.* Abingdon: Routledge, 2005.

Mearian, Lucas. 'By 2020, there Will Be 5,200 GB of Data for Every Person on Earth'. *ComputerWorld*, 11 Dec. 2012 <http://www.computerworld.com/article/2493701/data-center/by-2020--there-will-be-5-200-gb-of-data-for-every-person-on-earth.html> (accessed 30 Nov. 2017).

Merchant, Brian. 'Fully Automated Luxury Communism'. *The Guardian*, 18 Mar. 2015. <https://www.theguardian.com/sustainable-business/2015/mar/18/fully-automated-luxury-communism-robots-employment> (accessed 8 Dec. 2017).

Metz, Cade. 'Google's AI Wins Fifth and Final Game Against Go'. *Wired*, 15 Mar. 2016 <https://www.wired.com/2016/03/googles-ai-wins-fifth-final-game-go-genius-lee-sedol/> (accessed 28 Nov. 2017).

Metz, Cade. 'Building AI Is Hard—So Facebook is Building AI that Builds AI'. *Wired*, 6 May 2016 <https://www.wired.com/2016/05/facebook-trying-create-ai-can-create-ai/> (accessed 28 Nov. 2017).

Metz, Cade. 'Microsoft Bets its Future on a Reprogrammable Computer Chip'. *Wired*, 25 Aug. 2016 <https://www.wired.com/2016/09/microsoft-bets-future-chip-reprogram-fly/?mbid=social_twitter> (accessed 28 Nov. 2017).

Metz, Cade. 'Elon Musk Isn't the Only One Trying to Computerize Your Brain'. *Wired*, 31 Mar. 2017 <https://www.wired.com/2017/03/elon-musks-neural-lace-really-look-like/?mbid=social_twitter> (accessed 30 Nov. 17).

Metz, Cade. 'Google's Dueling Neural Networks Spar to Get Smarter, No Humans Required'. *Wired*, 11 Apr. 2017 <https://www.wired.com/2017/04/googles-dueling-neural-networks-spar-get-smarter-no-humans-required/> (accessed 28 Nov. 2017).

Metz, Rachel. 'Controlling VR with Your Mind'. *MIT Technology Review*, 22 Mar. 2017 <https://www.technologyreview.com/s/603896/controlling-vr-with-your-mind/> (accessed 1 Dec. 2017).

Mill, John Stuart. 'Thoughts on Parliamentary Reform'. *Collected Works of John Stuart Mill, Volume XIX—Essays on Politics and Society Part 2*. Ed. John M. Robson. Toronto: University of Toronto Press, London: Routledge and Kegan Paul, 1977. <http://oll.libertyfund.org/titles/mill-the-collected-works-of-john-stuart-mill-volume-xix-essays-on-politics-and-society-part-2#lf0223-19_head_002> (accessed 8 Dec. 2017).

Mill, John Stuart. *On Liberty and Other Writings*. Cambridge: Cambridge University Press, 2008.

Mill, John Stuart. *The Autobiography of John Stuart Mill*. US: Seven Treasures Publications, 2009.

Mill, John Stuart. 'Considerations on Representative Government'. *Project Gutenberg* <https://www.gutenberg.org/files/5669/5669-h/5669-h.htm> (accessed 1 Dec. 2017).

Miller, David, ed. *The Liberty Reader*. Edinburgh: Edinburgh University Press, 2006.

Miller, David and Larry Siedentop, eds. *The Nature of Political Theory*. Oxford: Oxford University Press, 1983.

Mills, Laurence. 'Numbers, Data and Algorithms—Why HR Professionals and Employment Lawyers Should Take Data Science and Analytics Seriously'. *Future of Work Hub*, 4 Apr. 2017 <http://www.futureofworkhub.info/comment/2017/4/4/numbers-data-and-algorithms-why-hr-professionals-and-employment-lawyers-should-take-data-science-seriously> (accessed 1 Dec. 2017).

Millward, David. 'How Ford Will create a new generation of driverless cars'. *Telegraph*, 27 Feb. 2017 <http://www.telegraph.co.uk/business/2017/02/27/ford-seeks-pioneer-new-generation-driverless-cars/> (accessed 28 Nov. 2017).

Milton, John. *Paradise Lost*. London: Penguin, 2003.

Misra, Tanvi. '3 Cities Using Open Data in Creative Ways to Solve Problems'. *CityLab*, 22 Apr. 2015 <http://www.citylab.com/cityfixer/2015/04/3-cities-using-open-data-in-creative-ways-to-solve-problems/391035/> (accessed 29 Nov. 2017).

MIT Technology Review Custom, in partnership with Oracle. 'The Rise of Data Capital'. *MIT Technology Review*, 21 Mar. 2016 <https://www.technologyreview.com/s/601081/the-rise-of-data-capital/> (accessed 8 Dec. 2017).

Mitchell, William J. *City of Bits: Space, Place, and the Infobahn*. Cambridge, Mass: MIT Press, 1998.

Mitchell, William J. *E-topia*. Cambridge, Mass: MIT Press, 2000.

Mitchell, William J. *Me ++: The Cyborg Self and the Networked City*. Cambridge, Mass: MIT Press, 2003.

Mittelstand, Brent Daniel, Patrick Allo, Mariarosaria Taddeo, Sandra Wachter, and Luciano Floridi. 'The Ethics of Algorithms: Mapping the Debate'. *Big Data & Society* 3, no. 2 (2016): 1–21.

Mizokami, Kyle. 'The Pentagon Wants to Use Bitcoin Technology to Protect Nuclear Weapons'. *Popular Mechanics*, 11 Oct. 2016 <http://www.popularmechanics.com/military/research/a23336/the-pentagon-wants-to-use-bitcoin-technology-to-guard-nuclearweapons/?utm_content=buffer98698&utm_medium=social&utm_source=twitter.com&utm_campaign=buffer> (accessed 30 Nov. 2017).

Moley. <http://www.moley.com/> (accessed 1 Dec. 2017).

Montesquieu, Charles de Secondat, baron de. *The Spirit of the Laws*. Translated by Anne M. Cohler, Basia Carolyn Miller, and Harold Samuel Stone. Cambridge: Cambridge University Press, 1989 (Kindle Edition).

Moore, Gordon. 'Cramming More Components onto Integrated Circuits'. *Proceedings of the IEEE* 86, no. 1 (Jan. 1998): 82–5.

'Moravec's Paradox', *Wikipedia*, last modified 9 May 2017. <https://en.wikipedia.org/wiki/Moravec%27s_paradox> (accessed 6 Dec. 2017).

More, Max, and Natasha Vita-More, eds. *The Transhumanist Reader: Classical and Contemporary Essays on the Science, Technology, and Philosophy of the Human Future*. Chichester: John Wiley & Sons, Inc, 2013.

Morozov, Evgeny. *The Net Delusion: How Not to Liberate the World*. London: Penguin, 2011.

Morozov, Evgeny. 'The Meme Hustler'. *Baffler* 22, Apr. 2013 <http://thebaffler.com/salvos/the-meme-hustler> (accessed 30 Nov. 2017).

Morozov, Evgeny. *To Save Everything, Click Here: Technology, Solutionism, and the Urge to Fix Problems That Don' t Exist*. London: Penguin, 2014.

Morozov, Evgeny. 'To Tackle Google's Power, Regulators Have to Go After its Ownership of Data'. *The Guardian*, 2 Jul. 2017. <https://www.theguardian.com/technology/2017/jul/01/google-european-commission-fine-search-engines?CMP=share_btn_tw> (accessed 8 Dec. 2017).

Mouffe, Chantal. *The Democratic Paradox*. London: Verso, 2009.

Moxley, Lauren. 'E-Rulemaking and Democracy'. *Administrative Law Review* 68, no. 4 (2016): 661–99.

Mumford, Lewis. *The Myth of the Machine*. London: Secker & Warburg, 1967.

Mumford, Lewis. *Technics and Civilization*. Chicago: University of Chicago Press, 2010.

Muoio, Danielle. 'Here's Everything We Know About Google's Driverless Cars'. *Business Insider*, 25 Jul. 2016 <http://uk.businessinsider.com/google-driverless-car-facts-2016-7?r=US&IR=T/#the-cars-have-been-in-a-few-minor-accidents-only-one-of-which-could-be-argued-to-have-been-the-google-cars-fault-11> (accessed 30 Nov. 2017).

Murray, Andrew, and Colin Scott. 'Controlling the New Media: Hybrid Responses to New Forms of Power'. *Modern Law Review* 65, no. 4 (2002): 491–516.

Muse.com. <http://www.choosemuse.com/> (accessed 30 Nov. 2017).

Nagel, Thomas. *The View from Nowhere*. New York: Oxford University Press, 1986.

Negroponte, Nicholas. *Being Digital*. New York: Vintage Books, 1996.

Nelson, Justin, Richard A. McKinley, Chandler Phillips, Lindsey McIntyre, Chuck Goodyear, Aerial Kreiner, and Lanie Monforton. 'The Effects of Transcranial Direct Current Stimulation (tDCS) on Multitasking Throughput Capacity'. *Frontiers in Human Neuroscience*, 29 November 2016 <https://www.frontiersin.org/articles/10.3389/fnhum.2016.00589/full> (accessed 8 Dec. 2017).

Neuman, W. Russell. *The Digital Difference: Media Technology and the Theory of Communication Effects*. Cambridge, Mass: Harvard University Press, 2016.

New York Times. 'Why Not Smart Guns in this High-Tech Era?' Editorial, 26 Nov. 2016. <http://mobile.nytimes.com/2016/11/26/opinion/sunday/why-not-smart-guns-in-this-high-tech-era.html?smid=tw-nytopinion&smtyp=cur&referer=> (accessed 1 Dec. 2017).

Newton, Casey. 'Here's How Snapchat's New Spectacles Will Work'. *The Verge*, 24 Sep. 2016 <http://www.theverge.com/2016/9/24/13042640/snapchat-spectacles-how-to-use> (accessed 28 Nov. 2017).

Nichols, John. 'If Trump's FCC Repeals Net Neutrality, Elites Will Rule the Internet—and the Future'. *Nation*, 24 Nov. 2017 <https://www.thenation.com/article/if-trumps-fcc-repeals-net-neutrality-elites-will-rule-the-internet-and-the-future/> (accessed 1 Dec. 2017).

Nietzsche, Friedrich. *Thus Spoke Zarathustra: A Book for Everyone and No One*. Translated by R. J. Hollingdale. London: Penguin, 2003.

Nietzsche, Friedrich. *Ecce Homo*. Translated by R. J. Hollingdale. London: Penguin, 2004.

Nissenbaum, Helen. *Privacy in Context: Technology, Policy, and the Integrity of Social Life*. Stanford: Stanford University Press, 2010.

Norman, Donald A. *The Design of Future Things*. New York: Basic Books, 2007.

Noveck, Beth Simone. *Wiki Government: How Technology Can Make Government Better, Democracy Stronger, and Citizens More Powerful*. Washington, DC: Brookings Institution Press, 2009.

Noveck, Beth Simone. *Smart Citizens, Smarter State: The Technologies of Expertise and the Future of Governing*. Cambridge, Mass: Harvard University Press, 2015.

Nozick, Robert. *Anarchy, State, and Utopia*. Oxford: Blackwell Publishing, 2008.

NYC Mayor's Office of Technology and Innovation. 'Preparing for the Internet of Everything' (undated) <https://www1.nyc.gov/site/forward/innovations/iot.page> (accessed 6 Dec. 2017).

Ober, Josiah. *Democracy and Knowledge: Innovation and Learning in Classical Athens*. Princeton: Princeton University Press, 2008.

O'Hara, Kieron and David Stevens. *Inequality.com: Power, Poverty and the Digital Divide*. Oxford: Oneworld, 2006.

O'Malley, James. 'Bluetooth Mesh Is Going to Be a Big Deal: Here Are 6 Reasons Why You Should Care'. *Gizmodo*, 18 Jul. 2017 <http://www.gizmodo.co.uk/2017/07/bluetooth-mesh-is-going-to-be-a-big-deal-here-are-6-reasons-why-you-should-care/> (accessed 30 Nov. 2017).

O'Neil, Cathy. *Weapons of Math Destruction: How Big Data Increases Inequality and Threatens Democracy*. New York: Crown, 2016.

Olson, Parmy. 'Meet Improbable, the Startup Building the World's Most Powerful Simulations'. *Forbes*, 15 Jun. 2015. <https://www.forbes.com/sites/parmyolson/2015/05/27/improbable-startup-simulations/#6ae2da044045> (accessed 8 Dec. 2017).

Ong, Walter. *Orality and Literacy*. Abingdon: Routledge, 2012.

Oord, Aäron van den, Sander Dieleman, Heiga Zen, Karen Simonyan, Oriol Vinyals, Alex Graves, Nal Kalchbrenner et al. 'WaveNet: A Generative Model for Raw Audio'. *arXiv* 19 Sep. 2016 <https://arxiv.org/abs/1609.03499> (accessed 6 Dec. 2017).

Orwell, George. *Essays*. London: Penguin, 2000.

Orwell, George. *Nineteen Eighty-Four*. London: Penguin, 2000.

Orwell, George. *Diaries*. London: Penguin, 2009.

Palfrey, John, and Urs Gasser. *Interop: The Promise and Perils of Highly Interconnected Systems*. New York: Basic Books, 2012.

Palmer, Daniel. 'Blockchain Startup to Secure 1 Million e-Health Records in Estonia'. *CoinDesk*, 3 Mar. 2016 <http://www.coindesk.com/blockchain-startup-aims-to-secure-1-million-estonian-health-records/> (accessed 30 Nov. 2017).

Papacharissi, Zizi A. *A Private Sphere: Democracy in a Digital Age*. Cambridge: Polity Press, 2013.

Parijs, Philippe van, and Yannick Vanderborght. *Basic Income: A Radical Proposal for a Free Society and a Sane Economy*. Cambridge, Mass: Harvard, 2017.

Pariser, Eli. *The Filter Bubble: What the Internet is Hiding from You*. London: Penguin, 2011.

Pasquale, Frank. *The Black Box Society: The Secret Algorithms that Control Money and Information*. Cambridge, Mass: Harvard University Press, 2015.

Pasquale, Frank. 'From Holocaust Denial to Hitler Admiration, Google's Algorithm is Dangerous'. *Huffington Post*, 2 Jun. 2017. <https://www.huffingtonpost.com/entry/holocaust-google-algorithm_us_587e8628e4b0c147f0bb9893> (accessed 8 Dec. 2017).

Pasquale, Frank. 'Will Amazon Take Over the World?' *Boston Review*, 20 Jul. 2017 <https://bostonreview.net/class-inequality/frank-pasquale-will-amazon-take-over-world> (accessed 8 Dec. 2017).

Pateman, Carol. *Participation and Democratic Theory*. Cambridge: Cambridge University Press, 1999.

Pearson, Jordan. 'Why an AI-Judged Beauty Contest Picked Nearly All White Winners'. *Motherboard*, 5 Sep. 2016 <https://motherboard.vice.com/en_us/article/78k7de/why-an-ai-judged-beauty-contest-picked-nearly-all-white-winners> (accessed 2 Dec. 2017).

Penney, Jon. 'Internet Surveillance, Regulation, and Chilling Effects Online: A Comparative Case Study'. *Internet Policy Review* 6, no. 2 (2017): 1–38.

Penny, Timothy J. 'Facts Are Facts'. *National Review*, 4 Sep. 2003. <http://www.nationalreview.com/article/207925/facts-are-facts-timothy-j-penny> (accessed 9 Dec. 2017).

Perry, Walter, Brian McInnis, Carter Price, Susan Smith, and John Hollywood. *Predictive Policing: The Role of Crime Forecasting in Law Enforcement Operations*. Santa Monica: RAND Corporation, 2013.

Perzanowksi, Aaron, and Jason Schultz. *The End of Ownership: Personal Property in the Digital Economy*. Cambridge, Mass: MIT Press, 2016.

Peters, John Durham. *Speaking Into the Air: A History of the Idea of Communication*. Chicago: University of Chicago Press, 1999.

Peterson, Andrea. 'Holocaust Museum to Visitors: Please Stop Catching Pokémon Here'. *Washington Post*, 12 Jul. 2016 <https://www.washingtonpost.com/news/the-switch/wp/2016/07/12/holocaust-museum-to-visitors-please-stop-catching-pokemon-here/> (accessed 30 Nov. 2017).

Piketty, Thomas. *Capital in the Twenty-First Century*. Cambridge, Mass: The Belknapp Press of Harvard University Press, 2014.

Plato. *The Republic*. Translated by Desmond Lee. London: Penguin, 2003.

Plato. *Phaedrus*. Translated by Christopher Rowe. London: Penguin, 2005.

Plato. *The Laws*. Translated by Tom Griffith. Cambridge: Cambridge University Press, 2016.

Plaugic, Lizzie. 'Spotify Pulls Several "Hate Bands" from its Service.' *The Verge*, 16 Aug. 2017 <https://www.theverge.com/2017/8/16/16158502/spotify-racist-bands-streaming-service-southern-poverty-law-center> (accessed 1 Dec. 2017).

Pocock, J. G. A. Politics, Language, and Time: Essays on Political Thought and History. Chicago: University of Chicago Press, 1989.

Popper, Ben. 'Electrick Lets You Spray Touch Controls Onto Any Object or Surface'. *The Verge*, 8 May 2017 <https://www.theverge.com/2017/5/8/15577390/electrick-spray-on-touch-controls-future-interfaces-group> (accessed 30 Nov. 2017).

Post, David G. 'The "Unsettled Paradox": The Internet, the State, and the Consent of the Governed', *Indiana Journal of Global Legal Studies*, 5(2) (1998), 521–543.

Post, David G. *In Search of Jefferson's Moose: Notes on the State of Cyberspace*. New York: Oxford University Press, 2009.

Prince, Matthew. 'Why We Terminated Daily Stormer.' *Cloudfare*, 16 Aug. 2017 <https://blog.cloudflare.com/why-we-terminated-daily-stormer/> (accessed 1 Dec. 2017).

Pritchard, Tom. 'The EU Wants to Enforce Encryption, and Ban Backdoor Access.' *Gizmodo*, 19 Jun. 2017 <http://www.gizmodo.co.uk/2017/06/the-eu-wants-to-enforce-encryption-and-ban-backdoor-access/> (accessed 1 Dec. 2017).

Raab, Charles and Paul de Hert. 'The Regulation of Technology: Policy Tools and Policy Actors', *TILT Law & Technology Working Paper No. 003/2007*, 15 Nov. 2007 version 1:0.

Radicati Group Inc. 'Email Statistics Report, 2015–2019' (Mar. 2015) <http://www.radicati.com/wp/wp-content/uploads/2015/02/Email-Statistics-Report-2015-2019-Executive-Summary.pdf> (accessed 30 Nov. 2017).

Ratner, Paul. 'Harvard Scientists Create a Revolutionary Robot Octopus'. *Big Think*, 2016 <http://bigthink.com/paul-ratner/harvard-team-creates-octobot-the-worlds-first-autonomous-soft-robot> (accessed 30 Nov. 2017).

Rawls, John. *A Theory of Justice*. Cambridge, Mass: Harvard University Press, 2003.

Rawls, John. *Political Liberalism*. New York: Columbia University Press, 2005.

Raymond, Eric S. *The Cathedral and the Bazaar: Musings on Linux and Open Source by an Accidental Revolutionary*. Cambridge, Mass: O'Reilly Media, 2001.

Raz, Joseph. *The Morality of Freedom*. Oxford: Oxford University Press, 1986.

Raz, Joseph, ed. *Authority*. Oxford: Basil Blackwell Ltd, 1990.

Raz, Joseph. *The Authority of Law* (Second Edition). Oxford: Oxford University Press, 2011.

Remnick, David. 'Obama Reckons With a Trump Presidency'. *New Yorker*, 28 Nov. 2016 <http://www.newyorker.com/magazine/2016/11/28/obama-reckons-with-a-trump-presidency> (accessed 30 Nov. 2017).

Reuters. 'Turkey Blocks Wikipedia Under Law Designed to Protect National Security'. *The Guardian*, 30 Apr. 2017 <https://www.theguardian.com/world/2017/apr/29/turkey-blocks-wikipedia-under-law-designed-to-protect-national-security> (accessed 8 Dec. 2017).

Richards, Neil. *Intellectual Privacy: Rethinking Civil Liberties in the Digital Age*. New York: Oxford University Press, 2015.

Richards, Thomas. *The Imperial Archive: Knowledge and the Fantasy of Empire*. London: Verso, 1993.

Rid, Thomas. *Rise of the Machines: The Lost History of Cybernetics*. London: Scribe, 2016.

Rieff, David. *In Praise of Forgetting: Historical Memory and its Ironies*. New Haven and London: Yale University Press, 2017.

Rifkin, Jeremy. *The Zero Marginal Cost Society: The Internet of Things, the Collaborative Commons, and the Eclipse of Capitalism.* New York: Palgrave Macmillan, 2015.

Riley v. California 134 S. Ct. 2473 Supreme Court 2014.

Rogaway, Phillip, 'The Moral Character of Cryptographic Work', essay written to accompany the 2015 IACR Distinguished Lecture at Asiacrypt 2015, 2 Dec. 2015. <http://web.cs.ucdavis.edu/~rogaway/papers/moral-fn.pdf> (accessed 5 Dec. 2017).

Rorty, Richard. *Contingency, Irony, and Solidarity.* Cambridge: Cambridge University Press, 1997.

Rose, David. *Enchanted Objects: Design, Human Desire, and the Internet of Things.* New York: Scribner, 2014.

Rosen, Michael. *On Voluntary Servitude: False Consciousness and the Theory of Ideology.* Cambridge, Mass: Harvard University Press, 1996.

Rosen, Michael, and Jonathan Wolff, eds. *Political Thought.* Oxford: Oxford University Press, 1999.

Rosenberg, Robin, Shawnee Baughman, and Jeremy Bailenson. 'Virtual Superheroes: Using Superpowers in Virtual Reality to Encourage Prosocial Behaviour'. *PLoS ONE* 8, no. 1 (2013) <https://doi.org/10.1371/journal.pone.0055003> (accessed 5 Dec. 2017).

Rosenbush, Steve. 'The Morning Download: China's Facial Recognition ID's Citizens and Soon May Score Their Behaviour'. *Wall Street Journal*, 27 Jul. 2017 <https://blogs.wsj.com/cio/2017/06/27/the-morning-download-chinas-facial-recognition-ids-citizens-and-soon-may-score-their-behavior/> (accessed 1 Dec. 2017).

Rousseau, Jean-Jacques. *The Social Contract.* Translated by Maurice Cranston. London: Penguin, 1968.

Rousseau, Jean-Jacques. *Discourse on the Origin of Inequality.* Translated by Donald A. Cress. Indianapolis: Hackett Publishing Company, 1992.

Ruan, Lotus, Jeffrey Knockel, Jason Q. Ng, and Masashi Crete-Nishihata. 'One App, Two Systems'. *The Citizen Lab*, 30 Nov. 2016 <https://citizenlab.ca/2016/11/wechat-china-censorship-one-app-two-systems/> (accessed 1 Dec. 2017).

Runciman, David. *Politics.* London: Profile Books, 2014.

Ruparelia, Nayan B. *Cloud Computing.* Cambridge, Mass: MIT Press, 2016.

Rushkoff, Douglas. *Program or be Programmed: Ten Commands for a Digital Age.* New York: Soft Skull Press, 2011.

Rushkoff, Douglas. *Throwing Rocks at the Google Bus: How Growth Became the Enemy of Prosperity.* New York: Portfolio/Penguin, 2016.

Russell, Bertrand. *In Praise of Idleness.* Abingdon: Routledge, 2004.

Russell, Stuart J., and Peter Norvig. *Artificial Intelligence: A Modern Approach* (Third Edition). London: Pearson, 2015.

Ryan, Alan. *On Politics: A History of Political thought from Herodotus to the Present.* London: Penguin, 2013.

Sadowski, Jathan and Frank Pasquale. 'The Spectrum of Control: A Social Theory of the Smart City'. *First Monday* 20, no. 7 (6 Jul. 2015) <http://digitalcommons.law. umaryland.edu/cgi/viewcontent.cgi?article=2545&context=fac_pubs> (accessed 1 Dec. 2017).

Saint-Exupéry, Antoine. *Wind, Sand and Stars*. London: Penguin, 2000.

Sample, Ian. 'Study Reveals Bot-on-Bot Editing Wars Raging on Wikipedia's Pages'. *Guardian*, 23 Feb. 2017 <https://www.theguardian.com/technology/2017/feb/23/ wikipedia-bot-editing-war-study> (accessed 1 Dec. 2017).

Sandel, Michael J. *The Case Against Perfection: Ethics in the Age of Genetic Engineering*. Cambridge, Mass: Harvard University Press, 2007.

Sandel, Michael J. *What Money Can't Buy: The Moral Limits of Markets*. London: Penguin, 2012.

Sander, Alison and Meldon Wolfgang. 'The Rise of Robotics'. *BCG Perspectives*, 27 Aug. 2014 <https://www.bcgperspectives.com/content/articles/business_unit_strategy_ innovation_rise_of_robotics/> (accessed 30 Nov. 2017).

Sandvig, Christian, Kevin Hamilton, Karrie Karrahalios, and Cedric Langbort. 'Auditing Algorithms: Research Methods for Detecting Discrimination on Internet Platforms'. Paper presented to 'Data and Discrimination: Converting Critical Concerns into Productive Inquiry', a preconference at the 64th Annual Meeting of the International Communication Association, 22 May 2014, Seattle, WA, USA. <http://www-personal. umich.edu/~csandvig/research/Auditing%20Algorithms%20--%20Sandvig%20--%20 ICA%202014%20Data%20and%20Discrimination%20Preconference.pdf> (accessed 11 Dec. 2017).

Sandvig, Christian, Kevin Hamilton, Karrie Karahalios, and Cedric Langbort. 'When the Algorithm Itself is a Racist: Diagnosing Ethical Harm in the Basic Components of Software'. *International Journal of Communications* 10 (2016): 4972–4990.

Savulescu, Julian, Ruud ter Meulen, and Guy Kahane, eds. *Enhancing Human Capacities*. Chichester: Wiley-Blackwell, 2011.

Scanlon, Thomas. 'A Theory of Freedom of Expression'. *Philosophy and Public Affairs* 1, no. 2 (1972): 204–226.

Schaff, Kory, ed. *Philosophy and the Problems of Work: A Reader*. Lanham, Maryland: Rowman & Littlefield Publishers, 2001.

Scharff, Robert C. and Val Dusek, eds. *Philosophy of Technology: The Technological Condition: An Anthology* (Second Edition). Oxford: Wiley-Blackwell, 2014.

Schattschneider, E. E. *The Semisovereign People: A Realist's View of Democracy in America*. South Melbourne, Victoria: Wadsworth Thomson Learning, 1975.

Schechner, Sam. 'Why Do Gas Station Prices Constantly Change? Blame the Algorithm'. *Wall Street Journal*, 8 May 2017 <https://www.wsj.com/articles/why-do-gas-station- prices-constantly-change-blame-the-algorithm-1494262674?mod=e2tw> (accessed 1 Dec. 2017).

Schmidt, Eric and Jared Cohen. *The New Digital Age: Reshaping the Future of People, Nations and Business*. London: John Murray, 2014.

Schneier, Bruce. *Data and Goliath: The Hidden Battles to Collect Your Data and Control Your World*. New York: W. W. Norton & Company, 2016.

Scholz, Trebor and Nathan Schneider, eds. *Ours to Hack and to Own: The Rise of Platform Cooperativism, a New Vision for the Future of Work and a Fairer Internet*. New York: OR Books/Counterpoint, 2017.

Schumpeter, Joseph. *Capitalism, Socialism and Democracy*. Abingdon: Routledge, 2010.

Schwab, Klaus. *The Fourth Industrial Revolution*. Geneva: World Economic Forum, 2016.

Scoble, Robert, and Israel Shel. *The Fourth Transformation: How Augmented Reality and Artificial Intelligence Change Everything*. CreateSpace Independent Publishing Platform, 2017.

Scott, Clare. 'Chinese Construction Company 3D Prints an Entire Two-Story House On-Site in 45 Days'. 3Dprint.com, 16 Jun. 2016 <https://3dprint.com/138664/huashang-tengda-3d-print-house/> (accessed 30 Nov. 2017).

Scott, James C. *Seeing Like a State*. New Haven and London: Yale University Press, 1998.

Semayne's Case (1604) 5 Coke Reports 91a 77 E.R. 194.

Sen, Amartya. 'Democracy as a Universal Value'. *Journal of Democracy* 10, no. 3 (1999): 3–17.

Sen, Amartya. *The Idea of Justice*. London: Penguin, 2010.

Sensifall. <http://www.sensifall.com/> (accessed 12 Dec. 2017).

Shakespeare, William. *Hamlet*. Oxford: Oxford University Press, 2008.

Shanahan, Murray. *The Technological Singularity*. Cambridge, Mass: MIT Press, 2015.

Shead, Sam. 'Amazon's Supermarket of the Future Could Operate With Just 3 Staff—and Lots of Robots'. *Business Insider*, 6 Feb. 2017 <http://www.businessinsider.com/amazons-go-supermarket-of-the-future-3-human-staff-2017-2?r=UK&IR=T> (accessed 8 Dec. 2017).

Shiller, Benjamin Reed. 'First-Degree Price Discrimination Using Big Data'. *Brandeis University*, 19 Jan. 2014 <http://benjaminshiller.com/images/First_Degree_PD_Using_Big_Data_Jan_18,_2014.pdf> (accessed 1 Dec. 2017).

Shin, Laura. 'The First Government to Secure Land Titles on the Bitcoin Blockchain Expands Project'. *Forbes*, 7 Feb. 2017 <https://www.forbes.com/sites/laurashin/2017/02/07/the-first-government-to-secure-land-titles-on-the-bitcoin-blockchain-expands-project/#432b8b494dcd> (accessed 30 Nov. 2017).

Shirky, Clay. *Here Comes Everybody: The Power of Organizing Without Organizations*. London: Penguin, 2008.

Shoemaker, Natalie. 'Pilot Earbud Translates Languages in Real-Time'. *Big Think*, 2016 <http://bigthink.com/natalie-shoemaker/pilot-earbud-translates-languages-in-real-time> (accessed 30 Nov. 2017).

Siedentop, Larry. *Inventing the Individual: The Origins of Western Liberalism*. London: Allen Lane, 2014.

Siegel, Eric. *Predictive Analytics: The Power to Predict Who Will Click, Buy, Lie, or Die*.

New Jersey: John Wiley & Sons, Inc, 2016.

Sifry, Micah L. *The Big Disconnect: Why the Internet Hasn't Transformed Politics (Yet)*. New York & London: OR Books, 2014.

Silver, David, Julian Schrittwieser, Karen Simonyan, Ioannis Antonoglou, Aja Huang, Arthur Guez, Thomas Hubert, et al. 'Mastering the Game of Go Without Human Knowledge'. *Nature* 550 (19 Oct. 2017): 354–9.

Silverman, Craig. 'This Analysis Shows How Viral Fake Election News Stories Outperformed Real News on Facebook'. *BuzzFeed News*, 16 Nov. 2017 <https://www.buzzfeed.com/craigsilverman/viral-fake-election-news-outperformed-real-news-on-facebook?utm_term=.ufqYm8llgv#.sf9JbwppAm> (accessed 1 Dec. 2017).

Simmons, A. John. *Moral Principles and Political Obligations*. Princeton: Princeton University Press, 1981.

Simon, Julie, Theo Bass, Victoria Boelman, and Geoff Mulgan. 'Digital Democracy: The Tools Transforming Political Engagement'. *Nesta*, Feb. 2017. <http://www.nesta.org.uk/sites/default/files/digital_democracy.pdf> (accessed 1 Dec. 2017).

Simonite, Tom. 'Moore's Law Is Dead. Now What?' *MIT Technology Review*, 13 May 2016 <https://www.technologyreview.com/s/601441/moores-law-is-dead-now-what/> (accessed 28 Nov. 2017).

Simonite, Tom. 'Pentagon Bot Battle Shows How Computers Can Fix Their Own Flaws'. *MIT Technology Review*, 4 Aug. 2016 <https://www.technologyreview.com/s/602071/pentagon-bot-battle-shows-how-computers-can-fix-their-own-flaws/?utm_campaign=socialflow&utm_source=twitter&utm_medium=post> (accessed 1 Dec. 2017).

Simonite, Tom. 'Oculus Finally Delivers the Missing Piece for VR'. *MIT Technology Review*, 6 Oct. 2016 <https://www.technologyreview.com/s/602570/oculus-finally-delivers-the-missing-piece-for-vr/?utm_campaign=socialflow&utm_medium=post&utm_source=twitter&set=602564> (accessed 30 Nov. 2017).

Singh Grewal, David. *Network Power: The Social Dynamics of Globalization*. New Haven and London: Yale University Press, 2008.

Skinner, Quentin. *Liberty Before Liberalism*. Cambridge: Cambridge University Press, 2012.

Slee, Tom. *What's Yours is Mine: Against the Sharing Economy*. New York and London: OR Books, 2015.

Smith, Adam. *Wealth of Nations*. Ware: Wordsworth, 2012.

Smith, Bryant Walker. 'Human Error as a Cause of Vehicle Crashes.' *Stanford Center for Internet and Society*, 18 Dec. 2013 <http://cyberlaw.stanford.edu/blog/2013/12/human-error-cause-vehicle-crashes> (accessed 30 Nov. 2017).

Smith, Cooper. 'Facebook Users Are Uploading 350 Million New Photos Each Day'. *Business Insider*, 18 Sep. 2013 <http://www.businessinsider.com/facebook-350-million-photos-each-day-2013-9?IR=T> (accessed 30 Nov. 2017).

Smith, Mat. 'Ralph Lauren Made a Great Fitness Shirt that Also Happens to Be "Smart" '. *Engadget*, 18 Mar. 2016 <https://www.engadget.com/2016/03/18/ralph-lauren-polotech-review/> (accessed 6 Dec. 2017).

Smith, Merritt Roe, and Leo Marx, eds. *Does Technology Drive History? The Dilemma of Technological Determinism*. Cambridge, Mass: MIT Press, 1994.

Solon, Olivia. 'World's Largest Hedge Fund to Replace Managers with Artificial Intelligence'. *The Guardian*, 22 Dec. 2016 <https://www.theguardian.com/technology/2016/dec/22/bridgewater-associates-ai-artificial-intelligence-management> (accessed 1 Dec. 2017).

Solove, Daniel J. The Digital Person: Technology and Privacy in the Information Age. New York: New York University Press, 2004.

Srnicek, Nick. *Platform Capitalism*. Cambridge: Polity Press, 2017.

Srnicek, Nick and Alex Williams. Inventing the Future: Postcapitalism and a World Without Work. London: Verso, 2015.

Stallman, Richard. Free Software, Free Society: Selected Essays of Richard M. Stallman. Boston: GNU Press, 2002.

Statista. 'Number of Monthly Active Facebook Users Worldwide as of 3rd Quarter 2017 (in millions). <https://www.statista.com/statistics/264810/number-of-monthly-active-facebook-users-worldwide/> (accessed 11 Dec. 2017).

Steele, Billy. 'Police Seek Amazon Echo Data in Murder Case'. *Engadget*, 27 Dec. 2016 <https://www.engadget.com/2016/12/27/amazon-echo-audio-data-murder-case/> (accessed 1 Dec. 2017).

Steiner, Christopher. Automate This: How Algorithms Came to Rule Our World. London: Portfolio, 2012.

Stephen, James Fitzjames. *Liberty, Equality, Fraternity and Three Brief Essays*. Chicago: University of Chicago Press, 1991.

Sterling, Bruce. *The Epic Struggle for the Internet of Things*. Moscow: Strelka Press, 2014.

Sudha, L.R. and R. Bhavani. 'Biometric Authorization System Using Gait Biometry'. *arXiv*, 2011, <https://arxiv.org/pdf/1108.6294.pdf%3b%20Boden/39–40.pdf> (accessed 30 Nov. 2017).

Sullivan, Danny. 'Google Now Handles at Least 2 Trillion Searches Per Year'. *Search Engine Land* (24 May 2016) <http://searchengineland.com/google-now-handles-2-999-trillion-searches-per-year-250247> (accessed 30 Nov. 2017).

Sullivan, Josh and Angela Zutavern. *The Mathematical Corporation: Where Machine Intelligence and Human Ingenuity Achieve the Impossible*. New York: PublicAffairs, 2017.

Sun, Yiting. 'In China, a Store of the Future—No Checkout, No Staff'. *MIT Technology Review*, 16 Jun. 2017 <https://www.technologyreview.com/s/608104/in-china-a-store-of-the-future-no-checkout-no-staff/> (accessed 8 Dec. 2017).

Sundararajan, Arun. *The Sharing Economy: The End of Employment and the Rise of Crowd-Based Capitalism*. Cambridge, Mass: MIT Press, 2017.

Sunstein, Cass R. *Republic.com 2.0*. Princeton: Princeton University Press, 2007.

Sunstein, Cass R. *The Ethics of Influence: Government in the Age of Behavioral Science*.

New York: Cambridge University Press, 2016.

Sunstein, Cass R. *#Republic: Divided Democracy in the Age of Social Media*. Princeton: Princeton University Press, 2017.

Surden, Harry. 'Computable Contracts'. *UC Davis Law Review* 46, no. 629 (2012): 629–700.

Surden, Harry. 'Machine Learning and Law'. *Washington Law Review* 89, no. 1 (2014): 87–115.

Surowiecki, James. *The Wisdom of Crowds: Why the Many are Smarter than the Few*. London: Abacus, 2005.

Susskind, Daniel. 'A Model of Technological Unemployment'. Oxford University Discussion Paper, no. 819, version 6 Jul. 2017 (Jul. 2017) <https://www.danielsusskind.com/research> (accessed 5 Dec. 2017).

Susskind, Daniel. 'Re-thinking the Capabilities of Machines in Economics'. Oxford University Discussion Paper, no. 825, version 1 May 2017 (May 2017) <https://www.danielsusskind.com/research> (accessed 5 Dec. 2017).

Susskind, Jamie. *Karl Marx and British Intellectuals in the 1930s*. Burford: Davenant Press, 2011.

Susskind, Richard. *Expert Systems in Law: A Jurisprudential Inquiry*. Oxford: Oxford University Press, 1987.

Susskind, Richard. *The Future of Law: Facing the Challenges of Information Technology*. Oxford: Oxford University Press, 1998.

Susskind, Richard and Daniel Susskind. *The Future of the Professions: How Technology Will Transform the Work of Human Experts*. Oxford: Oxford University Press, 2015.

Swan, Melanie. *Blockchain: Blueprint for a New Economy*. Sebastopol, CA: O'Reilly, 2015.

Swearingen, Jake. 'Can an Amazon Echo Testify Against You?' *NY Mag*, 27 Dec. 2016 <http://nymag.com/selectall/2016/12/can-an-amazon-echo-testify-against-you.html> (accessed 1 Dec. 2017).

Swift, Adam. *Political Philosophy: A Beginners' Guide for Students and Politicians (Second Edition)*. Cambridge: Polity Press, 2007.

Taigman, Yaniv, Ming Yang, Marc' Aurelio Ranzato, and Lior Wolf. 'DeepFace: Closing the Gap to Human-Level Performance in Face Verification'. 2014 IEEE Conference on Computer Vision and Pattern Recognition (CVPR), 2014 <https://www.cs.toronto.edu/~ranzato/publications/taigman_cvpr14.pdf> (accessed 11 Dec. 2017).

Takahashi, Dean. 'Magic Leap Sheds Light on its Retina-based Augmented Reality 3D Displays'. *VentureBeat*, 20 Feb. 2015 <http://venturebeat.com/2015/02/20/magic-leap-sheds-light-on-its-retina-based-augmented-reality-3d-displays/> (accessed 30 Nov. 2017).

Taplin, Jonathan. *Move Fast and Break Things: How Facebook, Google, and Amazon Cornered Culture and Undermined Democracy*. New York: Little, Brown and Company,

2017.

Tapscott, Don and Alex Tapscott. *Blockchain Revolution: How the Technology Behind Bitcoin is Changing Money, Business and the World.* London: Portfolio Penguin, 2016.

Tashea, Jason. 'Courts are Using AI to Sentence Criminals. That Must Stop Now'. *Wired*, 17 Apr. 2017 <https://www.wired.com/2017/04/courts-using-ai-sentence-criminals-must-stop-now/> (accessed 1 Dec. 2017).

Taylor, Astra. *The People's Platform: Taking Back Power and Culture in the Digital Age.* London: Fourth Estate, 2014.

'Teledildonics'. *Wikipedia*, last modified 29 Nov. 2017. <https://en.wikipedia.org/wiki/Teledildonics> (accessed 8 Dec. 2017).

Tennyson, Alfred Lord. *The Major Works.* Oxford: Oxford University Press, 2009.

Tetlock, Philip E. *Expert Political Judgment: How Good Is It? How Can We Know?* Princeton: Princeton University Press, 2006.

Thucydides. *The Peloponnesian War.* Translated by Martin Hammond. New York: Oxford University Press, 2008.

Tibbits, Skylar. *TED*, 2013 <https://www.ted.com/talks/skylar_tibbits_the_emergence_of_4d_printing?language=en> (accessed 30 Nov. 2017).

Time. 'Meet the Robots Shipping Your Amazon Orders'. 1 Dec. 2014 <http://time.com/3605924/amazon-robots/> (accessed 30 Nov. 2017).

Tocqueville, Alexis de. *Democracy in America.* Translated by George Lawrence. New York: HarperCollins, 2006.

Toffler, Alvin. *Future Shock.* New York: Bantam Books, 1990.

Topol, Sarah A. 'Attack of the Killer Robots'. *BuzzFeed News*, 26 Aug. 2016 <https://www.buzzfeed.com/sarahatopol/how-to-save-mankind-from-the-new-breed-of-killer-robots?utm_term=.nm1GdWDBZ#.vaJzgW6va) (http://www.dailystar.com.lb/News/World/2016/Aug-19/367933-china-eyes-artificial-intelligence-for-new-cruise-missiles.ashx> (accessed 28 Nov. 2017).

Townsend, Anthony M. *Smart Cities: Big Data, Civic Hackers, and the Quest for a New Utopia.* New York: W. W. Norton & Company, 2014.

Trotsky, Leon. 'What is National Socialism?' *Marxists*, last modified 25 Apr. 2007 <https://www.marxists.org/archive/trotsky/germany/1933/330610.htm> (accessed 28 Nov. 2017).

Tucker, Ian. ' "A White Mask Worked Better" : Why Algorithms Are Not Colour Blind'. *The Guardian*, 28 May 2017 <https://www.theguardian.com/technology/2017/may/28/joy-buolamwini-when-algorithms-are-racist-facial-recognition-bias> (accessed 2 Dec. 2017).

Tucker, Patrick. *The Naked Future: What Happens in a World that Anticipates Your Every Move?* London: Current, 2015.

Tufekci, Zeynep. 'Engineering the Public: Big Data, Surveillance and Computational Politics'. *First Monday* 19, no. 7 (7 Jul. 2014).

Tufekci, Zeynep. *Twitter and Tear Gas: The Power and Fragility of Networked Protest.* New

Haven: Yale University Press, 2017.

Tutt, Andrew. 'An FDA for Algorithms'. *Administrative Law Review* 69, no.1 (2017): 83–123.

Twitter.com. <https://about.twitter.com/company> (accessed 30 Nov. 2017).

UK Government Chief Scientific Advisor. 'Distributed Ledger Technology: Beyond Block Chain.' Crown Copyright, 2016. <https://www.gov.uk/government/uploads/system/uploads/attachment_data/file/492972/gs-16-1-distributed-ledger-technology.pdf> (accessed 5 Dec. 2017).

Useem, Jeremy. 'How Online Shopping Makes Suckers of Us All'. *Atlantic*, May 2017 <https://www.theatlantic.com/magazine/archive/2017/05/how-online-shopping-makes-suckers-of-us-all/521448/?utm_source=nextdraft&utm_medium=email> (accessed 1 Dec. 2017).

Valentino-DeVries, Jennifer, Jeremy Singer-Vine, and Ashkan Soltani. 'Websites Vary Prices, Deals Based on Users' Information'. *Wall Street Journal*, 24 Dec. 2012 <https://www.wsj.com/articles/SB10001424127887323777204578189391813881534> (accessed 1 Dec. 2017).

Van Den Hoven, Jeroen and John Weckert. *Information Technology and Moral Philosophy*. New York: Cambridge University Press, 2008.

Van Reybrouck, David. *Against Elections: The Case for Democracy*. London: Bodley Head, 2016.

Vättö, Kristian. 'Samsung SSD 850 Pro (128GB, 256GB & 1TB) Review: Enter the 3D Era.' *AnandTech*, 1 Jul. 2014 <http://www.anandtech.com/show/8216/samsung-ssd-850-pro-128gb-256gb-1tb-review-enter-the-3d-era> (accessed 28 Nov. 2017).

Wright, Georg Henrik von. *Norm and Action: A Logical Inquiry*. London: Routledge & Kegan Paul, 1963.

Vote for policies.org.uk. <https://voteforpolicies.org.uk/> (accessed 1 Dec. 2017).

Voter.xyz. <http://www.voter.xyz/> (accessed 1 Dec. 2017).

Wakefield, Jane. 'Google, Facebook, Amazon Join Forces on Future of AI'. *BBC News*, 28 Sep. 2016 <http://www.bbc.com/news/technology-37494863> (accessed 30 Nov. 2017).

Wakefield, Jane. 'AI Predicts Outcome of Human Right Cases'. *BBC News*, 23 Oct. 2016 <http://www.bbc.com/news/technology-37727387> (accessed 28 Nov. 2017).

Waldrop, M. Mitchell. 'Neuroelectronics: Smart Connections'. *Nature* 503, no. 7474 (6 Nov. 2013): 22–44.

Waldrop, M. Mitchell. 'The Chips are Down for Moore's Law' *Nature* 530, no. 7589 (9 Feb 2016): 144–147.

Wallach, Wendell. *A Dangerous Master: How to Keep Technology from Slipping Beyond Our Control*. New York: Basic Books, 2015.

Wallach, Wendell and Colin Allen. *Moral Machines: Teaching Robots Right from Wrong*. Oxford: Oxford University Press, 2009.

Walzer, Michael. *Spheres of Justice: A Defense of Pluralism and Equality*. New York: Basic

Books, 1983.

Walzer, Michael. *Thinking Politically: Essays in Political Theory*. New Haven & London: Yale University Press, 2007.

Wark, McKenzie. *A Hacker Manifesto*. Cambridge, Mass: Harvard University Press, 2004.

Wassom, Brian D. *Augmented Reality Law, Privacy, and Ethics: Law, Society, and Emerging AR Technologies*. Rockland: Syngress, 2015.

Watkins, Alan and Iman Straitens. *Crowdocracy: The End of Politics*. Rochester: Urbane Publications, 2016.

Waymo. *Google* <https://www.google.com/selfdrivingcar/> (accessed 30 Nov. 2017).

Weber, Max. *Political Writings*. Eds. Peter Lassman and Ronald Speirs. Cambridge: Cambridge University Press, 2010.

Weber, Max. *Economy and Society: An Outline of Interpretive Sociology* (Volume 1). Eds. Guenther Roth and Claus Wittich. Berkley: University of California Press, 2013.

Weber, Max. *Economy and Society: An Outline of Interpretive Sociology* (Volume 2). Eds. Guenther Roth and Claus Wittich. Berkley: University of California Press, 2013.

Weigend, Andreas. *Data for the People: How to Make our Post-Privacy Economy Work For You*. New York: Basic Books, 2017.

Weinberger, David, *Small Pieces Loosely Joined: A Unified Theory of the Web*. New York: Basic Books, 2003.

Weinberger, David. 'Our Machines Now Have Knowledge We'll Never Understand'. *Wired*, 18 Apr. 2017 <https://www.wired.com/story/our-machines-now-have-knowledge-well-never-understand> (accessed 28 Nov. 2017).

Whipple, Tom. 'Nanorobots Could Deliver Drugs by Power of Thought'. *The Times*, 27 Aug. 2016 <http://www.thetimes.co.uk/article/226da2de-6baf-11e6-998d-9617c077f056> (accessed 30 Nov. 2017).

Whitby, Andrew, Audun Jøsang, and Jadwiga Indulska. 'Filtering Out Unfair Ratings in Bayesian Reputation Systems'. *Proceedings of the Workshop on Trust in Agent Societies, at the Autonomous Agents and Multi Agent Systems Conference*, Jul. 2004 <https://www.csee.umbc.edu/~msmith27/readings/public/whitby-2004a.pdf> (accessed 3 Dec. 2017).

Whitehead, Alfred North. *An Introduction to Mathematics*. Milton Keynes: Watchmaker, 2011.

'Who? Whom?' *Wikipedia*, last modified 3 Jun. 2017. <https://en.wikipedia.org/wiki/Who,_whom%3F> (accessed 7 Dec. 2017).

Wiener, Norbert. *Cybernetics or, Control and Communication in the Animal and the Machine* (Second Edition). Connecticut: Martino Publishing, 2013.

Wile, Rob. 'A Venture Capital Firm Just Named an Algorithm to its Board of Directors—Here's What it Actually Does'. *Business Insider*, 13 May 2014 <http://www.businessinsider.com/vital-named-to-board-2014-5> (accessed 28 Nov. 2017).

Winfield, Alan. *Robotics: A Very Short Introduction*. Oxford: Oxford University Press,

2012.

Wittgenstein, Ludwig. *Culture and Value*. Translated by Peter Winch. Chicago: University of Chicago Press, 1980.

Wittgenstein, Ludwig. *Tractatus Logico-Philosophicus*. Abingdon: Routledge, 2001.

Wolff, Jonathan. *An Introduction to Political Philosophy*. Oxford: Oxford University Press, 1996.

Wong, Joon Ian. 'Sweden's Blockchain-powered Land Registry is Inching Towards Reality'. *Quartz Media*, 3 Apr. 2017 <https://qz.com/947064/sweden-is-turning-a-blockchain-powered-land-registry-into-a-reality/> (accessed 30 Nov. 2017).

Wong, Julia. 'Segregated Valley: The Ugly Truth About Google and Diversity in Tech'. *Guardian*, 7 Aug. 2017 <https://www.theguardian.com/technology/2017/aug/07/silicon-valley-google-diversity-black-women-workers> (accessed 28 Nov. 2017).

Wootson Jr, Cleve R. 'A Man Detailed His Escape from a Burning House. His Pacemaker Told Police a Different Story'. *Washington Post*, 8 Feb. 2017 <https://www.washingtonpost.com/news/to-your-health/wp/2017/02/08/a-man-detailed-his-escape-from-a-burning-house-his-pacemaker-told-police-a-different-story/?tid=sm_tw&utm_term=.531d8fabc6d2> (accessed 1 Dec. 2017).

Wright, David, Serge Gutwirth, Michael Friedewald, Elena Vildjiounaite, and Yves Punie, eds. *Safeguards in a World of Ambient Intelligence*. Netherlands: Springer, 2010.

Wright, Ronald. *A Short History of Progress*. London: Canongate Books, 2006.

Wyss Institute. <http://wyss.harvard.edu/viewpage/457> (accessed 30 Nov. 2017).

Wu, Tim. *The Master Switch: The Rise and Fall of Information Empires*. London: Atlantic, 2010.

Wu, Yonghui, Mike Schuster, Zhifeng Chen, Quoc V. Le, Mohammed Norouzi, Wolfgang Macherey, Maxim Krikun, et al. 'Google's Neural Machine Translation System: Bridging the Gap between Human and Machine Translation'. *arXiv*, 8 Oct. 2016 <https://arxiv.org/abs/1609.08144> (accessed 6 Dec. 2017).

Xiong, Wei, Jasha Droppo, Xupeng Huang, Frank Seide, Michael Seltzer, Andreas Stolcke, Donghan Yu, and Geoffrey Zweig. 'Achieving Human Parity in Conversational Speech Recognition'. *arXiv*, 17 Feb. 2017 <https://arxiv.org/abs/1610.05256> (accessed 28 Nov. 2017).

Yeung, Karen. ' "Hypernudge" : Big Data as a Mode of Regulation by Design'. *Information, Communication & Society* 20, no. 1 (2017): 118–36.

Yonck, Richard. *Heart of the Machine: Our Future in a World of Artificial Intelligence*. New York: Arcade Publishing, 2017.

Young, Angelo. 'How to Break Up Alphabet, Amazon and Facebook'. *Salon*, 31 May 2017 <https://www.salon.com/2017/05/31/how-to-break-up-alphabet-amazon-and-facebook/> (accessed 8 Dec. 2017).

Young, Iris Marion. *Justice and the Politics of Difference*. Princeton: Princeton University Press, 2011.

YouTube for Press. <https://www.youtube.com/intl/en-GB/yt/about/press/> (accessed 30 Nov. 2017).

Zarsky, Tal. 'Understanding Discrimination in the Scored Society'. *Washington Law Review* 89, no. 4 (2014): 1375–412.

Ziewitz, Malte. 'Governing Algorithms: Myth, Mess, and Methods'. *Science, Technology, & Human Values* 41, no. 1 (2015): 3–16.

Zittrain, Jonathan. *The Future of the Internet and How to Stop It*. London: Allen Lane, 2008.

Zittrain, Jonathan. 'Engineering an Election'. *Harvard Law Review Forum*, 20 Jun. 2014 <https://harvardlawreview.org/2014/06/engineering-an-election/> (accessed 1 Dec. 2017).

Zittrain, Jonathan. 'Apple's Emoji Gun Control'. *New York Times*, 16 Aug. 2016 <https://mobile.nytimes.com/2016/08/16/opinion/get-out-of-gun-control-apple.html?_r=0&referer=https://www.google.com/> (accessed 1 Dec. 2017).

译后记

在技术和政治的博弈中自由思考

　　读高中的时候,我把同学分成两类,一种叫"数学好的",一种叫"数学不好的"。前一类高中上理科班,大学选的专业统称"××科学""××技术",或是"××科学与技术";后一类高中上文科班,大学选的专业一般是文史哲或外语;还有一个中间地带叫经济、金融类专业,"含数量"适中,发展前景广阔,文理科生都能报。我把第一类同学统称"搞技术的",在我心目中地位最为崇高。

　　结果大学毕业时发现,这三类人中都有相当一部分去报考公务员,付出艰苦努力考上的同学,在我心中有了个新名字:"搞政治的"。

　　我搞不了技术也搞不了政治,只喜欢读各种人文社科类书籍,所以研究生读了古代文学,觉得当个"搞文化的"也不错;毕业时赶上互联网大厂风头正起,于是在互联网公司搞起学术文化类内容来。

　　当然,技术、政治、文化从来都不是职业的分野,它们是构成人类社会的基本元件,不管是搞技术、搞政治还是搞文化,人们都是生活在由它们相互组装、相互渗透的社会之中。在互联网公司,技术类人才是绝对主流,"历史学家的技艺"似已变成屠龙之术。身处"中心与边缘"的涡旋之中,我经常会思考作为政治实体的国家、代表技术力量的科技公司和其他市场主体及生活于其间的"大众"之间的互动关系,人文精神与工具理性今后将以何种形式共处。三年前,国内人文社科领域对技术的关注基本还集中在传统技术伦理、人工智能的挑战等问题上,而技术与政治的互动关系、平台型企业的特殊地位等问题还未得到充分讨论;于是,在 2019 年秋天接到"理想国"同仁发来的翻译邀约时,我大致一翻便毫不犹豫地接下了这项工作。从学术的角度来评判,作者杰米·萨斯坎德的研究不能算作精深,但却有着敏锐的问题意识和宏观思考:用政治学理论来检视技术与政治之间的互动,从中抽取了国家和科技巨头两个实体进行分析,无疑是富有先见之明的。2020 年新冠疫情发生,许多人居家隔离时,我正在进行本书的翻译,内心感慨不已:全世界范围的"数字生活世界"竟这样提前到来了。

然而,技术与政治的博弈关系,并不是到今天才显现;是否应该用机器取代人工,在维多利亚时代就是议会辩论的主要议题。如今,数字技术的权重逐渐取代了以电力为代表的工业技术,成为舞台的中心角色。若想增强对该问题的代入感,不如以中国三十多年来的改革开放作为西方从工业革命到"第四次科技革命"的缩影,以便我们从个人经验的角度回溯对"技术"和"政治"的认识:

在"千禧一代"(80 后也算)的词典里,"技术"从来都是作为褒义词而存在。"科学"与"技术"密不可分,常常连用为"科技"一词,在作文考试中频频露脸:"如今,科技已经走进了我们的生活……微波炉、洗衣机等家用电器让我们的生活更便利;电视机、互联网将世界连在一起……"就连参加大学英语四六级作文考试时,"With the development of science and technology"更是"包治百病"的万能模板。

支持"科技发展"成为全世界范围内通行的"政治正确"。它代表先进生产力，人们作为科技进步的旁观者，享受其带来的便利生活。我们把 19 世纪英国怒砸纺织机的卢德主义者看作"拉历史倒车"的弃民；我们从卓别林的电影《城市之光》中发现机器对人的异化，从 20 世纪西方哲学理论中得知这叫"现代性的迷惘"。我们似乎能够体会到工业技术、城市文明、资本主义与人性和自然之间的冲突，但还总归还是把它们归为文学或哲学的思考，留在哲学课堂上和读书笔记中，技术本身的正面词性并没有发生根本性的动摇。

观念的变化总是悄无声息，跨入新世纪，"数字技术"逐渐在"技术"一词的使用语境中获得主导地位。从世纪初的门户网站争霸，互联网新锐大佬成为创业英雄，到第一个十年兴起的大数据、云计算、"互联网 +"创业风潮……在大工业时代逐渐暗淡的时刻，数字技术与互联网相连，成为人们心目中的朝阳产业。进入移动互联网时代后，在政策的鼓励下，APP 蜂起，无数互联网创业者自带光环；这个时代的精英人物依然聚集在咖啡馆，只不过不再是穿着风衣或高领毛衣在巴黎左岸咖啡馆中高谈阔论的哲学家和文学家，而是在中关村创业大街3W 咖啡馆寻找"风口"的极客们。互联网"大厂"成为新时代毕业生的向往之所。互联网的匿名化、去中心化使在社交网络上发表言论的人们感受到了"广场"式民主的平等气氛。网络技术代表着一种冲破旧时代桎梏和牢笼的力量，似乎已从物质和精神上给这个时代的年轻人完成了启蒙，赋予他们对美好未来的信心。直到这时，技术在人们心目中仍是一种"工具性的存在"，它存在的意义在于为人类的生活提供便利。

近些年，我们才真正感受到数字技术在服务以外的变化：智能手机上的资讯类 App 给你推荐的内容总是符合你的口味，电商平台上的同一商品在你和家人面前呈现出不同的价格，你跟朋友聊起想吃火锅，外卖 App 似乎跟你心有灵犀，一打开就给你推荐了火锅店家，明明只是给某家公司投递了简历，却收到若干对你了如指掌的猎头电话……不知不觉地，我们发现自己的感知被无形地控制在推荐算法织就的"信息茧房"之中，我们不经意间产生的个人信息，竟成了为独角兽企业"赋能"的"大数据"。AlphaGo 在古老的围棋项目上先后打败李世石和柯洁，在你还在感叹人工智能超越人类智能的威力时，AI 换脸已经在暗处摩拳擦掌，稍加不慎就可能遭受无差别攻击……疫情后，人们对平台型产品的依赖变得更深，同时也开始关注技术进步下的人的困境：2020 年的一篇充满社会学意味的"爆文"——《外卖骑手，困在系统里》揭示了算法驱动下的劳动力"内卷"的现实和机理，击倒了手机前自称"社畜"的打工人们。

　　技术曾经带来了人类的启蒙，如今却又让人类陷入蒙昧。

　　现在，让我们将考察的比例尺放大，把视线从个人化的经验上升到人类历史的维度。用社会科学的主流理论来概括，人类现代化的过程，正是马克斯·韦伯称为"祛魅"的过程，即在现代社会，用理性的观察代替魔法和迷信来解释社会现象，去掉其神秘性的过程。而如萨斯坎德所说，我们这代人，很有可能是体验了与"祛魅"相反过程的第一代：算法社会逐渐攫取控制权，让世界在我们绝大多数人面前再次神秘化。这可不是弗洛伊德的"精神分析学"那样强调人类难以理解的神秘体验；具有超凡力量的复杂技术之先进，对普通人来说堪比施展魔法。

　　世界的"再神秘化"早已在我们的生活与决策中有所表征。理解算法是有门槛的，不懂这种代码语言的人或将成为新时代的"文盲"：代码将会像汉语、英语一样，成为一种区分人群知识水平的文字。如今，北上广深幼儿园的孩子都被家长送去 stem 班，北京小学生用 python 处理的数据分析报告上交家庭作业，因为代码是"面向未来的语言"。

家长们用朴素的"鸡娃"热情做出了正确的选择，虽然他们可能并不能意识到这背后更为深刻的逻辑：代码获得了高于其他"技术"的价值序列和应用范围。今后人们可能不再以"搞技术／政治／文化"来相互区分，"懂不懂代码"或许将成为新的人群区分标准。然而，事情并没有那么简单，在机器学习经过几十年的发展后，如今神经网络、深度学习算法的自我迭代日新月异，对一般算法工程师来说已属"黑箱"；若人脑内不植入芯片，想要追上机器学习的速度自然是天方夜谭。最后，真正掌握算法的，也许只有抽象的科技巨头和国家机器。

　　数字技术的革命是否会带来人类政治社会的革命，答案几乎是肯定的，但很难预估其方式。正如萨斯坎德提醒我们的那样："如今最重要的革命不是在哲学系里发生的，甚至没有发生在议会和广场上，而是在实验室、研究机构、科技公司和数据中心里默默上演。"至于在政治学词典中最重要的"权力""民主""平等""自由"等概念，数字技术的作用也早已渗透其中，改变着概念的传统语境。譬如，在与人类的互动过程中，它们将通过定义人类可以做／不可以做的事情来做到监控人类，通过控制人类对外界的感知来向人类施加权力。福柯在著名的《规训与惩罚》中对比了古典时期严酷刑罚和现代监狱管理所代表的不同管理逻辑，虽然一个倾向于对犯罪行为的公开警示，一个倾向于对社会成员的规训与教化，但并未改变国家暴力机关作为外在因素减少犯罪的本质功能。然而，在数字社会中，情况将会发生根本性的变化：由于无所不在的数字监控手段，想要避免留下作案痕迹几乎变得不可能，想想近几年在 AI 技术运用到公安系统后，有多少改名换姓数十载的在逃犯被擒拿归案。此外，萨斯坎德还在书中指出了对福柯理论更具革命性的发展："道德自动化"将在不远的将来实现。未来，社会管理很可能不用费太多心思在对社会成员的道德规训上，而可以通过技术手段直接"阻止"可能的犯罪。从古典时期的警示震慑式管理，到现代社会的规训教化式管理，再到未来数字生活世界直接杜绝犯罪可能性，惩罚的必然性逐渐代替惩罚的强度，成为社会管理的有效手段。未来社会的人，想做坏事是极其困难的，基本上连"犯罪"的自由都被剥夺了。在萨斯坎德看来，对数字技术时代政治的想象，早应该跳出奥威尔式的文学框架，政治学理论家应该承担起想象未来的责任："政治理论家有责任去探索我们曾经拥有的智慧，在这个被修改得面目全非的世界中，是否仍然有意义；不时地测试已有的政治词汇——这些为了解释和理解世界而发展的概念——是否完成了解释和为世界制定规则的任务，是否会成为'思想的镣铐'，使我们对世界的理解更加晦暗不明。在很大程度上，这就是政治理论的作用。"

那么，除了"哲人工程师"和理论家外，普通人还有能力想象未来吗？个人捍卫自由的努力是否必然徒劳无功？本人对萨斯坎德写作本书的意图报以"了解之同情"，在对未来的预测上，希望更多的人能像政治学理论家一样去思考。无论如何，在人类的大脑被植入芯片之前，个体层面的思考或许还是自由的。遇到不得其解的现象和问题时，萨斯坎德的方法或许值得一试：去《旧制度与大革命》里拜访托克维尔，看看他对技术推动直接民主的思想有何看法；或去《资本论》里问问马克思，他的理论可以如何应用于解决人工智能系统的所有权和控制权的问题？

无论面对着本书的你，现在是搞技术、搞政治还是搞文化的，如果你对我们共同生活的世界依然抱有深情，"未来的世界"都需要你的想象力。

2021 年 4 月 3 日初稿（北京）
同年 10 月 20 日修正（伦敦）
李大白